大学生创业教育

主　编　党建民　李　博

中国矿业大学出版社

内容提要

本书从我国提出创业教育这一概念开始，深入研究了国内外创业教育的发展状况，并通过对一些成功案例的分析，找出我国部分高校在创业教育方面存在的不足，有针对性地提出优化我国高校创业教育的方案。通过对国内外创业教育发展历史的回顾，对今后的创业教育的开展产生一定的启示与借鉴作用，进而使各高校能够更好地开展创业教育工作。

图书在版编目(CIP)数据

大学生创业教育 / 党建民，李博主编. 一徐州：中国矿业大学出版社，2017.6

ISBN 978-7-5646-3576-3

Ⅰ.①大… Ⅱ.①党… ②李… Ⅲ.①大学生一创业 Ⅳ.①G647.38

中国版本图书馆 CIP 数据核字(2017)第 143191 号

书　　名 大学生创业教育
主　　编 党建民　李　博
责任编辑 姜　华
出版发行 中国矿业大学出版社有限责任公司
(江苏省徐州市解放南路　邮编 221008)
营销热线 (0516)83885307　83884995
出版服务 (0516)83885767　83884920
网　　址 http://www.cumtp.com　**E-mail**:cumtpvip@cumtp.com
印　　刷 虎彩印艺股份有限公司
开　　本 787×960 1/16　**印张** 10.5 **字数** 200 千字
版次印次 2017 年 6 月第 1 版　2017 年 6 月第 1 次印刷
定　　价 26.00 元

编委会名单

前　言

当今世界，创业以其特有的魅力改变着一个又一个国家或地区的经济发展轨迹，创业已成为这个时代的主旋律和最强音，英雄式的创业人物不断催人奋进。但是对于多数人来说，创业是充满未知与挑战的险途，创业需要激情的涌动，更需要理性的思考。我国创业实践活动的现状是：创业愿望强烈但创业技能比较低，创业实践快于创业理论和创业教育。早在20世纪80年代的改革开放初期，我国就有很多人开始了创业实践活动，由此产生了中国的第一次创业浪潮。近年来，我国的创业实践活动由稚嫩期逐渐迈入成熟期，创业者个人自发创业活动的种种不足日益凸显出创业教育的薄弱。

为贯彻落实《国家中长期教育改革和发展规划纲要（2010—2020年）》和《教育部关于全面提高高等教育质量的若干意见》（教高〔2012〕4号）精神，大学生创业教育已然成为大学教育的重点工作之一。创业教育的推行，是国家加快转变经济发展方式、建设创新型国家和人力资源强国的战略举措，是深化高等教育教学改革、提高人才培养质量、促进大学生全面发展的重要途径之一，也是落实以创业带动就业、促进高校毕业生充分就业的重要措施。

在创业教育起步方面，发达国家比我国要早很多，我国的创业教育起源于一些高校的自发探索。20世纪末期，由清华大学策划开始了我国第一次大学生创业计划竞赛，北京航空航天大学和其他一些学校则开设了一些与创业相关的课程。这些活动只是我国创业教育的开始。2002年初，教育部确定9所高校作为创业教育试点院校。从那时开始，我国的创业教育步入了政府引导下的多元化发展阶段，我国的创业教育也才正式开始。我国的创业教育虽然经历了20多年的发展，但其体系并不完善，模式也比较单一，与发达国家的创业教育相比，还存在较大的差距，还有很大的改进提升空间。

通过本书的编写，编者更加深刻地认识到我国创业教育中存在的问题，如师资力量不足、创业资源不佳、创业体系不完备等，我国在创业教育方面还有很长的路要走。如果我国不能尽快改变在创业教育方面落后于西方发达国家的现状，就可能会在以后的经济发展中处于不利的地位。因此，我们迫切需要改进我国高校的创业教育体系，改变社会对创业创新的认识，加强大学生的创业创新意识，培养大学生的创业精神与创业能力，进而努力赶超西方发达国家的创业教育水平。

本书从我国提出创业教育这一概念开始，深入研究了国内外创业教育的发展状况，并通过对一些成功案例的分析，找出我国部分高校在创业教育方面存在的不足，有针对性地提出优化我国高校创业教育的方案。通过对国内外创业教育发展历史的回顾，对今后创业教育的开展产生一定的启示与借鉴，进而使各高校能够更好地开展创业教育工作，希望读者在阅读本书后能够有所收获。

本书由党建民、李博任主编，殷飞、缪小群、李敏、项青任副主编。在本书编写过程中，编者学习、借鉴和参考吸收了国内外学者的著述和研究成果，在此谨向他们致以诚挚的谢意。

本书的出版得到了中国矿业大学科技园、中国矿业大学创新创业教育学院、中国矿业大学出版社、徐州市创新创业教育学院、佛山科学技术学院大学科技园、徐州医科大学科技园的大力支持，在此一并表示感谢。由于编者学识水平有限，书中定有疏漏之处，恳请广大读者批评指正。

编　者

2017 年 5 月

目　录

第一章　我国创业教育发展概述

我国高校创业教育从20世纪90年代缘起发展至今，作为一种新的教育思想已经渗入我国高等教育理念并曾一度轰轰烈烈付诸教育实践。在多年的实践与研究中，我国的创业教育理论与实践取得了一定的成绩，也产生了很多的问题，创业与创业教育相关的一系列现实问题迫切需要不断创新、不断提高。

第一节　创业教育提出的背景

一、我国创业教育提出的背景

就业问题是世界各国共同关注的社会问题。在我国，就业问题尤其突出。在我国经济保持较高增长速度的背景下，实际就业需求量却呈逐年下滑的趋势，且竞争越来越激烈。因此，迫切需要我们对学生进行“学会生存”的教育。“学会生存”的教育，必须从我国目前经济形势出发，从学生的实际出发，采用各种教育手段，实施创业教育，培养学生的职业意识、创业能力和实干精神，使学生在学会做人、学会学习的基础上学会就业与创业。下面从四个方面来阐述我国的创业教育提出的背景。

1. 创业教育是客观现实的紧迫要求

从1999年始，我国高等教育招生规模迅速扩大。2003年，第一批扩招本科生进入就业市场后毕业生成倍增长，逾212万人。2005年、2006年、2007年的高校毕业生分别增长到338万人、413万人、495万人。至2017年，高校毕业生数量达到795万人。近十年间，共有7 351万毕业生走出高校，毕业生人数仍将以5%的增长率持续攀升。我国的高等教育正经历着一场前所未有的深刻变革，由长期的“精英教育”步入“大众化普及教育”，使得大量毕业生涌入就业市场。同时，毕业生的就业率却在持续下滑。为了应对劳动力市场日益严峻的失业问题，人们把目光转向了“创业”以及与“如何创业”相关联的创业教育。实施创业教育，是高等教育和职业技术教育的重要任务，也是基础教育未来应当关注的重大课题。

2. 开展创业教育是个体发展的客观需要

高校毕业生的就业率偏低除了人才供求矛盾以外，也与大学生自身的适应能力有关。应试教育下高分低能的毕业生很难适应当今社会迅猛发展和竞争日趋激烈的情况，无法匹配用人岗位的要求，更谈不上自主创业，以创业带动就业。无论是大学生的主观需要，还是社会客观发展的需要，都呼唤和提倡大学生创业。大学生创业在事实上已经成为一股不可阻挡的潮流，但目前，我国大学生创业教育基础相当薄弱，加强大学生的创业教育势在必行。创业教育不仅仅是讲授大学生怎样开办公司，更重要的是培养大学生的创业意识、创业技能等综合素质，并最终使大学生具有一定的创业能力，在这个复杂的环境中生存下去。

3. 创业教育是中小企业发展带来的变化

在一些西方发达国家中，中小企业的发展不仅促进了社会经济的繁荣，而且对解决社会就业和再就业问题意义重大。由于科学技术成果应用于直接生产过程的时间不断缩短，很容易由一个或一组人连贯地完成整个研究开发过程，因而中小企业显示出较强的技术创新能力。中小企业通过其拥有的智力资本，又凭借其自身所拥有的灵活性、创新性、低成本性、高效性等优势，对经济发展起到间接的推动作用。实践表明，中小企业的发展不仅能够促进经济的发展，而且能提供大量的就业机会。创业型就业是解决我国当前就业问题的基本思路。高校加强创业教育，帮助学生转变就业观念，引导毕业生自主创业是拓宽就业途径的有效方式，具有十分重要的现实意义。

4. 创业教育是我国教育新的关注点

20 世纪 80 年代后期以来，一些高校以提高综合素质为宗旨，积极进行教育教学改革，创造了各具特色的人才培养模式，如素质教育、创新教育、实践教育、和谐教育等，并探索建立了与之相适应的运行机制。创业教育是素质教育、创新教育的深化。换句话说，创业教育是一种更高层次的素质教育，它不仅适应了时代发展的需要，而且体现了以人为本的思想，是高等教育改革迈入“深水区”的必然趋势。素质教育、创新教育及创业教育是三个不尽相同却又相互关联的教育理念，素质教育是为实现人的全面发展；创新教育是为培养学生的创新意识与创新能力；创业教育是为培养学生的创业精神，是个人发展的最高目标。创业教育的核心内容就是帮助发掘学生的特长与潜能，帮助学生设计创业成才之路，并提供必需的创业素质与技能准备。素质教育、创新教育与创业教育对人才培养的作用相辅相成，创业教育需要以素质教育与创新教育作支撑，素质教育与创新教育需要以创业教育作引领。高等教育教学改革应以学生的创业意识与能力培养为目标，整合素质教育与创新教育，将创业教育变成教与学的共同事业。

二、创业教育概念的提出

1989 年至 1991 年，联合国教科文组织亚太地区办事处围绕“提高青少年创业能力的教育联合革新项目”(Joint Innovative Project on Education for Promoting the Enterprise Competencies of Children and Youth)召开了多次国际会议。

1989 年 11 月底至 12 月初，联合国教科文组织在北京召开了“面向 21 世纪教育国际研讨会”，并于会上正式提出了“创业教育”(enterprise education)这一概念。世界经济合作和发展组织的专家柯林·博尔在向经济合作与发展组织的教育研究与变革中心提交的一篇论文中指出：“未来的人都应该掌握三本‘教育护照’，一本是学术性的，一本是职业性的，第三本是证明一个人的事业心和开拓技能的，即创业教育的。”这表明如果一个人缺乏事业心和开拓能力，学术和职业方面的能力就不能得以发挥，甚至会失去实际意义。正是基于这种认识，联合国教科文组织要求把“创业能力教育护照”提高到目前“学术性和职业性教育护照”所享有的同等地位上来。

1989 年 12 月中旬，在泰国曼谷召开了“提高儿童青年创业能力的革新教育规划会议”，会议报告提出了创业能力的概念框架和开发创业能力的策略，并制订了实施这一项目的地区行动计划。

1990 年，联合国教科文组织亚太地区办事处举办了“提高青少年创业能力的教育改革合作”的实验项目。1991 年 1 月，在日本东京召开了“提高儿童青年创业能力革新教育小组研讨会”，会上进一步对创业能力的概念进行了界定，提出了在现行课程中引入创业能力教育的课程模式和评价模式。1991 年 11 月底，又在泰国曼谷召开了项目终结评估会议。参与这一项目的国家有中国、印度、印度尼西亚、巴布亚新几内亚、菲律宾、斯里兰卡和泰国，后来澳大利亚和日本也加入进来。联合国教科文组织在对“创业教育”这一合作项目进行深入研究和交流的同时，又在高等教育相关文件和其他会议上多次论及“创业教育”这一指导高等教育改革和发展的重要思想。1995 年，在联合国教科文组织发表的《关于高等教育的变革与发展的政策性》文件中全面阐述了完整的“创业教育概念”，指出：“在‘学位＝工作’这个公式不再成立的时代，人们希望高等教育的毕业生不仅是求职者，而且也是成功的企业家和工作岗位的创造者。”1998 年，联合国教科文组织在巴黎召开首次世界高等教育会议，在发表的《21 世纪的高等教育：展望与行动世界宣言》中又进一步指出：“为方便毕业生就业，高等教育应主要培养创业技能与主动精神；毕业生将愈来愈不再仅仅是求职者，而首先将成为工作岗位的创造者。”

1999 年 4 月，在汉城召开的第二届国际职业教育大会上，联合国教科文组织除了进一步强调"创业教育"以外，还特别突出了创业能力的重要性。会议的主要文件中指出："为了迎接21世纪的新挑战和变革的需要，革新教育和培训过程必须包括创业能力，这种能力无论对工资形式就业还是自我谋职都同等重要。创业能力是一种核心能力，必须通过普通教育和职业教育来培养。这种能力对个人在各种工作领域激发创造力和革新性至关重要。"

2016年6月7～8日，国际创新创业教育大会在深圳举行，同时，联合国教科文组织高等教育创新中心在深圳揭牌。这次论坛以"创新创业教育：政府、大学、社会的共同事业"为主题，设置"教育2030行动框架：ICT的支撑与创新"、"创新创业型人才培养的前沿探索"、"创新创业教育与高校管理机制"、"职业教育：观念变革与质量提升"等4个分论坛。

深圳市教育局副局长许建领在大会上指出，当今时代，全球新一轮科技革命和产业变革正在蓬勃发展，知识更新和技术创新的速度日益加快，世界发达国家和地区更加注重发挥创新、创业教育在推动经济社会发展中的重要作用。中国正在建设创新型国家，大力推进"大众创业、万众创新"，高校也在致力开展创新、创业教育，对于培养高素质人才具有十分重要的意义。近年来，深圳把发展高等教育作为第一战略，深入推进高等教育改革创新，高等教育实现了跨越式发展，为深圳建设国际创客中心和现代化、国际化创新城市提供源源不断的支撑。深圳市不断优化政策环境、强化载体建设、优化服务体系以及创新培养模式，引导高校以市场需求为导向，优化学科专业布局，改革管理制度，完善个性化培养方案。

"我注意到，一个以企业为主体，市场为导向，产学研一体化的创新生态已经逐渐在深圳形成。"腾讯公司董事会主席兼首席执行官马化腾表示，腾讯发展到今天，正是得益于这样一种创新生态，同时也积极参与这个生态的建设。城市的创新和规划发展，在于吸引和培养更多的创新型人才，而创业企业的未来同样依托创新人才，所以产学研一体化的未来归根到底在于创新人才。高等教育的创新是政府、大学和社会共同的事业，需要我们一起努力。

南方科技大学副校长吴传跃在主题演讲中提到，作为高等教育者，我们应该在更高层次和更深程度来思考，在互联网和全球化背景下，如何构建满足未来趋势和需求的高等教育新模式，如何理解未来大学的价值，如何在颠覆性技术时代更新教学理念和方法，如何打造国际化的创新生态圈。

6月8日，联合国教科文组织高等教育创新中心在深圳揭牌。本次会议及高等教育创新中心的成立，是双方在高等教育领域开展的合作。

通过对上述几次重要的国际会议精神的研究和把握，我们可以看出：创业教育的概念包括三层紧密联系的含义：第一，通过创业教育，培养人们从事创业实践活动所必须具备的知识、技能、能力，掌握创业的本领和技巧；第二，通过创业教育，培养人们进行创业的心理品质，培养人们的创业意识和创业精神，培养具有开创型特征的人；第三，通过创业教育，培养创造性就业和创造新的就业岗位的创业者。

第二节　创业教育在我国的发展历史

一、中华人民共和国成立以前创业教育的发展

任何事物的发生发展都有必然规律，都不是无中生有的。以历史的观点来看，我们目前研究的创业教育的发展，只是按照中国教育发展史的轨迹，寻找创业教育的萌芽和发展线索，以探寻创业教育在中国的发展规律。因此，纵观中华人民共和国成立以前的教育历史，可以分为五个阶段来分析创业教育的发展脉络。

第一阶段是奴隶社会之前。这时的教育产生于社会生产劳动和社会生活，直接为生产和生活服务，此时的教育还没有从生产和生活中分离出来，也没有专门的场所和专职人员，但这时的教育的目的是平等的，是为训练氏族成员生产和生活技能而进行的，这是教育的萌芽，也是创业教育的萌芽。因此应该说以培养人的生产和生活技能，进而培养人的创业能力的创业教育是伴随着教育的产生而产生的。或者说，培养创业者是教育的基本职能之一。

第二阶段是夏、商、西周和春秋时期。到夏代，进入奴隶社会，在社会阶级分化和脑力劳动与体力劳动分离的基础上，产生了教育的分化。奴隶主阶级开始认识到教育的作用，为把本阶级的年轻人培养成为强有力的统治者，需要组织特殊的教育训练，把教育从生产和生活中分离出来，成为独立的社会活动，但只重官学，“学在官府”，受教育成为统治阶级和少数贵族的特权，教育也主要成为培养和训练居于奴隶之上的统治者，多数从事体力劳动的民众被排除在学校之外，只能在社会生活中接受教育和统治者施行的教化。在当时的历史条件下，教育既突出政治统治，也关注自然和生产、生活，在教育内容上具有一定的创业教育的成分。

第三阶段是战国时期。战国时期是中国历史上非常重要的时期，社会大动荡、大变革，生产力大解放，思想、科学、文化大繁荣，中国历史上出现了第一次“百家争鸣”的教育文化自由发展的历史时期，产生了全新的教育机构——私学，涌现出了儒、道、墨、法等诸家学派。社会科学与自然科学同步发展，精神世界与

物质生活共同提高，把中国历史带入了空前发展的辉煌时代。教育得到全方位的自由发展，创业教育也获得了发展的机会。诸子百家中的墨家是小生产者的代表，开办致力于培养个体劳动者的私学，相对于儒、法、道等其他学派，注重传授生产科学知识，教学内容包括农业、手工业、军事器械制造，实用知识技能等领域，教学方法上更多采用的是辛勤劳作，而非坐而论道。因此可以说，墨家学派是创业教育在中国古代的典型代表，是依靠教育发展生产、推动创业的教育学派。

第四阶段是封建社会时期。在从公元前 221 年到公元 19 世纪末两千多年的封建社会历史中，除了秦朝以法家思想主导政治统治和汉初统治者为缓和社会矛盾尊崇道家的"清静无为"以外，从汉武帝"罢黜百家，独尊儒术"开始，儒家思想统治中国文化两千余年，"克己复礼为仁"、"三纲五常"、"化民成俗"等儒化思想，在"学而优则仕"的科举制度传承下，已经融入炎黄子孙的血液里。在这漫长的历史时期，在以儒家思想为主导的政治大一统的封建社会制度背景下，生产关系不断调整，适应和推动着生产力的发展，虽然经历了多次朝代更替，还是保持着社会相对稳定的发展，而且独领人类文明之风骚。这一时期，尽管有北宋王安石的"崇实尚用"思想、明朝王廷相的"重实"教育，清朝王宗曦、王夫之、严元的"实学"教育等教育创业思想的萌芽，但仍然未得到朝廷的重视，直接推动生产和生活的创业教育没能得到应有的发展。

第五阶段是资本主义萌芽和民国时期。鸦片战争开始了中华民族屈辱抗争的历史，也揭开了中国教育近代化的序幕。所谓中国教育近代化，就是资本主义教育的萌芽和发展。凭借不平等条约强行设立的教会学校，在封建传统教育主体中注入了资本主义教育因素；洋务运动中无论是教会学校的扩张、洋务学堂的设立，还是留学教育的勃兴，虽然是在"中学为体，西学为用"的思想指导下，但还是传播了资本主义文化和教育观念，冲击了传统的封建教育体制，使中国教育由以民族教育为中心的封闭型向与世界文化交流的开放型转变，改变了中国传统教育结构。教会教育在传授外语和自然科学方面的内容和近代的教育形式，有利于中国近代教育的产生和发展，也让创业教育萌生了初芽。但是，教会学校的根本目的是进行宗教和文化扩张，严重侵犯了中国教育主权，其目的性与教育根本有一定差异。

中华人民共和国成立以前，创业教育在民国成立初期得到了大力的提倡和发展，突出表现为蔡元培、黄炎培和陶行知三位大教育家的教育思想和实践。曾任民国教育部部长的蔡元培提倡的实利主义教育思想及在其导引下的实业教育运动，萌发了中国创业教育的幼芽。他把实利主义教育当作富国的手段，看到世界的竞争不仅在武力更在财力，提出全面和谐发展的教育纲领，主张“以人民生计为普通教育之中坚”的智育，开始重视开设自然科学和技术课程，重视培养学生掌握和发展实业的技能和本领，形成独立思考的能力和习惯。蔡元培的实利教育的主旨是突出发展资本主义生产的知识技能教育，发展个人的实业能力，满足资本主义生产需要科学技术人才和熟练工人的要求，体现了创业教育思想。

黄炎培发展实力主义教育，发起了中国近代史上的职业教育思潮，提出了“使无业者有业，使有业者乐业”的职业教育目的论。他试图通过职业教育，使每一个受教育者形成通过职业劳动求生的本领和能力，实现职业教育对个体求生存、求发展的价值。他主张“养成青年自求知识之能力、巩固之意志、优美之情感”，是职业教育给教育者一技之长以外的更远大的目标，即只有职业教育使人的个性、天性和才能与职业相适应，才能发展人的个性和才能，才能使人真正“乐业”，也体现了创业教育必须建立在个人能力、素质和兴趣之上的思想。他认为发展职业教育、培养个人职业能力是个人生存、社会经济发展和教育功能作用三者的统一。他提出“社会化”职业教育方针论，主张“注意时代趋势与应走之途径，社会需要某种人才，即办某种学校”，即职业教育与社会生活技能紧密相连，并受社会经济发展制约，因此，职业教育课程必须根据社会经济发展的需求确定，从事职业教育必须与社会广泛接触和沟通，培养出来的学生必须能够立足社会、服务社会。他提出“手脑并用”、“做学合一”和职业教育教学原则论，主张职业教育的目的在于“养成实际的、有效的生产能力”，必须“理论与实际并行”、“知识与技能并重”。可见，黄炎培的职业教育思想系统而完整，鲜明地体现了面向社会、面向生活、注重实际、关心人生、追求成功的教育价值观，从价值理念、教育目的、教学原则、办学方针等各个方面都体现了创业教育思想。

陶行知的生活教育理论也为创业教育思想在中国的形成和发展奠定了理论基础，他提出“生活即教育”、“社会即学校”的思想，主张“生活教育是给生活以教育，用生活来教育，为生活向前向上的需要而教育；生活决定教育，教育通过生活才能发出力量而成为真正的教育”。他认为天性是人的根本，放飞天性，摆脱缚束，在生活中去学习、去改变，利用生活培养人的“创造力”。他强调“教学做合一”，主张以做为中心、以行动为中心、以生活为中心。教师要教给学生学习方法，培养学生独立思考和独立解决问题的能力，形成举一反三的探讨本领，教是为不教，学达到会学，从而使学生掌握学习方法，学会学习、主动学习。陶行知的生活教育理论对现代教育影响颇深。

尽管这一时期受到资本主义教育思想影响很深，涌现出一大批进步的教育家，形成了一些宝贵的、进步的教育思想和教育实践经验。但是，由于战乱不断，社会动荡不安，国民党统治无心顾及国家的治理、文化教育事业的建设，使得这些思想失去了生存和发展的环境和土壤，创业教育也失去了发展的机遇。

二、中华人民共和国成立后的创业教育发展

在中国共产党领导的革命根据地时期的教育，主要是以革命为核心，以提高民众思想政治觉悟和干部群众参加革命斗争的文化素质为中心，教育为个人实业发展、地区经济建设服务等任务还无从谈起。中华人民共和国成立以后，广大人民群众压抑了千百年的主人翁激情，在中国共产党的领导下如火山爆发一般迸射出来，万众一心、无私忘我地投身于社会主义改造和建设，投身于新中国的经济建设事业。私有、民营经济经过社会主义改造后归国有，每一个个体都是社会主义劳动力大军的一分子，在绝对大公无私的时代，在优越的社会主义制度下，无论是经济增长速度、社会发展程度包括管理模式都创造了人类历史的奇迹。直到20世纪50年代末60年代初，由于复杂的国际国内形势，中国经济违背了客观规律，脱离了健康的发展轨道，广大人民群众的激情和创造力没有能够被充分引导到经济建设上来，造成了极大的浪费，不得不在1962年公布的《农村人民公社60条》中恢复了家庭副业、自留地和城乡工商户的地位，为私有经济留下了细小的尾巴，而这只“小尾巴”在此后的历次阶级斗争中，作为“斗争对象”饱受折磨。这一时期的教育目的就是“培养德、智、体全面发展的社会主义建设者和接班人”，工、农、商、学、兵等各行各业的社会主义建设者都是名义上的国家、集体或企业的主人。而个体经营作为“投机倒把”活动是严厉打击对象，个人创业则被严重排挤，社会环境是不容许个人创业存在的。具有主观能动性和创造性的个体及其团队只有在集体而且是纯粹的国有集体中才能存在和发挥作用，创业也只是在国有集体的领导下或者在国有集体中共同发生，以培养个体创业者为目的的创业教育也就无从谈起。到1978年，8亿多人口的中国，只有城镇个体工商户14万余，沧海之一粟，无足轻重。全国上下“大锅饭”，干多干少、干好干坏一个样。由于实行短缺的、计划的供销体制，城镇人口凭票供应，绝大多数处在温饱线上；1亿多农村人口的口粮在每年300斤以下，徘徊于饥饿的边缘。全国人民发展生产的热情和能力被严重挫伤，社会生产力受到重创，国家经济遭到严重破坏。

十一届三中全会以来的改革开放以及社会主义商品经济、社会主义市场经济的实行，使民营、私有、个体等经济形式不断发展和完善，新时代的创业浪潮此起彼伏，涌现了一大批杰出创业者，同时形成了几种不同的创业类型。比如，以浙江万象集团鲁冠球为代表的“社、队企业”基础上创业的乡镇企业，占据中国工业的半壁江山；以浙江娃哈哈集团宗庆后为代表的校办企业的社会化、集团化发

展；以四川希望集团刘永行为代表的受贫困生活所迫而走上创业道路，已经成为战胜外国竞争对手的民族工业支柱；以联想集团柳传志、用友集团王文京等为代表的创业者作为国家机关和科研工作者放弃“铁饭碗”，“下海”创业，引领中国高科技企业的潮流；以华为集团任正非为代表的部队转业人员“下海”创业的；以步步高集团段永平、商务通集团张征宇等为代表的学生创业者；也有华普的翦英海、重庆宗申的左宗申为代表的个体户的成功创业；还有搜狐的张朝阳、亚信的田溯宁等为代表的出国留学生回国创业的“海归派”创业者；以及创维集团的黄宏生、海王集团的张思民等为代表的放弃外企、大企业、三资企业高薪待遇和发展前途的经理人自创企业的创业者等。这些创业者拯救了中国企业界，是中国新经济发展的中流砥柱。而此时的中国，尚处于经济短缺、人才匮乏、百业待兴的时代，还没有形成创业者健康成长的环境，许多创业者也没有能够具备一个创业者应该具备的综合素质，更多的创业者是出于对现实生活和工作的不满，而开创让自己向往却没有足够的心理和能力准备的事业。大浪淘沙，三株、巨人、爱多、秦池等一大批优秀的创业企业，只经历了短暂的辉煌，就“英年早逝”。这也是内外因素共同作用的结果。

直到进入 20 世纪 90 年代后期，经济全球化以及电子信息科技为核心的知识经济改变了整个世界的经济结构、社会结构以及职业结构。快速发展的中国社会主义市场经济，特别是加入 WTO 以后，与国际接轨，适应世界潮流，按照同行的规则和标准，调整经济结构、发展新兴经济也就成为必然。中国相继出台了一系列与国际接轨和推动创业者创业的政策，可以说创业者成长和创业的环境已经日趋成熟，尤其是被称为“创业者天堂”的深圳，涌入大量创业者。

第三节　我国高校创业教育的缘起和发展

一、我国创业教育的缘起

作为一个教育改革和研究项目，“提高青少年创业能力的教育联合革新项目”是联合国教科文组织亚太地区办事处“教育革新为发展服务计划”（APEID）1987～1991 年项目周期的活动之一。围绕这一项目，亚太地区办事处从 1989 年到 1991 年召开了三次国际性会议，中国参加了这一项目。

1989 年 11 月底至 12 月初，“面向 21 世纪教育国际研讨会”在北京召开。会议强调，通过教育培育的 21 世纪的劳动者应该是“最全面发展的人，对新思想和新机遇最开放的人”。在这样的背景下，会议报告在论述 21 世纪的教育哲学问题时，提出了一个全新的概念——“创业教育”。

1990 年下半年，中国作为项目国家，由国家教育委员会基础司劳技处牵头，成立了该项目的国家协调组，并以北京、江苏、湖北、四川、河北、辽宁等省市为项目单位，进行创业教育的实验和研究。从 1990 年下半年到 1991 年底，各项目单位积极进行实验与研究，取得了很多创新性的成果。

作为项目组成员的江苏省，由江苏省教育科学研究院南通市教育科学研究所、如东县教育局和教科室等单位首先承担了从 1990 年到 1991 年的第一阶段研究工作。该阶段研究工作以如东县的童店乡、浒冷乡为实验点，从成人教育领域入手，理论研究与实证研究相结合，取得了突破性的进展。1992 年初，课题组成员同时在全国各教育理论刊物上集中发表了相关研究成果。1992 年第 1 期《教育研究》，《关于创业教育的若干问题》（毛家瑞，彭钢，陈敬朴）；1992 年第 1 期《教育评论》，《创业教育的目标、课程及评价》（毛家瑞，彭钢）；1992 年第 1 期《上海教育科研》，《继续教育领域实施创业教育项目研究报告》（彭钢，陈敬朴）；1992 年第 1 期《江苏教育研究》，《农村教育综合改革与创业教育》（毛家瑞，马维娜），《素质教育与创业教育》（彭钢，蔡守龙）。

1992 年，江苏省的创业教育理论与实验研究被列为国家教育科学“八五”规划课题。从 1992 年到 1994 年，作为整个研究的第二阶段，创业教育的实验扩展到 5 县、13 个乡、8 所职业中学、13 所初级中学，从成人教育领域推进到基础教育和职业教育领域。1993 年 4 月，江苏省“创业教育理论与实验”课题组又推出一项重要的研究成果：《创业教育系列丛书》（毛家瑞主编），其中《创业教育的理论与实验》（彭钢著）与《创业教育的目标课程与评价》（马维娜、张鸿兵著）集中总结和反映了创业教育在实践探索中的主要理论问题。

以上的实践和研究为我国高等创业教育的诞生奠定了良好的理论与实践的基础，并有力地推动了我国创业教育的开展。但这项实验未能推广和坚持下去，因而没能成为全国教育改革的主流。

二、我国高校创业教育的发展概况

20 世纪 90 年代，我国高校在实施素质教育，包括人文教育、创新教育等方面，紧跟世界高等教育思想变革的发展趋势，作了较深入的研究和探讨。然而，在为高新技术产业培养创业型人才方面，对其紧迫性似乎认识不足，对创业教育理念的回应也显得有些迟缓，不但对创业教育的理论研究得不多，高校中创业教育的实践探索也很少。

1989 年 11 月底至 12 月初，联合国教科文组织在北京召开的“面向 21 世纪教育国际研讨会”提出创业教育的概念。1995 年联合国教科文组织全面阐述了完整的创业教育概念，即创业教育包括求职和创造新的岗位两个方面的内容。

1998年召开的世界高等教育大会进一步强调指出：高等教育应培养创业技能与主动精神，毕业生将愈来愈不再仅仅是求职者，而首先应该成为工作岗位的创造者。

我国高等教育对创业教育理念的正式回应，始见于1998年12月24日，在国务院批转教育部的《面向21世纪教育振兴行动计划》中提出了要"加强对教师和学生的创业教育，鼓励他们自主创办高新技术企业"。从此，中国高校开始大力发展创业教育，并鼓励大学生积极创业。

1999年全国教育工作会议上，江泽民强调指出："教育是知识创新、传播和应用的主要基地，也是培育创新精神和创新人才的摇篮。"李岚清在这次会议的报告中也提出："要探索鼓励高校毕业生自主创业的有效途径和相应的政策措施。通过政府设立小额贴息贷款，或者借助社会风险投资基金等方式，扶持大学生开办、承包和改造企业，特别是小型科技民营企业。"2000年1月11日，全国高校技术创新大会上，教育部公布了新的政策，为正在涌动的大学生创业潮推波助澜。这项政策规定：大学生、研究生(包括硕士、博士研究生)可以休学保留学籍创办高新技术企业。参加此次会议的84所高校校长们也宣布：允许科技人员离岗创办高新技术企业、中介机构，并可在规定的时间内(原则上为两年)回到高校竞争上岗。许多地方也相继出台一些政策与措施，帮助和鼓励大学生创业。

在国家政策对创业教育的引领下，我国高校的创业教育开始了突破性的发展。据李时椿、常建坤等研究，创业教育和创业活动在我国高等院校发展可以分为两个阶段。

第一阶段是各高校自主探索的阶段，这一阶段是从1997年到2002年4月。在这一阶段，许多高校都进行了积极的自发性的探索。1998年，清华大学发起首届"清华大学创业计划大赛"。1999年，团中央、中国科协与全国学联联合举办全国首届"挑战杯"大学生创业大赛。与此同时，教育部也作出决定，允许大学生、研究生保留学籍创办高新技术企业。上海复旦大学开始尝试将学生创业教育融入教学中。华东师范大学尝试开设了"创业教育课"。北京航空航天大学也为本科生开设了"科技创业"的课程；在创业实践方面，北航科技园、北航科技孵化器等机构还为学生创业给予支持，并帮助解决注册难、筹资难等实际问题。此后，国内许多高校纷纷采取相应措施，举办大学生创业大赛，开设各种创业协会，开展创业教育，支持创业活动，大学生中涌现出一股前所未有的创业潮。

第二阶段是政府引导下多元化发展的阶段，这一阶段是从2002年4月至今。2002年4月，教育部正式发文确定清华大学、北京大学、中国人民大学、北京航空航天大学、上海交通大学、南京经济学院等9所高校为创业教育试点院校。这一期间，教育部先后召开几次创业教育试点院校座谈会，高教司还举办了教育部创业教育骨干教师培训班。在政府的引导下，各高校创业教育活动得到蓬勃发展。例如，北京航空航天大学通过创业管理培训学院、科技园和科技孵化器等机构为大学生搭建了一个务实、系统的创业平台；上海交通大学利用两个课堂开展创业教育，学校拨出专项资金鼓励学生进行有技术含量、有创新理念的创业活动；中国人民大学通过开设“企业家精神”、“风险投资”、“创业管理”等课程，将第一课堂与第二课堂相结合来开展创业教育；武汉大学则以创业教育试点为契机，把创业教育理念渗透到学生的课程和学习生活中；等等。这十几年来，国内一些重点大学开始不同程度地实施创业教育，并积累了一些成功的经验。

1. 清华大学创业教育体系

清华大学创业教育在国内发展得比较早，积累了许多成功经验。1998 年，校团委在多年的学生课外科技活动基础上，组织了首届清华创业大赛，首次将“创业”这一概念与在校大学生建立起生动的联系。1999 年，清华大学第二届创业计划大赛举办之时，正直网络经济火爆、知识英雄频出之际，“视美乐”、“易得方舟”等首批学生创业公司获得巨额风险投资，成为高校大学生创业教育成功吸引资金的典范。在这之后，清华大学的创业教育发展得很不错。

2015 年 6 月，首批由 137 所国内高校和 50 家企事业单位、社会团体共同组成的“中国高校创新创业教育联盟”在清华大学正式启动。清华大学校长邱勇在联盟启动致辞中指出，“创新创业，基础在于教育，关键在于人才”。清华大学对学生创新创业给予了极大支持，首先是在教学方面，学校推进创意、创新、创业“三位一体、三创融合”的高层次创新创业教学体系建设。

用清华大学教育处副处长、中国高校创新创业教育联盟秘书长孙宏斌的话说，“创业过程是变革不确定性以及不同的思维方式”。创新创业目前还缺乏系统化的课程设计，因此，创新创业人才培养对校方来说本身也是一次创新的“挑战”。

清华大学为创新创业学生制定了全新的课程培养方案，鼓励参与创新创业学生打破院系间壁垒，进行跨学科的专业选修，并设计了专业学位课程，包括：互联网金融创业本科生辅修专业、技术创新创业本科生辅修课程以及 TSBI 交叉创新研究生学位课程，学生在通过专业课程的进修后还可以获得专业学位。

孙宏斌教授介绍了清华大学的“三创平台”的基本情况：创客空间是 2010 年由学生自发创办的学生社团，致力于让更多的师生理解科技与艺术，爱上创新与创造，目前已有团队 20 余支，人数逾 600 人。iCenter 是由清华基础工业训练中心与校内各院系和校外合作单位联合成立，主要开展工程训练实践、挑战式课程、创新创业系列课程。X-lab是清华大学新型创意创新创业人才发现和培养的教育平台，简称“三创空间”，于2013年4月25日正式成立。截至2015年5月底，已经有超过1万人次的清华大学及社会的青年学生参与了X-lab的各类讲座、比赛、交流、实践活动，600多个来自于清华大学在校生和校友的项目加入清华X-lab。

2. 中国人民大学创业教育“5C”体系

育人(culturing)为本。坚守“育人为本”人才培养本位，明确创新创业教育在学校全局工作中的战略地位，列入学校“十三五”发展规划和综合改革方案。聚焦人才培养主要环节，注重跨文化沟通能力培养，全面加强课程建设、专业建设、教学过程建设和教师教学培训指导。通过精实课程、国际研学、名师沙龙、拓展支持、全员导师、研究实践、双选认证、公益服务等8项制度、16个具体项目和配套支持政策，全面推进研究性、创新性学习制度体系建设，增强学生学习真知识、发现真问题、开展真研究、提出真见解的能力。

事业(career)引领。注重学业、就业、创业与事业“四业并举”，为学生创造多元发展条件。在创业教育过程中，既鼓励学生独立创办企业，又强调管理创业、服务创业、社会创业。切实履行“立德树人”根本使命，重视世界观、人生观、价值观引导，不断加强和改进思想政治理论课教学，开拓“红船领航”党员先进性熔铸计划、学生生涯引领计划等活动载体，培养学生社会责任、家国情怀、创新精神和合作能力。积极开创基层就业创业论坛活动，与基层单位签署就业创业基地协议，开展“知行合一”暑期就业创业实习计划，鼓励学生到基层从事公共管理和社会服务。

融合(cross)培养。注重理工教育与人文社会科学教育、创业教育与专业教育、课堂教育与实践教育等相融合，培养复合型创新人才。成立理科公共平台校内创新实践基地，推进实验班建设，探索开设经济学-数学双学位实验班、金融学-数学本科双语双学位实验班、新闻学-法学等各类实验班10余个，促进人文精神与科学素养结合，推动文理交融。面向全体学生开设“创新型创业管理”、“创业＋互联网＋金融”等20个学分的创业系列课程及讲座。依托有关学院和大学科技园，建设创业教育证书课程包，开发创业实战训练课程，方便学生选学。组织“千人百村”等大型社会调查，帮助学生了解社会需求，选择创新创业方向。建设以人文社会科学为主的实验室体系，形成理工科实验室、应用文科实验室、人文科学信息多媒体技术实验教学环境三大实验室体系，建成各类实验室和野外研究基地106个，各类实验室面积超过18万 m^2。

创新(creating)导向。通过创新训练、创新实践等环节调整，培养学生创新意识、创新思维和创新能力，实现“寓创业于创新，以创新促创业”。在本科人才培养体系中，设立“大学生创新实验计划”(创新训练项目)和“大学生创业训练计划”(创业训练和创业实践项目)两个子项目平台，构建全方位、多层次、广覆盖、重实效的创新创业训练体系。组织“创业之星大赛”、“创业引领计划”，引导学生参与“创青春”、“创新杯”、“挑战杯”首都大学生创业计划竞赛和ACM国际大学生程序设计竞赛等，并与成绩考核、推优评奖等实现政策对接，形成创新驱动创业、创业带动就业的良性循环。

圈层(circle)服务。汇聚学科圈、要素圈、校友圈资源，构建创新创业教育生态圈，形成自循环生态链。成立创业学院，健全体制机制，促进校内协同，组织开展创新创业教育研究、课程建设、教材建设和师资队伍建设，推动创业训练和创业实践。推动校地校企合作，开辟教育新空间，建设实习实践实训基地。发掘校友资源，依托校友企业、社会企业共同组建创业导师队伍，举办创业大讲堂、创业沙龙、创业校友“大手拉小手”等活动，形成日日有服务、月月有指导、四季有重点、年年有总结的创新创业服务指导方式，帮助学生自主开展创新创业训练和实践。

3. 上海交通大学“三个导向”创业教育体系

以志趣为导向，创新培养机制。上海交通大学做好顶层设计，从学生成才成长需求出发，将创新创业人才培养目标由未来企业家拓展至具有创新创业志向和兴趣且具备强烈社会责任感、高尚职业道德、社交和管理技能的人才。提升课程质量，学校开设跨学科、跨专业的交叉课程和创新与创业大讲堂、创新思维与现代设计、哲学智慧与创新思维等教育通识课，并在专业教育中融入创新、创意、创造的精神和理念。加强队伍建设，形成以课程教师、讲座嘉宾、创业导师(创业企业家)和创投导师(投资人)为主的“四师制”师资队伍。

以能力为导向，搭建实践平台。建设上海交通大学学生创新中心，打造创新能力训练和创新孵化两大平台，依托创新开放中心、交叉创新中心、校企合作中心、工程服务中心等为学生创新实践提供支持。构建包括上海交通大学大学生创新实践计划和暑期本科生科研见习岗、上海大学生创新活动计划、国家大学生创新创业训练计划等在内的三级大学生创新创业训练体系。建设“零号湾”全球创新创业集聚区，整合政策、人才、技术、资金、管理和市场等资源，完善创业孵化生态环境。已有近300家科技型初创企业、2 000多位创业者入驻集聚区。

以研究为导向，服务长远战略。学校发挥创业学院、安泰经管学院及在沪教育部直属高校毕业研究生就业工作协作组等优势，组建学术与实务、创新与创业、本土与国际相结合的常态化创业研究队伍。依托上海交通大学“全球创新创业实验室”，凝聚50余位国内外知名的创业领域研究专家和学者，开展双创领域理论研究。建设上海创业研究中心，为地方政府、高新园区、创业企业提供决策咨询建议和意见。联合举办“2016上海秋季创业研究论坛”，共建“生物医学工程产业化基地”、“华院数据专业孵化器”、“昂立文化教育孵化基地”等研究和实践基地。

4. 北京大学创业教育体系

打造全方位科研创新能力培养平台，培养学生的科研创新能力。支持学生开展科学研究训练、创新性实验、学科竞赛和创意创新创业大赛等活动，使之真正成为提高学生实践创新能力的重要载体。面向全校学生进一步开放国家级、市级、校级科研基地和各类实验室，促进实验教学平台共享，以“国家级创新创业训练计划”为牵引，鼓励学生组建跨国别、跨文化、跨专业、跨年级的创新实践和创业训练团队。制订和推广暑期国内外短期科研专项计划，进一步强化学生科研创新能力。

强化实践环节要求，提升学生实践创新能力。强化校企、校地、校所的协同育人新机制，充分利用北大教育资源、研究资源和校友资源等各种资源建设北大科技园、大学生创业园和创业孵化基地，建立一批校外实践教育、创业示范、文化创意和科技创业实习基地，鼓励学生参与公益性创业，通过学生虚拟经营企业，熟悉创业流程，提高创新创业能力。

深入实施“大学生创新创业成长计划”，全面推进创业服务载体“北京大学创业大讲堂”、“北京大学创业训练营”公益孵化基地和北大科技园创业孵化器建设，调动社会资源、面向社会服务，打造国内最有影响力的开放公益的创业教育与扶持平台，形成北大创新创业孵化生态链，扶持优秀学生和校友企业成长壮大。

三、我国高校三种具有代表性的创业教育方式

2002年4月2日至3日，教育部高等教育司在北京召开了普通高等学校创业教育试点工作座谈会，9所试点院校的负责人参加了会议。座谈会上，9所院校分别介绍了本校开展创业教育活动的基本情况。根据9所试点学校的介绍，本次会议总结了我国高校所形成的三种有代表性的创业教育方式。

第一种是以中国人民大学为代表的创业教育方式。这种创业教育方式主要以提高学生整体能力和素质为侧重点，其特点是强调创业教育重在培养学生的创业意识，构建创业所需要的知识结构，完善学生的综合素质。学校将第一课堂与第二课堂结合起来开展创业教育。在第一课堂上，调整教学方案，加大选修比例，拓宽学生自主选择空间；开设“企业家精神”、“风险投资”、“创业管理”等创业

教育系列课程；改革教学方法，倡导参与式教学；以鼓励学生创新思维为导向，改革考试方法等。在第二课堂上，学校不以功利性为导向，鼓励学生创造性地投入各种社会实践活动中，通过开展创业教育讲座以及各种竞赛活动等方式，形成以专业为依托、以项目和社会为组织形式的“创业教育”实践群体。

第二种是以北京航空航天大学为代表的创业教育模式。该模式以提高学生的创业知识、创业技能为侧重点，其特点是商业化运作，建立大学生创业园，教授学生如何创业，并为学生创业提供资金资助以及咨询服务。学校成立“创业管理培训学院”，专门负责学生创业相关事务。学校还设立30万元创业基金，对学生的创业计划书经评估后进行种子期的融资。

第三种是以上海交通大学为代表的“综合式创业教育”。该校以“三个基点”（素质教育、终身教育和创新教育）、“三个转变”（专才向通才转变、教学向教育转变和传授向学习转变）为指导思想，确立创新人才的培养体系的基本框架和内容。该校认为开创创业教育的最主要目的，应该是培养学生的创新意识和创业理念，重点应该在学生的素质培养上，把创业教育的核心目标定位在培养学生的创业素质上。

上海交通大学以素质教育、终身教育和创新教育为指导思想，确立创新人才培养体系的基本框架和内容，建立了若干个实验中心和创新基地，全天候向学校各专业学生开放，以培养学生的动手能力。成立专门的科技创新实践中心，对学生的创业、创新活动进行指导、咨询和评价。举办大学生创业大赛，并创造条件，尽可能地将竞赛中选拔出来的成果产业化。同时，学校允许在校学生休学创业，并鼓励毕业生自主创业。

第四节　我国高校创业教育的内容及意义

一、创业教育的内容

创业教育的培养目标是根据社会发展和个人发展需要培养具有创业意识、创业精神、创业品质、创业能力、创业知识结构的开创型个性的人才。简言之，创业教育的目标就是人的发展目标。创业教育不是“企业家速成”，不是人们普遍认为的培训如何开办公司。当然，创业与创立事业、开办公司有一定的关系，但真正的创业教育不是教导学生都去开办公司，而是培养他们的创业意识、创业精神、创业能力、创业素质和开拓精神，以使学生更好地融入我国向创业型经济转型的大潮当中。当然，创业教育除了对创业素质、创业品质、开拓精神的通识培养外，还会选择性地教授一些有志于、有能力创业的学生一定的创业知识，也就是选择性地进行精英式创业教育。我国高校过去一直将培养目标定位在专业技能和专业知识的掌握，而创业教育是以人为本、以人的科学发展为主导，强调人的全面自由发展。因此，创业教育更加符合现阶段我国发展的实际，将创业教育融入高等教育当中、贯穿于整个教育过程是非常重要的。

创业教育的内容主要包含如下几个方面。

1. 培养学生的自我主体意识

教育是一种培养人的社会活动，其本质就是育人。在教育过程中，教育主体是教育者即教师，而教育客体是受教育者即学生。在创业教育中我们要注重培养学生的主动学习行为，也就是培养学生的自我主体意识。学生成长发展的主动权掌握在学生自己手里，只有在创业教育中着重培养学生的自我主体意识，才能帮助学生摆脱被动性、模仿性、依赖性，形成主动性、创新性、自主性的品质，形成独立思考、敢于怀疑、勇于探索、求真务实的特质。只有具有自我主体意识的人，才能够有主动学习、探索、思考、创新的行为，才能够成长为开创型创新人才。

2. 培养学生的创业意识

创业意识的培养是创业教育的基础。创业意识包括创业的需要、动机、兴趣、理想、信念、人生观、价值观和世界观等。创业意识教育属于普及化教育，旨在"商业扫盲"，培育创业文化，形成尊重创业的社会环境。让学生通过学习了解企业，并意识到市场经济提供的企业发展机遇，认识到学习创业知识和技能的重要性。具有创业意识的人，能够随机应变，充分发挥创造性，很快适应外部条件的变化。开展创业意识教育，关键在于引导学生冲破思想束缚，培养学生创新与超越意识，变学生被动接受就业指导为教会学生主动创业。

3. 培养学生的创业精神

创造精神是创业精神的基础，创新精神是创业精神的核心，创优精神是创业精神的归宿。要成为一名成功的创业者，一定要有坚定的决心，有迎接挑战的勇气，有不断创新的进取心，对国家、对社会、对他人、对自己拥有强大的使命感和责任感，并自觉地履行这种责任。在创业教育中，我们要帮助学生形成自信、自强、自主、自立的创业精神和创业理念，完善个人精神追求，既要鼓励学生敢于去偏远地区、冷门行业去创业，也要支持学生敢于自主创业，学会自我发展，培养学生具有创业的胆量、勇气和开拓精神。

4. 培养学生的创业品质

高校创业品质教育主要就是使学生形成独立性、勇气、毅力、责任感、适应性、道德感、信用、乐观、缜密性及接受失败挫折的优秀品质和心理素质。高校创业教育的任务就是要引导大学生建立科学的世界观、人生观和价值观，培养乐观向上、勇于创新、乐于奉献的精神，形成健康的身心素质，特别是心理上能够正确对待挫折和困难。通过对大学生创业品质的综合培养，使学生成为独立、坚韧、乐观、讲信用、有社会责任感、心理健康的社会人，有助于提高大学生的整体思想道德素质，完善大学生自身综合素质。

5. 培养学生的创业能力

创业能力的形成和发展是通过后天的培养和实践活动锻炼得来的。创业能力可以包含很多内容，如观察力、想象力、注意力、记忆力、创造力、文字写作能力、表达能力、人际交往能力、管理能力、经营能力、专业能力及综合性能力等。创业能力的高低直接关系创业是否能够成功。创业能力的获得一定要通过实践活动的锻炼，在创业教育中我们要注重通过实践活动综合培养学生的各方面能力，根据学生个性心理特征因材施教、个性教学。

6. 培养学生的创业知识结构

创业知识包括专业知识、经营管理知识、市场经济理论知识和综合性知识等。随着我国市场经济的稳步发展、知识经济的快速推进、经济体制改革的不断深化，改革开放初期那种仅靠胆识、勇气、运气就可以创业赚钱的时代已经过去了。具有良好的创业意识、创业精神、创业能力的创业者还需要吸收更多的专业创业知识。如前所述，接受创业教育的大学生不一定都要去自主创业，在创业教育中学习一些系统的创业知识，可以为创业者的成功增加砝码，也可以为即将成为职业人的大学生们更好地实现自己的职业理想添砖加瓦。

二、大学生创业教育的价值意义

1. 大学生创业教育是我国经济和社会发展的迫切要求

第一，大学生创业教育有利于推动和谐社会的构建。党的十六大报告指出：“就业是民生之本。扩大就业是我国当前和今后长时期重大而艰巨的任务。国家实行促进就业的长期战略和政策。”即在指出政府责任的同时，明确要求“引导全社会转变就业观念，推行灵活多样的就业形式，鼓励自谋职业和自主创业。完善就业培训和服务体系，提高劳动者就业技能”。党的十七大报告指出：“要坚持实施积极的就业政策，加强政府引导，完善市场就业机制，扩大就业规模，改善就业结构。完善支持自主创业、自谋职业政策，加强就业观念教育，使更多劳动者成为创业者。”党的十八大报告中指出：“要推动实现高质量的就业。就业是民生之本。要贯彻落实劳动者自主就业、市场调节就业、政府促进就业和鼓励创业的方针，实施就业优先战略和更加积极的就业政策。”党的十九大报告中指出，“深化简政放权，创新监管方式”，直接为企业的发展清除了障碍；“激发和保护企业家精神，鼓励更多社会主体投身创新创业”；“促进非公有制经济健康发展和非公有制经济人士健康成长”等。这些指示精神为我们实施就业创业教育，使教育更好地同社会实践结合起来提供了重要的思想基础。大学生是最具创业潜能的群体，对其加强创业教育，提高其创业能力，不仅可以解决大学生当前因高等教育扩招带来的就业难问题，实现高等教育可持续发展，促进教育内部的和谐，而且可以通过大学生的创业来满足更多社会成员的就业愿望，进而促进整个社会的和谐与发展。

第二，充满活力是和谐社会的重要特征之一。充满活力，就是能够使一切有利于社会进步的创造愿望得到尊重，创造活动得到支持，创造才能得到发挥，创造成果得到肯定。社会活力来自社会成员、社会组织和社会机制的有效作用，表现为政治活力、经济活力、文化活力、人的发展的活力等。创业、创新、创造是社会活力的来源，社会活力是社会和谐的来源，和谐的达成本来就依靠活力。在知识经济时代，在构建和谐社会和创新型国家的过程中，作为集教学、科研和社会服务三项基本功能于一身的大学将发挥举足轻重的作用。大学要主动适应时代发展的要求，发挥大学对经济社会的引领作用，要提倡创新、创业精神，不但要出高质量的科研成果，更要培育具有高素质的创业人才。大学要大力发展创业教育，培养大学生的实践精神、探索精神、冒险精神和创业能力，把培养创新创业人才作为自己的重要目标，最大限度地挖掘并培育人的创造潜能，使之成为激发社会活力的策源地、创业人才的摇篮。

2. 大学生创业教育是建设创新型国家的需要

创新是引领发展的第一动力。党的十八大以来，以习近平同志为核心的党中央，把创新摆在国家发展全局的核心位置，深入实施创新驱动发展战略，强化科技创新在全面创新中的引领作用，大力推进“大众创业、万众创新”，积极推进“中国制造 2025”、“互联网＋”行动计划，新业态、新模式不断涌现，新产品、新服务快速成长，新旧动能加速转换，为经济稳中有进、稳中向好不断注入新的强劲动力。回溯人类社会进步的历史过程可以发现，创造性生产劳动是人类自身进化和人类社会发展的根本条件，人类的进化和发展就是一部创造发明史。我国正在进行的改革开放是一场前所未有的广泛而深刻的创造性工程，它需要群众伟大的创新精神。改革与创新已成为我国经济和社会发展的原动力。

科学技术已成为当代经济社会发展的主要驱动力。创新能力作为科技竞争力的核心竞争力和国家竞争力的基石，正以前所未有的力量左右着国际竞争的格局。我国要在 21 世纪中叶达到中等发达国家水平，必须大大提高全民的创新意识和创新能力，抓住机遇，大力发展知识经济，实现我国经济的工业化和知识化的协同发展与价值转化。改革开放以来，我国的科技改革与发展取得了巨大成就，但总体能力和水平与世界发达国家相比仍有较大差距。在我国，即使是在中关村这样一个人才密度远高于美国硅谷的地方，科技成果的转化率也仅有20%，而硅谷却高达60%～80%。另据国家科技部提供的资料表明，全国5 100多家科研院所，每年完成的科研成果近3万项，其中能够转化并批量生产的仅有20%左右，而形成产业规模的仅占5%。许多科研机构的成果因无人购买而派不上用场，这使其经费缺乏的矛盾更加突出，形成恶性循环。同时，我国许多企业技术落后，效益低下，没有竞争力，甚至面临关门倒闭的危机，却得不到能起死回生的技术成果。造成这种局面的原因很多，其中缺乏创业意识、创业技能是主要制约因素之一。

实施大学生创业教育，进一步拓展就业新视野，确立大学生创业教育新理念，提高大学生的创业素质，将为我国区域经济社会的全面协调发展开辟新的途径。培养大学生的创业意识和创业精神，创新发展思路，将会为社会提供新的经济增长点和就业机会，为促进社会主义创新型国家的建设提供强大的人才支持和智力贡献。

3. 创业教育可以更好地实现大学生全面、自由的发展

第一，大学生创业教育可以充分提升大学生的核心竞争力。创业教育可以培养大学生的创业意识、创业精神和创业能力。创业意识支配着创业者的态度和行为，良好的创业意识能引爆大学生的主观能动性，从而能更好地发掘自身的创造潜力，为社会作出贡献。一个人的知识越多，知识面越广，知识结构越合理，创造力也就越大。建立合理的知识结构，是创业的必要条件。实践证明，一种有利于创业的知识结构，不仅需要具备必要的专业知识、经营管理知识，而且还必须具备综合性知识，如有关政策、法规等以及人文、社会科学知识。创业意识支配着创业者对创业活动的态度和行为，是从事创业活动的强大内驱力。只有个体持有一种积极、开放的心态，才能有效地促进对于创业知识、技能、经验的认知、接受和内化。在未来的人才竞争中，核心竞争力的培育是至关重要的，大学生的核心竞争力来自培养学生的人文和科学素质、就业和创业技能、创新和创业精神的机制和能力。通过开展创业教育，大学生具备了创业能力、合作意识、诚信意识和承担风险的勇气；具备了专业知识和非专业知识、相关的市场知识、管理知识；具有了学习能力、实践能力、领导能力，而且有风险投资常识和运作资金能力。因此，开展创业教育是提高大学生核心竞争力的需要。

第二，大学生创业教育可以推动大学生自我价值的实现。对于大学生自身来说，为了获得更多就业机会，在具备基础理论知识和专业知识、掌握基本技能和专业技能的同时，还需要学习一定的创业知识和技能，要注意加强创业素质的

培养。这样就需要高校在传授学生专业知识、进行智力因素和非智力因素培养的同时，开展创业教育。在新生入学阶段，就注重激发学生的创业欲望，培养创业精神，帮助他们打消“等、靠、要”的依赖思想，在随后的几年里，再系统培养创业知识和创业能力。只有这样，才能使毕业生具备生存能力、竞争能力，既可去寻找合适的就业岗位而就业，又能为了寻求更好的自我发展机会而走向自主创业的道路。这不仅解决了大学生自己的就业问题，还能为社会创造更多的就业岗位，真正成为充满活力和主动精神的社会个体和群体。因此，开展创业教育可以有力地推动大学生自我发展，实现自我价值。

4. 大学生创业教育为高等教育的发展提供了新的契机

第一，高校实施创业教育推进教育功能的重新定位。高校实施创业教育，实际是人才观的转变和教育观的革命。我国素质教育的实践正在使人们对教育的认识发生根本性的改变。如果经过多年教育以后，青年一代并不了解职业生涯的基本特点和素质要求，不善于应用所学知识发现和解决现实问题，不具备倾听和尊重他人的品质和表达、表现自我的能力，不懂得分享与合作，不具备克服困难和坚持到底的毅力和勇气，高等教育将何以面对国家、社会和人民的殷切期待。实施创业教育，培养具有创业意识与创业技能的社会劳动者，不仅要求学生更有效地适应社会，更要求学生能自觉迎接未来的生存和竞争挑战，理性选择职业，积极参与社会变革，主动开创事业，进而获得成功人生。创业教育不仅是教育方法的改革或教育内容的增减，更是对教育功能的重新定位，是带有全面性、结构性的教育革新和教育发展的价值追求，是一种反映时代精神、以培养创新创业人才为价值取向的新的教育思想和教育理念，反映了人们对教育本质及其规律认识的不断深化，是对教育活动价值的再规范。

第二，大学生创业教育是高等教育大众化的必然选择。伴随着高等教育大众化进程的加快，高等教育模式由“精英教育”向“大众教育”转变。在这个转型过程中，两种教育模式是不同的。① 地位的象征、知识的功用不同。在精英教育阶段，知识本身是一种标志，获取知识强调的是知识本身所谓完整性，严格区分基础性知识和应用性知识，但很少考虑不同知识之间是如何衔接和转化的。当社会要求学生具有多方面经验和技能的时候，这种为知识本身而教育的精英教育模式便充分暴露出其弊端。而在大众教育阶段，接受教育是人们自发的适应社会发展和充实自我的需要，这就决定了教育必须为个人发展的这些需要服务，知识的作用体现在它的使用价值而不是人为赋予的“装饰性价值”。② 人才规格不同。在精英教育阶段，社会把人才作为实现社会目标的某种工具，这种工具有着特定的功能、型号和使用范围；把学校理解为锻造这种工具的车间，而不是作为培养有着社会责任感、全面发展和价值实现需要的新人的地方。由于人才的稀缺性，社会、学校对人才往往采取“过度保护”的使用和培养方式，导致人才严重的依附性人格，人才的自主性和创造性受到抑制。在大众教育阶段，教育消费者的需求日益多样，人才的规格、价值主要不再依赖于特定机构的“认证”，而主要通过人才的自主选择，最大限度地发挥潜能，开辟适合自我发展的道路，从而促进社会的健康发展。

第三，教育组织与制度不同。在精英教育阶段，学校与社会的关系是单向的，即学校按计划、无条件地向社会输送人才、提供服务。学校教育严重依赖于环境资源的投入，此时教育组织和制度无须太多的灵活性，同时这样的组织和制度也存在潜在的危机，即当社会资源的供给不是无条件时，教育系统将被迫关注市场的需求、关注自身机制对市场反应的主动性和灵活性。毫无疑问，社会与教育的互动关系将更加密切，但这种关系将是双向对称的。在这样的关系下，人才培养的环境将更加开放，人才培养的方式将更加贴近市场需求。为了更好地迎接知识经济的挑战，高等教育必须加快大众化的进程。但是，实现高等教育大众化面临的困难很多，其中毕业生就业问题尤为突出。如果大学生只会等待就业机会的来临，而不去积极地创业和开拓事业，将会造成智力资源的损失，会延缓高等教育大众化的进程。同时，高校为社会输送的大量毕业生如果不能顺利就业，就会反向制约高等教育的发展，阻碍我国高等教育由精英教育向大众化教育迈进的步伐。就业教育与创业教育是两种不同的培养模式，也是两种不同的教育质量观。创业教育就是要改变就业教育的思维模式，使高校毕业生不仅是求职者，而且是工作岗位的创造者。这种以创造性就业和创造新的岗位为目的的创业教育，适应了大众教育的发展需要，或者说，它是大众教育合乎逻辑的一个发展表象，是适应和实现我国高等教育大众化的必然选择。

5. 大学生创业教育推动了高校德育的创新

第一，创业教育树立了现代高校德育的新目标。现代高校德育是以促进人的德行现代化为中心的德育，是以人为本、尊重人的主体性、以促进主体德行发展为根本的德育。创造性是大学生主体发展的最高形式，是创业型人才的内在品质。发展大学生主体的创造性，培养创业型人才是现代高校德育追求的新目标。

这个问题与创造性的本质密切相关。创造性是人在创造活动中的能动性，是人的本质属性之一，是人特有的创造活动的特性。目前，世界心理学界普遍认为，创造性活动是科学家和其他发明家最终产生了对人类而言是新的有社会价值的成品的活动，创造性活动是有价值的，它具有人生价值或文化价值。当然，我们今天所言的创造性活动都是从有利于人类、有利于社会发展而言的，它具有建设性，而非破坏性或衰退性的蜕化。因而，人在活动中的创造性是一种优良的精神品质(心理品质)、劳动品质、学习品质，也是一种优良的道德品质。作为精神品质，它包含着创造的意识、热情和意志品质等精神因素，是“智情意三者前所未有的表现”，它对于我们在各个领域作出优异的成绩是具有普遍意义的。作为学习品质，创造性学习是对继承性或维持性学习的挑战，其功能在于通过学习提高发现、吸收新信息的能力和提出新问题的能力。作为道德品质，创造性是现代社会道德内容的重要组成部分，是每个人都必须具备的现代品质元素之一。

作为一种价值性活动，创造性活动是道德教育关心的重要课题。作为一种道德品质，人的创造性培养已成为道德教育的主要目标。随着科技、经济和社会的发展，人们的生活方式、价值观、就业观等不断发生变化，与之相应，现代德育也在不断创新，原有德育范式正在不断发展改革。在这样的社会背景下，高校德育体系必然要进行调整，实现整体转型，即从禁锢人的头脑、抑制人的主动性和创造性的灌输性德育，转向开放性、激发人的自主创造潜能的发展性和主体性德育。因此，高校德育必须把培养创造性、创业精神和创业能力纳入德育新目标，以培养道德主体的创造性为己任，从而为全面推进素质教育的发展，培养适应时代发展的创业型人才。

第二，创业教育拓展了现代高校德育的新内容。高等学校的德育内容，是德育目标的体现，在一定程度上决定着学生未来发展的方向。高等学校德育内容是根据德育目标和教育对象思想政治品德发展的一般规律而确定的，它随着社会发展进程而充实调整，体现社会主义市场经济体制、政治体制和社会结构的要求，具有时代精神与时代特征。

随着知识经济和全球经济一体化冲破地缘和政治观念的束缚，世界范围内的经济结构产生了重大的调整、变革，不断涌现新的行业和新的职业。与之相应，高校德育社会环境发生了复杂而深刻的变化。自从我国在全球经济一体化进程中加入 WTO，全国各行业面临着日趋激烈的国际竞争。一方面，当前我国就业和再就业压力很大，社会对传统行业劳动力需求的总量不足，出现尖锐的就业矛盾；另一方面，适应时代发展需求的行业及从业人员的质量与参与国际竞争的要求还有很大差距，要想更好地参与国际竞争，就必须培养更多高素质的创新、创业型人才。而且我国高等教育改革在不断深化，高校教育模式和方法日益多元化，高校德育在内容、方法等方面面临着前所未有的挑战和机遇。创新高校德育内容、拓展高校德育领域已成为时代的必然。

由于长期以来我国高校德育存在忽视学生个性发展、忽略创业精神的培养、抑制学生自由意识等现象，对于培养学生在社会生活中所必须具备的公民意识、市场意识、创业意识等还远远不够，导致学生的创业素质存在严重缺陷，不能适应新形势下日趋激烈的社会竞争。传统高校德育以理想信念、思想道德、价值取向、人生态度、民主法制等教育内容为主体，无疑是必需的。但作为培养面向世界、面向未来、面向现代化高层次人才的高校德育，仅有这些内容是不够的，还必须充实和拓展许多具有较强时代特色的内容。我们必须顺应时势，深化德育改革，优化德育内容，以为人民服务为核心，坚持不懈地对大学生进行理想信念教育，进行爱国主义、集体主义和社会主义教育，进行敬业、勤业、精业和创业教育，培养适应时代发展的创业型人才。

不可否认，大学生中的创业者毕竟只是其中的一小部分，而在大学生中开展创业教育，更普遍的意义还在于：通过对创业课程的学习和参与相关的创业实践活动，可以开阔大学生的知识视野和未来的职业生涯视野，使他们在走出校门之前对自己、对社会有更清醒和现实的认识。通过尝试设计自己的人生规划，也有利于培养学生的自立意识和团队协作精神，锻炼他们的动手实践能力，有效地促进其综合素质的提高。所有这些都是高校德育应该包含的内容和目的。

三、创业教育研究的理论意义

创业教育是一种全新的教育理念，对提高国家创业水平和创新能力、促进大学生知识转化、加强大学与外部世界的合作、解决大学生就业问题都具有十分重要的意义。随着全球经济一体化和高等教育国际化的不断加深，人才的竞争日益国际化，就业竞争也越来越激烈。过去，我国高校主要注重于培养学生成为适合某种职业的职业人，而忽视学生创业素质的培养，更有一些学校将创业当作找不到工作不得已而为之的“次等选择”。这就导致了我国高校毕业生单纯地去竞争现有的就业岗位的情况。然而，随着科学技术的迅猛发展和生产效率的快速提高，所需的劳动力会越来越少，社会就业矛盾会更加突出，就业岗位需求将更多地指向具有更强专业素质的优秀毕业生。2008 年国际金融危机的大面积爆发，使我国外向型企业和在我国建厂的外企受到很大的冲击，低端劳动力市场急速缩减，使大学生就业竞争更加激烈。在党的十七大提出“实施扩大就业的发展战略，促进以创业劳动带动就业”的战略部署之后，国务院和有关部委陆续出台了一系列“促进以创业带动就业”的方针，但是大学毕业生响应者甚少，这就再次凸显了我国高校创业教育理念与结构上的缺陷。因此，通过对高校就业、创业环境的研究，有助于构建出适合于我国国情的创业教育体系，从而更科学、全面地形成有中国特色、能够更好地发展社会主义经济的高校创业教育模式。

四、创业教育研究的现实意义

创业教育是开发和提高学生创业素质的教育，是培养学生事业心、进取心、开拓精神、冒险精神以从事某项事业、企业、商业规划活动的教育。目前世界上大约有600多所著名大学至少已经开设有一门创业教育课程。《21世纪的高等教育：展望与行动》中进一步强调指出："为使毕业生就业，高等教育应主要培养创业技能和主动精神，毕业生将愈来愈不仅仅是求职者，而首先是工作岗位的创造者"。国际教育界也曾预测，就世界范围而言，21世纪有很多的大学毕业生要走上自主创业之路。创业教育真正引起我国高校关注源于高等教育大众化引发的大学毕业生就业难的现象。最初我国的创业教育带有一定的功利性质，即以创业来完成学生的就业指标，而不是把创业教育当作一项重要的素质教育、终身教育。近几年，这种状况有所改善，但是很多问题依然存在，如：① 我国目前的创业教育理论体系大部分照搬西方国家的理论体系，缺乏适合本国国情的理论方针和教材体系；② 各高校并没有完全理解创业教育的重要性，对其定位有误，将其作为学生就业的辅助工具；③ 创业导师及理论教师相当缺乏，专业性不够；④ 尽管政府出台了一系列的创业优惠政策，但由于某些申报审批手续烦琐，使很多大学毕业生被拒之门外；⑤ 大学生创业资金不足，而我国风投并不完善，且往往关注于高科技项目，使一些大学生的创业梦想并不能得到青睐从而破灭在摇篮中；⑥ 社会大环境对大学生创业也没有产生积极影响，一些负面的杂音打击了大学生自主创业的决心和信心。这些问题的出现，主要因为我国的高校创业教育还处在初级发展阶段，很多方面还十分不成熟，外来的理论还没有中国化，没有形成适合中国国情的创业教育模式，也没有可操作性强的实现途径，为此，需要不断探索和解决。

2008年爆发的国际金融危机，给全球各个国家的经济带来了较大的影响，也使我国政府和社会更加重视高校创业教育，如何构建一个有中国特色的创业教育体系是我们现在迫切需要解决的问题。创业教育是未来高校自身发展的需要，正如《中共中央国务院关于深化教育改革全面推进素质教育的决定》提出："高等教育要重视培养大学生的创新能力、实践能力和创业精神"。具有创业教育经历也是增强大学生对未来社会适应性的需要。作为素质教育的重要环节，创业教育不是企业家速成，而是帮助学生正确认识社会、认识自己，树立正确的择业观和创业观；同时，培养学生自立、自强、自信、自主的创业精神，以及独立思考等能力。

第五节　我国高校创业教育存在的主要问题及其原因分析

我国创业教育虽然呈现蓬勃发展的势头，但是与国外相比差距较大，特别是和美国比较差距更大。在当今这个创业时代，创新、创业教育备受关注，呈现强有力的发展趋势。高校创新、创业教育工作将直接影响到大学生自主创新、自主创业的成效。我国大学生自主创新、创业的现状还不尽如人意，与国外发达国家大学生相比反差较大，这种现象折射出我国创新创业教育体系还存在很多问题。

一、大学生创业的现状

当前，我国大学生创业的现状不甚理想，表现为如下几点。

1. 创业比例低

从我国大学毕业生自主创业比例来看，目前仍然处于较低水平。教育部统计数字显示，2004 年自主创业的高校本科毕业生只占毕业生总数的 0.31%，2005 年这一数字提高到 0.4%，但到 2007 年这一数字又下降到 0.26%。显然，我国目前大学毕业生自主创业比例与美国 20%～30%的比例比较相差甚远。以北京市为例，2005 年北京市登记创业的大学毕业生 102 人，2006 年 146 人，2007 年 153 人，而应届毕业生人数 2005 年 15.4 万人，2006 年 17.5 万人，2007 年 18.9 万人，和毕业生人数比起来，北京市每年自主创业的大学生是凤毛麟角。没有大学生的创业，全社会的创业无从谈起，创新型国家也无从谈起。

2. 创新成果少

学术论文、专利是反映大学毕业生创新能力的重要方面。我国大学生在公开出版物上发表过学术论文和有论文在学术会议上交流的寥寥无几。专利申请也是我国大学生的“软肋”，75%高校的大学生专利申请数几乎为零。在“挑战杯”大赛中的获奖作品，由于其技术水平不高、市场前景不明、产品定位模糊、计划书远离实际，从而真正转化为现实生产力的极少。

3. 创业能力弱

2006 年“前程无忧网”对全国大学生创业能力与素质进行网上调查，发现大学生缺乏实际企业运作经验的占 45%，缺少社会经验的占 25.5%，缺乏企业管理经验的占 21.5%，没有合伙人的占 4.5%，缺少创业领域专业知识的占 3.5%。据中国人力资源开发网关注大学生就业组委会的“大学毕业生就业发展 2006 年度调查报告白皮书”显示：企业对已经招聘的大学生的评级趋于保守，表示对所招聘大学生感到“满意”的比例为 11.93%，表示“一般满意”的比例为 77.

91%。企业招聘大学毕业生时，最看重的是毕业生的“综合能力”(61.23%)，其次为“社会经历”(26.93%)。

二、高校创业教育存在的主要问题及其原因

在天津召开的创业学教育研讨会上，众多创业学专家学者指出了我国创业教育还处于启动或者萌芽阶段。当前我国在高校推行创业教育至少面临着以下几个方面的问题。

1. 对创业教育的认识不够

(1) 高校管理者的认知偏差

第一，许多高校管理者认为创业教育只是就业指导的一项内容，对创业教育还停留在技巧、心理、政策、形势分析等方面的指导，对大学生进行创业意识、创业精神和创业能力的教育还未引起重视，没有形成系统的创业教育体系，而是停留在举办创业讲座、创业计划比赛等基本的层面上。

第二，许多高校管理者很少考虑如何充分发挥学生的主观能动性和创造性潜能，忽略了人才素质的全面发展，认为大学生在校期间把专业知识学好就可以了，无视创业教育。这是一种典型的、狭隘的、片面的、静态的、封闭的、传统的就业教育观念。

(2) 大学生的认知偏差

第一，许多大学生认为创业是找不到工作的无奈之举，只要拥有大学毕业文凭，将来就会出人头地，从而导致他们在大学生活中不注意自身综合素养的培养，一味只看学习成绩，重学历，不重视学习方法和创新意识的培养，只想毕业后就能够找到一个安逸、体面、收入高的工作，从而未考虑自主创业。

第二，多数学生认为创业教育是对少数创新能力比较强、学习成绩优秀的学生开展的教育，而大部分学生是难以涉足的，故不重视学校有关创业教育中培养大部分学生创业意识、创业精神和创业技能的学习与培训，未对创业打好坚定的基础。

(3) 家庭和社会对创业教育认知不够

多数家长对孩子大学毕业后直接自主创业没有很高的期望值，况且对于一部分家庭尤其是农村家庭或城镇低收入家庭来说，供孩子读完大学已属不易，而自主创业又需要一笔不小的额外风险投资，所以他们不鼓励、不支持自家孩子大学毕业后创业。社会上一些人也对在校大学生创业持有一些看法，认为在校大学生创业就是不务正业且荒废了学业，给大学生造成一些舆论压力。这些观点都是对创业教育认识不够全面、不够深入的表现。

2. 对创业教育的理论研究不多

(1) 高校创业教育理论研究不够深入

教育的发展在不同的历史时期会遇到不同的问题,教育本身与社会发展总处在一种不断协调的关系之中,针对创业教育这个新问题,教育科学研究部门及高校本身需要不断地加以系统研究、探讨,形成一套完整的理论体系。1994～2007年,创业教育理论研究在我国取得了长足的发展。但从目前的研究成果看,不论是数量上还是质量上都处于初级阶段。由于高校创业教育的理论研究不够,系统的理论论述薄弱,加上对创业教育实践总结不够,导致理论研究不能充分发挥对实践的指导作用。

(2) 高校创业教育学科基础薄弱,脱离学科专业教育

创造学自20世纪80年代传入我国后,虽然有了一定的发展,但就目前国内高校的总体而言,除了少数重点大学开展创业教育外,绝大多数高校,特别是理工科院校对创造学的发展历史、研究内容、研究方法、主要分支及其研究规律等知之甚少。即使是重点大学开展创业教育,也只是主要停留在创业计划竞赛的指导和就业指导层面上,没有开设系统的创业教育课程,很难全面提高学生的创业素质,无法在校园内形成创新、创业的浓郁氛围。

目前,我国的创业教育由于没有融于学校的整体教学体系中,与学科专业教育并未形成有机联系,只是利用课余时间进行创业教育。这种做法的直接后果就是创业教育脱离了学科专业,使学生失去自身专业优势的有力依靠。因此,我们应清醒地认识到创业教育绝不能脱离知识教育和专业教育而孤立地进行,因为人的创造性是不能像具体技能和技巧那样教授和传授的,它必须通过现代科学知识和人文知识所内含的文化精神的熏陶和教化才能潜移默化地生成。

创业教育建立在知识教育和专业教育的基础之上,关键的问题是如何改革现有的教学内容和教育体制。创业教育在西方国家的大学中已有较长的历史,高校重视培养学生的创业精神,通过开设系列课程传授创业知识和技能。而我国尚未在高校中开设创业教育系列课程,仅有部分高校进行了试点,试点也主要停留在就业指导层面上,并没有开设系统的创业教育课程,很难全面地提高学生的创业素质,无法在校园内形成创新、创业的浓郁氛围。

3. 创业教育师资力量不足

(1) 师资队伍结构比例不合理,创新能力不够强

从师资队伍的结构比例来看,面临的问题主要有以下几方面:一是师资数量不足。高校规模的扩大使在校生规模急剧扩张,但是师资队伍的扩充相对滞后,

使教师不得不疲于应付教学工作，从而影响了教学质量的提高和教师创新、创业意识的培养。二是专业学科带头人、骨干教师相对缺乏。师资队伍的年轻化，使得高水平的学科带头人和骨干教师相对缺乏，从而不能适应学科的发展，造成学科梯队、科研团队数量少，部分学科专业整体教学、科研实力较弱，影响了师资队伍创新能力的培养。三是学历结构和年龄结构不合理。近年来，高等职业院校为适应高等教育的发展，在较短的时间内大量引进和补充教师，使学历结构和年龄结构不合理，主要表现在师资队伍中的高水平学位率偏低和年轻教师比例过高等方面，进而影响了师资队伍整体创新能力的提高。

(2) 创新、创业教育思想观念不强

教师受到传统的教育观念、自身能力等多方面因素的制约，创新、创业教育思想观念不强，创造性教育表现得相对欠缺。这主要表现在：一是在平时教学中对学生采用灌输式教学，衡量教学效果的标准主要是看学生对知识掌握的程度，注重对基础知识的传授，忽视了对学生兴趣、思维和创新能力的培养。二是教学内容按照统一的标准和要求，教学忽视学生的多样性和差异性，缺乏对学生主体性和个性化的充分认识，对学生的思维和创新能力培养不够，教学内容陈旧滞后，教学方法不合理。三是部分教师由于课程负担较重、创新训练不够，参与科研项目较少，造成师资队伍创新能力不够，多数教师缺乏创业意识。

(3) 创新、创业的机制不健全，缺乏相应的激励机制

目前，我国高校在创新、创业师资队伍的建设上缺乏相应的制度保证和政策激励，相对稳定的教学工作使得许多教师缺乏创新意识，很多教师安于现状，没有开拓向前的动力，更没有去创业的打算。要建立一支高素质的创新、创业师资队伍，必须在政策上予以倾斜，建立健全相应的激励机制，鼓励教师创新创业，激发教师的创业斗志。

4. 创业教育资源不佳

高校作为开展高等教育的主体，拥有相对丰富的创业教育资源。但是，由于缺乏对资源的整合，资源分散、闲置、低效使用等情况非常严重，制约了创业教育的顺利发展。

(1) 资源分散，难以发挥创业教育合力

创业教育资源的分布具有广泛性和分散性的特点。由于缺乏整合意识和总体规划，高校对创业教育资源的使用往往具有临时性和随意性，导致资源难以集中到创业教育体系中，从而难以产生强大的创业教育合力。

(2) 资源不足与资源浪费并存

一方面，随着创业教育的不断深入发展，高校的创业教育资源日益紧缺；但

是另一方面，资源浪费的现象却非常严重，这包括由于对资源的创业教育价值认识不足而造成的资源闲置，还有因为方法不科学、管理不完善而造成的资源低效率使用等。

(3) 资源结构不合理

“强理论，弱实践”是我国高等教育目前普遍存在的一个缺陷。创业教育是一种实践性很强的教育，高校理论资源丰富，实践资源相对匮乏，实践资源和理论资源不配套的状况严重制约了创业教育的发展。

5. 高校自身缺乏创新、创业意识

当前，高校正在由教学、研究型大学向教学、研究、创业三位一体的创业型大学演进。所谓创业型大学，是能够凭借自己的力量成为“站得住脚”的大学，是能按照自己的主张行事的行动者，在面对内外部环境的各种复杂需求的冲击时，是策划驾驭它们而不是随波逐流，是主动迎合需求而非被动的附庸。创业型大学的含义，不仅诠释了大学功能的转变，更揭示了新时代大学的理念所在。我国目前高校缺乏的正是这种“求思、求变”的文化，变革应该是现代大学的基本态度，大学理应坚持“穷则变、变则通，通则久”的改革创新的创业理念。

为发展我国高等教育，改变原先体制僵化的状况，使大学在经济建设的伟业中肩负起应负的责任，1985 年 5 月公布的《中共中央关于教育体制改革的决定》对我国高等教育进行了一系列调整和改革，尤其在教育体制上采取了重要改革措施。教育体制改革对于增强大学的活力，促进大学的发展，缓解人才供需失衡有明显效果。但是我国高校依然具有很强的依赖性，自治能力差，缺乏活力与创新。从这个意义上讲，国家体制不是大学改革的有效武器，唯有大学自身能够承担这个任务。20 世纪 90 年代初，克拉克·克尔曾有一段非常一针见血的评论：第一次真正具有国际性的、高度竞争性的知识界正在出现。要想融入到这个圈子中去，就必须依照功绩原则行事，而不能依赖政治或其他什么力量。同时必须给高等教育机构足够的自治权，使它们在国际竞争中更加灵活、更加富有竞争力。另外，还需要形成自主创新型领导和自治相配合。

6. 创业教育观念落后

据调查，对于从事创业活动的最主要的目的的认识，接近半数的大学生认为是“赢利”。这说明有相当一部分学生把创业的目的等同于挣钱，还有少部分学生认为创业就是创办公司，甚至误将勤工助学等同于创业。在调查中相当多的学生认为创业最缺的是资金，似乎有了资金就能创业，忽视了知识、技术产品或全新服务在大学生创业中的重要地位。产生这种认识上偏差的原因，与高校的教育引导是分不开的，与高校的教育环境更是分不开的。许多高校在大学生创业的问题上还存在模糊认识，对学生创业教育引导不够。调查显示，一些高校通过举办大学生创业讲座来培养和激发大学生的创业精神，但只有极少数高校把大学生创业教育纳入系统的学习和课程体系中，并且开展大学生创业活动的高校更是极少数。

7. 创业教育实践外延拓展能力不足

现实与调查反映出我国高校创业教育实践环节严重缺乏，这与我国高校的创业教育外延拓展的缺乏有着密切的关系。外延拓展一般包括大学孵化器（由高校主办，促进高校科技成果转化并实现其产业化的服务机构）、科技创业园区、风险投资机构、企业、知识产权开发机构、创业校友会等与校外的组织和群体相结合的机构和组织，它们不但可以加强高校与社会、企业之间的联系，还能使高校的创业教育获得更多的活动资金，并使高校的创业教育变得更有活力与发展潜力。我国高校的创业教育与市场联系不够，应当针对市场需求对大学生进行教育，培养其市场能力、实践能力。因此，高校不能自我封闭、孤军作战，而应该打开围墙，与社会取得多方位、多渠道的联系，建立广泛的外延拓展实践基地。

高校的创业教育要以实践为主、以技能训练为主，加强大学生实践行业知识和市场意识，增加相应的技能训练比理论灌输更重要。南开大学国际商学院张玉利指出，"实践课程缺乏是当前创业教育存在的主要问题"。美国创业教育中的实践性体现在，首先要求教师必须有实战的经验，其次是创业课程中学生拥有的商业时间。与之相比，国内创业教育基本没有操作性强的课程，而引入实践课程和增加课程中用于实践的商业时间是国内创业教育发展的必然趋势。

8. 缺乏领导创业的行政核心

目前我国高校创新、创业意识缺乏，很多的高校并不重视高校的创业及创业教育，其创业行动及创业教育实施只是临时成立领导小组，大多数高校的创业教育由学生处或团委负责，因为这两个部门主要负责大学生毕业分配工作。从中不难看出，国内的创业教育确实仅仅是为毕业分配服务的。事实上，这种缺乏系统性的创业教育未必能够获得理想的效果。尽管个别高校是由校长或书记担任创业行动或创业教育实施领导小组的组长，但事实上并没有给予创业足够的重视。因此，一个非常强化的行政核心将成为创业型大学的决定性要素，这个行政核心必须集中整个大学的权力，以整合学校内部行政机构及院系资源，成立大学创业教育中心，推动学校创业行动及创业教育的开展以及扩大学校的外围发展。

9. 缺乏优化的创业教育环境系统

完善的创业教育环境是学生创业的基石，然而，当前我国学校、政府、社会三位一体式的创业教育体系尚未建构起来，大学生创业缺乏相应优化的机制和环境。首先,学校内部的文化氛围、培养目标、激励导向、评价体系都未能向创业素质培养倾斜。其次,社会传统文化惯性给大学毕业生在创业的人际环境上带来了负累,社会对创业的态度未形成支持、鼓励的氛围,这些外部环境因素对特别需要协作精神、创新精神和进取精神的大学毕业生存在较大负面影响。再次,在政府层面,虽然个别的地方政府在税务、工商、贷款等方面给予创业大学生提供了一定的优惠政策,但是由于大学生并非我国现有创业大军的主体,这些政策只是短暂的、非普遍性的,带有很多附加条件的。另外,我国的企业制度、人事制度、投融资制度上也很少见有对大学生创业的特殊政策。总之,目前还没有形成一整套支持大学生创业的政策和法规。

第六节　我国高校创业教育的展望与设想

创业教育是一项涉及全社会的系统而复杂的工程,它需要优化的创业机制,需要完善的创业教育体系。要进一步完善我国高校的创业教育,建立起学校、政府、社会三位一体的,科学有序的,优化高效的创业教育运行机制与体系是创业教育的关键。

一、以小学、中学、大学学校教育为基点,改革我国创业教育理念与体系

创新精神不是仅在大学阶段就能完全培养出来的,培养创业精神应该从孩子抓起,从教育起始就培养学生的独立自主、敢于挑战、敢于质疑、善于创新的个性,向学生灌输创业的理念,并从小锻炼学生的实践操作能力。这样的培养基点才能为大学的创业教育打下良好的基础,才能使高校的创业教育得以顺利有效地实施。

1. 转变教育思想,变“适应性教育”为“创造性教育”

我国的教育长期定位于适应性教育。到目前为止,学校教育依然是应试教育模式占据主流,这是传统教育的致命弱点,也是束缚青少年创造力产生和发展的元凶,是教育改革必须解决的核心问题。创业教育要想得到更好的发展,必须要转变这种教育思想。

改变这种教育思想,要充分重视学生的个性发展,承认青少年的兴趣爱好的多样性,为孩子的多样性成长营造一种宽松的氛围;要容许孩子成长的差异性,鼓励学生积极探索、独立思考,培养他们敢于质疑、敢于挑战、敢于表现自我的个性;发掘学生的创新意识,培养他们的创造能力,鼓励他们动手实践,把创意与创造变为现实,全面改革我国学校的教育理念。

2. 学习国外经验

在中、小学教育中引入社会经济类基础课程，培养学生的商业意识，锻炼学生的实践动手能力。

美国的创业教育已经形成一个相当完备的体系。在美国，从幼儿园开始到高中都开设经济教育课程。它不同于普通科目，是通过案例让小孩或学生轻松地学习基础经营知识。经济教育的目的是让小孩或学生认识经济自主的重要性，学会更有效地使用钱，对营销有正确的理解，更加关心经营事业，培养创业意识。1998 年，美国开始实施“金融扫盲计划”，向中学生普及金融、投资、理财、营销、商务等方面的教育，积极培养“未来的经理人”。

20 世纪 90 年代，法国一些地区已经开展了“在中学里办企业”、“教中学生办企业”等许多活动，以培养学生的创业兴趣和能力。

在日本，从 1998 年起，文部省和通产省合作在小学实施“就业与创业教育”。日本小学在课程前有个“早起会”，敦促孩子们很早起来，利用课前的两三个小时给人送报纸、送餐饮勤工助学，这既是艰辛的创业教育，又是对将来创业的一种准备与尝试，目的是培养学生从小养成就业、创业的心理意识及意志品质。

我国的创业教育也应该从娃娃抓起，培养孩子们的创新、创业意识及意志品质，以提高学生职业兴趣为目标，为日后的创业奠定良好的基础。

3. 深化高校教学改革，营造创业教育氛围，构建现代创业教育模式

没有教学改革的支撑，创业教育就只能是一个口号。我国著名的高等教育学家潘懋元曾指出：“创新精神与实践能力，或创业精神和创业技能，恰恰是我国高等教育的薄弱环节。因此，高等教育的改革，应在课程设置、教学方法，包括考试内容与方法方面下功夫。”但教学改革是一个系统而庞杂的工程，构建现代创业教育模式是这一工程的活动过程，构建现代教育模式是这一工程的一个价值取向。

高校应加紧创业教育课程建设，把管理学、心理学、社会学、哲学、伦理学、文化学、人才学、政治学、经济学、法学、组织行为学等学科引入创业教育课程，形成内容丰富、涉及面广的创业教育课程群，建立现代化的教学内容和课程体系，包括突破学科壁垒的、学科互补的综合课程设置，并为创业教育课程设置提供可选择环境，努力打造精品创业教育课程，使学生成为符合社会需求的复合型人才；提高课程的实践化程度，创新“第二课堂”的创业实践，建立创业社团和创业指导中心，进行创业模拟实践，策划创业计划书大赛，把丰富的创业理论应用到多种形式的创业“第二课堂”去，培养学生的创业素质，激发其创业热情，让学生在实践中能力得到锻炼、开创性思维得到启迪；尊重学生教育主体的地位和自主的要

求，灵活设置课程，顺应素质教育和创业教育的要求以满足学生人格、个性的发展。在教学方法上，高校要改革创业教育的“第一课堂”的教学方法，变“满堂灌”、“填鸭式”教学为案例教学、讨论式教学、参与式教学和实践性教学；积极探索能够充分调动学生参与的、利于其思想和热情表达的其他教学方式，如探究式教学、开放式教学和个性化教学等。考核是教学过程的必要环节和重要组成部分，通过考核能够对教与学双向实际效果进行有效的质量评定、检测，规范和引导教师的教学行为，激励和引导学生学习；废弃以往以知识为中心、分数为唯一衡量标准，导致学生以模仿、记忆为目标，结果学生共性有余而个性不足，缺乏创业意识和创业精神的考核方式，建立以考察综合能力为宗旨的形式多样化的，结果具有反馈分析价值的考核体系。同时，注意完善相应的教学保障体系，继续投入资金加强创业教育教师培训和“双师型”教师的培养与引进，促进创业教育教师从单纯的教书匠向“双师型”和“多师型”教师转变；增加创业教育人员编制，完善高校创业教育制度，投入资金做大做强以注重创业意识、技能培养及创业项目、成果转化的“实体性”创业孵化基地的建设，加强创业教育的软硬件建设。与之配套建立一个开放的学生管理模式，在包括学分制和学籍管理等方面探索出一种更加灵活的管理机制，营造一个开放、宽松、有利于个性发展的育人环境。

二、发挥政府宏观调控职能，为创业教育提供良好的政策扶持、法律保障、资金资助等政务外部环境

目前我国社会急剧转型，产业结构大幅调整，高校毕业生初次就业率连续4年呈下降趋势，创业作为毕业生就业的重要渠道和为社会创造就业岗位、拉动经济增长的有效途径，应该引起政府的高度重视。

高校创业教育要顺利进行，创新、创业教育制度是关键。首先需要政府进一步转变职能，从管理型政府向服务型政府转变，从无限政府向有限政府转变，从宏观管理向微观管理转变，对创业教育提供一定程度的政策倾斜、法律保障和资金支持，为创业教育提供实实在在的服务，为创业教育提供一个良好的政务外部环境。创新高校创业教育制度，就必须按照政府调节、市场监督、社会服务、大学实施的要求，从健全大学生创业教育信息服务、技术咨询服务、市场指导服务、法律保障服务、资金支持体系、创业人才服务等方面建立一套科学、合理的创业教育资助体系，完善创业教育制度。

1. 政府应制定宽紧有度的创业制度、灵活便捷的创业政策

政府职能部门的创业制度、经济政策、法律法规等宏观因素无疑对新企业的创办、生存和发展有着举足轻重的影响。从创业的制度环境来看，对创业的规定不能太严也不能太松更不能静止不动，要本着规范新企业有序健康发展的角度

不断调整，做到松紧有度。制度过松，容易导致资金、技术以及产品和服务等社会资源的无效或低效配置和浪费，起不到企业对经济增长、科技创新等方面的推进作用。世界各国在鼓励和支持创业的同时，也都在制度、政策等方面进行了不同程度的限制，以抑制不良创业对社会资源的浪费。但是，制度过死、过严，如新创业企业审批程序过于烦琐、融资渠道过于狭窄和苛刻、税费名目过多、市场秩序和公平竞争缺乏法律保障，都容易导致企业创业难、生存难，最终伤害创业者的积极性，限制了创业的活跃性。我国政府在创业支持政策倾斜与制度保障上工作力度相当不够，我国政府需要借鉴国外政府经验，为我国创业创造良好的环境与提供优质的服务。

2. 政府应制定并完善与创业相关的法律法规体系

美国、德国、法国等发达国家的创业教育都是以立法为前提的，仅美国鼓励与支持创业的法律就有几十部之多，如《专利法》、《小企业法》、《经济复兴税法》、《小企业创新研究法案》、《小企业投资公司法》、《小企业投资促进法》、《投资公司法》等。国外高校创业教育经验表明，哪个地区的创业环境越优越，创业法治越完善，那个地区的创业和创业教育就越发达。中国的创业活动经过数年的发展，虽然取得了一定的成绩，但不管在理论探索上还是实践操作上都处于初级阶段，创业法制建设更是如此。没有法制约束的无序和随意的创业，必然影响创业者的积极性与创业成效。所以我国必须加强创业相关法律法规的建设，为创业者创造良好有序的创业法治环境。

我国与创业相关的法律法规从改革开放之初逐步设立并实施，从1988年4月，全国人大通过的《宪法修正案》增加了“国家允许私营企业经济在法律规定的范围内存在和发展”的内容，到1992年，邓小平视察南方谈话，以及以后公布实施的《乡镇企业法》、《公司法》、《企业法》、《合同法》、《关于科技型中小企业技术创新基金的暂行规定》等提出一系列推动创业的法律与法规。这些法律法规的制定和实施，对于引导、推动和规范新创企业健康快速发展起到了一定的促进作用。但是与发达国家相比，我国在法律法规的支持创业方面尚有很大的差距，还要从政策引导、制度保障、环境营造、规范服务等方面加强立法，确保创业者创业有法可依、有法保障，促进创业健康、稳定、积极、有序地开展。

3. 以政府为主体，完善我国的风险投资体制，建立多渠道创业资金来源

创业资金的筹集困难，在我国的大学生创业中表现得尤为突出，究其主要原因，一是全国性的信用评估体制尚未建立；二是风险投资体制本身的不健全。这种现状导致了大学生创业时在资金来源中金融企业贷款、风险投资等途径上会遇到很大的障碍。因此，加强我国市场经济建设步伐，完善金融、资本市场建设，

是在我国大力提倡大学生创业和全国创业的先决条件，只有解决创业资金的问题才谈得上创业。

针对创业投资问题，南京大学余波借鉴美国创业投资基金的发展经验，提出了对我国具有借鉴意义的“进一步完善创业投资的体制规划”，主要包括三点：首先，为了完善中国中小企业融资体系，更充分地发挥中小企业推动经济发展的作用，中国应加快建立和进一步完善创业投资体制，以解决中小企业创业融资的“瓶颈”约束。其次，为了促进中国创业投资业的发展，应尽快修改和完善《公司法》和《合伙企业法》，为创业投资基金的设立和运作提供更充分的法律保障。在《公司法》和《合伙企业法》修订之前，可以运用《公司法》等法律中的“由国务院另行规定”条款，研究制定《创业投资企业管理暂行办法》，为创业投资基金按照公司形式和有限合伙形式设立提供特别法律保障。第三，应尽快完善创业投资政策扶持体系，在解决对创业投资企业的双重征税等问题的前提下，研究制定促进创业投资企业发展的税收政策，并通过设立规范的政策性创业投资基金支持商业性创业投资基金的发展。

三、全社会提高对创业教育的认识，形成积极的社会舆论，树立科学的创业观，构建全社会创业支撑体系

1. 提高全社会对创业教育的认识，形成积极的社会舆论

目前我国社会对创业及创业教育的认识还不够深刻，创业及创业教育的正面社会舆论氛围也远远不够，虽然个体私营经济已逐渐取得被认可的地位，但个体新创小企业并没有得到足够的重视与宣传，或者仅仅是从下岗再就业的角度予以表彰的，而创业对经济的增长、对社会就业的推动及对科技创新、知识转化、个人价值实现等的重要意义以及鼓励个人积极创业的方面，也很少有相关的倡导与宣传。学校教育和家长还是认为大学毕业生应该到正规的国家机构、国有企业或者大型外企、私企等单位工作，认为创业是不务正业或没有能力找到好工作的下下策。创业理念不能得到社会公众舆论的认可、社会创业气氛的缺乏都是局限创业教育的重要因素。因此，有关理论界、政府职能部门以及教育实践领域都应该对此给予高度重视，加大研究力度、采取有效措施、营造社会氛围，以推进创业教育实践的快速发展。

社会要消除对教育的认识误区，抛弃急功近利的创业教育理念。特别是家长要抛弃学生创业就是无单位接收、没本事的错误观念，而应支持孩子的可行创业计划，在全社会形成创业光荣、创业者可敬的风气。全社会要树立“大创业观”，也就是大学生办企业，发展经济，满足人们各种需求是创业；在平凡的工作岗位上开拓进取，建功立业，为国家作出贡献是创业；到祖国需要的地方、西部和

农村就业，用所学的知识推动当地经济社会的发展也是创业。我们提倡树立“大创业观”的目的，就是促进创业和就业教育形式的多样化。

2. 动员全社会创建成立各种创业支援体系

我国还应该由创业相关机构主导创建成立各种创业支援体系。创业支援体系在美国有着成熟的经验与实施方法步骤，我们应该借鉴其精华来创造我国的各种创业支援体系。

美国的创业支援体系主体涉及“民、官、学”，是民间组织、教育机构和政府等多层次相结合。例如，民间非营利团体（NPO）与学校连接对未成年人进行自立教育；美国中小型企业层（SBA）对开业前的创业者进行技术支援等，美国政府的创业支持制度充分发挥了 NPO 和大学等机构在技术和教育方面的作用。因此，美国创业支援体系是“民、官、学”三者结合，其特点是以民间组织为主，以政府为辅，由教育机构参与，在创业的过程中，“民、官、学”三方有一定的分工与合作，形成整个社会的创业支援体系。

创业教育是一个复杂而系统的工程，它不是高校闭门造车所能完成的事业，它既需要基础教育对青年创造力的培养为基础，也需要社会氛围与社会体系支持，更需要政府的政策引导与保障。只有建立起学校、政府和社会三位一体的、科学有序的、优化高效的创业教育运行机制和体系，高校创业教育才能优质、快速、高效地发展与实施。

第二章 国外创业教育发展简史

第一节 美国的创业教育

70多年前，创业教育作为一门学科几乎不存在，40多年前，创业教育在学科发展和学术研究上都缺乏认可。如今，创业教育正在如火如荼地展开，未来发展前景广阔。而这一切都离不开创业教育的开拓者——美国。美国创业教育开始于20世纪40年代，在20世纪七八十年代迅猛发展，如今已处于稳定发展期。

一、美国高校创业教育的发展历程

按照Katz在2002年梳理的美国创业教育年表中，美国创业教育的开端始于1876年，以Francis Walker发表的《工资问题》(*The Wages Question*)为起点，因为这是美国第一部从学术机构的角度探讨企业主的作品。随后，陆续有了1911年经济学家熊彼特出版的《经济发展理论》(*The Theory of Economic Development*)，1945年Rudolph Weissman的《小企业和风险投资》(*Small Business and Venture Capiture*)等探讨小企业的书籍。也有人认为，美国的创业教育最早可追溯到1919年，美国商人霍勒斯·摩西创立了面向高中生的青年商业社，主要内容是实施商业实践教育。但学界主流观点将1947年哈佛商学院首次开设创业教育的课程作为美国创业教育开端的标志性事件，并将这个过程分成起步期、发展期、成熟期三个阶段。

1. 创业教育的起步期(1947～1970年)

这一时期，创业教育课程首次在大学出现，相关的企业类书籍、创业类杂志陆续在社会上出版、发行，但总体而言尚处于零星发展的状态，创业教育的影响力微乎其微。

1947年2月，第一门MBA创业课程“新创企业管理”(Management of New Enterprises)由哈佛商学院的迈斯教授开设，600名二年级的MBA学生中，有188名参加了这门课程。这是美国大学第一次出现与创业教育相关的课程，也是创业教育在大学的首次亮相。1949年，第一本以研究企业家为主的杂志——《创业历史的探索》(*Explorations in Entrepreneurial History*)在哈佛大学出版。1954年,第一个MBA小企业课程"小企业管理"(Small Business Management)在哈佛大学开设。1963年,在佐治亚州立大学出现第一个捐赠职位。1968年,百森商学院开设第一个本科生创业教育综合课。

创业教育在20世纪五六十年代发展缓慢,这与美国的时代背景息息相关,当时的社会缺乏创业教育的土壤。20世纪40年代至70年代的25年中,美国新技术革命推动了经济快速现代化发展,如国际垄断组织和跨国公司等现代企业组织不断壮大,蕴含创业气息的小企业几乎没有找到生存的土壤。

2. 创业教育的发展期(1970～2000年)

20世纪70年代后期,美国经济开始进入滞涨阶段,经济发展缓慢,硅谷创业者的成功,不仅刺激了美国大学生的创业热潮,也使创业教育得到了全社会的关注与重视。20世纪70年代仅有16所学校开设创业类课程,但之后的30年,创业团体、创业杂志、创业课程、创业大赛的迅猛发展使创业教育在美国高校得以广泛普及。

1971年,美国中小企业管理局在德州理工大学发起第一个小企业研究所(Small Business Institute,简称SBI),SBI赞助小企业为学生提供现场咨询项目,陆续有20所学校参与进来。截至1999年,创业领域的杂志数量达44种之多,其中1987年的《商业风险》、1992年的《小企业经济学》、1995年的《小企业管理杂志》被添加到社会科学引文索引中,体现了创业教育在研究领域的影响力。到1998年,美国小企业管理局(Small Business Administration,简称SBA)的初步调查显示有1 400所高等学校(包括职业教育、社区学院等)开设了创业和小企业课程。1987年,第一个全国范围的持续性的商业计划竞赛在圣地亚哥州立大学开始举办。

创业教育在20世纪末期还走在了互联网潮流的前列。1993年,第一个专业性的创业教育网站EGOPHER开始运作。1998年,万维网上开放第一个远程创业教育项目,是针对中小企业的虚拟大学(VUSME)。

3. 创业教育的成熟期(2000年至今)

进入21世纪,美国创业教育逐渐趋于成熟发展。从宏观层面而言,全国已经形成了支持性的创业教育环境。国家颁布了许多有利于发展创业教育的政策,社会上针对创业教育的校企合作项目不断增加,如企业孵化器、创业设计平台等,学校的创业教育体系覆盖广泛,整个社会进入大众创业时代。从微观层面来看,创业教育的成熟体现在高校建立了一套体系化的创业教育。创业学的专业设置可授予学士、硕士和博士学位;创业教育的师资团队不仅数量庞大,而且实践经验也十分丰富,特别是聘请兼备创业经验与学术背景的资深人士进行创业讲座和指导;建立了灵活多样的管理体制,不同高校可视教学体系与管理模式不同而由商学院、管理学院、专门的创业教育中心或研究生院管理。

美国的创业教育不仅成为美国经济发展的强大引擎,还成为全球各国争相效仿的创业教育典范,在全球范围内都发挥了强大的影响力。可以预见,未来几十年内,美国创业教育仍将保持强大的冲劲,受到各国的学习与借鉴。

从创业教育的发展历程来看,美国创业教育的发展与企业的发展存在密切联系。一方面,企业家精神促进了大企业在新的经济形势下作出相应变革;另一方面,不同群体开设的创业型公司不仅解决了就业压力,推动了经济发展,更重要的是小企业的发展为创业教育提供了坚实的社会基础,大大刺激了学校创业教育的发展。其中,创业教育与经济发展的关系主要体现在以下三个方面:一是成熟行业的大公司在20世纪90年代历经调整、裁员、重组和改革后,依旧繁荣。其中缘由正是因为大公司在改革中变得更富企业家精神。二是当大公司自我转型时,新的创业型公司正在蓬勃兴起。许多小企业在过去几十年总共创造了数百万个新岗位。三是职业教育、社区学院广泛开设创业课程,不同群体对创业都产生极大热情。市场上新开了成千上万家小公司,许多公司由女性、少数族裔和移民者创办,这些公司覆盖了全国不同的经济链、不同的产业部门,对经济发展作出了巨大贡献。

二、美国高校创业教育的成就

作为创业教育的领军者,美国的创业教育可谓硕果累累,在学校层面的创业教育课程、创业教育师资以及社会层面的创业型公司、创业竞赛等方面均有所建树。除此之外,美国创业教育还拥有多项第一的傲人成绩。

1. 成立第一所创业型大学

美国于20世纪50年代出现了第一个基于社会服务功能、推动创业教育发展的大学。自11世纪的欧洲创办第一所大学以来,高校的使命经历了教学、科研、社会功能三个阶段,社会服务是三者中确立最晚、但发展最快的使命,其是推动美国现代大学发展的动力之一。

1862年的《莫雷尔法案》为美国大学的社会服务功能提供了法律基础。当时,国会以出让土地的形式鼓励大学设立农业工程学院,培养农业专业人才,以推动农业的发展。“威斯康星理念”主张高等学校应该为区域经济和社会发展服务,大学应该致力于推动社会发展,使大学新增社会服务功能,也大大推动了创业型大学的形成。1951年,斯坦福大学通过租赁土地和转让技术的方式创立了斯坦福工业园,赞助的企业家与被赞助的大学形成了互惠的合作模式。美国斯坦福大学和硅谷的传奇,标志着大学和社会的关系从舞台边缘走向了中心。纽约大学的社会学教授 Henry Ezkowitz 在谈到美国大学的发展历史时，是这样界定创业型大学的：如何衡量一个大学是否已经走向创业型大学，可以从三个方面来判断，一是大学本身作为创业型大学的组织，二是学校成员（教师、学生或普通教职员工）在一定程度上成为企业家，三是大学和周围环境的互动遵循创业模式。

美国大学成为推动社会和经济发展的强大引擎，因而逐渐成为社会舞台的中心。大学科研基地和创业教育方面的教授就组合成了创业型大学。当然，在创业型大学创办和发展的过程中，倡导创新教育的美国大学也起了很大的促进作用。

2. 开设第一门创业教育课程

美国设立的第一个创业教育的课程，推动了创业教育和相关学科的发展。第一门创业教育课程由哈佛商学院的迈赖斯・迈斯在 1947 年开设的，名为“新创企业管理”(New Enterprise Management)。1967 年，斯坦福大学和纽约大学在 MBA 课程体系中引入创业教育的内容。1968 年，百森商学院首次开设创业教育的本科生课程。直至 21 世纪初，美国有超过 1 600 所大学中提供超过 2 200 多种创业课程、227 个捐赠职位、44 种学术期刊及主流管理杂志、100 多所创业基地和基金扶助中心，142 所大学的创业教育成为专业领域，49 所大学授予创业教育学位。

3. 举办第一场创业竞赛

美国是第一个举办创业竞赛的国家，创造了许多新形式的创业教育。自从 1983 年德州大学奥斯丁分校第一次举办商业比赛以来，美国高校间举办的创业竞赛（也称作“商业计划竞赛”），包括麻省理工学院、斯坦福大学和其他世界一流大学在内的 10 余所大学将这种创业竞赛发展成有规模的、系统性、年度性比赛，并且逐渐推广至世界各地高校。

创业竞赛是学生学习创业的宝贵实践，对毕业学生的创业过程有着重大影响。例如“价值 5 万美元的麻省理工学院的创业竞赛”，每年都有 5～6 个新企业从该竞赛中诞生，许多高科技产业的企业主都愿意花费万元购买创业团队的商业计划。更重要的是，创业竞赛激发了师生的开拓精神，从 1990 年开始，高校毕业生和老师平均每年创办 150 个新公司，推动了该校的经济发展。美国波士顿银行在 1997 年的《麻省理工学院：创新的影响》报告中显示，如果麻省理工学院的校友和老师创办的公司能组成一个国家，那么其经济力量能名列世界 24 名。

美国的创业教育走向广延式发展，带动了其他机构的发展，包括孵化器和科技园、风险投资机构、创业培训、家族联盟、经济研究证书、小企业投资网、创业发展中心、学生风险投资基金、企业家校友联盟、企业家俱乐部等。这势必会加强美国政府和社会、企业和企业家的联系，增强创业学生之间的沟通、社区之间的联系，商业中心能获得更多启动资金，并激发出更多发展的活力和潜力。历经多年的发展，创业教育已经成为美国大学课程体系的重要组成部分，并且深刻影响了全球高等教育的理念和实践。美国创业教育成为全球创业教育发展和研究的标杆。

三、美国高校创业教育研究

在美国，从 1956 年开始创办的创业中心和协会，致力于创业主题的研究和传播。从 1994 年开始出版的创业教育期刊，从 1970 年开始的有关创业教育的科学会议，以及一些学术机构成立的创业研究项目、创业基金会等，确立了创业教育的学科地位，为创业教育提供理论、资金等方面的支持，极大地推动了创业教育在理论层面和实践层面的发展。时至今日，经过多年发展，美国高校创业教育的研究团队十分庞大。

1. 创业中心及创业项目

高校创业中心主要有三个主题：一是创业教育，二是与企业家的外联活动，三是创业研究。这些创业中心最有可能发展成创业研究中的翘楚。以麻省理工学院的创业中心为例，该中心设立在斯隆管理学院下，成立于 20 世纪 90 年代。该创业中心提高了学校创业活动的声誉，每年有超过 1 600 名学生参加创业课程，其招生重点是吸纳工科院校的学生，以便于在创业过程中实现商业和科技领域的融合。创业中心为了使创业能将知识和实践有机联系在一起，建立了创业群体网络，包括 MIT 的学生、校友、企业家和雇员。因此，所有的资源和技能都被整合到统一的网络平台上，有利于创业活动的协调和规划。

美国的主要学术机构也启动了许多创业教育的研究项目，如百森商学院举办了一场“创业教育前沿”的研讨会。为了让新创办的创业项目和原有的创业中心之间互相协作、共享信息、开展特定项目、提高相互影响力，美国国家创业中心联合会(NCEC)在 1998 年创立。联合会还组建了 21 世纪创业教育研究员队伍，在创业教育领域涌现的大批学者还成立了研究代表团，明确前沿研究的主题和领域。

如今，大多数大学创业教育的趋势是发展或扩大创业项目，为创业学生设计独特的、富有挑战性的课程。更重要的是，创业教育的重心在于支持全国顶尖大学以及美国小企业与创业协会(USASBE)认可的国家示范性创业项目，或是使创业项目进入《美国新闻与世界报道》(*the U. S. News & World Report*)和《企业家杂志》(*Entrepreneur Magazine*)等知名杂志的排名榜中。

美国高等院校的创业教育中心和创业教育项目对创业教育的发展起到极大的推动作用，主要体现在研究、教学和支持三大功能上。一是研究功能，组织专门的研讨会，研究创业学学术发展，探讨创业教育的进展；二是教学功能，结合创业教育的研究更新创业教育的课程，同时又将新课程作为学生培训的内容；三是支持功能，广泛地争取校外的创业资源，在学校与企业之间搭建联系的桥梁，鼓励学生参与创业型企业实习，支持学生的创业项目。

2. 创业教育研究出版物回顾

第一，期刊，以有关创业的方法论、结果和应用的研究为代表，这些期刊一般设计恰当、结构严谨。如《小型企业管理杂志》(*Journal of Small Business Management*)，《创业理论与实践》(*Entrepreneurship Theory and Practice*)，《企业和企业家精神杂志》(*Journal of Business and Entrepreneurship*)，《创业风险杂志》(*Journal of Business Venturing*)，《战略管理杂志》(*Strategic Management Journal*)，《小型企业策略杂志》(*Journal of Small Business Strategy*)，《管理学会评论》(*Academy of Management Review*)，《高层管理学会》(*Academy of Management Executive*)。

第二，有关企业家精神的教材，通常反映了小公司和创业组织的发展和运作，并且大部分章节都是围绕企业家的内容展开。如 2004 年 Kuratko 和 Hodgetts 的《企业家精神：理论、过程和实践》(*Entrepreneurship: Theory, Process, Practice*)，Kuratko 和 Welsch 的《企业家成长战略》(*Strategic Entrepreneurial Growth*)，以及 2002 年 Timmons 的《创业学》(*New Venture Creation*)。

第三，有关企业家精神的书，绝大部分都成为创业者的指南，其中有些会探讨个人创业过程中遇到的困难，有些就某一主题具体阐述。如 1995 年 Bangs 的《商业计划指南》(*The Business Planning Guide*)，1992 年 Stolze 的《创业》(*Start-Up*)，1992 年 Torrence 的《成为掌舵人》(*In the Owner's Chair*)。

第四，企业家的人物传记或自传。如 1999 年比尔·盖茨的《思维的速度》(*The Speed of Thought*)，2002 年 Wawro 的《激进和远见》(*Radicals and Visionaries*)等。

第五，有关企业家的概述。这方面内容出现在展现特定个人、反映统计信息或回顾发展趋势的合集中，包括 1963 年约翰·张伯伦的《美国人的创业精神》(*The Enterprising Americans*)，1974 年 Sobel 的《企业家们》(*The Entrepreneurs*)等。

第六，全国性新闻期刊。许多新闻期刊不定期地刊登企业家的创业故事，如

《商业周刊》(*Business Week*),《福布斯》(*Forbes*),《财富》(*Fortune*),《华尔街时报》(*The Wall Street Journal*)等。

第七,风险杂志。有关新企业经营风险的杂志数量与日增多,而且大多数主题都与企业家精神有关。如《黑人企业杂志》(*Black Enterprise*),《小企业联合会》(*Federation of Small Businesses*),《家族企业》(*Family Business*)等。

第八,时事通讯。一些时事通讯专门报道企业家精神,如美国小型创业企业协会的时事通讯。

第九,会议报告。年度或定期会议发行的出版物中出现有关企业家精神的报告。如管理研究、针对小企业的国际会议、《创业研究前沿》(*Frontiers in Entrepreneurship Research*,*Babson* 大学创业年会会刊)等的会议报告。

第十,政府出版物。美国政府会发布大量有关企业家精神、小企业运作、特定小企业的信息。如小企业管理局(SBA)的《创业手册》和全美独立企业联盟(National Federation of Independent Business)发布的出版物。

不同种类的创业教育研究文献既反映了美国创业教育研究的繁荣,也为后来的研究者提供理论支撑和参考依据。其中,杰弗里·蒂蒙斯(Jeffry A Timmons)在 1990 年出版的《创业创造》(*New Venture Creation*: *Entrepreneurship for the 21st Century*)一书论述了开创、发展并成功收获一份新事业的实际过程,此书旨在以务实的方式传递创业知识、技能及意识,通过文本描述、案例研究及动手操作等形式,使学生能探索到创业过程的方方面面,因而被誉为创业教育领域的经典之作。

四、美国高校创业教育实践

1. 美国创业教育内容标准

一套体系完整的教育标准或教育模式是体现学科合法性的重要方面,也可证明该理论具备思想共性,同时为践行者提供操作依据。美国的创业教育积累了丰富的经验,2003 年美国通过文献调查、电话咨询、企业家会谈、网上评论等一系列工作,使创业教育形成联盟,并在 2004 年 6 月颁布创业教育的国家内容标准(National Content Standards for Entrepreneurship Education,简称 CEE)。

CEE 的基本框架是:① 作为教学框架,美国创业教育联盟将创业教育定为“创业精神是一个终生的学习过程”,这个学习过程包括认知能力、创新意识、文化、创业实践、创业发展五个阶段,其目标是为不同学龄阶段的学生提供创业教育课程的框架;② 作为内容指南,使创业活动中体现的知识和技能变得易于测量;③ 作为教学工具,包括核心的学术技能和具体应用作为学习分类和主题指导具体教学。

CEE 的内容体系分为创业技能、预备技能、商务功能三部分，包括 15 类基本标准、50 个主要的次级标准、403 项绩效指标。CEE 不是一门课程或一个项目，而是一份指导性文件，它不仅体现了国家和社会对创业教育的强烈关注，也证明了美国创业教育课程产生了丰富的研究成果。这是一份富有特色的课程标准，对创业实践有较大的指导意义，因为个人素质和能力的评价取决于创业活动的进展情况，因而也具备较高的参考价值，并能对整个创业教育进行宏观指导。

（1）创业技能

创业技能包括与企业家的成功紧密联系的创业过程和创业特质两大方面。① 创业过程，包括创业探索、创业观念发展、整合创业资源、创业实施、创业成果展示五个阶段，有助于理解贯穿整个创业过程的重要理念，掌握实现创业的关键步骤；② 创业特质，强调领导力、个人评估、自我管理三方面的能力或表现，主要为了理解创业者身上应当具备的品质。

（2）预备技能

预备技能主要包括基本的商业知识和技能，是成为成功创业者的先决条件。它主要包括六个方面：① 商务基础，帮助学生理解能影响商业决策的商务概念；② 人际交往技能，掌握有效与他人互动的理念、策略和必要的体系；③ 数字沟通技能，获得电脑操作的基本原理和方法；④ 经济学知识，掌握有关企业所有权的基本经济原理和概念；⑤ 金融素养，包括个人资金管理的理念、步骤和策略；⑥ 个人发展，了解职业探索、发展和成长的观念和必要策略。

（3）商务功能

商务功能主要列出了创业者在管理企业的过程中需具备的能力。它包括七个方面：① 金融管理，如会计、金融、资金管理，掌握商业决策的金融概念和必备工具；② 人力资源管理，理解招聘、激发、培养及开除员工的概念、策略和体系；③ 信息管理，学会获得、处理、维护、评价以及传播商业决策信息的概念、体系和工具；④ 市场管理，通过分析市场信息明确客户需求，创造新的产品或服务，以宣传、合理定价、组织销售等一系列方式达成商业目标；⑤ 运营管理，掌握商业系统、渠道管理、采购、日常运营的知识，从而学会简便的日常运营管理的过程和系统；⑥ 风险管理，了解商业风险和法律知识，完成商业活动的同时最大限度地减少损失；⑦ 策略管理，主要通过计划和控制的方式掌握整个商业组织的过程、策略和体系。

CEE 体现出三个特点：一是内容选择基于社会需求。标准选择的内容并非根据学科知识的逻辑来设置，而是照顾了有潜在创业意愿的青少年，以培养学生创业真正所需的技能，开辟有利于推动社会经济发展的创业。二是内容编排体现层级差异。创业教育属于终生教育的一部分，标准的内容编排也贯穿 K-12 到大学生甚至成人，从具体表现指标描述动词可见其明显差异，如反映学生的认识水平的描述(describe)等动词，反映学生的理解水平的分析(analyze)等动词，反映学生的判断思维及拓展运用能力的说明(explain)、分析(analyze)等动词。三是内容操作注重实践的有效性。标准中提供了许多具体生动的教学案例，如俄亥俄州立大学的 PACE 项目和堪萨斯州的青年企业家项目(Youth Entrepreneurs of Kansas)都有对标准的详细运用，帮助教师在课堂中理解标准的内涵，并为实际操作提供必要的依据和范例。

全球的商学院都在开设创业课程，地区差异性导致创业标准也因地制宜，而非建立全球统一的创业教育标准。目前有两套广为熟知的创业教育标准，一套来自北美地区(简称 CEE)，一套来自欧盟(简称 EU)。美国与欧盟之间的创业教育标准的共性与差异分析如下：

首先，CEE 和 EU 之间存在许多共性：① 肯定了创业教育的价值，把创业教育作为终生学习的一部分，强调创业教育对经济发展的重要意义；② 确定了高校的创业教育是推动创业实践的重要手段，将学术界的创业教育当作传播创业知识的主要渠道，认为创业教育有利于提高学生的创业意愿；③ 为创业教育的实践提出了一些可行性建议，表明创业教育的目标在学习的不同阶段会存在差异，可以从形成创业观念、模拟创业实践到真正自主创业逐步推进创业教育。

其次，两套标准也存在诸多差别：① 就创业教育的目标来说，CEE 推行 21 世纪业务技能标准，发展提高工作效率和职业选择的创业技能，注重金融、经济、商业和创业知识；而 EU 的创业教育旨在为学生提供创造性思考、有效解决问题的能力，使学生能结合市场需求分析商业点子、学会领导项目开展的方式。② 就创业教育实践的侧重点来说，CEE 标准集中关注创业教育的不同阶段的主题和内容；而 EU 标准侧重创业项目的发展上，如学术课程和专业，但在课程支持和主题创建方面做得不够出色。两套标准在很多方面的差别是垂直相交的而非对立的，两者的案例在创业教育的“未来愿景”方面并不存在分歧，只是从不同角度探讨主题而已。

总之，两套标准都从终身学习的角度认为创业教育应该存在于各行各业，都肯定体验学习、大学与城市的互动联系以及创业项目的价值。CEE 注重普适性的商务能力，而 EU 突出创业的实践性特征。

2. 美国高校创业教育课程体系

创业教育已成为美国本科生课程中发展最快的学科之一。在过去的几十年里，有关创业精神的正式课程从 1975 年 104 种增加到 2007 年的 500 多种，足足增长了 4 倍多；课程数量从 1985 年的 250 种增加到 2008 年的 5 000 多种（包括两年及四年学制），增长了 20 多倍。到 2012 年，每年选修创业课程的学生超过 40 万人、教授创业教育主题的课程的教师将近 9 000 名。创业教育课程是创业教育标准和目标在课堂中的具体实践，美国创业教育课程的蓬勃发展体现了创业教育发展的强大生命力。

（1）课程设置主题

1997 年 Gorman 等人的一项有关企业家精神、创业精神、小企业教育管理的文献回顾证明创业教育可教。这项调查长达 10 年（1985～1994 年），对大多数企业研究表明企业家精神可教，或者说至少可以由创业教育鼓励、激发而获得。既然已经明确创业是经济创新、生产力提高的有效手段，而企业家精神可教，那么创业教育该教什么成为一个棘手的问题。在设置创业教育课程之初，美国整理出十大最具教育意义和研究意义的主题作为参考。

（2）课程教学模式

按 Streeter、Jaquetter Jr. 和 Hovis 等学者对创业教育模式的分类，美国高校创业教育的课程设置可大致分为三种模式，分别是聚焦式、磁铁式、辐射式。其中，聚焦模式（focused model）以创业学学科建设为目标，教学对象仅限于商学院和管理学院的创业人才，针对性强，以期培养专门的创业型人才；辐射模式（radiant model）以提升学生创业素质和创业能力为本位，教学面向全校学生，无专业限制，所有学生都能接受企业家精神和创业意识的培养；磁铁模式（magnet model）居于两者之间。

① 聚焦模式。聚焦式培养模式的突出特点是学生和教职员工都来自商学院和管理学院，典型代表是哈佛大学、伊利诺斯大学。创业课程主要针对商学院和管理学院的学生，其余学院的学生虽然能申请加入创业项目，但是名额十分有限。

聚焦模式选拔的学生仅来自商学院和管理学院，专业培训学生的创业知识与技能，学生来源特定、创业课程密集、实践性内容丰富，使这种模式培养的毕业生能在工作中展现创业特质，甚至很快投入到创业活动中。

② 磁铁式模式。磁铁式培养模式是指创业活动由单一的学术团体发起，但来自全校不同专业的学生都可以加入，全校提供统一的创业平台来集聚创业资源与技术、开展创业教育，典型代表是麻省理工学院、百森商学院、斯坦福大学。如麻省理工学院的所有创业活动都由斯隆学院管理，其创业中心的使命是“激发、训练以及指导来自麻省理工学院所有不同部门的新一代创业者”。

磁铁模式既能为全校有创业意愿的学生提供创业课程，又能加强创业教育与教学的统一管理，兼具开放性和便利性的特点。磁铁模式有利于优质的创业课程与资源的整合，有利于提升创业教育在全校课程体系中的地位，但同时也面临创业教育课程设置缺乏针对性、学生的实践活动缺乏市场价值等弊病。

③ 辐射式模式。辐射式培养模式除了所有学生都可以选择创业课程外，与前两种模式的管理机构存在区别。前两种模式的管理机构隶属于商学院和管理学院的创业教育中心，而辐射模式是在全校范围内成立创业教育委员会，由所有参与学院共同管理，所有参与学院分别负责师资和资源，典型代表是康奈尔大学。20 世纪 90 年代早期，康奈尔大学举办了一系列创业活动，并建立了多样化的全校性创业项目，在康奈尔大学的学生中全面贯彻企业家精神的培养，包括每个学院、每个专业的学生。康奈尔大学在创业教育方面采用共同合作的方式，各个学院之间的信息共享，在其 13 所学院中，私人捐助的 9 所学院的创业课程对生命科学、酒店管理和工程专业学生也开放。

相较于前面两种模式，辐射模式的优势十分明显：在教与学的对象方面，吸纳了不同学院、不同专业的教师与学生；在教学管理方面，允许各院系充分展开交流与合作；在教学内容方面，加强学科专业知识与创业普适性内容的结合。这种模式最大的缺陷在于如何针对不同专业的学生建立统一的创业教育内容。

尽管美国不同高校发展了创业自身的教育模式，但近 10 年来，随着全校性的创业教育不断加强，创业项目的学院限制也逐渐被打破，创业活动不再仅仅面向商学院学生或工科学生开放。对 38 个创业项目的调查显示，75%的学校开展了全校性的创业项目。

(3) 课程内容编排

尽管美国在 1947 年就已经开设了第一门创业教育的课程，但是早期的课程数量少、发展缓慢。20 世纪 60 年代晚期教授的课程仅围绕三个主题，如“企业家精神和企业的创立”、“小企业管理”、“企业发展”，高校用于课堂教学的课程十分少。20 世纪 70 年代的创业教育进展仍较为缓慢，到 1979 年底，仅有 8 所院校在本科生和研究生中开设创业领域的公选课，博士研究生层面的创业课程需要更多时间推进。可见，美国的本科生创业课程发展得最为完备与成熟。

值得注意的是，除了创业教育课程的开设外，美国高校特别注重创业教育思想的渗透。对内将创业教育思想渗透到学校各科教学中，如英语教师要能够讲授企业语言或其他国家企业创业的情况等。对外渗透主要体现在学校与社会建立广泛的外部联系，充分发掘和利用社会创业资源。

(4) 注重实践教学

将课堂教学与实践相结合，让学生在实践中提高自己的创业能力。创建学校与社会的实践网络，给学生提供交流实践的平台。

第二节　英国的创业教育

英国高等教育在经济社会发展的潮流中不断地调整方向，以期适应社会的发展。第二次世界大战后，英国的高等教育逐步发展壮大，至今经历了五个阶段，从20世纪50年代到60年代的高等教育恢复和发展时期，从70年代和80年代的调整和收缩时期，以及80年代以后的高等教育大发展时期。如今，英国高等教育稳步走向21世纪。

从20世纪80年代开始，英国高校开始开设创业教育的课程。下面从英国高校创业教育的指导思想、课程设置、途径方式、师资培养、相关政策几个方面介绍英国高校创业教育的开展情况。

一、英国高校创业教育的指导思想

20世纪80年代以来，英国政府开始重视创业教育的发展，同时颁布了一系列的文件。这些文件明确提出，高校应该为英国经济社会发展服务。1983年，英国启动了青年创业计划。在政府的大力引导下，英国高校积极转变办学理念，对人才的创业精神日益重视。

1. 加强高校与企业合作

20世纪80年代以来，英国政府对高等教育的影响越来越大。从不同时期颁布了不同的高等教育改革政策中，可以看到政府有关大学与企业合作的改革建议。

1987年，英国高等教育的重要文件《高等教育：面对挑战》(*Higher Education：Meeting the Challenge*)中提出，高等教育在改进教学和提高学术水平的同时，更应该多考虑国家经济建设需要。高等教育应该与工商业建立联系。该文件还提出高等教育应该满足在业人员的需要，扩大相关课程名额；企业要适时到高等教育中来，而高校要培养劳动技术知识全面且富有创业精神的毕业生；扩充与高等教育有关的课程；保持与欧洲各国高等教育的密切联系。2003年，英国高等教育白皮书《高等教育未来》(*The Future of Higher Education*)指出高等教育面临的问题：校企缺少合作，企业注重技术和高校进行理论知识传授形成矛盾，校企合作需要加强。在英国高校和企业合作方面重要的文件是2003年有关促进商业与大学合作的《兰伯特报告》(*The Report of Frank Lambert*)。“联合与合作”是英国高校创业教育的重要指导思想之一。英国强调高校与企业的合作，为创业教育蓬勃发展指明了方向。

2. 建设高校创业文化

20世纪80年代开始，高校创业理念逐步渗透到英国高等教育领域中，政府也越来越强调高校大学生创业精神的培养。政府的做法在无形中影响了高校的理念传播和文化氛围，英国高校更多地开展创业教育课程，创业的氛围也逐渐浓厚。政府认识到创业文化的培养需要全社会的共同努力，因此，英国政府在2003年建立了13个科学创业中心，向学生教授创业的相关技能。英国的财政部为创业文化建设提供资金保障。2004年，英国高校大学生创业委员会正式成立。该委员会创立的目的是促进工商界、高等教育以及学生之间的联系，以此来提高高校内的创业文化氛围。

3. 培养市场需要的高技能人才

推进英国高校创业教育，要以培养适应社会的高技能人才为基础。2005年，英国教育技能部拟定《技能：在商业中增强》(*Skills: Increase in Business*)一书，陈述了英国政府建设高技能国家的改革规划。该项改革规划将促进创新培训高技能人才作为重点。

高校的创业教育也要秉承培养高技能人才的思想，在主要培养学生宽泛的就业力以及高技能的基础上，增强学生的就业能力，为学生未来发展创造更多机会。

二、英国高校创业教育的课程设置

创业教育在英国高校已经形成了较完备的教学体系。2006年，麦克翁等人对英国102所大学进行的创业教育调查结果显示：在本科阶段有77%的大学开设了与创业有关的课程。对研究生阶段调查结果显示：大学均开设了创业课程。英国高校不仅明确了创业教育的指导思想，更加重视创业课的材料来源以及课程内容的开发，尽可能使课程能够满足不同阶段的学生需求，注重培养学生创新精神，强调学生实践能力。

英国高校创业课程材料来源广泛。在课程教育过程中，创业教育课程需要不断补充新的教学资源，一般获得教学资源的途径有：创办企业或者正在创办企业的人士，咨询企业顾问；在网络上搜索关于创业的资源；大学生创业过程中的经典案例；教授的客座演讲或者是教师创办企业的经典案例。另外，从各种各样的渠道获得有关创业教育的辅助资料信息。

1. 根据创业课程特点开设创业课程

英国高校创业课程多种多样，大多数高校在创业教育课程的名称以及教学内容上均有所不同。麦克翁等人在对102所高校创业教育调查中发现，创业教育课程可以分为四种类型：创业课程、创新课程、创新管理课程以及技术管理课程。调查中显示：有 90%的高校开设了有关创业的课程，80%的高校开设了有关创新类的课程，超过 50%的高校开设了有关创新管理课程，有 20%的高校开设了技术管理类课程。由此可见，英国高校创业教育中，开展最多的是创业类课程和创新类的课程。

2. 根据学生需求开设创业课程

英国高校针对不同层次的学生开设了不同类型的创业课程。针对大学本科生、研究生以及文科生和理科生分别开设了创业课程，尽可能地满足不同层次的需求。在英国高校创业教育中，针对本科生开设的创业教育课程主要有两种类型：一是针对大一新生开设的强制性创业课程。比如在诺丁汉大学的商学院管理专业，大一新生必须上创业课程，其他学院的学生也被学校建议学习创业课程。创业课程主要训练学生创造性思维，独自解决问题的能力。课程分为课堂教学和课外小组活动两种。二是针对大二学生开设的创业课程，这样的课程也是强制性的。在伦敦城市大学商学院，学生必须合作建立小型的团队，针对如何启动企业、考察市场、如何使用资金进行一系列的训练，使学生的综合能力全面提高。

英国高校针对研究生开设的创业课程主要是选修课。例如伦敦商学院的研究生创业课程中，主要是训练学生评价创业创意、市场经济和创业管理三个方面。在课程安排上，第一年是针对新技术项目；第二年是将学生进行小组训练，对技术创新等方面进行评价，经过认真分析和严密计划，将创意以及评价结果写成一个正规的商业计划书。

另外，一些高校针对学生对创业教育的不同需求还开设了相应的创业课程。例如，社会创业（Social Entrepreneurship）课程比较关注社会非营利与营利的创新问题；女性（Female Entrepreneurship）和少数民族创业（Ethnic Entrepreneurship）课程比较关注弱势群体的创业。

3. 根据教师配备划分创业教育课程

目前，在英国高校创业教育课程中，根据教师的匹配还可以划分为商业基础课程和商业原理课程。

商业基础课程，就是讲述和培训与商业相关概念、类型、运行过程等知识的课程。在英国高校中，大约 21%是来自企业界的兼职教师；98%的教师在实际创业中有管理经验；超过 70%的教师曾经自己创立过企业。商业基础课程为大学生以后的创业实践活动提供了更加有针对性的指导。

英国高校的商业原理课程大约有 30 多种。商业原理课程就是讲述商业运作原理的课程，大多数为固定的商业知识，知识涉及面较为广泛。在英国高校担任商业原理课的老师中,93%是全职教师,只有7%的教师为兼职教师;有实际企业管理经验的老师只有61%,有创业经历的教师只有36%。在商业原理课程中,教师多采用传统方式进行教学,比如课堂讲授、出题考试等,与实践结合不太紧密。

三、英国高校创业教育的途径方式

英国高校的创业教育主要有两种教学方式:课内创业教育课和课外活动性质的创业教育课。

1. 课内创业教育课程

英国高校课内创业教育课程的主要形式是课堂传授创业教育知识。这样的教学方式有利于创业知识的系统传授,有利于学生快速、全面地掌握创业的基本理论知识。在教学过程中,教师重视学生主观能动性的培养,主观能动性是学生今后进行创业活动必不可少的因素。

课堂教学分为必修和选修课程。必修课程是指学生必须学习的创业基础理论课程,使学生掌握创业的基本知识。选修课程则是对创业基础知识的延伸,目的是扩展学生视野。在课内创业课程中,教师运用相关创业案例进行教学。案例既包括成功的案例,也包括失败的案例,这样有利于学生掌握更多创业的间接经验,避免机械化教学,学生们能将在课堂中学习的知识更好地运用到实践中去。

2. 课外创业教育活动

从目前英国高校创业教育整体发展情况来看,几乎所有开展创业教育课程的学校都开展了相应创业教育课外活动。课内教育和课外活动相结合,调动了学生参与创业活动的积极性。英国高校开展的创业教育课外活动主要有以下几种。

第一,学生社团创业部。创业教育活动和学生社团相结合,使得创业教育从课堂内扩展到课堂以外。社团一般要求大学给予资金支持,由所在大学创业中心资助或者由英国科学创业中心资助。社团成员会随着学生的入学和毕业不断地更换,只要想了解创业活动的教师、学生、校友和创业家都可以参加社团创业部。在学生社团创业部,通常会举办互动性的活动,邀请当地知名人士与学生进行面对面交流,或者定期举办系列创业报告,传达创业知识。比如格拉摩根大学学生社团创业部拥有的成员大约300多人,最初的创业交流活动为一周一次,随着创业需求的增加改为每周两次活动。活动的形式多种多样,有讨论会、演讲会、报告等,其中最吸引人的是成功人士的创业演讲。

第二,创业大赛。创业大赛为创业活动最核心的部分,旨在发掘创业者潜在的能力是大学作为创业课外活动的项目之一。不同的学校对于创业大赛的要求不同,有的学校只要求学生提出创业想法,有的学校则要求学生模拟创办企业,无论是在校本科生和研究生还是参加工作的校友都可以参加创业大赛，大赛的奖金平均在 2 000～3 000 英镑之间。例如，英国著名的谢菲尔德·哈勒姆大学每年举办创业大赛，大赛对所有在校大学生和毕业生开放，大赛提供奖金金额达到 4 000 英镑。从某种意义上说，在国际竞争日趋激烈的时代，创业大赛成为英国经济的重要驱动力之一。

第三，暑期创业学校。在暑期，英国各地高校开展创业暑期培训，为创业者提供简短集中的创业培训。申请参加暑期创业学校的学生需要提出一个创业案例或者与创业有关的资料就可以参加，培训的时间为 3～7 天不等，教学方式一般为谈话法、集中培训法或者是一对一的咨询，并积极联系企业家对学生进行创业指导。暑期创业学校的规模一般较小，通常班级人数在 40 人以下。例如，谢菲尔德·哈姆勒大学每年都举办为期一周的暑期创业学校，为准备自己创业的学生和已经毕业的创业者提供他们所需要的咨询和技能培训。

第四，大学生创业论坛。创业论坛是创业教育课外活动的一种网络形式，为大学生提供更多的创业成长机会。例如，杜海姆大学创业论坛中的大学生创业成长论坛鼓励大学生到中小企业就业，鼓励学生积极参加创业活动，创办自己新的企业。创业栏目定期开展活动，成员交流自己的经验，以期更好地进行创业实践。大学生创业论坛促进了大学生创业成长。

第五，学生创业实习活动。学校鼓励大学生到中小企业实习，这是培养学生创业技能的有效途径。英国高校安置大学生到中小企业实习，以获得更多的创业能力。大学生在同企业工作人员共同为企业创造经济效益的同时，还可以增加在中小企业工作的经验。例如，威尔士地区的就业中心每年都会安置高校学生在暑期到中小企业实习，实习的时间为 14 周，中小企业支付给学生一定的津贴补助。在实习期间，学生将他们所学的理论运用到实践当中去，增强创业所需的技能。

四、英国高校创业教育的师资培养

根据英国国家大学生创业会（NCGE）的最新调查结果显示：在 2007 年，英国有 127 所高校开展了创业教育，接受创业教育的学生数量达到 176 万人。对于如此庞大的学生数量，如何保障创业教育教学质量是一个严峻的问题，也是对高校创业教育教师的一个严峻考验。创业教育教师不仅要具备与创业相关的实践经验和专业知识技能，而且要有强烈的责任感。许多高校积极组织教师深入到企业中进行咨询，以获得创业的体验；同时更加注重教师培训，加强教师自身的创业理念及创业能力，提高高校教师素质和能力。

1．选聘优秀教师进行教学工作

英国高校在选聘创业教育师资上，既注重学术上的造诣，又注重选聘拥有创业实践经验的教师。高校鼓励教师到企业进行研究工作，有助于教师自身的理论和实践的结合。英国拉夫堡大学创新中心的教师有60%以上兼任各企业顾问。这些双重身份的教师在担任企业顾问的同时了解市场动态，不仅可以调整创业课程，指导学生创业实践活动，而且也提高了教师自身教学水平，拓宽了教师自己的创业思路。

高校还鼓励教师从事创业活动。例如，拉夫堡大学的“企业经营管理”课程由两位专属教师一起负责，一位是专职的创业教育教师，另一位教师是在企业中担任骨干的企业家或创业者，两位教师可以实现优势互补。英国高校有的课程是由更多的教师一起负责，有一位专职的创业教育教师，另两位是企业家；或者两位是专职教师，另一位是企业家；或者三位企业家担当兼职教师。这些教师教育学生的共同目的都是为了使学生掌握最新的创业知识和技能。再如，拉夫堡大学的“创业机会与风险”课程就是由3位有创业经历和企业管理经验的兼职教师共同开设的。

2．加强教师培训

英国高校重视创业教育的教师培训。例如，英国东伦敦大学的创业教育成为英国全国高校创业教育学习的典范。该校每年暑假都会开办教师暑期创业培训班，目的为教师创业提供系统的训练，提高教师的创业素质。在培训过程中，学校会邀请著名大型企业的企业家担任教师培训顾问。培训班一般采取小班教学，历时大约6～8周，学员在培训班和专家展开充分的讨论。教师暑期培训班可以使老师了解社会经济走势，丰富教学内容。教师与企业家的交流有利于校企交流和沟通，这对高校创业教育的快速发展起到推动作用。

五、英国高校创业教育的政策实施

创业教育对提高国家创业水平，解决大学生就业问题都具有重要意义。在英国，政府将高校大学生创业教育作为优先发展领域，在政策上给予最大的支持。这些政策为英国高校创业教育的稳步发展提供了坚实基础和根本保证。1987年，英国政府提出《高等教育：面对挑战》白皮书，充分陈述了英国政府有关高等教育的政策。1988年，英国政府又颁布了《1988年教育改革法》，对英国的教育制度进行了很大的调整。1992年的《继续教育及高等教育法》，1997年的《迪尔英报告》，2003年的《高等教育的未来》白皮书以及2004年的《高等教育法》这几部法律政策都强调一个重要问题，就是高等教育与经济关系问题。总结其法律政策可以分为以下几个方面。

1. 英国高校创业项目的建立

在全国范围内，英国政府投资开展创业项目，激发学生创业热情，挖掘学生创业的潜能。创业项目使在校学生了解创业过程，以此获得相关创业的技能。

1998年，英国政府启动大学生创业项目(The Graduate Enterprise Programme)。该项目包括两部分的内容：一是开办公司，二是顶级创业课堂。在开办公司项目中，学生设计商业构思，组建自己的创业团队，从而获得创业整个过程的经验。在此过程中，学生可以得到企业顾问(Volunteer Business Consultant)和创业导师(Enterprise Tutor)的指导。顶级创业课堂也称创业大师课堂，该课堂是学生一起听成功创业者的演讲，参加集体讨论来激发学生对于创业的热情。课堂的持续时间一般为半天。2003年，参与项目的大学生有13 154人，增加了学生创业经验。

另外，创业远见项目(Enterprise Insight，简称EI)在2000年5月启动，这是鼓励青年创业，培养青年创业精神的联合运动。2004年6月，创业远见项目增加了青年创业网站，每年举办创业大赛，以此来推广创业活动。

2. 英国创业教育管理机构的设置

为推进高校创业教育，英国成立了专门管理创业教育的机构，对创业教育的各个方面进行管理，为创业教育的开展提供了有力的保障。其中，由政府提出建立科学创业中心的政策尤其值得关注。

1999年，英国政府拨款成立了英国科学创业中心(UK-SEC)，起初的创业中心只有8所，后来扩大到13所，涉及英国60多所高校。2001年1月1日，英国政府拨款1 500万英镑鼓励创业中心开展活动。

2004年5月，科学创业中心成为英国高校创业教育主要的管理机构。科学创业中心将所在区域的大学组织起来，形成一个巨大的网络。创业中心的主要任务是开展创业教育、加强与企业家的合作。1999～2003年，英国高校有45 000人接受了创业教育的培养，创业中心从中培养了1 800名高技能人才，鼓励和支持了1 000多个企业的创办。

另外，值得注意的英国教育管理机构是全国大学生创业委员会(NCGE)。该委员会成立于2004年，负责英国的创业教育，主要任务是培养在校大学生的企业家精神。该委员会主要在三个方面开展活动：一是委托高校专家在全国开展有关创业教育的调查，为高校开展创业教育提供依据；二是鼓励高校开展有关创业教育的教师培训；三是支持和帮助在校大学生创办企业。

3. 英国创业教育资金政策的实施

英国开展创业教育得到了社会各界的支持，除去企业和校友的捐助以外，有

80%的资金来自于公共资源。

英国政府在高校创业教育领域投入了大量的资金，目的是提高国家整体竞争力。在2001年，英国政府启动了高等教育创新基金（Higher Education Innovation Fund），该基金主要是为了实现校企合作，为高校建立科技网络群，支持高校内部师生的创业，是政府向高校提供资助的又一途径。到2008年，该基金总计达到234亿英镑。

科学创业挑战基金（The Science Enterprise Challenge Fund）是另一政府支持高校创业的方式，该基金鼓励创业教育进一步转化成技术。在1999年和2000年间，英国政府向高校投资2 890万英镑。在2001年，科学创业挑战基金总投资额超过了5 700万英镑。

此外，还有专门为少数民族和弱势青年创业提供资金的新创业奖学金（New Entrepreneurship Scholarship）、王子基金（Prince's Trust）。新创业奖学金为创业者在创业过程中提供支持和指导。王子基金是英国专门针对青少年的慈善机构，主要是帮助青少年实现就业或者创办企业，该基金从1983年以来援助了5万多名青年创业。

总之，从总体上看，英国高校创业教育自1999年以来有了长足的发展。2006年，英国全国190万大学生中，有13万学习了创业教育课程或者参加了创业课外活动。

综上所述，英国高校创业教育发展显著且地位极其重要，从而保证创业教育在高校有效开展，为英国经济社会发展提供有力保障。在2006年的一项创业教育调查表明，创业教育为师生提供了帮助和服务，给地区的发展也带来了丰厚的成果。

第三节　法国的创业教育

一、法国创业教育发展背景及历程

“企业家”（entrepreneur）一词首次出现于16世纪，来源于法语的动词“从事”、“着手干”（entreprendre）。经济学家理查德·坎蒂隆于1730年首次将entrepreneur用于学术领域。此后，经济学家让·巴蒂斯特·萨伊和约翰·穆勒在学术中的使用，使entrepreneur得到广泛传播和使用。但英语中的“创业”（entrepreneurship）作为名词被译为法语收录进词典的时间并不长：2002年《小拉鲁斯词典》收录，2012年《小罗伯特词典》收录。在法语中，名词“创业”用法多样，entrepreneurat与entreprenarlat两种拼写都很常见。

虽然“企业家”一词起源于法国，但法国鼓励创业和发展创业教育并非是最早和最积极的。第二次世界大战后，美国就将创业作为解决退役军人工作问题、支持他们融入社会的重要手段；法国则加强政府干预，实施了“现代化与装备计划”，对基础产业实行投资倾斜政策，提高工业技术装备现代化水平，法国工业得到迅速恢复。20 世纪 50 年代末至 70 年代初，法国经济发展繁荣。70 年代以后，法国工业经济缓慢增长。这时，法国才开始鼓励人们创业，一些商学院、工程师学院开设了培训企业家的课程。1978 年，法国高等商学院（HEC）开设“企业家”课程，开创了法国创业教育的先河。20 世纪 90 年代末，法国逐渐开始重视将创业相关知识和技能的教学融入大学课程。人们认识到，创业教育的对象不应只是精英学校的学生，特别是高等商学院和工程师学院的学生，而应该是更广大的学生群体，包括学习人文、社科和艺术的学生。

2007 年，法国实施的《大学自由与责任法》（LRU）被认为是法国相关人士推动发展创业教育的机遇。欧债危机以来，法国经济持续低迷，青年就业问题严峻。作为经济改革重要政策措施之一，法国政府积极支持大学在校生和毕业生自主创业，为此陆续出台一系列政策举措。2009 年，法国教育部联合相关部门和协会组织发起了“大学生-创业者”计划（PEE），将“创业”真正引入了高等教育政策领域。

2013 年 5 月 11 日，法国国家创新计划提出要在高等教育领域培育创业和创新文化，继续加强校企合作。该计划进一步推动了法国创业教育的发展。

二、法国高等教育领域的举措

2009 年，时任法国教育部部长瓦莱里・佩克莱斯、负责手工业的国务秘书埃尔维・诺维利和中小企业商会（PME）联合发起了“大学生-创业者”计划，以支持综合大学和大学校开展创业教育，为所有有意愿创业的学生提供创业培训和相关支持，让创业文化真正融入综合大学与大学校。

2013 年 10 月 22 日，时任法国教育部部长菲奥拉索在访问巴黎马恩-拉瓦雷大学笛卡尔孵化器时提出了支持学生创业者的新措施和目标：在 4 年内实现由大学生或大学毕业生创建或重振 2 万家公司；通过发展创业文化，培养学生创业所需的能力；让创业成为撬动高等教育领域教学变革的“杠杆”。法国教育部要求高校从本科阶段开始，面向所有大学生开展创新和创业教育。具体来说，在本科阶段，开设创业入门课程；在硕士研究生阶段，设立创新管理、项目创业与管理两个专业方向；在博士研究生阶段也开设相关课程。除了支持创业课程建设外，教育部越来越重视产学合作，积极推进实践平台建设，出台了多项支持学生创业的举措。

1. 实践平台建设

(1) 建立学生创业中心

作为“大学生-创业者”计划的一部分，法国建立了20个学生创业中心(PEE)。PEE一般由高等教育与科研集群(PRES)、至少一所综合大学、一所大学校、一个专业网络和一家企业组成，被法国教育部认为是在高校推广最佳创业教育实践的方式之一。这20个中心联合综合大学、大学校、协会组织和企业界向学生提供创业启发、创业培训和创业支持，促进跨学科的学习和合作，传播创业文化。PEE汇聚了227家高等教育机构和350个合作机构。例如阿尔萨斯的ETENA中心，当地所有高等教育机构都参与其中，包括斯特拉斯堡大学和高阿尔萨斯大学这2所综合大学，8所工程师学校和斯特拉斯堡管理学院，此外还有16家研究机构、7家协会组织和3家企业也参与ETENA中心的业务。基于数字化的工作环境，ETENA中心打造创业空间ENT2，向阿尔萨斯所有大学生开放，提供大量信息和多样化服务。

(2) 建立学生创新、技术转化和创业中心

2013年10月，时任法国教育部部长菲奥拉索提出了支持学生创业者的新措施：2013～2016年，建立30个学生创新、技术转化和创业中心(PEPITE)。为顺利创建PEPITE，并为其提供支持，法国教育部和法国信托投资在斯特拉斯堡签署合作协议。同时，PEPITE还将受到法国中小企业部的支持。各地PEPITE基于区域发展的具体情况，协调创业和创新课程的开设和发展，支持大学内部已有的孵化器和合作空间的发展。PEPITE还为“大学生-创业者”提供以下支持：一名教师或企业家等PEPITE外的其他相关人员的指导；为创业者和相关人员提供交流平台；支持创业者与PEPITE合作方签署业务合同。

2. 支持和激励措施

(1) 建立“大学生-创业者”身份

2014年，法国为创业中的28岁以下的大学生或大学毕业生建立了“大学生-创业者”身份，支持他们在创办公司期间享受学生能享有的相关社会福利。PEPITE的项目发起人都可以申请这种身份。

(2) 建立创业协调辅导制度

2010年，法国推出了一系列在高等教育机构内推动创业活动的措施，主要任务是确保现行针对学生创业的不同措施之间的衔接、协调与整合，并提出相应的优化建议。同时，每所高校任命一名创业辅导员，与设立在学校内部的就业指导办公室合作，其主要任务是鼓励学生的自主创业活动，并使学生了解进行创业活动可能获得的支持和帮助。

(3) 设立“汤普林大学生创业奖”

法国教育部自 2014 年起启动“汤普林大学生创业奖”，为 PEPITE 的大学生和大学毕业生以及创新项目提供资金支持。该奖项颁发给 18～30 岁的大学生或毕业 3 年以内的大学毕业生。依据全法评审委员会对项目的评估，获奖者在创办公司时会获得 5 000 欧元或 1 万欧元的资助。最有发展潜力的 3 个项目会获得 1 万欧元的额外奖励。

(4) 对学生创业项目实施税收优惠政策

法国的税收政策一直是新创企业发展的一大障碍。2013 年，法国年轻企业家发起“鸽子运动”，指责法国的“没收型”税收，一些创新企业的老板因不愿做“被拔毛的呆头鸽子”而离开法国。为解决这一问题，法国政府将支持创业提上了议程，出台了 14 项政策以激发全社会的创业活力，包括减税和赋予创新公司优先地位。由于财政上的不足和政治意愿的缺乏，大幅削减税费可能不现实，最终政府采用了税收津贴的方式降低企业赋税压力。

但为了鼓励学生创业，法国给予“高校年轻企业”(JEU)优先地位，通过减免社会保障分摊金和税收，帮助年轻企业度过创业最初的困难时期。成为 JEU 须满足六个条件：公司员工人数在 250 人以下、年营业额在 5 000 万欧元以下或者公司资产在 4 300 万欧元以下；由大学生、毕业 5 年之内的硕士或博士、大学教师、研究人员管理或持有公司；管理者或合伙人在高校的科研成果在公司主要活动中得以体现；创办不足 8 年；自然人、公共性的协会组织拥有至少 50%公司资产；公司不能是经过重组、合并、扩张或重新营业的。

(5) 创新孵化器提供全面的创业支持

在 1999 年颁布的鼓励研究和创新的《阿莱格尔法》的框架下，法国教育部支持成立了 28 个创新型企业孵化器。各孵化器在区域范围内，由各高等教育机构或研究机构设立。这些企业孵化器组建了经验丰富的团队，在空间、设备、智力支持和融资方面为创业项目发起人提供个性化指导，为企业从制订商业计划到第一次融资或第一项产品商业化期间的各个关键阶段提供服务，如项目管理、战略制定、公司筹建、知识产权和财会支持。企业孵化器还会帮助创业项目融资；分析人力资源需求及团队成员素养，为创建公司组建团队。

创新型企业孵化器项目评选委员会依据项目的成熟度、与公共研究的联系以及项目的经济潜力来选择其所支持的项目。2000～2014 年，各孵化器为 4 000 余个创新项目提供了支持，5 年间由各孵化器支持成立的创新公司达 2 700 家。

3. 积极促进产学研合作

从阿司匹林到首次全球生产的内燃机，法国为全球贡献的发明和创新引人瞩目。这得益于法国对于教育和科研的高投入。2015 年，安永会计师事务所(EY)的调查指出，法国在研发方面的公共支出占 GDP 比例超过 G20 国家平均比例的 2.2%，但在公共研发成果的商业化方面情况堪忧。法国研究人员人数方面，这些年逐渐与邻国德国缩小了差距。但两国的创新产出，从专利申请量的角度来说，仍然有很大的差距。

4. 法国地方对于促进学校和企业合作的探索

从 1992 年开始，罗纳-阿尔卑斯大区、里昂和格勒诺布尔学区、法国企业家组织(MEDEF)合作启动了一项名为“学校-企业”计划的项目，以拉近产业界、教育界和年轻人的联系。这项计划受到欧洲社会基金和罗纳-阿尔卑斯大区、MEDEF 的资助。在此计划框架内，罗纳-阿尔卑斯大区“学校-企业周”、“想法创造者”创新竞赛和“职业世界杯”等活动得以举办。

近年来，法国政府越来越认识到创业对于拉动经济和解决就业的重要性，法国教育部联合其他部委、协会组织和企业，采取了一系列措施，如建立竞争力中心、设立卡诺研究所、成立促进技术转化的组织等，推动教育、科研和技术转化的发展。政府还承诺为创业者出台支持投资税收的政策，积极促进教育科研和产业界的合作以提升研发转化率。

在法国教育部的倡导下，截至 2010 年 10 月，约 300 家高校(其中有 70 余所综合大学)开始为学生编制《创业参考》，提供创业教育和创业支持方面的信息。《创业参考》在高校内支持创业文化的发展，如通过宣传高校与企业、协会组织建立合作关系，实现相关信息的有效传播；企业也可以通过《创业参考》提供实习信息，寻找适合某个创业项目的学生团队，为学生提供指导。

2012 年 10 月，时任法国教育部部长佩永强调，“仅仅在大学三年级实习是不够的，学生应该从初中一年级开始了解企业和职业。为给学生提供更多的信息，让学生找到更合适工作，企业应该更好地认识他们在学校的职责。教师也应该在教学中保持与产业界的良好联系。”

2015 年 12 月 2 日，现任法国教育部部长娜雅 · 瓦罗 · 贝尔卡桑宣布将进一步加强学校和企业的联系。教育部的目标是每一位初中生都能参观一次企业，与一位专业人士交流，有一次实习机会，做一个具体的项目。为此，她提出“实习中心”计划，为学生提供更多实习机会，让他们更好地融入职场与社会。她还表示，“很多年轻人虽然走出学校多年，但仍然无法接近劳动力市场。我们需要加强联系，保证学校所发的学位证书与劳动力市场对能力的需求一致”。

2011 年 10 月，法国教育部发布的一份关于创业能力和创业精神的报告指出，创业教育的人才培养目标不是严格意义上的培养创办公司的人才，而是具备创业精神、态度和能力的人才；创业精神应该在广义上作为一种有益的态度，应用于职业和个人生活中。可见，法国国家层面对于创业教育具有深刻的理解。学者帕维斯于 2003 年指出，对于一些管理学的教师、研究者来说，创业教育是促进学科保持活力的因素，他们支持并积极开展相关研究和教学。但一些创业方面的法国专家并不支持创业教育的普及，他们不希望专业被"稀释"，特别是很多不专业的研究和教学人员参与创业教育的教学工作，并把创业能力"平庸化"，但这不能阻止政府越来越鼓励创业和创业教育。

在创业环境方面，法国还需要提高整个社会对创业的认同和热情。新企业的创立在法国面临一系列困难和障碍：劳动力成本高，政府在鼓励和资助具有潜力的公司方面力度不够，法国创业公司的国际拓展能力相对有限。虽然法国政府在不断改善创业环境，通过信息化手段进一步简化创设公司的行政程序，也积极调整税收政策，但法国社会对创业失败的容忍度较低。2015 年 EY 的调查指出，46％受访创业者认为创业失败就是职业生涯的失败，G20 国家的平均比例为 21％。在这种社会环境下，人们的创业精神也会不断萎缩。走出这一困境的重要途径之一，就是在各级各类学校开展创业教育，培育创业文化，将创业教育延伸至中小学。2014 年，法国教育部颁布了一项面向全国的指导方针，确立了小学生需要成功地融入社会，有能力开拓自己的职业未来的目标。由此，创业也成为法国中小学的一项跨学科的教学目标。一些学校将其融入各种选修课程，如职业探索、职业准备、经济和社会学等。为推动基础教育领域创业教育，法国已经在全国层面开展了针对中小学生的创业项目，如为学习而创业、我们的 EPA 商业区等。

创业教育不仅有利于营造创业的文化氛围、降低失业率、创造就业岗位、减少公共财政赤字，还将对大学的教学、管理和运营产生深远的影响，从而改变高等教育。管理学专家卡洛琳就指出，要想教好创业，最好成为"创业的"大学。"创业型大学"的模式正体现了高等学校的这一变革，他们具有富有远见的战略规划、完善的相关配套机构、适应需求的教学实践，并与产业界保持了密切的关系。法国工程师学校、商学院等"大学校"在产学研的协同合作、企业界代表参与教学和管理方面有着丰富的经验和较成熟的机制，是法国创业教育开展的有利条件，也是综合性大学开展相关教学和研究可以借鉴的典范。

第四节　德国的创业教育

近半个世纪以来，创业教育在德国各高校中形成各具特色的创新研究和创业教育体系，培养大学生创新意识，鼓励大学生创业，为推动中小企业蓬勃发展作出贡献。

德国在推动创业教育和大学生创业实践方面采取了一系列的措施和政策。首先，成立以大学为依托、结合中小企业发展为一体的研究机构，开展创业和创新方面的研究。其次，1978 年成立创业文献数据库(ELIDA)。该数据库已发展为拥有超过 22 000 种资料，出版以创业专题为主的系列读物。再次，从 20 世纪 70 年代开始，在大学建立创业教育的教授席位制度。在商贸和手工业培训为主的非全日制学校开设创业教育课，然后在全日制大学正式开创业教育课。据统计，2002 年创业教授席位在德国高校增加到 39 位，创业研究的领域逐渐从工商管理专业扩展到其他专业，形成了以社会科学、自然科学和人文科学为基础，结合各高校特色的创业研究和创业教育体系。如波茨坦大学偏重艺术设计的创新培训课程，柏林洪堡大学的高新技术创业理念培训，科特布斯大学的专业创新课程等。

强大的社会创新力量与高校相结合。首先，德国高校的创业教育得到政府和社会各界，特别是企业的大力支持。许多大型企业，如西门子、大众、拜耳等公司定期举行创意大赛，项目众多。从公司研究课题到社会公益创业等项目吸引许多高校的大学生参加，有利于大学生在求学期间与实践相结合，关注创新的动态和前沿技术的发展状况。其次，从资金上对大学生的创业和高校创业教育给予支持。从 1999～2001 年，德国政府投入 200 万马克支持高校创业教育。同时，各大高校在政府支持下成立创业基金，创办创新公司。

根据经济业发展合作组织的调查，为了促进柏林洪堡大学教师和大学生把高新技术和知识一站式转化到市场，洪堡大学于 2005 年自筹资金成立创业服务公司，到 2008 年收益已经达到 450 万欧元。其合作伙伴包括：柏林 Adlershof 科技园、Juelich 研究中心、柏林公共发展银行、技术培训中心、伯克利的 TTB 西门子等。莱比锡大学自 2006 年成立创业中心，年平均投资 50 万欧元，还为生物技术和制药每年追加 26 万欧元的创业活动基金。到 2011 年，莱比锡大学年已成立 250 个公司，近 3 000 名大学生和员工参加了此次项目。投资方为欧洲社会基金、联邦经济和技术部、萨克森州立经济、技术和交通部、萨克森州科学和之化部。政府和企业的支持，使高校的创业教育得到发展，也为企业带来新的创新研发思想，有利于促进产-学-研的良性循环。

创业教育注重针对性和实践。德国发展创业教育促进了微小企业的创办，提供更多的就业岗位，大力促进技术创新和公益创业，产生良好的社会效应。

首先，德国的创业教育针对性强。学生根据自己的爱好和知识基础选择不同的学校，如职业培训中专学校、职业高等学校或综合性大学。职业培训学校和职业高等学校注重培养一技之长，更多进行生存性创业教育，而在综合性大学创业教育更注重结合所学专业进行的创新理念和商业模式运作，对创业精英和高质量的创业项目进行重点扶持。如柏林工大的大学校园孵化器便是促进这种知识转化的一个很好的实证。一些大学毕业生富有创意的高科技设计或作品，或者市场定位准确的商业运作模式，都可以得到进驻孵化器的机会。进驻的创业团队从商业计划书策划到创办企业过程中碰到的问题，如商业运作或技术支持等问题，都可以得到大学校园孵化器导师的指导和支持。这样有针对性扶持成立的公司技术含量比较高、创新性强，走出孵化器时，有些创办的企业在激烈的竞争中生存下来，有些通过并购或重组转化到大公司，还有一些把知识产权出售给有意愿的公司。

其次，德国教授非常重视创业教育和实践相结合，对创业教育的目的及创业教育应担负的社会责任有深刻的理解。以柏林自由大学为例，Faltin 教授从 20 世纪 80 年代开始面向学校和社会定期开办创业培训和年度创业峰会。他从自己创业经历中分析影响创业的因素，剖析在创业过程中各种创新理念形成的原因和模式。他认为创业教育要强调创新思想的产生，充分挖掘创业者的创新潜能，形成创新理念并运用到商业模式中。这种强调创新理念，培养人们在实践中发掘创业机会和创新思想的教学方式，深受大学生和社会创业人士的欢迎和肯定。

注重宏观和微观创业环境建设。宏观的创业环境包括经济环境、政治环境和社会文化环境。在优化经济创业环境后，初创企业享有平等的优惠政策，如减免税收、信息透明、银行低息或免息等；在政治环境方面，私有财产权和专利权得到充分尊重和保护；在创业文化氛围方面，也有很多尝试和努力，例如强调环保节能的生活方式，培养个性发展和创新意识、冒险精神，表彰长期致力于创业教育和创新能力培养并产生积极社会影响的学术精英，如柏林自由大学的 Faltin 教授曾获得德国总统表彰。

另外，银行和大型公司积极成立投资基金，支持高校创业教育的发展。

Faltin 指出，“一个能够融合经济、艺术和社会活动为一体的创新企业家精神文化，最终成为人类创造文明史上的核心价值之一。”这也是大学创业教育对人类文明发展应完成的使命之一。学生所处的文化环境主要包括校园文化和社会文化两种类型，在注重构建宏观社会创业环境的同时，德国的校园创业环境也得到优化和保护，从而对创业教育和学生创业素质的提升起到了整体引导、塑造和培养的作用。

创业孵化器定期组织创业知识讲座和创业培训，随时对有创业想法的大学生进行技术和法律等多方位咨询，大学生在创业阶段可以享受政府补贴，如入驻柏林工业孵化器的大学生每月有 2 600 欧元的生活费（是柏林地区最低生活保障金的 3 倍多），这对创业和微小企业的发展起到制度支持和法律保障。

第五节　澳大利亚的创业教育

创业教育作为世界教育发展的一个新理念正在受到日益广泛的重视。创业在促进就业、发展经济、推动技术创新方面发挥了重要作用，尤其是高校学生的创业活动已经成为推动世界经济发展的巨大动力。澳大利亚是世界上较早开展创业教育的国家，其高校创业教育序幕的拉开可从第二次世界大战后为解决毕业生就业压力各高校针对个人创办小企业开展培训算起，迄今已走过了 60 余年的历程。目前，澳大利亚高校已经形成了较为完善的创业教育体系。

一、澳大利亚高校创业教育的模式

从总体上看，澳大利亚高校开展创业教育主要遵循三条路径：一是以普通大学创业学学科建设为目标的发展路径；二是以提升普通大学学生创业素养和创业能力为本位的发展路径；三是以拓展技术与继续教育学院学生的就业面为中心的发展路径。第一种路径主要采用专业模式，培养专业化的创业型人才，教学活动一般安排在商学院内进行；第二种路径主要采用普及模式，注重培养学生的创业意识和创业精神，教学活动在全校范围内展开；第三种路径主要采用培训模式，注重培养技术与继续教育学院学生的创业能力，通过模块化的创业教育课程教学，使学生对创业和自谋职业有更明确的认识。

1. 专业模式

专业模式一般是在商学院开展的创业教育模式，以培养专业的创业型人才为目标，其课程内容高度系统化和专业化。在这种创业教育模式下，毕业生的创业学理论知识扎实，创业意识浓厚，创业实践能力强。可以说，正是专业模式创业教育的产生，促使创业学作为一门独立的学科在澳大利亚高校获得了突飞猛进的发展。

澳大利亚的普通大学创业学专业课程体系可以归纳为 4 个部分，即专业基础课程、专业核心课程、专业内选修课程和公共选修课程。其中，专业基础课程设置以经济学、管理学、法学等基础课程为主；专业核心课程内容丰富，不仅向学生传授创业所需的理论知识，而且注重培养学生的创业实践能力；专业内选修课程的开设，以拓宽学生的创业学知识面、增强实际操作能力为主要目标；对于公共选修课程，学生可以根据自己的知识结构和兴趣爱好在校内相应水平的公共课目表中选择 5～9 门课程。莫道克大学本科阶段创业学专业课程体系包含 4 个组成部分，分别是基础单元、核心单元、专业内选修和专业外选修。其中，基础单元包含管理学原理、商业法原理、市场学原理、金融与银行学原理；核心单元包含市场管理学、创业的可行性分析与经营理念、市场与广告法；专业内选修课程包含技术与法律、组织内部创业、组织发展和人力资源管理、创业与可持续发展；专业外选修可在全校范围内选修 6～9 门课程。

创业学专业教学方法的选择依据所教课程内容而定。首先，针对创业学基础课程，各高校一般采用小班授课以及分组讨论的形式组织教学。学生在接受创业学基础知识的同时可以与授课教师和同学开展互动交流，以加深和帮助对新知识的理解和掌握。例如墨尔本皇家理工大学，其本科阶段的创业学专业基础课程中的 2/3 为小班授课，班级人数一般控制在 20 人左右，其余的课程则是安排学生开展分组讨论。其次，对于创业实践类课程，各高校普遍采用启发式案例组织教学，学生可以模拟案例中的角色，尝试虚拟创业。教师在这一过程中仅担任引导者的角色，鼓励学生合理解决模拟创业中遇到的困难，帮助学生最终实现在模拟情境中的成功创业。最后，在创业实践类课程中，学校聘请行业内有一定实力的企业家担当兼职教师或者创业顾问，学生提供创业可行性报告，有创业意愿及创业实力的学生可以在企业家的指导下开展创业实践。

2. 普及模式

普及模式的创业教育基于这样一种理念，即非商学院的学生也能从创业教育中受益，作出具有创造性的创业努力。这种模式的创业教育一般情况下是通过整合全校范围内的创业教育资源，吸引来自不同专业背景的学生参与。

澳大利亚普通大学开展的普及性创业教育的培养目标，是使拥有专业知识的在校大学生具备开办小企业的能力，成为潜在的小企业家。在阳光海岸大学(University of the Sunshine Coast)，任何一个学院的学生都可以选修创业教育课程，其培养目标为：通过对新创企业全过程的学习，培养学生的创造与创新能力，激发学生的创业激情，挖掘学生的个人潜能，使学生具备开办小企业的能力。

普及性创业教育课程分为环环相扣的 4～5 个单元，学生按照课程安排顺序修习完成各个单元后，才能完成整个普及性创业教育课程的学习任务。阳光海岸大学普及性创业教育课程体系就包含新创企业的发展、成长、建立和运营4个课程单元。它们彼此衔接，课程内容逐步深入，组成了一个完整的课程体系。此种模式的创业教育教学方法以课堂讲授为主，启发式案例教学为辅，并为有创业意愿的学生提供实践机会。例如，堪培拉大学对于创业学基础课程的教学，主要采用课堂讲授的形式，教学过程中穿插启发式案例，组织学生对案例进行分析与探讨。另外，该校还为有创业意愿的学生提供到相关领域小企业观摩或者实践的机会，学生通过亲身参与，可以深入了解创业与企业经营的详细流程。

澳大利亚高校对从事创业教育的教师开展的培训主要由高校内部的教育学院负责，学院对创业教育的课堂教学指导与教师专业深造提供系统服务，具体包括学术发展、教育教学研究、在职教师专业培训、教师岗前培训等。

3. 培训模式

培训模式是一种在技术与继续教育学院展开的创业教育模式，以培养学生的创业意识为中心，使学生充分了解创业与自谋职业，具备一定的创业知识和技能。例如，斯文本科技大学中技术与继续教育学院的创业学培养目标为：注重培养学生的创业意识以及实用的创业技能，帮助学生在激烈的市场竞争中把握机会，成功开创小企业。

澳大利亚技术与继续教育学院的创业教育课程体系是一种在国家框架体系下，以能力为基础的、灵活的模块化课程体系。例如，阿得莱德技术与继续教育学院(Adelaide Institute of TAFE)的创业学课程体系完备，注重培养大学生新创小企业的能力。课程分为6个模块，依次是小企业管理技能、小企业的建立计划、小企业的建立、小企业的管理和经营、小企业的评估以及小企业的经营管理实践。其中，模块2至模块6相互衔接，讲授顺序不能颠倒；由于模块1具有通用性，可以将其置于首位或者与其他模块融合。四培训模式的创业教育课程体系模块化，增强了教学实践的灵活性，使创业教育的教与学均可有所侧重。

澳大利亚技术与继续教育学院创业教育的教学方法多样化。学院采取灵活的模块化课程开展教学，教学过程着重于实际演示和现场观摩。与企业经营者会谈、听小企业家讲座、到企业实地参观等也都是课堂传授的重要途径。

二、澳大利亚高校创业教育的特点

澳大利亚高校创业教育已经走过了漫长的发展历程，这一过程既是由感性到理性的深化过程，也是由点到面的普及化与系统化的过程，在形成模式的同时更创出了特色。

1. 层次与模块并存的课程体系

澳大利亚高校创业教育课程体系完善、特色鲜明，大多采用分层次、灵活的模块化课程教学。一方面，澳大利亚高校创业教育课程体系可以分为初级、中级、高级三个层次。学生在初级阶段，主要学习创业教育课程体系中的基础课程，为进一步学习创业教育核心课程打下坚实基础；在中级阶段，学生需要学习创业教育核心课程，并且可以根据自身的学习特点及兴趣在专业内选修课程中选择学习3～4门课程；在高级阶段，学生可以根据实际情况开展模拟创业，学校聘请拥有丰富创业经验的企业家担任学生创业实践的指导教师，有创业意愿的学生可以在教师的指导下成功完成模拟创业，还可以在相关行业企业家的指导下实现创业梦想。另一方面，澳大利亚高校创业教育课程是极具灵活性的模块化课程，这一特点主要体现在技术与继续教育学院的课程体系中。该课程体系把创业教育的相关课程安排为多个灵活的模块，各个模块之间相互联系而又可以融合或挪动。教师可以根据学生特点和教学要求适当调整教学顺序，改变课程模块安排，以达到教与学的最佳效果。

2. 善用启发式案例开展教学

澳大利亚高校创业教育普遍采用较为成熟的启发式案例开展教学。这种教学方式不以讲授单一的专业知识或者传授简单的操作技能为目的，而是结合本地经济发展的实际情况采用启发式案例开展教学。尤其是在创业实践类课程的教学过程中，教师向学生介绍大量成功创业的真实案例，在激发学生创业激情的同时，使学生对新创小企业的流程以及企业的运营有更加深刻的体会与理解。教师针对案例中出现的问题，教会学生如何分析和研究市场、设计创业方案、评价市场潜力等。在开展启发式案例教学的过程中，学生收获的不仅是实用性很强的创业知识和创业技能，而且更重要的是学生的创业意识逐渐增强，创业动机也日趋强烈。

3. 兼具理论与实践经验的师资

在澳大利亚，普通大学从事创业教育的教师专兼职比例约为4∶6。其中，绝大多数教师是具有高等教育背景的企业家，他们兼具扎实的理论知识和丰富的实践经验，懂得如何通过努力成功创办自己的企业。澳大利亚高校创业教育教师专业性强这一特点不仅适用于普通大学，而且也是技术与继续教育学院的重要特征。学院对创业教育的教师任用极为慎重，只有不仅具备良好的专业知识，而且有一定实践经验的教师才可以被聘用。全职教师要求具备相应的学位和证书，还要有3年以上的实践经验；兼职教师比例较大，约占教师总数的60%，兼职教师必须经过学院评定并获得培训证书。技术与继续教育学院的创业学教师不分理论课教师和实践指导课教师，是一种一体化的身份，他们大部分为行业协会的会员，从而确保了教师教学不脱离企业实际。为了提高非兼职教师的创业实践能力，学院还要求教师定期去新创企业进行实践。与此同时，学院还有计划地聘用优秀企业家到学院担任创业教育顾问，在指导学生开展创业教育实践的同时，也促进教师与企业家之间的交流，提高教师素质。

4. 注重发掘学生的创业潜能

澳大利亚高校创业教育高度重视学生创业潜能的挖掘。普通大学的创业学课程安排始终把发掘学生的创业潜能放在重要位置。莫道克大学创业学专业核心课程中的市场管理这门课在向学生传授市场管理基本知识的同时，大量融入了激发学生创业潜能的内容。在技术与继续教育学院的创业学课程体系中，有关学生个人创业潜能挖掘的课程也受到重视。阿得莱德技术与继续教育学院的教师通过对学生个人素质的评估、探索与开发，增强了学生的创新与创造能力，使学生在较为客观和全面地了解自己的前提下，能够根据市场需求在创业活动中正确确立自己的位置，逐步完善自我，最终实现成功创业。

第六节　印度的创业教育

综观世界各国的创业教育，一些欧美工业强国起步较早。在亚洲，印度的创业氛围也非常浓厚。2006 年，印度全国创业观察显示，每 10 个印度人就有一个参与创业活动，在参加“全球创业观察活动”的 37 个国家和地区中，印度的创业活跃程度排名第三。活跃的创业经济推动了印度经济持续增长，也为解决人口大国的就业问题提供了新思路。印度与中国在内外环境方面有很多相似之处，中国和印度都是东方古国，都是人口大国，都是发展中国家，都拥有较大的国土面积，近年来的 GDP 增长速度都名列世界前茅，都被视为未来发展潜力最大的国家，都被公认为第三世界中全球化的“成功案例”，都具有比较发达的高等教育。基于两国之间的相似之处，印度创业教育的经验和教训，对中国的借鉴意义非常大。

一、印度高校开展创业教育的环境分析

1. 人口的急剧增长导致全国就业形势严峻

印度是世界第二人口大国，并且每年净增人口 1 500 万左右，约占世界年度人口增长总量的五分之一。激增的人口进一步加剧了印度严峻的就业状况，印度政府发动了各种社会机构来为自主创业者寻找各种工作机会。严峻的就业形势促使人们更多地争取自雇型的就业机会，创业型的劳动模式逐渐成为一种趋势。

2. 自主经营者在国民经济中的影响力和地位非常突出

印度是自主经营者的王国，因为印度经济中相当大的一部分份额是由兼任工薪阶层和股东的自主经营者所贡献的。在印度国民经济中，独资企业和合资企业所占的份额为 35%，公司制的企业约为 15%，政府部门约为 25%，农业部门为 25%。如果把农业和自主经营的工业和服务业联合起来，就有将近 60% 的国民收入是由自主经营者所创造的，这无论是在资本主义社会还是在社会主义社会都是罕见的。

3. 自主创业成为一种共同的生活和工作方式取向

虽然印度的就业形势日趋严峻，但是自主经营项目的“就业率”仍在上升。印度的自主创业涉及任何一个可能的领域，但主要围绕 IT 支柱产业来展开。印度的自主创业包括所有可能的工作类型，包括摄影、设计、教学、数据输入等。

4. 高等教育快速发展导致毕业生选择自主就业

印度共有 30 多所综合性大学和 500 多所专科性质的学院。近 20 年来，大学入学率以每年 5%的速度增长。但由于经济条件的制约造成就业岗位不足，企事业单位不能完全吸纳毕业生，大量大学毕业生就业困难。不断恶化的就业状况使得大学生不得不自主创业，大学生创业教育应运而生。

5. 高校毕业生的就业模式主要定位于自主就业

与其他国家不同，印度高校毕业生的就业采取“4+1 联动模式”。“1”是指高校毕业生以自主就业为中心，强调大学生就业的自主化和市场化，鼓励毕业生自主创业；“4”是指印度中央政府、教育主管部门、高校和社会就业服务系统为高校毕业生就业提供各种服务平台。由于这种以自主就业为核心的高校毕业生就业模式，相当一部分高校毕业生最终走上自主创业之路。

二、印度高校创业教育的特点分析

1. 印度创业教育的发起与组织主体

印度高校的创业教育多由学校组织或者由教师自发发起。各种全国性甚至国际性的创业大赛、创新大赛经常由教师从民间发起，由学校自主举办，而很少通过教育主管部门发起或有其他行政部门参与。课程的协调、活动的组织、项目的选择和资源的分配等环节都由学校成立创业中心来负责。这就充分调动了学校和教师进行创业教育的自主性，有利于倡导创业、促进创新。

2. 印度创业教育的师资配备

印度大学的创业教育课程由本校教师和访问教授共同承担，本校教师主要承担理论部分，访问教授主要承担实践部分，两部分通常各占一半左右的课时。这一特点得益于印度大学长期以来形成的访问制度，访问制度为创业教育的师资提供了保障。在印度，除大学教授可做访问教授外，具有丰富实践经验的企业界人士也可以做访问教授。

3. 印度创业教育的课程设置

印度企业具有明显的家族企业特点，基于这种状况，印度很多大学专门开设了为期2年的家族企业管理项目，以帮助毕业生经营其家族企业。这种对企业性质进行细分以便组织创业教育的做法是印度创业教育的一大特色。此外，印度的创业教育课程具有极强的针对性，基本上都是与其他课程整合在一起。比如，加尔各答管理学院的创业课程根植于管理科目之下，而 Kanwal Rekhi 信息技术学院的创业课程则是围绕信息技术而开设的。

4. 印度创业教育的教学模式

印度的创业教育模式大致可分为师徒制被动学习策略模式和导师制自主学习策略模式。师徒制模式主要应用在创业基础学习阶段，这种模式在师生关系上，以师傅(或教师)为主导，学习内容和方式都由师傅制订，学徒(或学生)是被动的接受者；在学习目的上，以学习创业的基本技能为出发点，人才培养目标是实用型的技术工人或小作坊主。导师制自主学习策略模式更多地强调在教学过程中以学生为主体，将技术教育和学历教育有机结合，将理论学习与案例教学有机结合，将项目指导和活动推广相结合。

第七节　日本的创业教育

20世纪60年代，美国人发现了创业教育和创业精神这个创造美国经济奇迹的“秘密武器”。从美国德克萨斯州立大学的学生“创业计划竞赛”的星星之火，到现在世界范围内大学生创业热潮的兴起燎原，创业和创业教育成为世界各国政界和教育界高度关注的重要课题，作为发达国家的日本也极其重视。

一、关于创业的争论与共识

在对创业教育的理解和接受过程中，日本教育研究界和产业界有着不同的理解。如日本通商产业省创业教育研究会报告《具有创业家精神的人才培养》认为，创业教育是以培养敢于挑战新目标、不怕风险、富有创新想法同时有勇于实行的人才是的教育。所谓具有创业家精神的人才，是指面对新的挑战目标，不怕风险，积极果敢地挑战并将想法付诸实施的人。创业家精神不单单是风险企业的经营者占有的资源，它是包含已有大企业的内部创业等所有职业种类所共同必要的资源。日本经济产业省则认为，创业家精神就是在激烈变化的信息化国际社会中生存的能力，使每个学生的团队协作能力、创造能力、判断能力、表现能力、交流能力、问题解决能力、个性和挑战精神得到更大限度的发挥。

教育界对创业的定义偏重于创业基本素质、生存能力。正如日本中央教育审议会在第15期审议会第一次咨询报告中提出的，培养具有自我发现课题、自我学习、自我思考、自我判断、自我行动，更好地解决问题的资质和能力，还包括自律、和他人协调等丰富的人性，通过创业教育培养学生具有自立性、自我表现能力、创造性、协调性、挑战性；密切关注培养学生职业观和勤劳观的终身教育和培养学生自己学习、自己思考的生存能力。

与教育界相比，企业界对创业教育的理解似乎有些短视，往往倾向于对创办企业相关课程的开设和一些实际操作能力的培养，要求以经济活动为教材，通过职场体验、企业活动等模拟活动来使学生尽快熟悉企业环境，培养企业需要的人才。

虽然日本教育界、产业界对创业教育有着不同理解，但是日本已经基本上形成了对创业教育的共识，即创业教育不是指专门狭义的培养创业家的教育或企业家速成培训，而是倾向于广义的培养创业精神的教育，是将创业家精神的培养方面、培养经济头脑的经济教育方面、创业必备知识和技能的培养方面结合起来，以社会实际的经济活动为教材的课程学习和体验学习相结合的综合教育。这种共识和美国基于"创业家培养"的创业教育略有不同，在吸收了美国创业教育的精髓，结合西欧尤其是芬兰的创业教育模式后，日本逐渐形成了"以创业家精神培养"为主线的创业教育概念，它不是一种基于创业家养成的狭义技能和知识教育，而是关系到学生社会挑战能力和冒险精神的资质能力教育，是学生通过创业课程和创业实践唤起创业意识、掌握创业技能的一种素质教育。

二、日本大学创业教育的人才框架

一个成功的创业家如何诞生以及应该具备哪些资质？有没有一个相对合理的框架？日本创业教育研究专家松田修一认为，成为创业家绝非易事，在影响创业家创出的三个因素（创业资质的开发、基础设施支援、创业热情高涨）中，创业资质显得格外重要。日本创业教育研究中心通过系统的问卷访谈（包括对日本一些知名企业家、大学教师、学生），针对日本大学创业教育的模式提出了一个基本框架，框架主要围绕创业家精神和创业家的资质能力两方面内容，基本形成了符合日本文化特色的创业教育框架。同时该框架也成为日本许多大学开展创业教育的人才培养参照。该框架公式为："首先开发可能的重要因素，包括心理素质（自我发现的能力、创造性等）、非心理的资质（战略的思考能力）、知识（经营、专业）"＋"成长的经历、家庭状况和教育"＋"环境（市场要素、其他企业的要素、社会要素、政治法律要素、技术要素、创业家支援制度、创业家论、金融股份市场、税制等)”=“创业家诞生(有整合技术和市场理想的人,具有冒险心和向新事物挑战的心态的人)”。

1. 创业家精神

任何时代的创业者都共同具备果敢的挑战精神、实践能力、探究精神和创造性,这些就是创业精神。全球最大的科技顾问公司埃森哲的研究报告指出,在全球高级主管心目中,创业家精神是组织健康长寿的基因和核心,也正是创业家精神造就了第二次世界大战后日本经济的奇迹。

第一,创新是创业家精神的灵魂。企业最大的隐患,就是创新精神的消亡,因此创新必须成为企业家的“本能”。日本能有今天的蓬勃发展,离不开许多独特的、富有历史和文化特色的因素。在这个东西方文化交融最深的国家中,无处不体现出一种创新的价值。在长期的发展过程中,日本民族形成了特别善于学习和借鉴其他民族的成功经验,吸收各民族之长,以创新求生存的品质,从而建立了其“合金文化”。日本通产省电子技术实验室半导体研究的开拓者菊池诚认为:“日本并不善于从零开始,凭空进行创造,但是日本人最擅长从别国的电子和信息中获取灵感和启发,然后再进行创造。”同时,创新的精神不但在高层次的技术科技创新,还包括管理、方法、途径等多层次的创新。从国家科学技术基本计划鼓励创新,到结合地区特色开拓产业创新,再到企业内部思路创新,可以看出,日本社会的创新层次是全方位的。

第二,冒险是创业家精神的天性。创业家精神与风险(risk)或不确定性(uncertainty)联系在一起。所谓风险,一般解释为危险,表现为损害规模与发生频度的乘积,同时还蕴含一层意思就是好处(benefit)。此外,失败是创业家所必须经历的环节,唯有失败才会产生创造,失败的经验中蕴含着大量创造的机遇和难得的体验。

第三,合作是创业家精神的精华。日本的创业文化以集体主义为基础,是一种压抑个性、追求稳定、鼓励集体创新、团队合作的“和”创业文化。日本具有典型的东方文化的特点,传统文化在社会中占有重要的地位,中国的“儒家”文化、日本特有的“武士”文化是其最为深远的部分,重视个人在团队中的作用。在不利于组织生存、发展的外部自然环境中,把个人融入团体,凭借团体的智慧和力量来赢得个人的生存与发展,所以,与团结合作相关联的品质就是创业家精神的精华。

第四,学习是创业家精神的关键。在创业者成功的要素中,学习是一个重要的要素。管理大师彼得·圣吉在其名著《第五项修炼——学习型组织的艺术与实务》中说,“真正的学习,涉及人之所以为人的意义和核心”。学习与智商相辅相成，从系统思考的角度来看，从企业家到整个企业必须是持续学习、全员学习、团队学习和终身学习。学校向社会人士提供各种形式的培训、讲座。企业自行组建的职业能力提升学习及民间自行组织的夜校、私塾、研究团体等形式给日本个人、团队提供了一个广阔的平台，通过这些平台的创设，为创业者提供了多个学习、培训的渠道。但从日本创业者学历的国家比较来看，处于研究生以上学历的人比较少。

第五，顽强是创业家精神的法宝。创业家精神不仅体现在静态的个体特征上，更体现在动态的创业过程中。美国国立标准技术院认为，在基础研究和实用化的中间阶段，事业化是非常困难的。由于资金供给的不足导致基础研究成果的夭折，这个关键的时期被形象地称为“死亡之谷”。即使新的产品开发出来，但是不能在和既有产品和企业竞争中取得成功，使产品在自然竞争中被淘汰，哈佛大学李维斯·布兰斯寇把这个时期称为“达尔文之海”。所以注定了创业的艰辛，资金、技术、市场、人才等困难无论任何一个出现问题都有可能使前期的努力功亏一溃。美国经济学家罗伯尔认为，日本人具有卧薪尝胆、顽强追求前途的创业精神，日本企业的创业精神表现在技术革新、产品推销、增产节约、市场占领和劳动绩效等各方面。正是这些优秀的创业家精神铸就了众多日本经济的奇迹和辉煌，所以这也是日本大学在开展创业教育时十分注重的一个方面。

2. 创业资质

日本创业教育研究中心将创业者的资质和能力定义为收集、分析、判断信息的能力，表现自己看法的发表能力，自己负责决断、实践的能力，博采众长的能力，交流能力，团队合作的资质和能力。这些不但体现在创业精神和素质方面，更应该动态地体现在师资、课程设置以及教授方式与过程等因素之中。一项针对日本创业人士成功的原因分析的调查显示：从创业者必要的素质角度看，广泛的人际关系占 51.2%，决断力和积极性占 37.2%，创业的头脑占 25.6%，适应环境的能力占 23.3%，专门的技能和技术占 23.3%，关于挑战的精神占 37.2%。在对创业失败的原因分析中，认为客户市场的开拓、确保占 86.1%，经营知识和能力占 60.5%，融资能力占 37.2%。

此外，日本众多的创业教育研究机构以及相关企业针对创业者应该具备的素质和能力提出了一些建议，为学校开展系统的创业教育提供了一个相对合理的参照模板，许多商业大学的课程都是根据不同公司提出的能力框架来开展的，这样，也实现了一定程度上的产学良性合作。比如，早稻田风险企业实习委员会要求创业者具有独立思考、行动的能力，不怕失败，勇于挑战，具备创造性、独创力、自发性、开拓精神、尊重个性的精神及责任感，学习他人优点，能理解团队合作的重要性，学会理财等能力。

日本企业家教育协会要求学生具有挑战精神、创造力、行动力、自立心、好奇心，企业教育中心要求学生具有独立思考推进事务发展的能力、发现力、创造力、独创力、知识的好奇心、探究心、信息收集和分析能力、IT 技能、团队合作能力、表现能力、交流能力、演示能力、挑战精神等。

三、日本大学创业教育课程的实施

任何教育目标都必须通过课程来实现，创业教育同样如此。创业教育课程开发是创业教育进入课堂，也就是创业教育开展的实质性步骤。

1. 课程实施状况

日本高校的创业课程开设经历了一个渐进的发展过程。不同学校在课程层次、参与程度及学习对象等方面也各异。日本文部科学省针对日本高校创业教育实施情况进行的相关调查显示：2002 年，日本全国共有 205 所大学导入创业教育培养科目，占日本全部大学 687 所的 30%左右。针对日本 527 所大学创业课程、讲义，筑波大学于 2003 年进行的调查显示：有 44 所学校开设了创业教育的系统课程、236 所大学设有创业教育讲座。开设创业课程比较早的如早稻田大学已经具备了完整的课程体系，成立了创业教育研究会（WERU），创业教育课程有 9 门（本科 3 门、研究生 6 门），其中，研究生创业教育由亚洲太平洋研究中心负责，本科生创业教育由学校开放教育中心负责。立命馆大学在创业课程科目方面，设置了“基础科目群”、“拓展科目群”、“实践科目群”，课程体系较为完备。

由于日本各学校的专业、平台不同，各学校为了突出自己学校的特色，开设的课程也五花八门。从日本各学校的创业课程内容来看，主要可以归为以下五大门类：① 关系企业家的基本素质和个性特征，如企业家的心理素质、思维方式、行为特征，这是创业者应该具备的个性特征；② 涉及创办企业或公司的有关法律事务以及财税金融知识，如合同法、公司法、知识产权、纳税等；③ 与企业内部运作有关的知识和技能，如创业策划、资金运作、筹集与融资、资产管理、成本控制、市场分析、产品开发、市场营销、产品服务等；④ 管理学方面的知识，如管理学要素（决策、组织、领导、控制、创新）以及质量管理等；⑤ 成功创业者的案例分析。上述内容都是以学生创业能力培养为中心的，许多内容是交叉在一起的，五大门类的课程构成了一个创业课程体系，这些内容可以通过模块的形式存在，也可以围绕创业的过程存在。

2. 案例分析：大阪商业大学的创业教育课程

针对社会、经济及产业结构的急剧变化，大阪商业大学推出了“地域和大学合作创业教育·创业家育成”计划，该计划获得 2005 年日本文部科学省“优秀教学实践奖”的资助。围绕该计划,形成了以大学生为主,同时包括高中和社会的联合创业教育体系,相应的创业教育分为以下三部分。

第一,通过创业教育研究会开展创业教育的信息交流和创业教育教材的开发。和部分高中联合,通过“创业想法甲子园”等活动启发学生的创业意识。创业甲子园成为热爱创业者学习创业本能、激发创业激情的乐土。通过多种形式实现创业教育在不同教育层次间的衔接。

第二,针对大学生开设创业先锋班,开设公共经营学科、商学科、经济学科等科目,针对研究生开设地域政策学研究科目,同时学校还设有学生创业俱乐部,通过创业设计竞赛等形式开展活动。商业先导课程(OBP Course)作为该大学重要的创业教育课程,始终坚持理论与实践的结合,通过讲授、案例分析、企业采访、实地调研和交流等,全面提高学生的修养。学校还充分利用区域资源,和当地政府、商业团体合作,由学生策划操作活动,政府提供资金,商业团体提供场地,给学生提供实践的机会。

第三,通过创业育成中心、企业孵化器及相关的资助中心等创业基础设施对具有成熟潜力的创业计划进行支援。同时,大阪商业大学开设商务开拓者课程、商业想法竞赛、市场调研课程等。有的课程结合社会热点,以日本商业街低迷的现状为切入点,提出了振兴日本商业街的思路。根据课程设计,商业先导课程的学员需要利用课余时间专门到学校附近的商业街去了解其发展状况,然后通过与老师和商户的不断沟通,经过研究分析,提出切实可行的解决方案;然后,成功地在商业街组织了多场丰富多彩的大型活动,营造出了一个热闹的商业街文化氛围,在一定程度上激发了民众享受商业街文化的热情。在实践中,大阪商业大学在日本全国率先提出基于实践的课题设定型学习体系(Project-Based Learning,简称 PBL),面向新产品开发设定具体的课题,成立项目小组,同时进行学习,使学生在实践中提高创业的能力和技巧,并利用从体验到思考到抽象化再到体验的周期,提高创业能力。

第八节 新加坡创业教育概况

新加坡是亚太地区进行创业教育较早的国家,也是创业教育实践较为成功的国家。从新加坡创业教育的发展历程来看,创业教育的发展是与新加坡经济的发展分不开的。新加坡是一个城市岛国,没有辽阔的土地和丰富的自然资源,刚刚独立的新加坡确立了走“工业化道路”的经济发展道路。为了解决独立初期的就业问题,20 世纪 70 年代新加坡经济发展局(EDB)积极开展海外培训计划,将新加坡的年轻人送往德国、法国、日本和美国进行学徒式见习。这个行动使新加坡经济发展由劳动密集型工业，逐步过渡到具有高附加值的资本、技术密集型工业和高科技产业。20 世纪 90 年代，新加坡把“全球化”定为新的经济发展目标。新加坡将目光投向全球，寻找金融、技术、人力信息等各方资源，积极吸引海外投资，建立工业园区。由此，从外部创造经济空间的概念形成，寻求合适的创业机会也逐渐为新加坡人所接受。1997 年亚洲金融风暴使新加坡经济发展进入了一个新时期，新加坡开始大力扶持和促进本地企业特别是中小企业的发展，以此来应对金融风暴给经济带来的巨大影响，随后新加坡采取了一系列促进创业活动的举措。而新加坡政府早就提出“教育必须配合经济发展”的教育方针，反对脱离国家需要或追求纯学术而盲目发展高等教育，故当政府确定了经济发展方向时，高校积极研究创业教育理论及实施等相关课题，由此新加坡的创业教育取得了快速发展。新加坡的高校创业教育有以下特点：

新加坡高等教育具有鲜明的教育目标，培养大学生成为与国际接轨的、据有创业精神和创新能力的创业型人才。`政府把创业教育放在高等教育中的突出位置，并将创业教育融入国民教育体系。

新加坡具有良好的创业环境。新加坡政府以每年不少于 20 亿新币用于风险投资、技术转移和创新创业，还实施了许多促进创业活动的政策，如新成立公司的税务豁免计划、创意商业化计划、起步企业发展计划等。

新加坡创业教育具有国际化的鲜明特点。首先，课程的设置国际化，高校能够根据世界前沿、尖端的课题研究，不断地调整、更新课程设置及内容。其次，教师队伍国际化，除注重选派教师到国外进修外，同时还高薪聘请国际上创业教育方面的专家、学者到新加坡任教。通过这些举措提高创业教育教师的专业化。再次，为拓展学生视野、深化创业意识，新加坡高校十分注重国际化交流合作，每年会派遣大批的国际交流生前往国外学习或到知名企业实习。

新加坡创业教育运用现代化教学手段和灵活的教学模式，如互联网、多媒体、远程会议等各种高新技术被运用于高校的创业教育教学，使学生能够实现世界范围的资源共享。除此之外，还会要求成功企业家与学生进行面对面的交流。

新加坡创业教育实践环节的实现手段丰富，以创业和创新计划大赛为契机，注重学生创业模拟训练，并形成产、学、研一体化的学习与实践交流的平台，使学生在实践中不断深化创业理念。

第三章 创业教育概念及理论体系

创业教育是一项涉及全社会的系统工程。政府应在创业教育中起核心作用,鼓励开展创业教育,完善各项创业政策,做好创业服务。高等院校应完善运作机制,制定创业教育目标,丰富创业教育内容,构建符合学校培养目标的课程体系,建立学分制、休学制、转学制等弹性学制与创业教育配套的教育制度,解决好专业课程和创业课程、创业课程与创业实践、实习基地与经济实体的关系,使学校产学研为学生创业服务。企业、家庭及社会其他组织也要大力支持创业活动,为创业者提供充分的人、财、物等方面的支持。

第一节 创业教育的基本界定

一、创业的基本概念

在中国传统文化中,“创业”与“守业”相对应,即创办事业与守住前人所创立的事业之间的对应关系。《辞海》对创业的定义为“创立基业”,指开拓、创立个人、集体、国家和社会的各项事业以及所取得的成就。它强调开端和草创的艰辛和困难,突出过程的开创和创新意义,侧重于在前人的基础上有新的成就和贡献。

在西方文化中,“enterprise”有三种含义,即创业、艰巨或带冒险性的事业、事业心或冒险精神。根据对“enterprise”含义的理解,创业可以解释为创造企业艰辛的、富有冒险性的过程,其意义主要集中在经济活动与财富增长方面。

发达国家的创业学家普遍认为创业是一个创造、增长财富的动态过程,是一个发展和捕获机会并由此创造出新颖的产品或服务,实现其潜在价值的过程。更为具体地讲,创业就是把广义的产品与服务,通过组织团队、开发产品、申请专利、组织生产、开展营销、市场开拓等一系列运作,最后变成经济事业、成就创业主体(个人或组织)成功及财富增长的过程。

在我国,对创业教育概念的理解正处在由中国古文化的传统解释向西方的狭义解释迅速靠拢的过程中,大概可以归纳为以下 4 种观点:

(1) 创业即创立基业或拓展创业新领域,包括兴办企业、开办事业、创建行业、开拓产业等。

(2) 创业是指一无所有的创业主体就某一项具有市场前景的新技术、新设计或想法向风险投资家游说，以取得风险投资并转化为商品的商业性行为。

(3) 创业就是创业主体创立、创设或创新某种事业或职业岗位。按此含义，创业可以分为三个层次，即开创新的职业、创设新的就业岗位和创新工作业绩。

(4) 创业包括“求职”和“创造新的工作岗位”两个方面。在这里“求职”不是被动地等待分配工作，也不是在某一特定领域内寻找空缺，而是主动地、全方位地探询可能的岗位，以及通过施展才华使其成为自己实现工作的过程。“创造新的岗位”是创业的关键和精髓。

综合上述观点，本书将“创业”的概念界定为：创业是在社会经济、文化领域内的行为创新，是创业主体为开辟新的发展空间并为他人和社会提供机遇的开创、探索行为。这一定义的特点在于：从内涵上把创业明确定义为行为创新，而区别于观念与思维的创新；从功能上讲，创业是积极创造就业机会的行为；从价值取向上看，创业是指向发展的探索行为，而不是维持现状的行为。

二、创业教育的内涵

1. 国外学者对创业教育的理解

在国外，学者们对创业教育的认识不尽相同，但主要围绕以下两个方面：其一，强调创业教育对受教育者个性品质的培养。学者们普遍认为创业者在个性方面通常具有一定的相似之处，因为创业需要个体具有创造性、冒险性、革新性，这些品质通常不是在一般的商业环境下所能培养出来的。创业教育能够培养个体的创造力、革新性，使他们产生全新的革新性想法，适应社会不断变革与激烈的竞争。在国际上已经形成的共识是：高校设置创业教育课程，不仅有利于创业和就业，还会形成国家经济发展的“直接驱动力”。其二，强调创业教育与工商管理教育之间的区别。创业教育能够帮助受教育者认识机遇，整合投资资源，自我创造商机，它倾向于创造和把握新的商业因素；而工商管理教育侧重于对已有商业的进一步发展。

2. 国内学者对创业教育的理解

国内不少学者对创业教育进行了研究，但由于学者们研究的出发点不同，所以对创业教育的理解也不尽相同。

其一，从就业教育、择业教育与创业教育之间的区别出发理解创业教育。一些学者认为：就业教育与计划经济时代“统包统分”的就业特征相对应，以传统的教授式教学培养专业对口、能够胜任工作岗位需要的个体，它强调个体与岗位之间的“匹配性”；择业教育与市场经济条件下的就业特征相适应，在教学中重视对学生在竞争激烈的就业市场中的自主择业能力和竞争能力的培养以及传统知识结构的改善，突出的是个体的“自主选择性”；创业教育与新的就业形势相适应，在原有重视学生竞争能力、自我选择能力的基础上，更加注重培养学生的创新性、创造性，帮助学生获得寻找或者创造工作岗位的方法，突出学生“对社会变化的积极应对能力”。

其二，从创业的语义出发探讨创业教育。在对创业教育进行研究时，不少学者把创业作为研究的切入点，但他们的定义方式有所不同。

胡晓风认为，创业教育的培养目标是根据综合技术原理，培养具有从事一定职业劳动能力和适应生活能力的人，创业教育就是职业和创造相结合的教育。

徐辉认为，创业教育有广义和狭义之分，广义的创业教育接近创新教育，就是培养具有开创性个性的教育；狭义的创业教育则是与职业培训结合在一起的。

曹威麟和李德才强调创业教育是使受教育者（主要是青少年）在接受全面素质教育的基础上，综合素质与开创性个性得到培养和强化，现代创业意识与能力得到开发和提高的教育。

张玉利认为，创业教育并非专指激发学员开展个体创业活动，而是培养学员的创业型思维和企业管理技能。

牛泽民和熊飞认为，创业教育不应仅仅局限于通过课程体系的设置来提高学生的创业能力。创业教育应该是一项系统性的教育工程，它面向的对象应是所有有志于创业的社会主义劳动者，而不仅仅是针对在校大学生。它的教育过程是通过各种可利用的教育方式来培养创业者的创业意识、创业思维、创业技能等各种创业综合素质，并最终使被教育者具有一定的创业能力。它具有终身教育的特征，而不仅仅是一种专业技能教育。

徐华平认为，创业教育是创新就业教育的一种教育理念和教育模式，它是以培养学生的创业意识、创业精神和创业能力为导向的教育，并且认为创业教育是一种素质教育形式，是以提高学生的创业素质和修养为核心的创业素养教育，是高校正在实施的素质教育的有机组成部分。

侯定凯认为，创业教育是企业家精神的教育，“我们提倡的创业教育，不仅仅是为了培养创业人才，更是希望学生学会如何主动地获取新知、创造新知，并通过有效地配置自身的各种资源，将知识转化成个人价值和社会价值，最终实现知识的最大效用”。

总之，创业教育就是研究和指导人们如何创业的教育，是在现代教育思想指导下，通过现代化教育资源组合，把教育学、经济学、社会学、人才学、创造学、心理学等有关学科的内容和方法有机结合起来，通过学校、社区、企业等多种渠道，帮助青少年树立创业意识、激发创业精神、掌握创业知识、提高创业能力，使之成为具有开创型个性人格的未来新兴企业、产业和职业岗位创造者的教育。简单地说，创业教育就是一种开发和提高青少年创业基本素质、培养其具有开创型个性和能力的现代化建设新人的教育。从实质上讲，这是一种新兴的生存教育、发展教育和创新教育。

三、创业教育的特征

创业教育是素质教育、创新教育、创造教育、职业教育、普通教育的有机整合，是根据社会发展需要和个人发展需要培养具有创业意识、创业精神、创业品质、创业能力、创业知识结构的开创型个性的人才的素质教育。创业教育贯穿整个教育过程，其本质是个性教育。

创业教育的三次国际性会议的报告认为，创业教育的内涵具有三层紧密联系的含义：① 通过创业教育，培养青少年自谋职业、创业致富的能力和本领；② 通过创业教育，培养青少年从事创业实践活动所必须具备的知识、技能、能力和心理品质；③ 通过创业教育培养具有开创型个性的社会变革的参与者。这三层含义也引申出关于创业教育广义、狭义两种定义。1991 年东京会议报告《通过教育开发创业能力》对广义和狭义的创业教育概念有了较为明确的界定："创业教育，从广义上来说是培养具有开创性的个人，它对于拿薪水的人也同样重要，因为用人机构或个人除了要求受雇者在事业上有所成就外，正越来越重视受雇者的首创、冒险精神，创业能力、独立工作能力，以及技术、社交和管理技能。"正因为如此，广义的创业教育"在于为学生灵活、持续、终身的学习打下基础"。而狭义的创业教育则与增收培训的概念联系在一起："增收培训是为目标人口，特别是那些贫困和不利人口提供急需的技能、技巧和资源，使他们能够自食其力。"随着对创业教育学研究的深入，其理论研究和实践研究不断深化，创业教育的内涵在不断发展，通过对广义、狭义创业教育概念的比较研究发现，只有在广义概念的高度上，创业教育才能更好地发展、更好地为建设创新型社会服务，才能与科学发展观、以人为本的精神相结合，才能保证高校创业教育从知识、素质、能力等几方面全面发展，才能实现"人的全面自由发展"。

创业教育的特征包括以下三点：

第一，创业教育是丰富了的素质教育。创业教育是在大学生原有的思想道德素质、社会文化素质、专业素质、身体素质、心理素质等素质教育基础上，为大学生提供创业素质培养、开发和提高的教育。创业素质是一种综合性的素质，除了原有素质教育中的基础部分外，还包括创业意识（精神）、创业心理品质、创业能力和创业社会知识结构等。所以说创业教育丰富了现行的素质教育的内容。

第二，创业教育是系统化的创新教育、创造教育。从内涵来说，创造是产生新思想、建立新理论、提出新方法、做出新作为；创新通常是对现有事物的更新和改造的过程，是指"创造的革新"，强调在原有知识、技术和技巧等的基础上有所前进，有所发现，有所突破；而创业多是指创办和开创某种事业，是一种将创造、创新变成产业和现实的活动，强调的是充分发挥个人的能力。只有创业才能把创造和创新的成果发挥实效，落到实处。可见，创造、创新、创业具有内在的一致性，都给予认识主体一种"新"的感觉，都含有"创"的成分，但"创"的程度、形态、阶段却不同。创造从一般意义讲是开创，而创新在于再创性，创业则是将头脑中的思想、创意、想法变成现实中的事业的系统性的过程。创造可能是不完美的，但创造能够孕育前所未有的东西；创新凸显"推陈出新"，常能使已有的创造尽善尽美；而创业则使创造和创新的过程行业化、系统化，开创出新事业。总之，创造、创新与创业之间既有联系又有区别，是相辅相成、无法割裂的关系。创新教育是以培养学生创新精神和创新能力为基本价值取向的教育；而创业教育是开发提高学生自主开创事业基本素质，培养创业意识，形成创业初步能力的教育。从上述内容中我们可以看出，创业教育中应当包括创新教育、创造教育，将其与创业教育的其他内容系统化的融汇到教学实践当中。

第三，创业教育是独立而完整的教育体系，是不可替代的。创业教育相较于职业教育、普通教育具有独立而完整的教育体系，是职业教育无法取代的。尽管职业教育、普通教育中可能会包含某些创业教育的元素、内容，但都是零散的、间断的，不能替代系统化的创业教育。创业教育一般是在职业教育、普通教育的基础上进行的，但同时也可以以结合渗透的方式同时进行。

四、创业教育相关概念辨析

1. 广义与狭义的创业教育

创业教育是指以开发和提高青少年的创业基本素质，使之成为具有开创性的社会主义建设者和接班人的教育，是在普通文化基础教育和职业教育基础上进行的，以培养创业精神、创业能力、创业心理品质和传授创业知识为主要内容的教育。

创业教育的内涵具有三层紧密联系的含义：① 通过创业教育，培养青少年自谋职业、创业致富的能力和本领；② 通过创业教育，培养青少年从事创业实践活动所必须具备的知识、技能、能力和心理品质；③ 通过创业教育培养具有开创型个性的社会变革的参与者。这三层含义是逐步递进和深入的，因此创业教育有广义、狭义两种不同的范畴。

我们可以从 4 个不同维度对广义与狭义的创业教育进行区分：

(1) 从创业教育的对象看，广义的创业教育包括在校和离校的所有青少年，因此，既可以在学校教育系统进行，也可以在非学校教育系统进行；而狭义的创业教育则主要针对离校青少年，因此，主要在非学校教育系统进行。

(2) 从创业教育的目标看，广义的创业教育是培养具有开创型个性的社会变革的参与者，在于为受教育者“灵活、持续、终身的学习打下基础”；而狭义的创业教育则首先是为促进“增收和创利活动”，使离校的青少年成为自食其力、自谋职业、创业致富的社会成员。

(3) 从创业教育的内容看，广义的创业教育要从整体上提高和开发青少年的创业基本素质，因此要全面进行创业意识、个性心理品质、创业能力的培养；而狭义的创业教育则主要根据离校青少年的现状，为其提供“急需的技能、技巧和资源”。

(4) 从创业教育的功能看，广义的创业教育具有较为广泛的社会功能和作用，其功能指向一切社会实践活动领域——政治、经济、文化、科技、医疗、教育、生产等，因为无论是人类的哪一种社会实践，无论活动的范围是大是小，均需要具有开拓创新精神和能力的人才；而狭义的创业教育的功能指向，主要是解决不利地区、不利人口面临的生存困境。

创业教育的广义与狭义的区分，仅仅是理论研究的需要，具有相对的意义。在学校创业教育的实践中，必须站在广义创业教育的高度，从塑造开创型个性和提高民族创业基本素质的角度，把握创业教育的内涵，有侧重点地实施全面的创业教育。

2. 创新教育

创新教育与创业教育一直是相辅相成的，创新教育在我国作为一种教育改革的思潮与行动，是在 1999 年 6 月《中共中央、国务院关于深化教育改革，全面推进素质教育的决定》公布以后迅速形成的。在这一过程中，江泽民关于“创新是一个民族进步的灵魂”的重要论述给以极大的启发和鼓舞，创新教育的研究与实践风起云涌。

目前，国内学界关于创新教育的定义大致可以分为两类：一类是内在规定性的定义，认为创新教育是以培养创新意识、创新思维、创新精神、创造力或创新人格等创新素质以及创新人才为目的的教育活动；另一类是一种区别性的定义，认为创新教育是相对于接受教育、守成教育或传统教育而言的一种新型教育。

要进一步深刻认识创新教育，需要从“创新”这个核心概念入手。创新属于人的行为范畴。在精神领域中，创新是指追求新观点的思维取向；在物质领域中，创新是在思维创新的引领下，进行实践的过程和结果。创新教育是在对创新的概念深刻理解的基础上，实施教育活动的过程。

在明确了创业教育与创新教育的含义的前提下，创业教育与创新教育的关系则可以从两个方面进行梳理：首先，从创业与创新的逻辑关系分析，创业是在社会经济、文化领域内的行为创新，它与创新在逻辑关系上是种与属的关系，即创业是创新，但创新不完全是创业；其次，创业教育与创新教育的逻辑关系也十分明确，虽然创业教育与创新教育都属于育人的活动，都具有行为化的特征，但是丝毫不能改变由创业与创新的逻辑关系所决定的创业教育与创新教育的逻辑特征，即创业教育隶属于创新教育，创业教育是创新教育的一个分支。

经过综合分析，可将创业教育与创新教育的关系总结为：创新教育是创业教育的思想基础，而创业教育是创新教育的进一步深化，是创新教育的价值诉求，创业教育更强调对受教育者进取精神、冒险精神、上进心等创业精神的激发以及主动“求职”、全方位探询工作岗位、创造新的工作机会等创业能力的培养。本书将创业教育与创新教育的关系进一步阐述为：创业教育更加注重学生创造工作岗位能力的培养，而创新教育凸显的是学生创新意识、创新能力的培养。

3. 大学生创业教育

根据上述对创业教育概念的界定，进而推出，大学生创业教育是指培养大学生创业意识、创业精神和创业能力的教育，是以能力为导向而非以学历为导向的教育，它是大学生创新教育的深化。大学生创业教育是一种新的教育观，体现了素质教育的内涵，重点是教学的创新和对学生思维观念、健全人格和综合能力的培养。这种教育观念贯穿高等教育的课堂教学与课外活动，主要通过课程体系、教学内容、教学方法上的改革以及第二课堂、讲座、创业实践活动的开展，不断提高学生整体素质。现阶段大学生创业教育的重点是引导学生转变就业观念，提高学生的创业意识，塑造学生的创业精神，增强学生的创业能力；同时，必须完善学生的知识结构，激发学生的创业兴趣，关键是提高和培养学生的创业基本素质和创业能力，让大学生在日后更具创造力和竞争力。

4. 创业与创业教育的关系

一般情况下，创业与创业教育具有时间上的先后关系，即先有创业教育，后有创业行动，但也不尽然，亦有先创业后补创业知识的可能。创业教育是从事创业活动的准备阶段，包括思想意识、心理素质、知识技能等多方面的储备。因此，创业教育是顺利开展创业的前提和基础，而创业是创业教育的行动实施和结果。没有创业教育在思想意识上的引导和知识技能上的培养，就没有创业的行动实施和创业绩效。因此，一般情况下，创业教育是服务于创业行为的准备性教育。需要明确的是，有了创业教育作为大学生创业的基础和先导，未必一定会产生创业的实际行动和创业的成功，但创业教育必将使创业这一行为更高效，更具成功的可能性。

5. 创业与创新、创业教育与创新教育的关系

创新和创业两者的内容在本质上是相通的，创新是创业的先导和基础，创业是创新的载体和表现形式，创业的成败取决于创新的程度。按照经济学家熊彼特的观点，“创新”就是“建立一种新的生产函数”，也就是说，把一种从来没有过的关于生产要素和生产条件的一个新的企业，“新组合”引入生产体系，而新的生产函数的建立就意味着要么建立一个新的企业，要么在一个企业内部建立一个新的部门。因此，创业教育与创新教育在很大程度上是重合的，这也正是创业活动的本质。两者的目标取向是一样的，都是要培养具有创新精神和实践能力的人；两者的作用是同效的，创新教育使创业教育融入了素质教育的要求，创业教育则使创新教育变得更为具体实在。当然，两者也有差别，创新教育注重的是对人的发展的总体把握，更侧重于创新思维的开发；而创业教育更注重的是如何实现人的自我价值，侧重于实践能力的培养。总之，两者的共性要远远大于其个性。

第二节　创建高校创业教育目标体系

创业教育，无论作为教育思想还是教育改革实践，都应当有自己的目标。创业教育的目标，即创业教育的开展要达到什么样的预期目的，是开展创业教育的出发点，是实施创业教育的前提和基础。创业教育的目标是根据社会发展需要和人的发展需要综合确定的，是创业教育选择教育的内容、明确教育方法、实施创业教育举措的出发点和归属点。高校创业教育在确定自己的目标体系时，不可闭门造车，而要符合时代发展需要，以“三个面向”为基础原则进行教育设计。

一、创业教育目标制定的依据

创业教育作为国家大教育体系的一部分，其培养目标首先应该与党的教育方针政策保持一致，体现社会主义教育的特征。联合国教科文组织要求把创业教育提到与普通教育和职业教育同等地位，把创业教育列为与普通教育和职业教育并列的“第三本护照”，也说明了创业教育既不从属于也不依附于普通教育或职业教育，它应该有自己的教育理念和理论。同时，创业教育的目标应是时代精神的体现，但这并不是不分重点、面面俱到地陈诉社会对受教育者的所有要求，而是抓住社会对人的新要求与教育不能满足或适应新需要之间的矛盾，来作为创业教育目标的重心。所以，创业教育目标制定的依据应体现三个方面。

1. 创业教育目标的制定应符合党的教育方针政策

党对教育的方针是“教育必须为社会主义现代化建设服务，必须与生产劳动相结合，培养德、智、体等方面全面发展的社会主义事业的建设者和接班人”，也就是说，教育不能与社会发展脱节，不能与实践脱节，要对学生进行全方位的培养。因此，创业教育目标的制定，既要顺应经济发展要求，又要结合社会实践来锻炼学生；既要注重知识、能力层面，又要注重意识、精神层面。

2. 创业教育目标的制定应有别于普通教育和职业教育

创业教育目标与普通教育和职业教育既有区别又有联系。首先，创业教育与普通教育、职业教育一样，是社会主义教育体系的有机组成部分，共同担负着提高民族素质，为社会主义建设培养接班人和建设者的任务。其次，它们有各自独立而完整的体系，彼此不可取代。尽管普通教育和职业教育中包含有某些创业教育的因素，但这种因素的存在是非自觉的，处于零散、间断、偶然的状态；尽管也有某些创业教育的措施，但处于没有明确指向和固定目标、缺少周密计划和安排的状态。因此，我们既不能只顾及普通教育和职业教育而忽略创业教育，但又不能为了开展创业教育而放弃普通教育和职业教育。最后，创业教育可与普通教育和职业教育相结合、相渗透。没有普通教育为学生提供的一般知识结构和智力，创业教育所要求培养的创业知识结构就缺少了形成的基础；没有普通教育为学生提供健康个性和道德规范，创业教育所要求培养的开创个性、开拓精神、社会责任感和义务感就失去了生长的基础。同样，职业教育为学生所提供的职业知识、职业技能、职业规范等也是进一步进行创业教育的基本条件和发展背景。也就是说，创业教育不能脱离普通教育和职业教育为学生提供的一般发展水平和条件而首先进行或者单独进行或者凭空进行，但这并不意味着一定要接受完普通教育与职业教育以后才能进行创业教育。因此，创业教育目标的制定应该基于普通教育和职业教育的目标，但是又不能等同于普通教育以知识为主，也不能等同于职业教育以技能为主。创业教育在知识和技能之外，还应有其自身独特的任务和目的。

3. 创业教育目标的制定应抓住社会对人的新需要和教育不能满足或适应新需要之间的矛盾

目前我国普通教育和职业教育主要培养学生对知识和技能的学习，未能激发学生的创业热情，不能完全适应经济发展对个体的要求。这主要表现为缺乏对创业意识和创业品质的培养。因此，开展创业教育，无论选择怎样的实施方式或者模式，都不能忽视创业意识和创业心理品质这两个基本方面，它们不仅是创业教育目标的特有价值取向，也是大学生能否走出创业这一步至关重要的一环。

二、创业教育体系的三大设计原则

1. 创业教育课程的内容："三维"复合原则

创业教育最早提出来的时候，人们对它还持一种"狭义"的理解，认为创业教育就是培养成功的企业家。但是随着创业教育的深入开展，人们逐渐认识到，创业教育并不是也不可能要求把所有的学生都培养成为成功的企业家。因此，应该从"广义"上来理解创业教育，把创业教育的对象扩展到每一位学生，使其成为具备基本创业素质的复合型人才，从而在未来的职业生涯中能够保持可持续的发展活力。相对于"狭义"的理解而言，"广义性"不仅体现为教育对象的扩大，还体现在创业素质的丰富内涵上。创业素质包括了创业意识、创业知识与实践能力三方面的内容。就意识而言，它要求学生具备积极主动的创新精神、勇于承担风险的意志品质和坚韧不拔的毅力；就知识而言，要求学生具有宽广的知识基础和合理的知识结构；就实践能力而言，则要求学生学会在具体的时间和环境条件下，灵活乃至创造性地运用各种知识。这三种能力的有机结合，构成了一个具有成功潜力的创业者所必不可少的基本素质。

创业教育课程的内容是以创业教育的人才培养目标为依据来进行选择与设计的。根据创业教育对学生在上述三方面的基本素质要求，创业教育的课程内容也需要围绕这些要求，在"意识与心理"、"知识基础与结构"和"创业实践能力"三个维度上展开，从而形成创业意识课程、创业学科课程、创业实践课程三大基础课程模块。意识类课程侧重于学生创业精神的激发与培育，学科类课程侧重于学生知识基础的积淀，实践类课程侧重于学生创业活动能力的训练。创业教育的三维课程模块是创业教育培养复合型创业人才的目标在课程内容上的反映，是创业综合素质的内涵在教学内容上的展开。

维度一：创业意识课程

创业意识课程的目标是激发学生的创业意识、培养学生的创业品质和创业基本道德规范。其课程的开设形式主要有两种：一种是显性课程，可以采用正规的课堂教学，如"大学生职业生涯规划与发展"、"创业道德与规范"、"创业心理学"等，也可采用讲座报告的形式，如创业讲座、创业事迹报告会等；另一种是隐性课程，往往以创业沙龙、创业大赛、创业调研等课堂之外的创业活动形式进行；此外，校园内具有"创业"元素的文化氛围、景观雕塑和宣传标语等，也是一种不可忽视的隐性课程。隐性课程在激发学生的创业动机与热情和向学生传递社会价值观念、道德准则方面发挥着潜移默化的作用，往往比显性的正规课堂教学效果更加明显，因此，要特别重视和加强创业意识类课程中隐性课程的建设。

维度二：创业学科课程

创业学科课程是从专业培养目标出发，按照学科之间的相互承续关系和内在逻辑体系来设置的各类、各门创业教育课程。学科课程是学校推进创业教育的立足点，主要有公共课、专业课、核心课三种课程形式。

创业公共课程是学生创业的“启蒙课程”，如“创业学”、“创业成功学”、“创业概论”等。创业公共课着眼于创业通识教育，面向全校学生开设，目的是传授有关创业的一般性知识、基本原理和方法，以提高学生对创业的基本认知。

创业专业课程是指以创业知识为中心融合其他专业课程形成的“交叉课程”，如“创业经济学”、“创业管理学”、“创业人才学”、“创业法学”、“创业环境学”等。高校专业目录所要求的学科划分，是以社会行业分类为基本依据的，而某一行业或领域如何进行创业，都有自己的独特问题和方式。高校设置创业专业课程就是针对某一行业和专业领域如何开展创业所设计的课程，目的是启发学生将创业与所学专业知识有机结合起来，在专业学习中获得创业知识与能力。

创业核心课程是围绕一家企业的创办流程所需要的各类知识集成的“聚合课程”，如“创业机会识别”、“创业流程设计”、“商业计划书”、“创业策略”、“创业融资”、“新创企业成长管理”等。这些课程在内容上侧重于创业实务类知识，课程的特征是不分学科与专业，但却自成体系，并构成了创业公共课、专业课的必要补充。创业核心课程的开设对象是那些具有创业需求与潜能，尤其是已经具有科技成果转化项目的学生，目的是帮助学生成功创业。

维度三：创业实践课程

创业是一种实践性很强的活动，与创业成功与否直接相关的知识、经验往往要在创业实践活动中才能体验、获得。创业实践课程就是针对创业的这种特性而设置的课程体系，它或以活动为中心，或以问题为中心，或以项目为中心，耦合相关的知识、技能、态度与能力而形成的一种综合课程，其特征是以学生自主学习与体验为主旨，使他们在做中学、学中做，学做结合、动脑与动手结合，从而锻炼并提升一个企业家应该具备的创业素质和能力。

创业实践课程从形式上可分为创业活动课程和创业实训课程两类。创业活动课程不直接涉及企业的创办与生产经营流程，而是侧重通过校园创业活动，如创业兴趣小组活动、创业实践调研、创业大赛等活动形式，来培养学生的基本创业素质。创业实训课程则是为那些已经具备创业潜能的学生设计的，它以提高学生的创业实战技能为重点，以成功创办企业为目标。高校可以通过“实体”与“网络”两类平台来推进创业实训课程。“实体”训练课程指借助创业实验中心、创新基地、科技孵化园等平台，开展各类创业实训项目，如“ERP 企业经营管理对抗演练”、“营销综合实验”、“模拟创业实验”等；“网络”训练课程指借助网络环境，如“网络店铺”、“威客”网站、“中国创业实习网”等，构建一个“虚拟”的创业平台，让学生能够24小时接受在线创业训练与指导。

2. 创业教育课程的设置：“圆形”融合原则

创业三维课程模块虽然在内容上各有侧重，但它们不是各自孤立开展的，而往往会在某些点上聚焦。例如，创业实践课程不仅锻炼了学生的创业能力，而且有利于激发学生的创业意识，并在活用知识的过程中加深学生对创业学科知识的理解和掌握。可见，三维课程模块之间并非割裂的，所谓不同的维度指向只是从内容上对三类课程所做的一种静态区分，而完整的创业课程体系不仅包含了静态的内容，而且包含了课程的动态设置与实施，是静态内容与动态设置实施的统一。因此，我们在课程的设置与实施过程中，还需特别注意三维课程模块之间的逻辑关联性，使不同指向的课程能够渗透与融合起来并穿插进行，着力构建一个动态的、立体化的创业教育课程体系。

2001年，亚太经合组织（APEC）在其“新公司创业最佳实践研讨会”中，提出了“圆形创业课程”的概念。“圆形”课程是作为“梯形”课程的对立面提出来的。大学传统的工商管理专业，主要采用梯形课程设置，这种课程设置要求学生必须先修完本专业的基础课程之后，再选修其他专业的相关课程，完成了上述两个层次的课程学习之后，再学习与创业直接相关的企业战略管理课程，最后是部分有创业意愿的学生进行创业实践。梯形课程设置有一定的优势，比如，课程层次分明，知识的学习具有渐进性，利于培养学生宽厚的知识基础。但梯形课程的缺陷也是明显的，即课程之间没有交集，缺乏有效的渗透与融合，学生不能跨年级、跨学科自由选课，接受的知识是支离破碎的，这显然不利于创业者综合素质的培育。圆形课程的设置就是针对这种弊端提出来的，其在知识聚焦与课程融合方面显示出了明显的优势。圆形课程按照各要素与创业活动关联的密切程度，由内向外辐射，形成了三层不断扩大、相互联动的圆形课程体系。课程的“内环”是与创办及管理企业最直接相关的商业课程；“中环”是创办企业所需要的各类辅助知识课程；“外环”主要涉及与创业活动开展相关的一些基本要素。从上述三环设置来看，圆形课程一方面继承了梯形课程遵循知识渐进性和课程层次性的特征，另一方面又突破了梯形课程设置中的学科壁垒，完全围绕着创业计划与活动进行，各课程之间没有明显的学科与专业界限，体现了不同性质的课程间的渗透与融合。

圆形课程最初是针对大学工商管理专业提出来的，但抛开内容不论，圆形课程在由内至外清晰分层的前提下，采纳了多学科、多课程有机融合的设计原则，这对于高校整个创业教育课程的设置具有借鉴意义和推广价值。因此，我们按照圆形课程的设计理念，尝试把三维课程体系作如下设置：处于圆形课程体系中心的是创业教育的人才培养目标，即培养具备综合创业素质的创业型人才。由该中心目标向外辐射，形成了在内容上不断扩展的三层课程，“内环”是“核心课程”，这些课程与成功创业最直接相关，内容包括创业核心课程与创业实训课程两类；“中环”为“正规课程”，以学科课程，尤其是带有学科融合特征的创业专业课程为主体支撑，其中穿插了创业实践课程中的模拟训练、创业大赛等；“外环”又称“外围课程”，内容涉及创业意识课程、创业公共课程和创业活动课程，课程开设形式丰富多样，既有正规课程，也有创业沙龙、创业讲座等实践活动形式，既有显性课程，也有诸如校园文化等隐性课程。

圆形课程设置有利于创业教育的推行，其特征表现在三个方面：一是课程的聚合。如前所述，创业教育课程在意识、知识和实践三维方向上展开，内容上有所差别和侧重。但这三种不同类型的课程，按照创业型人才的培养这个“圆点”有机聚合起来，不同方向类型的课程在三层圆环上都有分布，课程之间的界限被打破，不同的课程相互聚合、渗透，形成了专业课程与通识课程、理论课程与实践课程、交叉课程与核心课程的多种融合，这显然有利于学生创业综合素质和创新能力的培养。二是课程的清晰分层。圆形课程按照与创业的关联程度，由外至内层层推进，这种设计也是符合创业人才的成长规律的。三是课程的穿插融合。纵观圆形课程的三层内容，其主体其实仍是学科课程，学科课程在每一环上都占据了相当内容，外环是创业公共课，中环是创业专业课，内环是创业核心课，可以说，“公共课—专业课—核心课”的三段课程构成了圆形课程的“中轴”。同时，多种形式的隐性课程、活动课程、实训课程又穿插于由三段学科课程搭建的框架之中，构建了一个立体化的综合课程体系。当然，上述圆形课程的框架仍是粗糙的，它只是给出课程设计的方向与原则，至于每门课程的具体内容和开设方式还有待于在实践中进一步探索与完善。

3. 创业教育课程的实施：分段“普及”原则

美国大学在几十年的创业教育课程实践中，形成了两种具有代表性的课程模式，一种是“聚焦模式”，即创业教育课程仅在商学院或管理学院开设，而不面向其他专业的学生；另一种是“普及模式”，即创业教育课程面向所有专业的学生开设。普及式创业教育的指导理念是以全体学生作为创业教育的对象，因为创业精神对任何个体而言都具有重大意义，任何对创业感兴趣的学生都应该有机会接受创业教育。虽然创业课程首先在美国大学的商学院发育成熟，但目前，由聚焦式向普及式创业课程的发展，已经成为美国大学创业教育课程实施的主流趋势。据调查，美国创业教育排名前 38 位的高校中，有 10 所高校实行聚焦式课程模式，比重为 26%；有 28 所高校采取普及式课程模式，比重为 74%。

需要指出的是，普及式创业教育并不是要把创业教育变成一种创业通识教育。因为创业型人才不仅要具备基本的创业素质，更需要具有激情、个性、独立意识和首创精神，也即每个创业者都具有一定的个体差异，创业教育课程必须充分尊重每个学生的主体性和差异性。这就是说，创业教育课程的“普及模式”要针对不同学科背景、不同兴趣和能力层次的学生，分次、分阶段实施。实际上，圆形课程的“三环”分层设置已经为大学创业教育课程的分段普及提供了前提，创业教育课程可以据此按如下阶段推行：第一阶段是针对大学一、二年级学生开设的“通识创业教育课程”，主要实施“外环”课程，目标是创业意识激发、品质培育和创业一般性知识普及；第二阶段是针对大学二、三年级学生开设的“差别化创业教育课程”，即根据不同学科、专业背景的学生，开展有差别的创业教育。该阶段主要开设以创业专业课为主体的“中环”课程，显然，具有一定专业知识基础的二、三年级学生是实施差别化课程的较佳对象；第三阶段是针对大学三、四年级学生开设的“个性化创业教育课程”，主要实施“内环”课程，目标是帮助那些具备创业潜力或已有可行性项目的学生，实施有针对性的个别化课程培养方案。个性化课程面对的学生往往是已经修习了创业基础课程，并具备一定创业潜力的高年级学生，所以，第三层次的课程在大学三、四年级实施为宜。

三、创业教育的目标

创业教育，无论作为现代教育思想还是作为教育改革实践，都应当有自己的教育目标。在教育学原理中，教育目标是指人们根据社会发展需要和人的发展需要综合确定的产品质量规格与要求。明确的创业教育目标是开展创业教育的出发点与归宿，是创业教育总体设计所要解决的基本定位问题。

创业教育目标的确定不能凭主观臆想，而应当根据目标源来科学思考。所谓目标源，通俗地说就是目标设计者是从哪个渠道获得这些目标的，或者说是目标的出处。美国教育学家拉尔夫·泰勒在其《课程与教学的基本原理》中首先提出了这个概念，并认为课程目标一般有三个来源——社会生活的需要、学生的需要和学科专家的建议。泰勒关于课程目标源的思想对创业教育目标源的思考同样具有参考价值。

无论社会生活的需要、学生的需要还是学科专家的建议，都应当是时代的产物。即是说创业教育目标应当具有鲜明的时代特征，适应当今时代变革与发展对教育的新要求。高校创业教育在确定自己的目标体系时，不可闭门造车，而要顺应时代发展潮流，以教育要“三个面向”为基本原则，进行审时度势的思考。

与其他教育体系一样，创业教育目标体系也具有结构层次性。在培养创业精神和创业能力这一教育理想上，所有层次的创业教育都是一样的。但在具体落实高校创业教育思想，通过具体教学过程来推进创业教育时，目标必须明确。在技术层面上，高校应先根据自身的层次定位和办学的指导思想，确定创业教育的总目标。然后将其进行纵向或横向分解，形成纵向目标系列或横向目标系列。这种层次化有利于将抽象的创业教育理念转化为实实在在的教育规范或教学基本要求。

现代教育强调以人为本，要注重受教育者自身需要与个体发展的要求。为了适应不同知识背景、不同爱好和个性的受教育者成为创业人才的需要，创业教育培养目标也应增加柔性，减少刚性。即在统一要求、统一规格的创业教育培养目标中，能体现个体发展的目标，体现同一目标下的不同类别和水平要求的差异。

目标的设计实际上包括两项工作：制定目标和表达目标。目标的确立必须以目标的表达来体现，不然就会流于泛化或陷于空想。表达目标必须以确立目标为依托，否则就无的放矢。从本质上讲，目标的表达是目标清晰化的过程，因此，设计的创业教育目标应当具有清晰性。目标的清晰性还应考虑教育评价的要求，如果一个目标在表述上不能使人们拥有一种能够对该项目标是否达到作出评价的手段，那么在实施创业教育之后便无法检验这个目标究竟是不是达到了，也无法对创业教育教学过程进行监控、检查和指导。

当然，任何教育目标的设计不可能至善至美，也不可能毕其功于一役。随着创业教育的深入发展，以及国家教育改革大势的变化，我们要及时审视已确定的创业教育目标体系，并尽快进行调整或优化。创业教育活动是一种没有终点的长征，创业教育工作者永远要在创新的思维高速公路上思考。从创业教育的界定中，我们知道创业教育的基本价值取向是培养学生的创业精神和创业能力，为造就社会需要的创业型人才奠定基础。从创业教育的这种价值取向出发，我们很容易体会到它的教育目的和人才培养的总目标。但从实践的层面看，这种培养总目标还过于笼统和模糊，因为不同层次、不同类型的教育所培养的创业型人才在方向、规格和要求上是有差异的。我们尚需对总目标进行分析和使之层级化，以构建对创业教育实践有指导作用的目标体系。

基于这种认识，高校创业教育的总目标在于培养大学生的创业素质，使之能适应变革中的创业社会。因此，高校创业教育活动重在培养创业意识、发展创业个性和提高创业能力，使受教育者成为具有创业素质的高级专门人才。其主要体现在：

(1) 创业意识的培养。形形色色的社会创业活动不仅为人们提供了生存与发展的基本条件，而且也为创业者提供了实现个人理想抱负的舞台。在高等院校中开展创业教育，必须让学生具有强烈的创业意识，这是日后创业的精神支柱。创业意识是指在创业实践中对人的个体起动力和核心作用的意识倾向，它支配着创业者对创业活动的态度和行为，规定着创业者行为的方向和强度。在培养创业意识的目标中，应当包括对创业价值的认同、创业理想的树立和创业情感的激发，其中又以创业理想教育为核心。

(2) 创业个性的发展。从理论上讲人人都可以成为创业者，但现实中并不是每个人都能够在创业方面有所作为，尤其成为成功的创业者更不容易。高校创业教育虽然并不要求大学生都成为成功的创业者，但是希望立志进入创业领域的受教育者能够成为成功的创业者。成功的创业者与不成功的创业者，除了能力、机会和资源等方面的差别外，还往往与创业需要的个性心理方面的差别有关。因此，高校的创业教育应当认识到这种情况，在确定创业教育课程目标时，必须考虑使受教育者的创业个性得到充分的发展，使其将来有可能在创业实践中脱颖而出。

(3) 创业能力的培养。在高等教育改革中，加强能力培养成为教育界的一种共识，能力本位的教育思想或教育理念也开始兴起。创业活动是创业者在识别创业商机的基础上，应用多种创业资源实现创业目标的过程。创业是一项复杂的系统工程，它要求创业者能够随时解决创业过程中的技术、经济和社会关系等种种问题。因此，一个成功的创业者，不仅需要创业意识和创业个性的支持，而且要有解决创业问题的本领，这种本领就是所谓的创业能力。创业能力的培养，理所当然成为高校创业教育课程的重要目标之一。

第三节　创业教育的内容体系

一、大学生创业意识的培养

1. 大学生创业意识培养的理论基础

(1) 自我效能感理论

自我效能感理论最早是由美国著名心理学家班杜拉在其《思想和行为的社会基础》中提出的，指个体对自己能否成功地从事某一行为的主观判断。这种理论认为，人们的行为受到“期望”的影响，而这种“期望”并不单纯指对于行为结果的期望，还包括效能期望。结果期望是指人们对于自己的行为可能会形成的结果的推测，如果人们推测出某一行为的实施能够导致某一可预见的结果，那么这会促使其想法可能被付诸实践和选择。例如，如果大学生推测出自己的创业计划实践后能够给自己解决就业问题并带来财富，那么他就有可能会考虑这一行为的具体实施。而效能期望是指人们通过已掌握的资料和信息，对自己是否有能力实施某种行为的推测和判断，即人们对自己的行为能力的判断，如果人们确信自己能够完成某一行为，那么就会产生较高的自我效能感，努力去完成这一行为；如果人们认为自己不能完成这一行为，那么就会产生较低的自我效能感，即使在结果期望的诱惑下，也不会去实施这一行为。例如，当大学生推测自己的能力不足以实施创业行为时，即使已经预期到创业行为能够给自己带来的利益，他也不愿承担失败的风险去创业，这就降低了大学生主动实施创业的概率。

（2）物质与意识辩证关系理论

马克思主义认为，物质决定意识，意识对物质具有反作用。意识依赖于物质，是物质世界发展到一定阶段的产物，是人的大脑对于客观存在的一个反映。人的意识能够对人的行动起到支配和指导作用，意识认知水平的高低直接影响着行为的成效。同时，客观存在也对意识起决定作用，影响着人脑中的意识。因此，以经济社会作为客观存在的话，它影响着人脑中的创业意识的萌生；反之，创业意识的能动作用也会通过指导人的行动来给经济社会带来发展和繁荣。

正确的创业意识在就业问题中的作用也是非常明显的。在现有的就业观念中，大多数毕业生抱有消极的就业意识，习惯于等待对口专业的招聘信息、参加招聘会，依靠学校推荐、家人帮助的方式来寻求工作机会，或者只寻找稳定的事业编制、公务员之类的工作。消极的就业意识不可否认会带来消极的就业行为，而群体性的消极就业意识也会对社会存在起到一定的消极影响；反之，正确理性的创业意识则会对社会存在起到积极的促进作用，例如，以创业促进就业岗位的增加、促进区域经济的发展、完善经济结构等。在创业意识问题中，不管是消极的就业意识，还是正确理性的创业意识，对社会发展都是影响深远的。因此，社会发展需要大学生树立正确理性的创业意识，从而指导正确理性的创业行为，同时创业的成功概率才更大。

（3）人的全面发展理论

马克思在《1844 年经济学哲学手稿》中指出，人以一种全面的方式，也就是说，作为一个完整的人，占有自己的全面的本质。人的全面发展主要是指人的能力、社会关系、需要、个性四个方面的全面发展。首先，能力的全面发展是指人的潜能被充分发挥出来，不管是智力能力还是体质能力，已有能力还是待开发能力，都得到最大的发挥。其次，社会关系的全面发展是指在人与人的交流过程中，通过情感交流、信息交流等方式充实和完善自己，一个人社会关系的水平决定着他的发展高度。再次，需要的全面发展是指在人的活动和交往过程中，会存在很多需求，而对于需求的满足，是人继续活动的动力和目的。人的全面发展是以人的需求满足为前提的。最后，个性的全面发展是指人的兴趣、爱好、性格、心理、气质、行为特点等个体特性在人的活动中得到全面、自由、和谐的发展。在马克思对人的全面发展理论的诠释中，这种全面发展是指每一个人的全面、自由、和谐、充分的发展，而不是抽象的、孤立的某一个人。

与人的发展理论相联系，大学生在大学求学阶段应该充分挖掘自身潜能，注重自身个性的发展和完善，为将来人生价值实现最大化作准备。在面对就业问题时，能够发挥自己的个性和能力，抓住时机，选择适合自己的就业、创业方式，而不是墨守成规，随波逐流。

2. 大学生创业意识培养的内容

(1) 转变对创业的态度

清华大学科技创业者协会的同学们说的好："创业是一种精神，创业是一种意识，创业是一种素质。创业不是单干，创业是合作与表率。创业不是获取私利，创业是奉献与无私。创业者是坚定的爱国者，富有激情的实践者，艰苦创业的实干家。"这是对自主创业的深刻理解，不能全面理解其深刻内涵，就不能获得自主创业的成功。

内化创业意识首先需要大学生了解和认识当前的就业形势，了解就业的多种形式，打破唯招聘就业的观念，在报考研究生、公务员之外，认识到自主创业这种全新的就业方式是可供选择的理想方法，树立大学生的创业意识，转变传统的就业观念，从一味依赖学校、家长推荐就业岗位的旧观念转向创业即就业的新观念，从一业而终、安于现状的旧观念转向从事多种职业、开拓进取的新观念，从强调专业对口的旧观念转向不唯对口所长的新观念，从求稳定、求高保障、求高效益的旧观念转向不求就业求创业、创业有为、创业光荣的新观念。众所周知，国家之所以支持高校毕业生创业，主要是培养学生的独立创业精神。但是中国高校的实际情况是，只有很少的大学毕业生来选择创业作为自己的职业，造成这种状况的原因是，大部分大学毕业生没有形成独立创业的意识和精神。高校应该把成功创业者作为榜样，增强想创业的大学毕业生的决心和胆量，发现并支持更多符合条件的大学毕业生去创业。

(2) 完善自身对创业素质的认识

创业实践不能盲目去尝试，大学生要加强对自身创业素质的提高，创业素质是创业能够成功的重要保证。创业素质指的是包含意志、知识、品行和性格在内的多方面要求。创业是一项艰苦的事业，一旦选择了创业，那么各种困难和压力便纷纷而至。所以对于想创业的刚毕业的大学生而言，良好的创业素质是必要的。创业的过程极具挑战性,它要求创业者各方面的能力都要强。创业者既要具有丰富系统的知识体系,特别是关于经营、管理、计算机、法律、税法以及专业方面的知识等,还必须要有异于常人的素质,比如胆识、勤奋、刻苦、自律、自立等,更应该具有独立思考的能力,能够把握自己命运,有明确的目标。总之,创业者要具有突出的能力,比如统观全局的思考能力、权衡利弊的决策能力、团结大众的组织指挥能力、通达权变的协调能力、应对复杂局面的应变能力、科学判断形势的能力等。

(3) 做好迎接困难的准备,计划好自己的职业方向

一方面,刚步入大学之初就应该努力向创业方向发展,时时刻刻为今后的创业作准备,积极参加学校组织的各项创业大赛,努力学习专业知识、扩大知识面,加强身体锻炼,参加社会实践,避免社会与学校的脱节,对创业和就业有一个正确的认识。另一方面,调整自己的创业心态,努力地把对创业的恐惧、担心、怀疑、彷徨的负面心理调整为积极、乐观,顽强、真诚的正面心理,作出对创业的理性接纳。

对于现代大学生而言,科技创业、自主创业并非遥不可及。在信息科技如此发达的今天,大学生能学到全面丰富的知识,具有无穷的潜力,关键是能否有毅力去发掘自己的潜能。一般大学生都有独立思考的能力、严密的逻辑分析能力、超强的口头表达能力,最大程度地发掘出这些潜能,能极大地提高大学生的创新创造能力。在大学学习期间,要努力学好书本知识,用怀疑的眼光去发现学习中遇到的各种问题,而不是被动地接受知识。在学习中要善于总结经验教训,形成自己思考问题的方式,对于问题的细枝末节要敢于穷追到底,在尝试、失败中发现自己的缺点不足并改正;还要培养与他人的合作能力,学习他人的优点,使自己的潜能得到充分的发挥。大学生应该争取各种机会锻炼自己的实践能力,使得理论与实践相结合,多接触社会,多参加各种形式的社会实践,对大学生综合能力的提高特别重要。近年来,通过学校组织的各项活动,许多大学生受益匪浅。例如,高校大学生可以自己组队参加"挑战杯"创业计划竞赛,或者加入导师的研究团队进行科研项目的训练,再者参加学校开展的创业活动等,这都可以在不同程度上提高大学生的适应能力、沟通能力、团队精神和表达能力,同时也锻炼了大学生的思维创造能力。高校只有为学生提供良好的创新氛围,才能发掘出更多的创造型人才,创业教育的明天才会更加灿烂辉煌。

二、大学生创业精神的培养

1. 创业精神培养的原则

创业精神的培养是社会、高校、家庭的各方面资源对大学生进行的素质教育

和能力提升，贯穿于大学生的专业教育、社会实践、校园活动之中。创业精神培养要坚持如下原则。

第一，以人为本的原则。以人为本是科学发展观的核心思想，以实现人的全面发展。创业精神的培养要从大学生的利益和需要出发，基于大学生的思想和知识水平发展现状，以国家民族发展需要为基础，制定科学的教育目标，创造良好的创业教育环境，发挥大学生的主观能动性，鼓励大学生积极投身于创业实践中去。在创业精神培养的教育策略选择上，要符合教育规律，遵循大学生心理发展特点，突出大学生在创业精神培养中的主体性地位。有目的、有计划地组织各种创业教育活动，使大学生自主、能动地生成和构建符合社会需要的道德品质和创业能力。充分发挥教师、学生、教育环境的主体作用，创建和谐、宽松、民主的创业教育环境，使大学生采取适当的方式、方法和手段，追求幸福生活、开拓美好未来、实现自由全面发展。

第二，与时俱进的原则。创业精神的培养要体现新时期社会主义的本质要求与快速发展的社会经济文化环境相适应以及高等教育改革步伐相适应。与时俱进是指高校教育工作的方法和理论要体现时代性、把握规律性、富于创造性，要有一定的科学前瞻性，因地制宜地进行创业教育活动。以马克思主义为指导，以社会主义核心价值观为准则，在市场经济条件下培养学生遵守社会公德、公民道德，塑造社会主义理想人格，引导正确的创业实践活动。在新的形势下，引导学生正确认识当今社会的热点和难点问题，独立解决创业过程中出现的利益冲突，锻炼解决实际问题的能力。运用心理学、教育学、社会学研究的最新成果，采取渗透性的方法、引导的方法以及双向沟通的方法，使学生在参与过程中能力得到提高，使创业精神培养成为学生内心的需要。善于利用新的教育载体，在信息化时代发挥独特的作用，提高创业教育的实效性。

第三，系统性原则。创业精神培养是一个系统工程，受到政治、经济、文化、家庭的养育方式、学校的教育模式、个人的性格特质等因素的影响。因此，创业精神的培养也是一个多因素、多角度、多渠道的教育过程。我们应遵循系统性原则，将学校教育、社会教育与家庭教育紧密结合、互为补充，形成强大的教育合力，发挥最大的系统效益。

第四，注重实践的原则。实践是检验真理的唯一标准，实践是理论的源泉，理论来源于实践，并接受实践的检验。创业精神的培养不是纸上谈兵，离开了社会生活实践，创业教育就成了无源之水、无本之木。实践对人的教育是最直接、最有价值的，它既有利于学生对创业情感的真实体验，又有助于形成良好的创业心理品质。因此，创业精神的培养要从实践出发，创业认识才最深刻，创业动机才最自然，创业理想和道德观念才能最有效地内化为行动指南。

2. 创业精神的培养途径

创业精神培养的目的不单纯是提高大学生的创业技能，更重要的是塑造大学生的创业核心素质，为大学生全面发展奠定坚实的基础。创业精神的培养必须具有全面性、系统性和成长性的特点。从创业理想、创业文化、创新思维、创业心理品质、创业规范意识等多方面入手，社会、学校、大学生三者目标一致、发展协调、相辅相成、形成合力，并具有不断创新和完善的自觉力量。创业精神的培养途径有以下几方面。

(1) 创业理想信念教育

高校大学生思想政治教育主要包括理想信念、思想道德、价值取向、人生态度和民主法制等方面内容。理想信念教育是大学生创业教育的永恒主题。对大学生进行中国特色社会主义共同理想教育就是通过一定的教育途径、方式和方法将建设中国特色社会主义的共同理想转化为大学生自身的价值追求、价值取向和价值目标，使大学生树立远大的创业理想，将创业目标与国家和民族的发展需要结合起来。

教育的本质是使人认识生命、追求价值、提升精神、重塑信仰的一种活动。大学生思想政治教育依照既定目标和社会责任要求，通过系统的思想理论以及实践教育手段使大学生的认知、情感和意志高度统一，有效地内化外在的要求为内心稳定的诉求。帮助大学生增强社会责任感，培养积极的道德情感，锻炼意志品质，使其获得战胜创业道路上艰难困苦的自身内在力量源泉，形成创业者的精神特质。高校应根据大学生创业精神的内涵，遵循大学生思想政治教育的规律，积极引导和教育当代大学生树立正确、科学的世界观、人生观、价值观，把为社会创造财富作为人生的追求，把为社会作出贡献作为人生目标。

理想信念教育广泛吸收和运用心理学、社会学、管理学等相关学科的理论和方法，形成了一系列行之有效的教育方法和手段，包括榜样法、实践法、比较鉴别法等，这些科学有效的方法对培养大学生的创业理想具有重要的引导作用。特别是榜样法，对处于理想信念形成阶段的大学生来说，更具教育意义。创业榜样们对人生的认识、对社会的责任很容易影响大学生，使他们认识自己在社会实践中的主体地位，认识自身的使命和责任，保持对生活积极乐观的态度和自强不息、百折不挠的精神，积极投入到创业活动中，历练人格、塑造品质、提升耐挫折能力、形成自我发展和自我完善的一种精神力量，支持着大学生投入创业的广阔天地。

理想信念教育是创业教育必不可少的组成部分，创业目标的确定就是人生理想的具体表现，没有坚定的信念、不懈的努力和良好的道德品质，创业就不可能取得成功。要将理想信念教育与大学生的创业前景结合起来，将创业理想内化为大学生前进的动力。在爱国主义、集体主义教育中引导大学生根据其自身的理想树立科学的创业目标。

理想信念来源于实践。高校应通过开展各种实践活动，把理想信念教育的内容融入实践中，帮助大学生进一步坚定理想信念。创业实践的过程为大学生提供了孕育理想信念的肥沃土壤和实现理想信念的广阔舞台，深化了大学生对理想信念的追求和执着。为了让大学生充分了解国情、民情，高校可以组织学生开展广泛的社会考察和市场调查，通过建立创业实践基地和社会主义精神文明实践基地，增进他们对国情和社会的了解。通过创业理想教育，使大学生将自主创业作为人生的奋斗目标，以高远的理想为引导，以顽强的意志去克服困难，才能获得创业的成功。

(2) 创业价值观教育

创业价值观是指大学生根据自己的需要，对创业目标的认知程度和创业方式的价值判断标准。创业价值观对大学生的创业行为和意识起着至关重要的作用，对学生的创业目标和方式有着指导和调节作用。大学生如何对待自己的人生职业规划，是选择创业还是就业，这些都要受到创业价值观的指引和调节。在大学生创业价值观的教育过程中要贯彻积极、正向的原则，使创业价值观被更多的大学生接受和认同，从而发挥其导向作用。创业价值观既要有利于社会和个人的发展，也要兼顾团体和个体的正当利益，同时要满足大学生的物质追求和精神追求。

创业价值观本身是在长期的价值活动过程中形成的，决定着对价值关系选择取舍的意向和态度。大学生对创业行为的选择前提是先按照自己的创业价值观来反复权衡和思考，作出自己的价值判断。大学生在创业的过程中，会面临对社会、对人生的选择，创业价值观必将起到决定作用。随着市场经济的发展，西方价值观念的融入，我国社会目前的价值体系中出现了一些不和谐的因素。过度追求物质享受、拜金主义、及时行乐思潮呈现蔓延趋势，作为大学生势必会受到不同程度的影响。创业价值观的确立是大学生进行价值比较和反思的过程。在这方面加强对大学生的教育和引导，有助于他们克服对社会和自身的消极认识，将个人的价值选择建立在更加高尚的取向上，使创业的目标不再仅仅局限于满足个人的财富积累和地位提高，而是通过创业回报社会、扶助弱势群体。

大学生的创业价值观反映了大学生对价值关系的根本认识。思想政治教育使大学生能够正确处理社会关系，客观评价自我。以马克思主义科学世界观来武装大学生的头脑，使其以辩证唯物主义和历史唯物主义的观点分析事物，解决问题，并选择高尚的人生观。不同的人生选择，决定着不同的人生。不同的人生态度，体现着不同的人生观。大学生应当树立积极进取、乐观向上、厚德载物、自强不息的人生态度，学会生存、学会学习、学会创造、学会奉献，这些都是大学生将来面向社会和生活所必须具有的最基本、最重要的品质。教育大学生学会如何做一个符合国家和社会发展需要的人格健全的人，做一个能与人和谐相处、协调发展的人，做一个有理想、有道德、有高尚情操的人，做一个能够正确看待财富、不见利忘义的人。

三、大学生创业心理品质的塑造

1. 创业心理品质与创造性人格

创业是人类运用知识和能力开创事业的过程。创业是对人的素质的全面检验，尤其是对人的心理素质的考验。创业心理素质是在环境和教育的影响下形成和发展起来的，在创业社会实践活动中全面、稳固地表现出来并发挥作用的身心组织要素、结构及其质量水平，是对人的心理和行为起调节作用的个性意识特征。良好的创业心理素质如同创业大厦的基石，可以奠定事业的基础，支撑创业人生。

心理学的研究表明，任何一种创造性的活动，都是多种心理因素“合力”的结果，可分为“认知性”与“非认知性”两大系统。认知性的心理系统主要包括感知、记忆、想象、思维等，直接参与对认知对象的认识，体现了认知主体的智力水平。非认知性的心理系统主要包括动机、兴趣、意志、性格等，具有动力和调节机能，对认知活动具有启动、维持、强化、引导、定向、调节等作用，是创业精神形成的动力系统。高校要注重对大学生创业心理的指导和培养，树立正确的创业观，培养积极的创业心态和自立自强、百折不挠的顽强意志。

大学生的抗挫折能力培养已经受到了高度的关注。开展抗挫折教育主要是培养乐观向上的人生态度、坚忍不拔的意志、奋力拼搏的勇气、百折不挠的坚韧性等。比较有效的抗挫折教育的方法是户外拓展训练。目前部分高校正在研究如何开展抗挫折教育，重视学生独立性、果敢性、坚韧性、适应性和合作性等个性心理品质的塑造和培养。此外，培养大学生良好的社会适应能力，鼓励他们要心胸开阔，积极参加各种社团、社会活动，培养社会责任感，锻炼人际交往能力。

2. 创业心理品质训练方法

随着创业教育对象的不断变化，创业精神培养的方法也需要不断创新。创业作为社会实践的一种形式，总是在一定的社会背景和群体氛围下进行的。选择大学生喜闻乐见的思想政治教育载体，能够激发大学生创业学习的积极性，提高教育效果和水平。例如，采用榜样激励，通过创业先进典型示范，激励大学生提升自己的知识水平和实践能力，向榜样学习寻找创业的机会和空间；采用情感激励，使大学生认识到创业的重要意义，创业者的价值体现，社会对创业者的尊重和认同，教育大学生努力克服各种不良心态，培养大学生优良的创业个性；采用奖惩激励，通过奖励手段强化对大学生创业者的正面引导作用，树立创业者光荣的舆论氛围，营造弘扬创业、激励创新的教育环境，鼓励大学生积极参加社会实践，在改造客观世界的同时，改造自己的主观世界，提高对社会的认识和把握，将创业理论和知识在社会实践中得到检验和升华。

除此之外，还要积极利用思想政治教育的各种载体进行创业精神的培养；运用校园文化、班级文化、寝室文化载体，以不同的范围和形式，倡导创业的理念、趋势、效果、意义；运用创业活动载体，通过创业大赛、创业孵化基地等形式，使大学生在风险较小的环境下进行创业实践，既锻炼了创业技能，同时有效规避了一定的创业风险，保护了大学生的创业积极性；运用网络载体，网络对于当代大学生而言是最直接的信息源和交流平台，开办有特色、有针对性的网络创业教育平台，会对大学生的创业教育带来新的生机和活力。另外，还可以进行专门的咨询辅导，配备专业人员对大学生在创业过程中遇到的政策、业务、技术、心理等方面的问题进行有针对性的释疑、解惑，为大学生创业构建支持系统。

四、大学生创业能力的培养

1. 创业能力的内容

(1) 市场洞察能力

创业过程需要识别创业商机，创业者必须具有敏锐的市场洞察能力。洞察能力也就是一种观察能力。尽管人人都能观察，但观察所表现出来的风格和得到的收获却可能大相径庭。有人浮光掠影，走马观花，视而不见，见而不疑，无法从观察中获得新的商机；有人却独具慧眼，见微知著，一叶知秋，从观察中悟出商机创意，发现“市场新大陆”。我们把前者称为一般观察能力，后者称为敏锐的市场洞察能力。

市场洞察是一种有目的、有计划、有步骤的创业感知活动，是在创业实践中运用观察方法与技巧获得关于被观察事物的主观印象并据此获得创业创意的过程。创业者具有的市场洞察能力，就是要善于用敏锐的眼光去看(观)，用创新的思维去想察。一个成功的创业者，在常人的心目中似乎是因为他有什么“超人”的洞察力，其实，“超人”的东西是没有的，有的只是对观察对象的创业理解。

创业的机会很多，但是奇迹往往隐没于平凡之中。判断一个创意的市场价值、一项发明的应用前景、一个市场的开发潜力无一不需要敏锐的眼光。机会稍纵即逝，可是如果你一旦抓住，它就有可能给你带来无尽的财富。从大量的中外创业案例中可以发现，整个创业过程都离不开创业者的洞察力。

当今世界的信息来源十分广泛，信息量十分庞大。如何选择有效的信息来源，如何从众多的信息中选出有创业价值的信息都需要敏锐的洞察力。创立自己的事业，恰好需要许多方面的信息支持，任何一个方面的疏漏都有可能导致整个创业计划的失败。因此创业者必须具有发现机会和挑选信息的能力，这样才能把握好创业机会。

（2）创业决断能力

创业机会很多，但并不是任何一个创业机会都可以付诸实施的。创业者必须从创业机会中进行分析判断、严密论证，进而作出创业决策与判断。创业环境总是复杂的，在这个环境当中，政治的、经济的、文化的各种要素相互联系、错综复杂，任何方案都不是完备的和确定的，这就需要全局的战略眼光和战略决断的能力。

古人云："不谋全局者，不足谋一域；不谋万世者，不足谋一时。"在今天这样一个新生事物层出不穷的时代，必须能够正确认识知识经济的发展规律，敏锐分析市场的发展变化，准确把握国家的政策法规，才能够正确地估价创业机会和创业方案。从全局的高度认识和把握问题是全面分析把握创业方向的基本要求。然而只有全局的认识还不够，如前所述任何方案都不是完备的和确定的，能够分析主次矛盾、评估效益与风险，最后作出正确的决策才是最重要的。错误的决策可能导致惨重的失败，而发展的机遇又稍纵即逝，创业者的决断能力的重要性是不言自明的。

判断能力是管理和决策的基础，面对复杂多变的环境，如果没有判断力就不可能形成认识。判断能力首先是把握事物发展主流所必需的能力，任何事物和环境都有多个方面，都有变和不变的东西，在分析和认识事物的过程中必须要有对各个方面重要性和所占地位的判断，才能够认清什么是主什么是次，才能认识什么是方向什么是扰动。判断能力又是风险运作的基础，收益和风险总是并存的，不同的决策者对风险有不同的偏好。但是不论对风险是什么态度，首先需要对收益和风险作出判断，没有判断的风险运作是盲目的，是注定要失败的。

创业决断能力还表现为应变能力。创业的环境是动态变化的环境，创业过程中的策略和措施必须根据具体环境的变化作出调整。创业者要善于观察形势，能够认识和把握客观环境中变与不变的东西，抓住矛盾的主要方面，把握事物的主流。创业者只有按照事物的主流把握调整战略方向，针对具体的变化形式提出应对措施，才能在变化的环境中趋利避害、化被动为主动，最终赢得胜利。

应变能力既是对客观环境的敏感反应能力又是处事不惊、沉着应对的把握能力，既能把握现实情况又能正确预测未来，既有认识又有对策。

(3) 人际交往能力

在激烈竞争又紧密依存的社会里，人际交往能力是一种生存和发展的基本能力，也是创业成功的必备能力。如何增强大学生在人际交往中的吸引力呢？一是敞开胸怀学会容纳；二是学会发现他人的优点和长处并虚心地承认它；三是学会重视别人。总之，交往是人类共同的心理需求，同时也是人类最基本的社会活动。良好的人际关系是能够提高社会价值感，增强社会适应能力，形成乐观的人生价值观，使个性健康发展得到保证。相反，不良的人际关系和交往障碍，会影响人的心理健康。

建立良好人际关系的具体方法很多，下面介绍几种对大学生较有效的交往技巧。

① 主动交往。大学生必须明白一个道理，人与人之间的交往是遵循原则的。周围的人那么多，别人凭什么对我们感兴趣？人们不愿主动交往的原因何在？心理学家经过长期的研究发现，第一个原因是人们在自己与他人的交往中缺乏自信，害怕别人不会像自己期望的那样对待自己，从而伤害自尊。例如，担心自己太丑、不会说话、家境贫寒、成绩不好等，别人不会喜欢自己。实际上，由于每个人都有交往的需要，我们主动交往得不到理睬的情况是极少的。你不妨去尝试一下，试着主动和陌生人打个招呼或讲几句话，你将发现几乎每次都是成功的。不能主动交往的第二个原因是人们在人际关系方面有许多误解。例如，"先同别人打招呼，表示我低他一等"，"我太主动了，别人肯定会觉得我多事"，"别人对我不会像我对他那样有兴趣"，等等。所有这些误解，会使我们失去很多结交朋友的机会。

在改善自己的人际关系处境上，我们也应采取在解决其他方面问题时的同样方式，即少担心、多尝试。尝试是成功的先导，最好用实践去证明一下你的担心。当想去结识某个人时，你就主动地去和对方打个招呼，然后讲一下自己的想法。当然，在主动结识某个人之前，最好先弄清楚对方的身份、性格爱好等，想想自己该怎么说对方才不会拒绝，到时你一定会得到一个满意的结果。随着成功经验的增多，你的自信也会越来越好。

② 给人一个良好的第一印象。美国社会心理学家阿希曾以大学生为研究对象做过一个实验。他让两组大学生评定一个人的总印象。对第一组大学生，他告诉这个人的特点是"聪慧、勤奋、冲动、爱批评人、固执、嫉妒"。很显然，这六个特征的排列顺序是从肯定到否定。对第二组大学生，他所说的仍是这六个特

征，但排列的顺序正好相反，是从否定到肯定。研究结果发现，大学生对评价者所形成的印象严重受到特征呈现顺序的影响。先接受了肯定信息的学生，对被评价者的印象远远优于先接受了否定信息的学生。这就说明，最初印象有着高度的稳定性，后续的信息甚至不能使其发生根本性的变化。著名心理学家卡内基在其早期名著《怎样赢得朋友，怎样影响别人》中，也根据自己的大量成功经验总结出了给人留下良好第一印象的六条途径，分别是：第一，真诚地对别人感兴趣；第二，微笑；第三，多提别人的名字；第四，做一个耐心的听者，鼓励别人谈自己；第五，谈别人感兴趣的话题；第六，以真诚的方式让别人感到他很重要。卡内基曾以他的经验帮助了许多人成功地改善了人际关系，并使他们获得了事业的成功。

③ 以诚相待，不要过多地掩饰自己。在人际交往中，虚伪是非常令人讨厌的。世界上的每个人都不可能十全十美，在别人面前暴露自己的缺点并不可怕，反而会让人发现你个性中的坦诚。相反，尽力隐藏自己的缺点，反而让人觉得你不真实、令人捉摸不定而不敢信任你。因此，不要惧怕显露真实情绪，不论喜怒憎恶，都不应加以隐藏。一个经常压抑或隐藏情绪的人反而会被人们视为冷漠无情，这种人没有知心朋友不足为怪，谁愿意和一座冰山在一起？相反，一个敢于表达自己真实情感的人往往会被更多的人接受，即使他的情况很糟。

④ 多为别人着想。同情是沟通人们内心世界的情感纽带，是建立人际关系的基础。如果一个人不能很好地理解别人，体验别人内心的真实情感，他就无法使自己的交往行为具有合理性、对应性，这样是很难和别人建立较亲密的关系的。通常人对别人的理解高度依赖于自己的直接经验，只有当别人的情感也是自己体验过的或正在体验的，我们才能够理解。从这个意义上讲，自我经验的丰富是理解和同情的前提。

⑤ 诚心诚意地帮助别人。在心理学中，帮助是广义的，既包括情感上的支持、痛苦的分担、观点的赞同、建设性的意见，也包括困难解决上的协助和物质的支持。人际关系中存在功利原则，即任何一个人，只有当一种人际关系对他们来说是值得的，他们才愿意并试图去建立和维持。因此，以帮助和相互帮助开端的人际关系，不仅良好的第一印象确立起来比较容易，而且心理距离可以迅速缩短，使亲密的关系很快建立起来。帮助他人不一定非要对方遇到重大困难时，它可以体现在日常生活的一些小事上。例如，热情地给陌生人指路，在公共汽车上给人让座，他人拎不动东西过去帮个手。慢慢地，通过帮助别人，你可以获得许多朋友和快乐。

⑥ 要心怀大度地接纳他人。虽然交友要有选择，但在没有了解对方之前，

不要就全部否定，这会使你失去很多真正的朋友。实际上，根据人际交往的交互原则，你不信任别人，别人也就不会信任你；相反，你以坦诚友好的方式待人，对方也往往会以同样的方式待你。毕竟，在这个世界上，坏人是极少的，我们要善于发现和欣赏他人个性上的优点。

（4）观察判断能力

在创业教育中，要培养大学生明确观察的目的性，把握观察的对象、要求、方法和步骤，使观察具有条理性，能统观全局、有条不紊地进行观察。同时，要力求理解所观察的内容，在观察活动中能敏锐地发现为一般人所不容易发现或容易忽略的东西，既要注意搜索那些预期的事物，还要注意观察那些意外的情况。大学生要把观察力的各种优秀品质有机地结合起来，使自己能按照预定的目标去获得系统的、真实可靠的感性知识；要有明确的观察目的，培养浓厚的观察兴趣，拟订周密的观察计划，并善于运用书中的知识去观察。

（5）创业管理能力

经营管理能力是将与经营活动相关的知识、技能、规范以及操作方式融合在一起的能力系统，创业在一定程度上就是运用经营管理能力的过程。瞅准了合适的创业机会、找到了志同道合的创业伙伴、所需的资金也有了着落之后，下一步就需要创业者把自己所能控制的所有资源组织起来，具体来讲就是人、财、物的管理问题。成功的创业者必须具有创业管理能力。

经营管理能力包含了多种能力要素，其中产品质量和效益是核心，市场营销是基础，财务是保障，规划和管理是实现经营管理的手段。

质量包括产品质量、服务质量、管理质量、队伍质量、技术水平以及各种因素在市场和社会的影响力。效益包括社会效益、经济效益。保证质量、追求效益是经营管理的核心。

市场营销能力是指洞察企业提供的产品和服务及其特性，理解它们如何满足顾客的需要和如何使顾客认识其吸引力的能力。没有营销，经营管理就失去了活动的空间和活动的理由。同时，经营管理也可以在市场规律的作用下，不断地调整完善自己。

财务是指管理钱财，保持对支出的跟踪和监控现金流，以及根据其潜力和风险评价投资的能力。财务和管理因素在经营管理中具有调节、控制、支撑作用。作为典型的经济行为，创业的财务决定创业的经济实力，管理则决定这种经济实力能否充分发挥，二者共同决定创业的核心竞争能力。

规划是指整体地考虑企业经营，考虑未来会带来什么和如何影响企业经营以及为做好准备现在应做什么的能力。规划在经营管理中起方向性作用。在市场经济越来越讲究规范、技巧和创新的时代，先规划后实施的经营模式更加具有理性和主动性，并且这样的经营模式往往成功率更高。

总之，经营管理能力在结构上具有自我组织性，即通过自身的相互作用和实践操作不断提高。在具体的应用中又表现出灵活性，即每一种能力都有不同表现，至于是哪一种能力更有突出表现，要根据当时的任务和环境等因素共同决定。

(6) 坚强的意志力

意志力是指一个人自觉地确定目的，并根据目的来支配、调节自己的行动，克服各种困难，从而实现目的的品质。当人们善于运用意志力时，就会产生决心，而人的心理功能或身体器官对决心的服从，正说明了意志力存在的巨大力量。

任何创业者在其创业的道路上都不可能是一帆风顺的，既有成功也有失败。正如发明家爱迪生所说，"我的成功乃是从一路失败中取得的"。可见，意志力对人的一生有着重大影响，人们要获得成功，必须要有意志力作保证。大学生要想实现自己的创业理想，达到自己的创业目的，就要拥有坚强的意志、勇敢顽强的精神，克服前进道路上的一切困难。

2. 创业能力培养的方法和要求

创业能力的培养目标，是以提高大学生自我就业能力为目标，尤其注重培养学生"白手起家"创办小企业的精神和能力，务求使更多的谋职者变成职业岗位的创造者。为此，一是在校园内通过各种各样的形式营造出以创业为荣的风气，向学生灌输勇于创业、敢于冒险的价值观念，帮助学生树立正确的创业观；二是建立仿真、模拟和运作程序符合企业行为要求的教学工厂，为学生提供体验创业经过、培养和检验创业能力的场所；三是对于有创业能力和意向的学生要进行个别辅导、集中培训。

根据创业能力培养要求，深化高校课程体系改革，创建符合创业能力要求的培养体系。课程体系设置、教材选用和教学方法是高校创业人才培养的关键，但当前高校在这些方面存在较大差距。为此，要改变一套教材使用多年的局面，逐步实现教材多样化、弹性化、特色化、个性化；要促进课程的综合化，避免出现分科过细、彼此孤立的课程状态，强调课程教材设计的整体性；要把与创业密切相关的课程增加到培养体系中来，加强课程融合，形成学科课程、活动课程、隐性课程相结合，必修课、选修课相统一的创业课程体系。

转变教学观念，深化教学方法和教学手段改革。实施素质教育就是要变传统灌输式教学为创造性教学。这里的创造性是指教学生"学会学习"的教学，或以培养学生创造性为核心目标的教学，课堂上实施创造性教学与学生创新能力的培养息息相关。在教学模式上，创业教育要求教学内容的选择不能固定不变，要有开放性和灵活性，让师生共同参与探索知识的过程。在教学过程中要培养学生思维的灵活性、敏锐性和独创性。

加强课外活动和实践教学环节的组织。创业品质和创业能力的培养重在实践，实践教学环节既是学生巩固理论、扩展知识面、开发智力的过程，又是学生在实践中磨砺意志、培养能力的过程。为此，一是从创业能力培养角度，科学设计实践教学环节，整合和优化实践教学环节内容；二是开设设计性、综合性及开放性实验，提高学生对实验课的兴趣，使学生掌握实践教学环节的主动权；三是改变传统实践教学组织与管理模式，创造更多机会让学生深入实际调查研究，参与处理实际问题；四要促进教师自身素质的提高。

五、创业教育课程体系

1. 创业教育课程设置

创业教育不能只停留在创业教育目标的确定上，而要通过创业教育课程来加以落实。高校的创业教育实践，本质上是根据创业教育的基本理念，运用各种课程所提出的教学计划，通过教师与学生的双边活动来实现创业教育目标的过程。

在构建创业教育课程结构这一根本问题时，应当采用广义课程的概念，即将学校有计划地为引导学生提高创业综合素质而付出的一切努力，都可以称之为课程。这种课程观有利于突破以课堂、教材和教师为中心的传统课程模式，克服以学科、智力为转移的唯理性课程模式的束缚，能够在更广阔的范围内设计适应创业社会需要的创业教育课程体系。一般来说，学校的创业教育可以建立一种由两大类、四大板块课程构成的创业教育课程体系。课程体系中的课程模块不是简单的分割，它们相互联系，共同完成创业教育的使命。

在实现创业教育目标的过程中，设置创业教育方面的学科课程，可以有效地利用课堂资源传播创业教育理念，教授创业教育知识。在这方面，国内外许多院校尝试过用开设“创业学”课程的举措来推进创业教育。例如，美国有许多大学、学院和社区学院都开设有创业学课程，成为美国高等教育创新的一道风景。其中，百森商学院有一套富于创新精神并曾获大奖的课程体系，它是该学院优秀师资的结晶。在这些优秀的教师中间，蒂蒙斯是杰出的代表，是百森创业学研究与教学的领袖人物。他在百森商学院主持设计的创业教育课程方案，成为美国各高校公认的创业教育课程范式。他所编写的创业学教科书《创建新企业》、《成功》及《华尔街杂志》被评为创业学的经典之作，他那前瞻性的课程理念、系统化的课程设计以及鲜活性的教学过程，都是值得世界各国学习和研究的。

蒂蒙斯创业学课程开发的前瞻性，不只是一个时间上的概念，更是一种新的课程价值理念。在创业学产生之初，许多人认为这种课程的价值在于“企业家速成”，即帮助学生在校期间就能创办公司，成为大大小小的创业企业家。蒂蒙斯认为这种功利主义的课程理念，是在用“拔苗助长”的方式造就所谓的创业者，无法满足以创立高新技术企业为标志的“创业革命”对人力资源的需要。在他看来，学校的创业学课程不同于社会上的以解决生存问题为目的的就业培训课程，也不是一种“企业家速成”。真正意义上的创业学课程，应当着眼于“为未来的几代人设定‘创业遗传代码’，以造就最具革命性的创业一代”。蒂蒙斯的这种前瞻性的创业学课程开发理念，实质上是一种面向“创业革命”开发人力资源的课程创新。

蒂蒙斯认为，实现创业学课程开发理念的核心是提供实实在在的创业教学过程，其运作关键在于设计系统化的课程体系。在构建创业学课程体系时，蒂蒙斯把适应未来创业需要的创业意识、创业个性特质、创业核心能力等“创业遗传代码”和有关创业的社会知识进行了整合，将科学教育与人文教育、智力教育与非智力教育进行了整合。这种具有整合性的课程体系，有利于使学生置身于创业的社会、经济与人文的大环境中，引导学生关注与创业相关的一些经济问题、社会问题或其他问题。

目前，我国学者正在积极进行创业学课程建设的研究，并出版了一些创业学著作和教材。这些著作和教材既密切关注国际上在创业学课程体系研究方面的最新发展，又紧紧结合中国经济发展的实际，以创业过程为主线，全面系统、深入浅出地阐述了创业实践中面临的主要问题与解决方案，并辅以大量中国和外国的案例。同时，根据我国经济的发展特征和创业者自身的知识结构，从宏观到微观、从抽象到具体进行了分析与探讨，以创业过程中的基本要素和基本问题为主线，构建了创业学课程体系或教学内容体系。

在创业学课程研究问题上，我们一方面要借鉴国外的研究成果，更重要的是从我国培养高素质创业人才的目的出发，创建具有中国特色的创业学课程体系。具有中国特色的创业学课程体系，在原则上应当满足以下基本要求：体现中华民族先进的创业文化观，体现我国发展先进生产力的创业价值观，体现我国教育创新与发展的创业教育观。当然，要完全达到这些要求是不容易的，但是，只要我们不断地开拓创新、勇于实践，一定会达到这样的要求。

2. 学科课程

第一，创业教育通识类理论课程。创业教育理论课程主要由“创业教育概论”、“创业学”、“大学生创业导论”等课程构成。

①“创业教育概论”。开设该课程的目的是：一方面，让学生了解国内外开展创业教育的现状，理解开展创业教育的意义，激发学生创业的激情；另一方面，让学生了解创业者应具备的素质，了解创业需要的知识和能力，了解国内外成功创业者和创业企业的成长和发展经历，了解企业从创建到发展直至成功的过程，培养学生的创业意识。

②“创业学”。开设该课程的目的是：让大学生了解创业过程到底是怎么一回事；如何做好创业前的思想、心理、知识、技术、物质等各方面的准备，如何把创意转化为真正的创业；在可接受的条件下，需要多少资源用于创业，何时、何处、如何才能得到这些资源；为了抓住机遇，所需的最少资源是什么；如何抓住创业机遇；如何制定创业计划；哪些情况必须事先预见，提前准备；如何避开创业的陷阱和危险区；如何实现从创业阶段到成长阶段的转变等，让大学生懂得和掌握如何进行创业。

③“大学生创业导论”。开设该课程的目的是：让大学生了解创业所具有的现实意义，了解大学生创业所需要具备的素质、知识和能力，激发大学生创新思维；了解大学生创业的社会环境、市场机会识别、团队的组织管理、营销管理、财务管理、计划书的编制、创业训练等，启发大学生做人的志气、生存的方法，改变大学生传统就业观念，培养大学生创业精神。

第二，创业理论知识课程。创业理论知识课程主要由“创业法律基础”、“创业管理学”、“市场营销学”、“成功与失败创业个案研究”等课程构成。

①“创业法律基础”。开设该课程的目的是：让大学生在开始创业之前要了解、熟悉我国的基本法律环境。该课程的内容由《行政法》、《公司法》、《合同法》、《知识产权保护法》、《专利法》、《商标法》、《企业所得税法》、《产品质量法》、《广告法》、《反不正当竞争法》、《中小企业促进法》、《劳动法》和《劳动合同法》等与创业相关的法律知识构成。通过这门课程的学习，使大学生了解在经济社会中与创业相关的现行法律制度，掌握企业在运行中的法律与政策问题，熟悉各种法律规范，使大学生在创业中学会运用法律武器保护自己的合法权益，做到懂法、守法。

②“创业管理学”。开设该课程的目的是：让大学生在理论上掌握创业机会的发现与分析，创业环境的考察，创业项目的选择、评估与运作，创业资金的筹集，创业团队的组建，新创企业经营的基本策略，创业管理策略及税务、工商、保险等。通过这门课程的学习，让大学生具备分析市场、运作项目、筹集资金、运营管理企业方面的知识，能在创业实践中准确运用创业理论知识指导创业实践。

③“市场营销学”。开设该课程的目的是：让大学生比较全面系统地掌握市

场营销学的基本理论、基本知识、基本技能和方法，充分认识在经济全球化背景下加强企业营销管理的重要性，了解和分析影响市场的环境因素，研究市场购买行为，制定市场营销组合策略，组织和控制市场营销活动的基本程序和方法，培养和提高正确分析和解决市场营销管理问题的实践能力，以使创业的大学生能够较好地适应市场营销管理实践的需要。

④“成功与失败创业个案研究”。开设该课程的目的是：通过学习和分析创业成功和失败的案例，让大学生了解成功创业者的发展历程和创业失败者的经验教训。

第三，科技人文知识课程。科技人文知识课程主要由学校开设的科学技术类和人文社科类课程构成。此类课程由学生根据创业教育与创业实践及提高自身素质的实际需要，通过创业教育课程选修指南进行选修，促使学生创业意识形成和创业素质的提高。

与传统的学科教育不同的是，创业教育的学科课程设置要实现四个转变：一是要从过去注重狭小的专业知识的传授，转变为不仅让大学生掌握扎实的专业知识，而且特别注意让大学生了解创业社会知识和创业经验；二是要从过去单纯地传授专业知识，转变为不仅能很好地传授创业知识，而且特别注意培养大学生的创业能力、创新能力和创造能力；三是要从过去主要根据大学生掌握知识和技能多少来衡量学科设置的质量，转变为注重大学生创业能力和创业素质的评定；四是要高度重视大学生个性的充分、自由发展。在创业教育课程体系中，通过学科课程的合理设置，有利于大学生在校期间集中、系统地学习所必须掌握的人类长期积淀的间接创业知识和技能；通过学科课程的学习，有利于大学生具有深厚的理论逻辑思维能力去发现、分析和解决创业方面的问题；通过学科课程的学习，有利于大学生对与创业相关的学术性知识有较深的了解，为以后更进一步从事创业实践和研究工作打下扎实坚固的理论基石。

3. 活动课程

在创业教育的构成中，活动课程（activity curriculum）是为指导大学生获得直接创业教育经验和创业信息而设计的一种以活动为中介的创业课程形态，也常常被称之为“经验课程”。

一般认为，活动课程起源于19世纪末20世纪初欧美的“新教育活动”和“进步教育活动”，其发展历史较短。活动课程是以充分而有特色地发展学生基本素质为目的，以最新信息和学生的直接经验为主要内容，按照各种实践活动项目和特定活动组成的一种辅助性的课程形态。它与创业实践活动不同在于它不涉及直接的生产操作和经营管理，而是主要从认知、情感、动作技能等方面进行的活动。活动课程设置的内容可以来自学科知识的巩固、运用与验证，也可以来自大学生的兴趣和爱好或者是社会问题、家庭问题等社会生活的各个方面。活动课程主要由创业教育集体活动课程、专题活动课程和项目活动课程构成。

第一，创业教育集体活动课程。该课程是根据高等学校指定的创业教育目标，开展具有普遍教育意义的创业教育集体性活动课程。其具体表现形式：一是举办全校性创业教育论坛。创业教育论坛主要是学校定期邀请社会上有经验的创业家、企业家、风险投资家、相关领域的政府官员、尤其是创业成功的校友到学校开设讲座，与学生进行面对面的交流，给学生传授创业经验和技能，弥补学生社会经验不足和学校创业教育理论教学的局限。二是成立具有全校性的大学生创业协会，通过大学生创业社团，培养在校生的创业素养和能力，为学生和企业间搭建一座桥梁，达到弘扬创业精神、传播创业文化、发展创业事业的目的。

第二，创业教育专题活动课程。该课程是根据高等学校制定的创业教育目标，专门设计的有明确主题的创业教育群体性活动课程。其具体表现形式：一是创业设计大赛。在创业设计大赛中，学生要经过组队、选项目、培训、市场调查、完成创业计划书以及答辩等阶段。学生通过参加创业计划大赛，可以获得模拟创业经验，体验创业经历，积累创业知识，提高创业技能。二是围绕明确的创业教育主题走近成功创业企业进行参观访问、社会调查等。通过参观访问、社会调查，可以让学生与成功创业人士进行零距离接触，了解创业者的个性，了解创业者选择创业项目、洞察消费者心理、了解市场服务、价格需求及公司运作的过程，直接感悟创业、了解创业，从而获得创业的感性认识。

第三，创业教育项目活动课程。该课程是根据高等学校制定的创业教育目标，在教师指导下，由学生个体独立承担的有明确主题的创业教育专题活动课程。其具体表现为：学校围绕一个创业教育主题，设计出创业意识类、创业知识类、创业能力类和创业实务类等若干创业教育项目，供学生选择。在创业教育项目活动课程中，学生可以围绕创业教育项目选择自己感兴趣的活动内容，进行自我设计、自我组织、自我管理和自我评价，亲身实践和体验创业，从而有利于发展学生的创业探究兴趣、丰富创业学习体验、增进独立思考能力、建立合理知识结构、促使创业素质的形成。

活动课程的突出特点就是它与现实的紧密联系，能充分发挥和体现出大学生的创造力和创业能力，具体体现为：① 现实生活是活动课程内容的主要源泉。大学生通过体验与创业相关的生活实例和实际情景，认识到创业知识产生于现实生活中的实际需要和实际问题，从而激励自己学习。② 现实生活是活动课程内容实践应用的场所。通过活动课程的内容在现实生活中的应用，使课程内容与大学生的现实生活和已有的经验联系起来，让大学生深刻地理解所学内容的现实价值和社会意义。③ 大学生通过直接运用所学知识解决现实生活中的问题，与现实生活相联系。大学生通过活动课程的“做中学”，有利于他们学习能力、动手能力、交往能力、创造能力等综合能力的培养；有利于他们全面素质的培养；有利于他们学到很多书本上学不到的东西；有利于他们主体精神的培养和各种非智力因素的发展，从而发展良好的个性心理品质。

4. 环境课程

在实施创业教育过程中，校园文化环境的隐性教育功能越来越被教育人士所重视，并把它作为一门与学科课程、活动课程并行的新课程。认识和开发这门新课程，成为高校实施创业教育课程设置中的热点问题。

环境课程又称潜在课程，是指学校通过教育环境（包括物质的、文化的和社会关系的）有意或无意地传递给学生的非公开性教育经验（包括学术的和非学术的）。环境课程主要是一种隐性的、潜在的课程方式，所以可以根据创业教育的目标，在班级环境、校园环境等物质环境上，不同程度地体现创业教育的主旨和目的；在黑板报、宣传栏上，形成创业教育的人文环境；在学校制度层面上，形成创业教育的舆论、氛围和价值观念，结合校风、教风、学风建设进行创业教育；在师生关系和人际关系的互动中，形成创业教育的心理氛围。具体表现为：以创业教育为理念和价值追求的精神文化建设，以鼓励学生创业的物质文化建设，以保证学生创业的制度文化建设，以领导学生创业的行为文化建设。

在创业教育课程体系中，虽然环境课程没有统编的教材，但却包含着从教科书中难以找到的活的创业教育因子，对大学生的身心发展、智力开发、创业思维模式的构建与形成，均发挥着潜移默化的作用，在创业教育目标的实现过程中具有独特的优势。

环境课程强调的是“境教”，与传授书本知识的“言教”相比，更生动、具体、直观地传送与创业有关的知识和经验等信息，使大学生更容易吸收和消化所获得的创业方面的信息。

与环境的自发影响不同，环境课程具有鲜明的创业教育目的。其内容经过有意识的设计、选择和加工，使环境的自发影响升华到自为教育。大学生在校园的各个空间、部位、活动中都会感受到这门课程中有形创业教育内容的启迪感染，从而不断塑造自我、完善自我，养成良好的创业行为习惯。

环境课程的开发，主要从两方面入手：自然环境课程和校园文化环境课程。自然环境指一草一木的点缀，墙壁、地面的布局，把校园装扮成绚丽多彩的画卷，以便陶冶大学生具备创业者美好的品格和情感，让大学生的创业情操从这里萌发、成长，并到社会中去延伸和升华。校园文化环境课程指大学生置身于良好的创业教育氛围之中，耳濡目染，进行熏陶。在校园中，师生之间、教师之间的团队协作精神、良好的舆论导向、正确的人生目标、浓厚的学习氛围等均能以潜在的教育力量，以特有的形象符号感化着大学生，它们都应成为环境课程中的重要组成部分。特别说明的是，教师的创业人格魅力是环境课程中一个重要的教育支撑点。教师能积极有效地辐射创业情感，能维系和强化大学生的积极创业精神，比其他规章更具教育威力。总之，环境课程中蕴藏着许多创业教育资源，是创业教育体系中有待开垦的处女地。

5. 创业教育教学模式创新

创业本身是一个鲜活的过程，创业教育也不能过于木讷。在探索创业教育规律和促使学生有效学习的过程中，都必然存在着学术理论和现实实践之间的冲突，只有通过创业教育教学模式的创新，才能解决教与学的矛盾，实现预期的创业教育教学目标。为此，我们应当选择灵活、富有启发性的创业教育教学模式。一般来说，采用研究性学习、案例分析和创业演练等基本模式，是确保创业教育目标实现的成功之道。

(1) 研究性学习

研究性学习是指学生在教师指导下，从自然、社会和生活中选择和确定专题进行研究，并在研究过程中主动地获取知识、应用知识、解决问题的学习活动。研究性学习是与接受性学习相对的一个概念。就人的个性发展而言，研究性学习与接受性学习这两种学习方式都是必要的，在人的具体学习活动中，二者常常相辅相成。强调研究性学习，并不是因为接受性学习不好，而是因为我们过去过多倚重了接受性学习，把接受性学习置于中心，而研究性学习则被完全忽略或退居边缘。强调研究性学习的重要性是想找回研究性学习在创业素质教育中的应有位置，而非贬低接受性学习的价值。

在创业教育中采取研究性学习模式，主要通过“以创业问题为中心的学习”来实施的。它是以认识和解决某创业问题为主要目的的一种学习活动，它通过调查研究、实验研究、文献研究等手段来建立创业问题意识和发现创业问题。在创业教育中采取研究性学习模式，有利于发展学生的创业探究兴趣，丰富创业学习体验，增进独立思考能力，建立合理的知识结构，养成尊重事实的科学态度，以及养成合作与共享的个性品质，最终促使学生创业素质的发展。

(2) 案例分析

案例分析在许多课程中都得到应用。在创业教育中进行创业案例分析，对提高学生学习兴趣、强化参与意识、提高启发程度都有好处，是创业教育不可或缺的一种教育教学模式。

进行创业案例分析，不仅要分析成功案例，也要分析失败案例，目的是让学生从经验中学习，将经验和教训上升到理性。

进行创业案例分析，要注意采用贴近现实、符合国情而且典型性好的创业案例。要满足这一要求取决于以下两方面的努力：

其一，从事创业教育的教师，一定要投入较大的精力和时间，收集大量的案例素材，并精心选择、去粗取精、去伪存真，系统整理并进行理性评析，以获得典型性好的教学案例。

其二，案例研究要尽可能争取企业的支持与配合。现实中，大多数创业企业怕涉及自身的商业秘密和商业利益，配合创业案例研究的热情不高，提供的创业案例素材往往因不够完整、详尽而使案例缺乏典型性。这就要求教师发挥主观能动性和创造性，想方设法加强与企业的联系与沟通，尽可能地获得典型性好的创业案例。

进行创业案例分析，也可以考虑让实际创业的业界人士参与教学。例如，通过安排业界人士跟学生们座谈，给学生们开办讲座，介绍他们的创业过程，这就形成一种鲜活的案例分析。由于学生与业界人士“零距离”接触，更有利于提高学生的学习兴趣，增强对创业的分析能力。

(3) 创业演练

在游泳中学习游泳，这是学会学习的真谛。为了培养学生的创业精神与创业能力，学校应创造供学生们进行创业演练的机会。创业演练是一个模仿创业或尝试创业的学习、体验与参与过程。在创业演练过程中，可以让有志创业的人初尝创业活动的酸甜苦辣，在经过一番演练后，找到最合适自己才能发挥的创业方向与目标，为日后全身投入创业实践奠定知识和能力的基础。一般来说，创业演练模式主要通过以下途径来实施：

其一，开展“创业计划竞赛”活动。这是借用风险投资的实际运作模式，要求参赛者组成优势互补的竞赛小组模拟公司，提出一个具有市场前景的技术产品或者服务，围绕这一产品或服务，以获得“风险投资家的投资”为目的，完成一份完整、具体、深入的商业计划，包括公司的介绍、产品与服务调查、市场分析、竞争营销策略、公司组织结构、人力资源管理以及财务分析等。这是目前国内外大学进行创业教育首选的一种创业演练方式。

其二，开展发明创造活动，将获得的科技成果申报专利，然后通过技术市场或其他场所进行成果转让，在技术成果转让过程中体验创业滋味。

其三，试办以学生为主体的小型公司，进行经营活动。这条途径对一般学生来说可望而不可即，但对有创业眼光、创业胆魄、创业能力和创业条件的人来说，往往是通向成功的金光大道。当然，“自立门户”往往要承担很大的风险。一些大学校园里出现的学生公司，正以事实证明这种认识。

6. 校企合作创业教育

高职院校实施创业教育可以采用多种运行模式，如学校自主进行创业教育和校企合作进行创业教育。从分析西方发达国家高职院校创业教育的成功经验来看，采用校企合作方式进行创业教育是一种适应“创业革命”需要的校企双赢模式，它既有利于学校的教育创新，同时又利于企业发展人力资源经济的需要。

实施校企合作的创业教育双赢模式，从策略上讲要进行三项设计，即目标设计、课程设计和教学过程设计。下面对此进行简要的阐述。

开展校企合作，是高等学校正在探索的办学模式。目前，加强学校与企业的合作，形成新型“产学合作教育”，是高校希望发展的一种育人模式。“产学合作教育”育人模式主要有两大基本特征：其一，校企双方共同制定人才培养方案；其二，利用校企双方的教育资源，营造学校和企业两个育人环境。为了实现创业教育目标，同样可以考虑选择校企合作进行创业教育的改革。

从表面看，高校和企业的价值取向是不同的，但是在为社会提供服务这一点上是一致的。高校为企业输送具有“创业者”素质的人才，是一种特别的人力资源服务，企业依靠“创业者”的努力为社会提供产品，则是一种消费服务。在高校与企业之间存在的这种“服务链”联系，为校企合作进行创业教育提供了客观需要。无论经营学校还是经营企业，都需要在人力资源的开发与应用方面进行创新，因此，校企合作进行创业教育也是高校与企业在创新中求发展的共同愿望。

共同愿望必须有共同的目标。在设计校企合作创业教育目标体系时，既要从学校教育以人为本的价值取向出发，又要照顾企业以经营为中心的基本要求。高校进行创业教育，更需要考虑企业对创业人才的要求。基于这种思考，我们认为校企合作的创业教育应以培养中小企业创业人才作为基本目标。特别是高职院校的创业教育，更需要具有职业针对性和职业适应性。

六、引入国际创业培训课程

在国际劳工组织的创业教育课程体系中，KAB项目、SIYB项目、YBC项目共同构成一个完整的创业培训体系，可根据需要设定为必修课或选修课。

1. KAB(Know About Business)项目

KAB项目是国际劳工组织为培养大中学生的创业意识和创业能力而专门开发的新项目。该项目通过教授有关企业和创业的基本知识，提高毕业生的创业能力和就业能力。目前，该项目在肯尼亚、斯里兰卡、秘鲁、乌兹别克斯坦、印度尼西亚、坦桑尼亚、越南等十多个国家已有良好应用。2005 年,中华全国联合会与国际劳工组织进行三轮项目磋商,正式启动 KAB 大学生创业教育项目。《大学生 KAB 创业基础》以国际劳工组织开发的教材为蓝本,将培训内容分为 8 个模块,依次为:

模块 1——什么是企业?

模块 2——为什么要发扬创业精神?

模块 3——什么样的人能成为创业者?

模块 4——如何成为创业者?

模块 5——如何找到一个好的创业想法?

模块 6——如何组建一家企业?

模块 7——如何经营一家企业?

模块 8——创业准备:商业计划书。

该门课程对企业、创业等职业环境元素进行了分析和介绍,通过测量工具、团队游戏帮助学生了解创业者的基本特征和所需素质,使学生了解从产生商业想法、写出商业计划书、组建一个企业直到运营的企业发展、运作的基本过程。通过课程学习,学生可以较为深入地了解职业环境下商业的基本运作过程,同时掌握建立和运营企业的基本知识及技能,提高学生毕业后的职场适应能力和创业能力。本课程实行小班授课(不超过 30 人),采用参与式的培训方法,可使学生的沟通能力、表达能力、团队合作能力、领导能力等基本素质得到发展和提高。

2. SIYB(Start and Improve Your Business)项目

SIYB 项目是国际劳工组织为了支持发展中国家中小企业的发展,专门组织开发的创业培训体系,由英国国际发展部提供资金支持。该项目由一系列针对小型和中型企业开发的专门教材、精练的和模块管理的培训课程组成,在世界上 80 多个国家推广。该项目是在英国政府和日本政府的资金援助下,根据我国再就业工程的需要,由中国劳动和社会保障部与国际劳工组织合作实施,为促进社会就业而推出的具有探索性的试点培训项目。

SIYB 项目创业培训是一套简明、通俗、适用的创业培训体系。它打破了传统的教学模式,利用现代化多媒体教学工具,通过头脑风暴法、情景模拟法、角色扮演法、SIYB 游戏等多种培训方法,形成了教师与学员之间的真正互动,极大地激发了学员的学习潜能和学习兴趣。

SIYB 项目培训内容涉及 4 个模块,这 4 个培训模块既相互独立又相互联系,学员可根据自身情况选择。课程采取 U 字形授课模式,小班授课,增强了教师与学员的互动性、参与性,提高了教学质量。

模块1——GYB(意为“产生你的企业想法”):确定你是否具备创办企业的素质和能力,产生创办企业的想法,找出最适合你个人情况的创业想法。

模块2——SYB(意为“创办你的企业”):了解创建小型企业的法律要求,制定企业人力资源管理计划、市场营销计划和财务计划,规划你的企业财务,计算所需投资,将各种计划整理好。

模块3——IYB(意为“改善你的企业”):开发和实施市场营销计划,为产品和服务核算成本、控制库存,准备财务计划和财务报表,建立记账体系,起草生产力改进计划。

模块4——EYB(意为“完善你的企业”):帮助希望扩大自己企业的增长型企业家在扩大企业方面获得战略性建议和战略规划服务,使企业家在课程结束时制定出一套适合自己企业的可行的企业增长战略,并能够成功地知道企业增长战略的实施。

3. YBC(Youth Business China)项目

YBC项目是2003年11月由共青团中央、中华全国青年联合会、中国劳动和社会保障部、中华全国工商业联合会等机构倡导发起,旨在扶助中国青年创业的教育性公益项目。通过借鉴和利用英国青年创业国际计划(Youth Business International)的项目模式、现金经验和国际资源,YBC项目将探索符合中国国情和文化特点的创业扶助模式,帮助中国青年走上创业成功之路。该项目通过动员社会各界特别是工商界的资源,为创业青年提供“一对一”导师辅导以及资金、技术和网络支持,帮助青年成功创业。它和其他创业项目相比最大的不同在于:不仅能为创业青年提供3万～5万元的创业启动免息贷款,而且还能为他们提供“一对一”陪伴式创业导师辅导,既融资又融智。众多有社会责任感的企业家、企业管理人士以志愿者的身份参加项目的推广、管理工作,他们或者提供资金、技术、网络支持,或者本人担任、鼓励员工志愿担任创业导师。

第四节　创业教育的制度体系

学校教育制度主要包括学校组织机构和管理制度。高等学校创业教育制度是推进创业教育的规程和准则,具有引导、鼓励和规范作用。

一、建立创业教育的领导组织

学校有了明确的创业教育思想后,还必须实施有力的创业教育组织领导。只有这样,创业教育的指导思想才会落到实处。

1. 建立学校创业教育领导小组

学校成立由学校党政领导、督学、有关职能部门及教学单位负责人组成的全校创业教育领导小组，负责领导、协调全校创业教育工作，对推进创业教育中牵涉全局的规划、政策、表彰等重大事宜负有决策权力，负责对全校创业教育工作和下级创业教育组织或团体进行宏观管理和监控。

2. 成立创业与创业教育研究中心

高等学校创业与创业教育研究中心是进行创业与创业教育的学术研究机构，负责组织人员进行创业与创业教育的学术研究，负责组织申报各类创业与创业教育的研究课题，定期组织召开创业与创业教育学术研究会议，并积极组织创业与创业教育论坛，为创业和创业教育的理论研究和交流提供园地。

3. 建立大学生创业指导中心

高校大学生创业指导中心是学校促进校企文化结合，扶持大学生创业的机构。创业指导中心负责宣传大学生创业政策和信息，普及创业教育，开展创业指导和专题讲座，推广成功创业者的经验，负责创业社团的管理工作。

二、制定创业教育教学管理制度

1. 构建由创业教育课程模块组成的“平台＋模块”课程体系

学分制是以学生自主选择学习内容为核心，以学分和绩点作为衡量学生学习量与质的计量单位，以取得一定学分和平均学分绩点作为毕业和获得学位的标准的一种教学管理制度。高等学校推进创业教育必须在基础课程和专业课程这个平台上构建创业教育课程模块，构建创业教育课程的必修课、选修课、任选课的课程机构。这种“可组合性”的课程体系，以柔性的教学运行机制代替刚性的教学运行机制，利于学生自主学习，利于引导学生学习创业知识、接受创业教育，方便学生进行自我设计和选择成才方向，促进学生个性发展。

2. 实行创业教育的弹性学习制度

所谓弹性学习，是以弹性、自治、学习者中心为基本概念，以学生自主进行学习选择为特点的一种学习活动。弹性学习制度允许学生在学期间可以休学、转学、停学；允许提前修满学分，符合毕业条件的学生准予提前毕业；对不能在规定的基本学制年限内按要求修满学分的学生，可以推迟毕业。这样学生在学期间，可以根据自身实际情况，申请创业、就业，实行工学交替，分阶段地完成学业。弹性学习制度尤其有利于抱有创业愿望的学生边学边实践，有利于探索创业新路。

第五节　创业教育的保障体系

高等学校创业教育保障体系是为了保障创业教育实施而建立的，它主要包括政策、师资、服务和校园文化环境。

一、创业教育的政策保障

1. 制定推进创业教育的指导性意见

高等学校要求参照国家的有关文件精神，制定推进创业教育的指导性意见，明确高等学校创业的指导思想和目标、实施原则、要求和对策，在校园内形成对创业教育的统一认识。

2. 制订推进创业教育教学方案

高等学校要把创业教育纳入学校教育过程，要研究制订创业教育教学方案，这是学校推进创业教育的载体与依据。要通过研究制订创业教育教学方案，确定创业教育课程类型、设置课程的门数、教学时间的分配、学生学习方式及创业教育教材的选择。

3. 制定鼓励和推进大学生创业的政策

高等学校要制定鼓励和推进大学生创业的政策，并设立大学生创业基金，为经过专家论证具有良好前景的创业项目提供资金扶持，为创业团队提供初始创业基金。同时，学校要积极利用政府的政策，为学生创业提供税收、融资、房租的优惠，鼓励学生进行创业实践。对在创业过程中作出成绩的学生给予奖励。

二、创业教育的师资保障

1. 组建进行创业和创业教育研究的教师队伍

学校要有专职进行创业和创业教育研究的教师队伍，加强对创业和创业教育理论研究；研究高校创业教育现状、存在的问题及对策；探求高等学校创业教育发展规律及趋势；为高等学校创业教育教学改革、学科发展和更好地实施创业教育提供具有科学性、前瞻性和开创性的理论根据。研究求职者就业规律和自主创业规律，研究就业形势和就业创业政策，研究就业创业方法、技巧；研究创业者素质结构及整理成功创业者的案例，尽快形成创业教育科学理论体系，编撰出科学、实用的创业教育教材。

2. 组建承担创业教育教学的教师队伍

高等学校创业教育的推进，离不开课程教学。这就需要建立一支创业教育教学教师队伍，它应由经济管理类专家、工程技术类专家、政府经济部门专家、成功企业家、孵化器的管理专家和风险投资家等人员构成。

3. 组建指导学生创业实践的教师队伍

创业实践是推进创业教育的重要载体。建立创业实践指导教师队伍就是让“创业导师”为学生创业提供技能和经验方面的支持，指导学生的创业实践。

三、创业教育的服务保障

1. 为学生创业提供信息服务

学校要加强创业和创业教育的计算机网站建设，充分利用现代技术手段收集、研究、处理、反馈适应大学生就业和创业需要的短期市场信息；利用校园广播、电视台发布利于学生就业和创业的信息与项目，为学生就业和创业提供充分的信息。

2. 为学生进入创业市场提供中介服务

建立大学生创业中介服务机构，为大学生创办企业需要涉及的工商、税务等方面提供咨询服务，为大学生创业提供资金担保服务。

3. 为学生创业提供技术服务

高等学校要充分发挥人才优势和技术优势，为学生创业提供技术、信息、资料、设备等方面的支持，尤其是高校教师的科研成果和发明、技术专利，要优先提供给有创业愿望的学生，使其在创业的同时又能够促进科研成果的转化，加速科研成果转化为生产力的进程。

四、创业教育的文化环境保障

1. 加强以创业文化为主题的校园文化建设

在精神文化建设中要突出创业教育的思想，要把创业教育转变为办学新理念；在制度文化建设中要体现为培养创业型人才创造有利条件；在物质文化建设中凸显创业教育思想；在行为文化建设中突出教师和学生创新创业精神的培育。

2. 建设有利于创业的舆论环境

高等学校要广泛利用广播、电视、校刊、校报、网站等宣传工具，大力宣传创业的重要意义，宣传创业的经验和成功创业的典型，树立勇于创业的榜样，弘扬创业精神，在校园形成讲创业、想创业、崇尚创业、以创业为荣的校园舆论氛围，引导形成鼓励创新、开拓进取、宽容失败、团结合作、乐于奉献的校园创业文化氛围。

第四章　创业教育的实施策略

我国是一个人口大国，就业压力非常沉重，而持续稳定发展的社会主义现代化建设事业、广阔的市场、众多未曾开发的领域，蕴藏着无数的机遇，这些无不为大学毕业生的创业活动提供了无比巨大的平台。如何有效利用这些丰富的资源，是一个重大的问题。依照国际相关经验，大学毕业生创立“民营性质”的小企业，既是毕业生就业的重要渠道，又是发展经济、为社会创造就业岗位的重要途径。如今越来越多的大学毕业生把“创业”看作与“就业”和“出国”两大出路同等重要的第三条出路。创业之路是符合我国经济社会发展要求之路，于国、于民、于己都十分有益。

第一节　创业教育实施的原则

与其他教育一样，创业教育有其自身的发展规律，其中的教育者和被教育者都应该遵循一定的原则。

一、目标激励原则

创业目标指的是创业者在创业过程中努力争取达到的预期结果，是创业者的动力源泉，只有目标明确，才可能对创业活动进行周密计划并果断决策。创业目标包括干什么、怎么干、结果是什么三个方面的内容。在制订创业教育计划时，要根据受教育者的具体情况分析各项措施的可操作性，各种创业目标要适应受教育者的自身能力，这样才能激发出受教育者的学习热情。

二、实践性原则

大学生创业能力的培养主要依托实践活动，创业实践活动是使创业行为外显的实际媒体，创业活动只有通过实践，才能得到深层次的训练。首先，要明确创业实践活动的含义。创业实践活动是指具有创业教育意义和价值的创业教育的特定课程模式，是以学生的自我教育和自主学习为主线的教育活动；是以利用实践为纽带的，以实践成果为价值判断的教育方式。其次，学校应寻找创业教育特定的课程模式。创业教育的课程模式应该是由教师根据创业教育的目标、内容、要求，有目的、有计划地组织和建立的，是学生根据自己的需要、兴趣和特长，主动参加和积极配合的，具有特殊性质的双边活动。只有做好这两方面的工作才能找到教育活动的着力点，创业教育的实践性原则才能得到真正有效的运用。

三、因材施教原则

大学生创业教育应遵循因材施教原则。每个学生的志趣、心理承受能力、分析决策能力、反应变化能力、沟通协调能力等都有所不同。高校在制定创业教育通识类课程体系并实施教育时，教师需针对不同专业学生的具体情况，提出针对每个个体的教育培养方案，开发受教育者潜能，激发他们的创业热情，逐层递进地帮助他们树立创业信心，熟悉创业流程，降低创业风险，提高创业教育的实效性。

四、资源整合原则

大学生创业必须依托良好的创业环境，创业环境依靠社会多方共建。有专家指出：中国的创业环境中还存在软肋，在金融支持、政府政策、政府项目、教育与培训、研究开发转移、商务环境及文化与社会规范等方面均存在不少问题，有待改善。改革开放以来，我国各地区均十分重视投资环境建设，但现在应该更多地关注创业环境的建设。创业教育不仅是高校的事情，同时也是全社会的事情，不仅仅需要相应管理部门政策的出台和落实，还需要创业园区、行业协会、大小企业和工商界、劳动保障等部门提供资源、服务和信息，整合资源，通力协作，才可以更好地推进创业教育。

第二节　创业教育实施的指导思想

一、分层次实施创业教育

目前，虽然我国大多数高校的创业教育课程在教育对象的定位上都是面向全体学生的。但事实上并非如此，一是在很多教育工作者和大学生的观念中认为创业教育仅针对少数创新能力比较强、学习成绩非常优秀的学生开展的教育，大部分学生是难以涉足的。二是我国高校的创业教育兴起于创业计划大赛，在开展创业教育的高校中，由于创业教育内容供给的欠缺，创业教育中受教育的对象确实是仅局限于少数学生。各个学校设立的形形色色的“创新实验室”、“学生创业俱乐部”、“科创中心”均为精英化的机构，大部分学生因为各方面条件的限制而被迫只能成为旁观的“看客”。这种对创业教育片面、错误的认知也扼杀、挫伤了大多数学生的创业积极性。

因此，我国的高校创业教育应实施分层次教育，即普及型创业教育和专业型创业教育相结合的教育模式。面对全体学生，采用普及型创业教育，以培养其创业意识和创业精神为教学目标。从大学一年级开始注重培养学生的创业精神和创业能力，并随着学生年级的提升加大这种教育的力度。对在校期间表现出较强创业能力和创业条件的学生，采用专业型创业教育，以培养创业者为教学目标。在学生管理和学籍管理方面采用“弹性”管理，给予这类学生创业培训和创业支持，培养自主创业者。在校园内树立自主创业的典范，形成浓厚的高校创业氛围。

二、分专业实施创业教育

面向各专业，对所有学生实施相同的、完备的创业教育是高校理想的教育状况。但共性之中总要包含着个性，在创业教育这个共同目标下，包含了受教育对象专业的不同和个性特点各有差异的现实。文科生、理科生、工科生在知识背景、思维方式、思想观念、个性特点、做事风格等方面都是各有不同的，因而他们在接受同一事物的能力与方式上也有着很大的差异。这种差异也造成了大学生在接受创业教育的需求层次、目标定位和教育基础等方面的不同，这是高校创业教育过程中不容回避的客观事实。

专业教育是创业教育的基础。在专业教育中，应增加以专业型创业为导向的专业课程群的教学内容。鼓励和指导学生收集、积累和掌握专业型创业相关的各种资料、相关信息，包括行业准入制度、法律法规、行业标准、市场环境和价格等信息。在掌握专业型创业的各种相关信息的过程中，时刻留意专业领域中的自雇型创业机会，特别是那种专业性较强、门槛较高、投资在 2 万～30 万元之间的商机，对其进行更加深入的研究，发现其利润点，构建出获利的商业模式。利用专业实习的机会，对创业型企业的商机进行实地考察，向业内人士请教，并与他们建立联系。鼓励学生利用寒暑假时间进行全方位、多地点的实地考察，获得第一手资料、体验和感悟，准确抓住商机，开创企业。

综上所述，高校创业教育要关注个体差异和专业差异，注重创业教育的专业性与普及性的结合。

第三节　创业教育实施的具体方法

创业教育理念怎样才能变成高等学校的教育实践，怎样促使高校就业型人才培养模式向创业型人才培养模式转变，是推进我国高等教育大众化进程、提高高等教育质量的关键。

一、树立以创业教育为核心的教育理念

培养创业型人才是知识经济时代对高等教育提出的新要求,也是我国高等教育从精英化走向大众化的必然选择。

对高校而言,一要调整学校的办学指导思想,即要将狭窄的知识教育、单纯的就业教育转变为以提高学生综合素质为主的创业教育,把培养创业型人才作为高等学校教育工作的重要内容,树立以人为本、以创业教育为核心的教育新理念。二要把培养创业能力作为高校新的教育目标、新的人才培养模式和教育改革方向。学校教育给学生提供的是一个走向社会的起点,使学生改变专业对口的静态就业观,确立就业就是不断创业的动态人才观,不但解决自己就业问题,还能为社会创造更多的就业岗位。高等学校应改革传统的人才培养模式,从就业教育转向创业教育的人才培养模式,从单一人才观转为复合通用人才观。现代社会所青睐的人才不再是专业定向、思维定式、技能定型的人,而是拥有多种能力、宽泛专业基础、独立创新精神等素质潜能的人。因为在知识经济时代下,我们需要的教育不仅仅是就业、择业教育,更应该是创造、创新、创业教育。高校应该成为培养创业型人才的摇篮,教会学生创业,为学生走向社会、独立谋生奠定基础。

二、明确创业教育定位

创业教育的正确定位是高校创业教育有效实施的前提条件,高校首先应该明确创业教育的教育地位问题,也就是说,创业教育在高校人才培养中主要解决什么问题。从这个意义上讲,创业教育的定位应该是大学生素质教育与创新教育的一个重要组成部分。

高校如何进行具有本校特色的创业教育,要从高校自身层面上为自己定位,学校的性质不同,所在地区不同,学科特色不一,创业培养方向也不相同,创业教育的实施也就有所不同。创业教育的具体实施需要从本校和学生的实际出发,从本地区的经济发展状况出发,结合学校学科特色制定适合自身的创业教育目标。

三、加强师资队伍建设

实施创业教育,重中之重是加强创业教育师资队伍的建设,优化师资配置,形成科学合理的师资体系。创业教育教师应该具备创新精神和创造力、经济头脑、创业相关的理论与实践知识、金融常识与管理才能等特质。但是,目前多数高校的创业教育教师缺乏创业知识和创业体验,这是制约高校创业教育向深层次发展的"瓶颈"。因此,提高创业教育课程师资水平、构建创业教育师资队伍体

系是当前高校开展创业教育急需解决的问题。

1. 创业教育课程师资队伍现状

我国自实施创业教育至今,高校的创业教育以较快的速度发展起来,许多学校取得了丰硕的教学和研究成果。但是,由于我国高校的创业教育起步较晚,加之创业教育内容非常丰富,涉及多学科、多领域、多种能力和较强的技术性等多种因素,从而呈现出对教师综合素质要求较高的现实和目前创业教育师资队伍力量薄弱的现状,主要表现在:

第一,教师不能满足创业教育的教学需求。目前,高校的创业教育专职教师大多是从"两课"教师、学生管理人员等岗位转过来的,知识缺陷较为明显,严重制约了创业教育的发展。

第二,缺少具有创业经历的名师。名师既是一种经过自身努力脱颖而出的优秀教育人才的典范,更是在一定的社会背景和历史过程的积淀中培育出来的教师精英。我国的创业教育还处在萌芽阶段,这样的背景和过程尚不具备打造名师的基础,具有创业经历的名师更是凤毛麟角。

第三,缺少"双师"(既是专业理论名师,又是实践经验丰富的工程师、经济师、律师等)素质的教师。"双师"素质的教师是能够驾驭创业教育课程理论和实践,并把创业教育落到实处的真正师资力量。而我国社会实践和大学脱节的现状是这类教师匮乏的直接原因。

第四,缺少企业单位的兼职教师。这种状况造成企业和学校之间的沟通缺少桥梁,进而导致学生无法学以致用,甚至学生所学并非企业所需的尴尬情境。

2. 创业教育对高校教师素质的新要求

创业教育内在的特征决定了从事创业教育的教师不仅要具备普通教师一般的职业素质要求,更要明确创业教育对高校教师素质的新要求,以便有针对性地进行教师自身建设和师资培训。

第一,具有以人为本、终身教育和可持续发展的大学教育理念。这是基于创业教育特征,开展创业教育的观念前提。

第二,具有终身学习和探究现代教育思想的精神。现代教育是以学生为本、为学生今后发展服务的教育。创业教育的开展首先要体现以人为本的教育观,还要体现终身学习和发展的需求。这就要求教师要具有不断学习和探究现代教育思想的精神,具有终身学习的能力,才能不断更新思想、观念,掌握新的信息和教育技术,用崭新的教育理念和适应时代的教育手段、技能去从教,培养学生的创业能力,使他们能成为高素质的人才。

第三,具有较为综合的知识结构。创业教育课程涵盖的内容非常丰富,它强调科学技术与社会实践的结合，突出创业意识与创业能力的培养，体现了学科的交叉综合。因此，创业教育课程教师应该具有较为综合、渊博的知识，扎实的理论基础，厚实的学术造诣，即成为复合性知识结构的教师。这样，才能驾驭和指导学生进行学习、创业。

第四，具有较强的专业实践能力。现阶段的创业教育课程没有现成的适合于所有学校和学生的教学参考书、教科书和教学大纲，因此，要求创业教育课程教师要会根据自身能力状况设计适合创业活动的教学方案，并根据各自的方案展开具有特色的教学实践活动。在实践活动过程中，创业教育课程教师要根据活动进行的情况或派生出的有意义的新问题，对原设计方案进行及时的修改或补充，使活动进行得更有利于学生发展。

第五，具有应用信息的能力。应用信息的能力一般包括信息是从什么地方收集的、什么样的信息才算是比较重要的信息以及信息间的关系是什么等问题。如果我们想要深入地研究一个问题，那么应用信息的能力是一个基本条件。这不仅是对学生的要求，而且也是对教师提出的要求。创业教育课与信息技术有着十分密切的联系，教师如果具有比较过硬的信息应用能力，就可以在创业活动中辅导学生利用信息技术解决一系列的问题。

第六，具有对创业教育课教材的创新能力。创业教育课程教师对教材的创新能力主要表现在两个方面：一方面能够创造性地使用教材，即创业教育课程教师要发挥自己的教育智慧，灵活分析、处理教材，充分挖掘教材中适应时代要求的内容，必要时还要对教材进行扩展与补充；另一方面应具有开发校本教材的能力。创业教育课程教师要成为创业教育校本教材开发的主体，要根据社会经济发展状况和学生的实际进行课程开发。创业教育校本教材的开发既要立足于本地本校实际，同时又要跳出去使教材具有一定的高度和前瞻性，很重要的一点是为学生毕业后走上社会创业和从事创业教育活动提供指导。

3. 构建专兼职结合的创业教育师资队伍

创业教育者是创业教育的实施者和承担责任人，创业教育者的素质关系到创业教育的效果。由于创业教育涉及范围广，实践性强，与社会的联系紧密，因此，高校创业教育师资队伍的配置必须要面向社会敞开大门，建立一支专兼职结合的创业教育师资队伍。

第一，专职教师。专职教师是那些在教育活动中专门从事创业教育教学活动的教育者。他们在创业教育的教学活动中主要承担两方面的任务：一为“定向”的任务，即专职教师在实施创业教育的过程中，首先就要通过研究，明确自己教育教学活动的发展方向，规定出教育活动的目的，并围绕这一目的开展教育活动。二为“选择”的任务，即根据教育目的和受教育者的身心发展情况、知识水平，确定教育内容，选择适当的教育方法对受教育者进行创业学方面的教学。对于这些专职教师而言，他们不仅要有创业所需的经济管理、市场销售、企业管理等方面的相关理论知识，而且还要了解企业运作、行业发展的实际情况。专职教师除了要具备良好的理论功底，还必须具有丰富的实践经验，因此，创业教育的专职教师除了要不断丰富自身创业学知识，提高自己的教学能力以外，还要经常深入企业与创业者交流，进行见习和实习活动。

第二，兼职教师。由于创业需要多方面的知识和能力，专职教师很难具备完备的知识结构，因此，为了创业教育的成功实施，必须从学校和培训机构外聘请一些教师，而这些教师通常是某个领域的成功人士或专家，他们对受教育者的影响不仅仅是知识的传授，更为重要的在于对企业持续性发展的咨询和帮助。结合国内外创业教育的成功经验以及我国的实践探索，教授创业教育的专家应来自经济管理、工程技术、政府经济部门、企业、创业园、投资公司等领域。

① 经济管理理论专家。经济管理领域的理论专家熟悉现代经济理论和市场运作规律，对国家的经济政策具有较强的把握能力和预测能力，这有利于培养大学生对市场的敏感和对经济政策的领悟能力，以便及时调整市场策略，适应各种变化。

② 技术专家。工程领域的技术专家了解世界科技发展的最新动态，能够把握某一领域的技术革命所产生的震动和影响，这有利于帮助大学生了解科技发展给企业带来的机遇和挑战，使大学生善于在变化中抓住商机。

③ 政府人员。在经济发展过程中，政府部门每一项政策或法规的出台都会引起经济界的变化和改组，进而给企业带来新的机遇或者出局的厄运。政府经济部门的管理人员能够帮助大学生了解政府经济部门在产业发展中制定的政策、扶植措施、计划、规划等宏观调控行为，把握其将要带来的变化，争取政府经济部门的支持。

④ 企业家。成功的企业家具有强烈的竞争意识和坚定的自信心，对创业者具有不可抗拒的影响力和感染力。他们大都走过了一条坎坷不平的创业之路，其宝贵的经验和教训具有很好的激励和借鉴作用。与成功的企业家沟通、交流，能够激发创业者的激情，树立信心，并以其为楷模。

⑤ 孵化管理者。企业孵化器是一种为新创企业成长和发展提供系统支持和资源网络的经济组织形式。企业孵化器具有提供场所和各种配套服务与管理，各种中介服务、融资服务，创业培养与咨询服务等功能。国家给予科技企业和高新技术企业的优惠政策，孵化器对孵化企业的扶持作用，最终都是由孵化器

的管理人员去落实。孵化器的管理专家在创业者与孵化器之间搭建起一座桥梁，他们是最直接帮助大学生创业者创建新企业的人。

⑥ 风险投资家。风险投资家熟悉创业投资，了解什么样的项目、什么样的商业机会能够有市场，能够最终赢得消费者，产生经济效益。他们更清楚投资人的心态、目标以及投资的方向、策略，他们的投资经历对于青年学生学习创业知识、提高创业技能具有重要作用。

⑦ 法律专家。创业要在一定的社会背景和法律规范下进行，对于创业者而言，掌握必要的相关法律知识是保证企业合法正常发展的前提。所以，创业教育离不开法律专家的指导。

以上作为兼职教师的专家体系是动态的，他们由高校创业教育管理部门统一协调、管理，以专题讲座等形式为学生授课。

4. 完成建设师资队伍目标的配套措施

第一，建设由校级领导负责的专门的创业教育研究机构，全面协调教育、教学、教师管理和实践基地建设管理等工作。

第二，加强与国内外师资的交流与合作。建立起吸引国内外优秀创业教育人才的绿色通道，随时随地招聘和吸纳国内外优秀教师或毕业生进校工作；建立一条或多条人才合理流动的渠道，使创业教育教师能进能出、合理流动，通过讲学、访问、国际国内学术与科研合作、开展国际合作办学等多种方式，拓宽教师的国际视野，在流动中提高创业教育素质，培养创业教育学科带头人。

第三，优化创业教育环境。一方面，高校办学要树立创业教育理念，在此理念指导之下有规划、有战略、有步骤地开展创业教育的师资培训等工作；另一方面，投资建设创业教育学科，使创业教育规模化，使教师在更广阔的空间去创造，在创造的同时得到发展提高。

第四，建设创业教育实践基地，为教师及学生从事创业教育、活动提供实践支持。在实践与创业活动中，培养专家型教师队伍。

四、规范创业教育评价

由于创业教育不是仅针对少数学生，也不是只针对课堂教学，而且，它的目的也不是让学生都要去创业，所以不仅要对有创业意识和能力的学生进行创业教育，还要对没有创业意识和能力的学生进行创业教育；不仅要有课堂教学，还要有社会实践活动；不仅要让学生通过创业走向成功，也要让学生向就业、成长的有利方向发展。因此，创业教育的评价应该是多样的。评价原则和方法的正确科学与否，关系到创业教育能否走上正轨，使学生从“高分低能”的模式中走出来。这也就是评价的导向作用。

1. 评价原则

第一，以纵向评价为主，横向评价为辅。创业教育无论是知识和能力的形成，还是意识和心理品质的改变，都是一个长期的过程，而且因人而异。因此，对于创业教育来说，应以纵向评价为主，引导学生不断地更新、完善和发展自己。

第二，以自我评价为主，他人评价为辅。传统的教育模式几乎全是他人评价为主，包括学校的奖励、老师的肯定、父母的满意、同学的认可等，学生要成为他人眼中的好学生，这样就很容易失去自我。而创业教育的目的是培养具有开创精神和创新意识的人。因此，以自我评价为主的创业教育，不仅可以增强学生的敢为性、独立性、坚定自信这些优秀品质，还可以让学生摆脱他人思维的束缚，更容易取得创业的成功。

第三，以社会评价为主，学校评价为辅。老师眼中的“好学生”或同学心中的“好同学”，并不意味着以后就能创业，想要成为一个“好创业者”，一切还得让社会这个“大法官”来检验，所以创业教育的评价应最大程度地贴近社会实际、体现现实情况，这样学生才能真正知道该怎样做才能贴近社会，才能在今后的创业道路上立于不败之地。

第四，以改进和管理功能为主，鉴定选拔功能为辅。创业教育中鉴定和选拔功能固然是一个重要方面，但改进和管理功能更符合开展创业教育的意图。改进功能主要表现在：首先，帮助学生改进学习状况。创业教育对学生来说是个全新的领域，而且学生要习得的不仅是知识和能力，还要改变意识和心理品质。教育评价能使大学生明确教学目标，将自己所学知识与教学目标相对照，并且经过老师的指点，可以诊断出自己在学习中存在的困难和问题，知道自己学习的进度和改变的程度，找出差距，弥补不足。其次，帮助教师改进教学。教师可以通过教育评价反馈出的情况，了解自己的教学效果，判断自己的教学成果是否达到了教学目标的要求，所采取的教学方法是否有效等，从而改进在教学过程中存在的问题。最后，帮助学校改进工作，及时总结经验。创业教育在高校的开展，是一个崭新的课题，学校可以通过教育评价，一方面考核教师的教学情况，另一方面检查自身在管理上有无漏洞，对存在的问题进行及时调整。管理功能主要表现的方面，除了通过教育评价来加强学校对教师的管理、教师对班级的管理外，还体现在政府的教育部门对各大高校在实施创业教育过程中取得的效果的评价。

2. 评价方法

由于创业教育的目标是对学生进行全方位的培养，所以评价的方法也应是全方位的。教学中常用的评价方法主要有测验法、观察法、问卷法、评定法、访谈法等，创业教育依然可以沿用。

第一，测验法。测验法包含很多种类，按照测验的性质分类，可以分为学生成绩测验、智力测验、性向测验及人格测验等；按照测验的功能分类，可分为安置性测验、诊断性测验、形成性测验及终结性测验等；按照测验的形式分类，可以分为口试、笔试、操作等。在按照测验性质分类的这几种测验法中，传统的教育仅仅使用了学生成绩测验，而很少涉及其他的测验方式。其实，对于创业教育来说，性向测验及人格测验更能表现实际情况。性向是学生尚未表现出来的潜在的能力倾向，性向测验就是通过测量这些潜在的能力倾向，来预测和估计学生在接受训练后，可能在知识和技能方面达到的程度。人格测验就是测量通过教育后，学生在动机、兴趣、态度、情感、信念、价值观等方面发展变化的情况。这两种评价方法用在对学生创业意识的形成及创业心理品质的培养方面具有显著的效果。

第二，观察法。观察法是通过观察学生行为表现及其变化，来评定教学在学生态度、兴趣和思想情感方面发展的成果。它包括许多具体的方法，如轶事记录法、等级量表法、检核表法等。创业教育的具体教学目标中就包含了情感领域和精神运动领域，学生是否在这些领域中达到了教育预期的目标，可以利用这种方法加以衡量。

第三，问卷法。包括态度测量、兴趣测量、个性测量等。比如，在开展创业教育过程中，可以对学生的创业意识是否增强进行问卷测量，以此来检测学生在接受创业教育后的意识倾向；还可以对学生在创业实践中感到困惑的问题进行问卷分析，以此为基础有针对性地解决不同学生的不同问题等。

第四，评定法。评定法是一种用既定的量表进行评价的方法，而评定量表则是根据评定目的编制的一系列评定项目，每一评定项目都有严格的评分标准。评定量表和测验都是测量工具。测验一般倾向于定量判断，对对象作出数量上的测定；评定法倾向于定性判断，是对对象的价值进行估量。评定法的优点是，可以很容易地显示评价的内容和结果，人们可以准确、快速地找到需要的信息，评价的结果也易于分析。

第五，访谈法。对于创业教育来说，主要指教师通过对学生曾经参加的社会实践活动及创业活动的企业、地区等相关人员的访问、调查，找出社会对学生的看法，从而得出一些评价。

以上谈到的几种评价方法，我们在创业教育中应依照各自的实际情况全面、综合地使用，而不能单一地使用某一种或几种方法，以避免重回“应试教育”的老路。各种方法有不同的优势与劣势，有特定的使用条件和范围，而且创业教育目标综合性程度较大，相应的个体发展水平的评价指标涉及的内容和因素也很多，因此，我们还应把定量分析和定性分析相结合，以防止评价结果以偏概全、以局部代替整体、以非本质掩盖本质、以暂时性的现象取代稳固性的特征。

总之，创业教育的评价是多方面的、发展性的、综合的评价，不仅要看学生课本知识掌握得如何，而且要看是否形成了科学合理的知识结构，更要看是否掌握了获取和探究知识的手段和方法，是否能够和善于在新的情境下综合性、创造性地运用知识；不仅要看学生认知发展水平，而且要看心理发展的整体水平，还要看是否形成了健康的人格和完善的个性；不仅要看学生今天学得如何，而且要看学生明天发展的潜力，还要看学生走上社会之后是否能够积极参与社会变革的活动，是否具有较强的社会责任感，是否能够成为开创新生活的变革者；等等。

五、完善创业教育教学模式

1. 构建创新、创业教育课程新体系

面对创新、创业教育课程体系不完善，学生创新、创业意识薄弱和创业教育“偏科”的压力，高校迫切需要一个全面、完善的创新、创业教育课程新体系。为此，需要在高校现有的教育理念中融入国外先进的人才培养理念，形成一个适合我国高校发展的创新、创业教育课程新体系，具体分为 4 个阶段。

第一，动机了解。本阶段主要以了解什么是创新、创业，感受创新、创业，培养并提高学生的创新、创业意识为主。创新方面，让学生明白什么是创新、创造精神，了解创新、创造精神在创业上的位置及作用，激发学生的创新、创造意识。创业方面，让学生了解并明确创业、创业精神和人生发展的关系，懂得创业和创业精神在当今时代背景下的意义和价值，能正确认识、理性对待创业。

第二，团队构思。本阶段主要以创新、创业团队的建设为主。让学生了解什么是创新、创业团队，如何建设一个符合社会要求的创新、创业团队，并使学生能够分析什么是真正的创新，认识什么是创业，纠正创新、创业上的一些片面认识；进一步了解创新、创业所需要的基本素质，以及创新、创业团队的重要性；最后懂得如何建立和管理一个创新、创业团队。

第三，计划设计。本阶段主要以创新、创业资源整合和创业计划为主。教育学生如何寻找并利用身边的创新、创业资源，勾画自己的创业蓝图。让学生了解如何获取创新、创业资源，掌握创造性整合资源的途径和方法，懂得创业资金的各种获取渠道和风险，并掌握创新、创业资源的管理技巧和策略；同时，也使学生认识创业计划，了解其基本结构、设计过程和所需信息等，最终使学生掌握勾画自己的创业蓝图的方法。

第四，实行阶段。本阶段主要以创新型企业的创立为主，是创新、创业教育课程的最后一个阶段。主要让学生了解企业本质、创立企业流程及相关的法律问题、企业风险管理等方面的知识，在学生认清创办企业所必须关注的所有问题之后，利用好学校的创新、创业资源网络和创新、创业孵化计划等，鼓励并帮助学生利用掌握的创新和创造能力、团队和资源进行自主创新和创业。

2. 构建创新、创业教育训练新体系

第一，以专业为依据建立学生创新、创业工作室。高校在建立创新、创业教育训练体系时应根据不同专业学生的实际情况建立学生创新、创业工作室。创新、创业工作室是一个集创新和创业环境模拟、前期准备工作室、创新和创业资料备案库以及创新和创业资源网于一身的学生创新、创业教育训练单元。它利用 ERP 管理平台、企业沙盘对抗模拟、虚拟创新工作平台等为学生提供“零成本”创新、创业训练机会；为具有创新、创业计划的学生提供一个不受外界干扰的良好工作环境；保存并记录工作室中每个或每组学生的创业过程和经验，作为今后学生创业的借鉴；同时，把校内外的创新、创业资源联系在一起，校内针对有创新、创业计划的在校学生，校外针对创业的毕业生和其他学校的学生创新、创业工作室，形成一个庞大的创业交流平台和创新、创业资源网络，为学生创业提供一个更好的实践训练和经验交流平台。

第二，以“双师并教”为导向推进创新、创业教育团队建设。高校创新、创业教育团队实践经验匮乏，其创新、创业教育不能兼顾理论教育和实践教育，亟须作出必要的改变。以“双师并教”为导向，从吸纳具有丰富实践经验的创新、创业工作者和培养理论与实践兼备的复合应用型教师开始，组建一个既具有扎实的创新、创业理论基础又具有丰富的创新、创业实践经验的优秀教育团队。在校内，选拔具有较强创业理论知识的优秀教师作为学生的校内导师；在校外，聘请具有丰富创新、创业经验的创业者，或具有优秀的企业经营管理经验的企业工作者作为学生的校外导师。校内外导师相互交流、相互学习，学校根据企业实际情况安排校内导师参与到企业中的某些项目工作中，促进校内导师汲取社会前沿技术信息，丰富校内导师的实践经验，鼓励校内导师向理论与实践兼备的复合应用型教师发展，吸引校外导师走出企业、走进课堂与学生和校内导师进行探讨，丰富本身的理论知识，弥补校外导师的理论空洞。

3. 构建创新、创业教育研学新体系

第一，加强大学生三大创新研学实践。

① 学生项目申请实践。在处理高校学生创新实践基金项目数量少、申请难、评价机制不完善，大部分学生科研能力相对较弱的问题上，可采用多种方式接受和指导学生的项目申请，对学生项目进行分级分类处理。以“兴趣小组—科研协会—系部—学院—学校—省市级以上”这种模式层层推进，形成金字塔型的

结构，可有效地进行筛选，提高大学生创新实践基金项目的有效分配率，强化大学生的科研实践能力。

② 科技创新训练实践。科技创新训练实践具有自主创新性，学生以原有的综合工程知识结合现代化的信息技术手段进行分析研究，更多强调自主性、独立性、实用性。学生参加省级以上创新实践强的学术竞赛，通过科技创新训练完成的项目能够产生一定的经济效益和实用价值。

③ 学术论文创新实践。学生发表学术论文是学校教学质量和创新教育实力的体现，因此在高校创新、创业教育中，对于学生学术论文创新实践能力的强化也是相当重要的。根据各学校的实际情况让学生从工程实践中提炼出自己的创新心得和技术并发表到有一定档次的刊物，这样才可以保证学术论文的创新，起到示范效应。

第二，建立"魔方型"学生创新、创业研学团队。根据学生兴趣和特点建立不同类型、不同层次的创新、创业学习研究小组，针对不同难度的项目，小组之间通过横向合作和纵向合作共同研究，提高项目的完成效率和完成效果，形成一个创新、创业"魔方型"的多维立体科研合作团队。多维指年级相同的学生根据不同兴趣、不同特长组合形成不同类型的横向科研团队；立体指高低年级学生之间组建纵向科研项目团队。根据项目的难度、完成时间的要求和完成质量的要求不同，横向团队和纵向团队之间可以任意搭配共同完成科研项目，使得研学团队内部做到更好的优势互补，提高高低年级学生的合作能动性，增强高低年级学生之间的技术交流，使团队技术具有更好的传承性，优化团队内部的合作，从而使得大学生的科研能力得到更好的提高。

4. 构建创新、创业教育应用实践新体系

第一，大学生"二次创业"增加创新、创业经验。采用学生"二次创业"的模式降低大学生的创业风险，强化大学生的创新、创业实践能力，增加大学生的创新、创业实战经验，提高大学生对创新、创业的信心。该模式下，大学生毕业前和毕业后能获得高校帮助进行两次创业的机会。学生首次创业为校内创业，创业学生可以向学校申请一定的创业启动资金，学校根据学生创业的实际情况给予资金支持，学校还在市场定位、法律咨询、政策援助等方面为学生提供和争取一定的帮助，与学生合作经营、共同管理企业，帮助创业学生快速成长；但同时学校持有学生所创企业中一定的股份，持续到学校收回之前的启动资金后才从学生所创企业中撤离。第二次创业为校外创业，创业学生必须是学校的应届毕业生且曾进行校内创业，像校内创业那样，学生经学校考察认可，可向学校申请到一定的创业启动资金，学校在学生创业初期为学生提供与校内创业相同的咨询和帮助，但学校不参与学生所创企业的经营管理，学校持有学生所创企业中一定的股份，一旦企业发展稳定，学校就从学生所创企业中撤离。通过“二次创业”，大学生能够获得更丰富的创新、创业实战经验，其创新、创业实践能力也能获得进一步的强化，降低了大学生创新、创业的风险。

第二，“官校企”合作打造大学生创新、创业“保护伞”。要保障大学生创新、创业的成功率，仅靠高校单方面的努力是远远不够的，还必须充分调动起社会各方面的力量，政府机关、高校和企业联手合作，充分调动社会各界的积极性，打造一把大学生创新、创业的“保护伞”。创业孵化对创新、创业人才培养起到积极的作用，在创业前期能为大学生的创业提供一把“保护伞”，降低大学生创业的风险，提高大学生的创业成功率，并使学生更容易把所学转化成符合社会发展需要的生产力。高校、企业和政府合作共同创建创新、创业孵化园，可以进一步提高大学生的创新、创造、创业和自主管理能力，也可以让企业充分挖掘、利用大学生的创新、创造资源，更可以降低大学生创业风险，提高大学生创业就业率。园内“官校企”三方与大学生之间优势互补、各取所需，在紧密合作中各方都能获得相应的利益，形成一个可持续发展的合作关系，进一步促进园内大学生创新、创业的良性发展。

六、加强创业教育的社会支持

创业的成功不但取决于创业者本身的素质等内在原因，外在环境也起到十分重要的影响作用，其中最主要的三类环境对创业活动产生重大影响：第一是宏观环境，包括国家和国际上政治、经济、技术、法律等环境；第二是地区环境，指创业企业所在地区的区域政策、经济、社会和人文环境等；第三是行业环境，指创业企业所提供的产品或服务所属行业的状况。

1. 宏观环境的建设

政府职能部门、经济政策、科学技术进步、法律法规等宏观因素显然对新企业的创办、生存与发展产生重大影响。创业的制度环境需要松紧有度，对创业的规定既不能太严又不能太松，更不能静止不动、死水一潭，要本着规范新创企业健康有序发展的原则，不断适应调整，松紧有度。若制度太松，规范不细，容易导致资金、技术以及产品和服务等社会资源的无效或低效配置和浪费，并不能起到推动企业经济增长、科技创新等方面的作用。世界各国在鼓励和支持创业的同时，也都在制度、政策等方面予以不同程度的限制，从而抑制不良创业对社会资源的浪费。但另一方面，如果制度过于严苛，比如审批程序过于烦琐、筹资渠道过于狭窄和苛刻、税费名目繁多、市场经济秩序和公平竞争环境不好等，容易导致企业创办难、生存难、发展难，最终伤害创业者积极性，也限制了企业在经济增长中的作用。

现今，各个国家和地区都认识到了中小企业在经济和社会发展中展现出的重要作用，各种有利于创业者创业的宏观环境在各国以不同程度、不同速度、不同方式在诞生，主要表现为：代表中小企业利益的维权机构的建立；有利于资源共享和技术经验交流的各类协会的建立；对创办企业的各种支持和优惠政策；对公平竞争的规范和保护；对创业者和中小企业研究的深入；创业指导机构的建立以及指导创业的书籍、报刊的出版发行等。因此，创业者创业前要对新创企业的宏观环境进行认真分析，起码要对国家在相关领域基本态度和基本政策研究透彻，充分了解和掌握宏观环境的变化、技术变革等，从中捕捉商业机会，这是创业成功的首要因素。

2. 地区环境的建设

除了宏观环境，地区环境也至关重要，比如所在地区发展状况、区域优惠政策、人文环境等，均直接影响到创业的成败。一个企业对一个地区的贡献包括企业营业额、员工数量和纳税额，以及在产业链中对当地产品和原材料的需求、客户及员工对当地第三产业的需求等，企业为地区经济发展作出更大的贡献，就更容易得到该地区的支持和客户的忠诚，也就更容易赢得有利于发展的地区环境条件。

创业者在创业之前要对所在地区环境仔细评价，比如创业者对该地区情况的熟悉程度、创业者在该地区行业内的影响力、拟创办的企业将在该地区产生的正面与负面影响、是否有地方重要的政府职能部门或官员对所创企业的支持或否定态度、创业者及其管理团队是否有能力和有明确的实施步骤来加强该地区有关力量对企业的支持和创业机会的最大化、可以采取什么有效的措施能够遏制该地区对拟创办企业的不利环境因素等。

3. 了解行业环境

行业环境决定拟创企业的企业定位、产品定位、营销方式定位、经营管理方式定位以及选用什么特征的员工，这些因素均十分重要，是创业成功与否的关键。而分析行业环境又非常复杂，创业者可以抓住两方面关键性的问题，即行业内的竞争程度及变化趋势和行业所处的生命周期与发展阶段。具体讲有如下几点问题：第一，对于竞争者。竞争者包括现实的和潜在的，评价竞争者要从数量、规模和特点入手，从而判断行业的竞争程度和竞争对手企业的实力、优势和劣势。评价的方式是动态的，判断竞争者各种因素随时间推移而发生方式的改变、竞争激烈程度的变化等，而且变化可能是单一地发生，也可能几种因素同时发生，要依照情况综合考虑。第二，对于客户。评价客户主要是数量、特点和态度三方面。客户的数量标志企业产品或服务的竞争力和市场占有率，是企业的生命线；客户的特点决定企业营销和竞争的方式，有个体客户、团体客户、中间商、最终消费者等；客户的态度决定创业者进入这个行业参加竞争的难易程度。了解客户，争取客户，是企业经营管理的最终目标。第三，对于供应商。供应商向行业内的企业提供原材料、零部件等投入性资源，直接影响企业的成本，从而决定最终收益。所以创业者还要评价所在行业提供产品和服务的供应商的数量、特点和态度。供应商的数量多少影响供应商的垄断性和在商务谈判中应该处的地位；供应商的特点和态度关系到原材料供应的稳定性和融洽程度。第四，市场规模。行业由产品和服务组成，而任何产品都要经历一个从产生、成长、成熟到衰退的生命周期。选择创业行业，要选准具备一定市场规模的产品和服务，了解该产品以往的市场规模，可以判断该行业是处在增长、成熟的状态还是衰退的状态，从而决定是否开发新产品以及开发什么样的新产品，以引起更快的市场增长，争取商业机会，扩大市场份额。第五，行业的稳定性。企业往往受国家经济形势影响很大，而国家经济发展通常出现周期性的波动。为降低企业受宏观经济环境的影响，增强企业抗干扰能力和稳定性，创业者要对行业的稳定性进行评价，提前预防波动，确保企业稳定、健康、持续地发展。第六，行业成功因素，产品、技术和市场创新、政府政策、市场需求、消费者生活方式等因素都是成功的因素，考察成功经验和失败教训，借前车之鉴，少走弯路，是新创企业后来居上的先天条件，创业者应该认真评价，深入分析，虚心吸取。

4. 企业孵化器建设

企业孵化器(business incubator)的概念是由美国的乔·曼库索于1959年首次提出，全世界第一个孵化器是1959年在美国纽约的Batavia建立的。我国的企业孵化器起步于20世纪80年代，1987年，中国第一家企业孵化器在湖北武汉东湖创业中心建立，目前全国有200多家企业孵化器。

科技企业孵化器建立的目标是培育和扶植高新技术中小企业。其主要作用是为新创办的科技型中小企业提供软硬件方面的支持，包括提供物理空间和基础设施以及一系列服务支持，以帮助高新技术中小企业成长，提高其创业成功率，促进科技成果转化，培养成功的企业和企业家。因此，打造科技企业孵化器需有以下几个要素：

(1) 有平台。一般来讲，科技企业孵化器有专门的办公场所，组建成立科技孵化管理委员会，负责孵化器建设的领导、管理和协调。根据其服务功能，重点打造“科技信息服务、企业创业服务、科技人才服务和科技成果转化服务”等四大平台。科技孵化器的主要工作包括整合本地的产业研究院、重点实验室、工程中心、技术中心、专业创新中心、公共实验室等科技支撑平台资源。

（2）有机构。根据科技企业孵化器服务对象的需要，在孵化器内全力满足企业创新发展的需要，积极吸引支撑区域服务竞争力构建的配套服务机构，比如在企业实施技术创新过程中，引入为开展检索、查询、实验、测试、标准、中试等活动提供设备、仪器、场地、咨询、认证和技术指导等专业性服务的各类公共服务机构群体，企业发展过程中需要的技术、市场、信息、培训、商务、法律、金融、会计等各类服务机构，这些服务机构可以帮助企业利用社会服务规避技术风险、降低开发成本、缩短研发周期和提高创新效率。

（3）有人才。一方面，要有为科技创新突破发展作领军和中坚的业内专家、技术骨干，这类人才可以通过积极促成企业与知名科研院所洽谈合作，建立海归人才创业基地、高端人才创新、创业实践基地等方式来引入。另一方面，也要有符合本地企业发展的技术人才，这类人才可通过建立科技孵化器人才培训基地来发展。人才的主要培养途径包括：组织孵化企业与本地科研院所或行业知名研发机构形成专业人才定向培养机制，并对在校学生提供实习机会；针对本地主导产业开设相应专业课程、技术培训，聘请高级技师及工程师亲自授课；与高等院校合作加强对科技企业孵化器经营者和管理骨干的培训。

（4）有资金。搭建投融资服务平台。建立市区（县）科技人员创业孵化基金，利用市级“科三费”建立科技企业创业引导资金，实施政府、孵化器、创业者三者联动，共同参与风险投资。鼓励和吸引民间资本、国内外大公司和风险投资机构等以各种形式投入孵化器，为在孵企业提供资金支持和信用担保等。加快培育技术产权交易市场，建立风险投资与退出机制，同时支持具备条件的企业进入国内和国际资本市场。为产业转型升级发展提供各大银行及其他金融机构支持，运用信贷、信托、租赁、保险、担保等金融工具，探索成立产业扶持基金，对有潜力的中小企业及优质项目进行资金扶持，帮助中小企业解决融资难等问题。

（5）有机制。规范科技企业孵化器认定与考核机制。入孵项目应符合国家产业政策，以地方规划重点产业为主，具有环境污染小、能耗低、产品附加值高、市场前景好的特征；入孵流程为：企业（自然人）申请——入孵评估——入孵核准——入孵签约；企业具备科委认定的高新技术企业要求或年产值（或固定资产、流动资产）达标，则迁出孵化器；探索建立科技企业孵化器评价考核指标体系，按照市场经济规律和科技发展规律，建立科技企业孵化器优胜劣汰的动态管理机制。通过对科技企业孵化器服务功能、服务质量、创业成功率、在孵企业成长速度、毕业企业质量和水平、科技资源的聚集和转化、创业资本的吸引和使用以及产生的经济、社会效益等方面的评价考核，引导科技企业孵化器产业化发展。

5. 颁布实施有关的法律法规

前文述及，美国、德国、法国等较早实行创业教育的国家，其创业教育都是以立法为前提，如美国仅鼓励和支持创业的法律法规就十余部。我们国家关于创业的法律法规从改革开放之初开始逐步制定和实施，从1988年4月全国人大通过的《宪法修正案》增加了“国家允许私营经济在法律规定的范围内存在和发展”的内容，到1992年以后公布实施的《乡镇企业法》、《公司法》、《企业法》、《合同法》、《银行法》、《个人独资企业法》、《关于科技型中小企业技术创新基金的暂行规定》等一系列推动创业的法律法规，对于引导、推动和规范新创企业健康、快速发展起到十分重要的作用。2015年的政府工作报告中，李克强总理提出并着重强调了“大众创业，万众创新”这一理念。但是，与发达国家相比，我国还要从政策引导、环境营造、标准生产以及规范服务等方面加强立法，严格执法，确保创业者创业有法可依，有法必究，健康稳定发展。

6. 加强创业教育社会舆论营造力度

理论源自于实践，实践离不开理论的指导。美国等发达国家的创业教育已经过近30年的发展完善，而我国于2002年5月才开始在大学正式进行创业教育试点。尽管创业教育在我国部分高校和地区有所提倡和发展，但仍然处于一种试验示范的、模仿的、零散的、非理性的状态，无论在研究的经费、人力，还是政策导向、法律规范等方面都远远不够。

我国创业教育的社会舆论氛围差强人意，个体私营经济在改革开放之后才逐渐取得合法地位，以往的私营经济作为个体户几乎与弱势群体、被约束管制对象画等号，国家宣传的主基调仍是国有企业、集体企业以及发展壮大了的民族工业，个体新创的小企业似乎并不值得宣传，或者只从下岗职工再就业的角度予以宣传，而从创业对经济增长、社会就业、科技创新与转化、个人价值实现等重要意义以及鼓励所有人以个体创业为荣的角度极少宣传。学校教育、家长观念也极大地受其影响，认为受正规高等教育的学生应该在国家机关、国有企事业单位“吃皇粮”、“端铁饭碗”，个人创业被看作是“不务正业”或者“正业的失意者”，这些严重动摇了创业者的创业信心。

这样一个关系到经济、社会和个人发展的，直接服务于社会现实需要的教育领域，却迟迟得不到理论界的关注、社会公众舆论的认可，实在是一件令人心急、无法理解的事情。创业活动和创业教育应该引起有关理论界、有关政府职能部门以及教育实践领域的高度重视，应该加大研究力度、采取有效措施、营造社会氛围、形成创业教育理论研究的热潮，推动创业教育实践的理性、规范和快速发展。

总之，创业教育的社会支持是创业教育成功的决定因素和必要条件。创业及创业教育成功与否，不仅取决于教育部门，还需要国家、社会、政府通过政策、资金、法律法规和舆论等的广泛支持来实现。

七、创业教育实践基地的构建

创业教育实践基地是围绕对学生进行创业教育活动而建立起来的具有示范和辐射功能的高水平的人才培养的硬件环境或载体。它采取由校内模拟现场的训练到校外的顶岗实习等方式进行，其每个实践环节都体现着社会企业的基本特征和综合要求，在这里学生不仅可以获得实际工作经验，而且还培养和提高了群体沟通、团结协作、组织管理等个人综合能力。创业教育实践基地建设的目标与我国 1998 年公布的《关于深化教育改革，全面推进素质教育的决定》中提出的“高等教育要重视培养大学生的创新能力、实践能力和创业精神”的总体思想是一致的。大学生的创新能力、实践能力和创业精神的密切结合乃至统一是创业教育追求的目标。创业教育已经从认知阶段、理念阶段发展到今天的行动过程阶段、探讨创业教育的开展途径阶段，各个阶段都不能脱离实践。创业教育实践基地的建设就实践依据来说，长期的素质教育所积累的丰富的成果是其能够建立的实践基础；而建构主义理论的观点可以成为其建立的理论基础。构建主义理论在知识、课程、教学、评价等方面都与现代生产实践活动、人类社会活动相适应，并积极影响学校的整个教学活动，对建立创业教育实践基地培养学生的创新精神和实践能力起到了积极的促进作用。

1. 创业教育实践基地的特点

创业教育实践基地的建设要基于其他学科的相关经验，要有自己的特色。

第一，创新性。即高起点，高定位，为学生的高科技创新提供条件，为高科技拔尖人才提供科技源泉与技术研发基地。高校可以将大学科技园和创业实践基地、高新技术孵化器有机结合起来。大学科技园不仅仅为支持和促进校内高科技成果转化和培养创业人才，更为重要的是通过科技园建设，可带动地方企业的技术创新，提升区域经济的技术水平，从而带动地方经济的快速发展。

第二，实践性。即通过实践基地组织的各项创业实践活动，为培养学生的科研能力、动手实践能力、创业设计能力和团结协作精神等提供实验条件和实践活动，也为学生科技发明和创意物化为生产力提供实践指导和帮助。

第三，综合性。即集教育学生、教学、科研和生产多项结合的、多方受益的实践教育体系。创业教育实践基地的重要任务，其一仍然是普遍提高大学生的创业意识，创业精神和创业实践能力；其二是进行创业实践的科研开发；其三是进行创业教育活动的管理、教师队伍建设等;其四是与社会的沟通。

第四,开放性。即打破实践教学成为专业理论课的附属的弊端,将创业教育实践基地开放,接纳多学科的学生,使实践内容达到相互交叉、融合、渗透,促进学生综合能力的培养。

第五,仿真性。即主要以培养学生创业实践能力和创业素质为主线,实现真实或仿真的创业职业环境。首先,在管理上具有开放性,十分便于教育或指导;其次,模仿真实的社会环境,比如可以设置模拟职场、模拟竞聘、模拟公司等,为学生提高职业素质和顺利就业、创业奠定坚实的基础。

第六,科研性。科研工作是高校的一项重要工作,是提升办学品位、树立学校良好形象和增强学校办学实力不可缺少的因素。创业教育实践基地可以为科研提供场地、仪器、设备等条件,还可以基地为依托,争取科研资金。再者,由于创业教育实践基地具有仿真性,可以为科学研究提供生产基地,进而极大地带动教学科研工作。

2. 创业教育实践基地建设的几个基本问题

第一,指导思想。创业教育实践基地是为了适应现代社会对人才在创业精神和创业实践能力方面的培养要求,通过开展大量的课外创业教育活动,与课内创业教育互相促进,培养学生的创业精神、提高实践能力。同时。通过与社会的广泛联系,使创业教育达到校内与校外相结合。实践基地既要突出对优秀人才的培养,同时也要重视创业基地在整个课外创业教育中的示范作用,达到创业教育在点与面上的结合。高校的创业教育不同于社会创业,根据高校创业实践基地的特点,应把"加强基础、注重应用、注重能力和重在实践效果"作为创业实践基地建设的指导思想,在加强创业教育基础理论教学的同时,把实践教学放到重要位置。

第二,基本原则。首先,创业教育实践基地是在学校资源的基础上,借助社会力量,实现校企合作办学,学生模拟创业、自主创业的有效手段。因此,创业教育实践基地的建设必须要以充分调动校内外各种资源为基础,突出校内外结合,教学、创业、生产结合的原则。其次,实践基地建设还要突出其先进性原则。面对 21 世纪的要求和知识经济时代的挑战,基地建设必须注意与科学技术的发展保持同步或有所超前,努力领先时代潮流。再次,实践基地建设还必须突出以人为本的原则。一是在基地建设中确立以学生为中心的思想,即基地的建设要充分考虑学生的学习和发展,考虑学生创业素质的培养以及创业能力的提高,紧紧围绕学生创业和创业教育的需要;二是要以有着丰富的创业经验或经历的创业教育专家队伍为主,采用调整、提高、补充等多种形式建设好这支队伍,稳定好这支队伍。

第三，基本要求。

① 要设立专门的机构及负责人负责基地建设工作。创业教育实践活动为学生提供了初始的创业体验，这对一个人创业观念的形成有极大的影响。而创业教育实践基地是有组织的稳定地发展创业教育的举措，所以对高校来说要改变观念，从培养高素质人才的战略高度来认识实践基地建设，重视创业教育实践基地的建设。

② 投入建设。国内教育的主管机构已开始重视创业教育活动的开展，而一些企业为了自身形象和利益也乐于为创业教育投资。高校自身也要从课程建设和人才培养的角度出发对创业教育进行投资、筹资建设。通过走校企之间、兄弟院校之间和校内各单位之间的合作共建之路，实现创业教育的社会化，达到高校和社会的资源共享、利益互补，实现国家创业教育的培养目标。

③ 基地应具备满足相当数量学生创业实践需要的条件。这些条件包括提供必要的场地和科研场所；基地应具有一定的设计、制造、开发、经营的规模，能体现行业的特点；还要有较先进的技术和管理水平，对学生的创业活动给予必要的组织、指导和管理。

④ 建立科学化管理的规章制度。科学、合理的规章制度是创业教育实践基地得以正常运转的保障。

综上所述，创业实践教育基地在整个创业教育中起了非常重要的作用，尤其对形成创业者基本素质具有决定性的作用，如创业意识和创业心理品质可以在创业实践基地环节中得到熏陶和磨炼、形成和发展；创业基本素质的操作系统即创业能力，只有在创业实践基地环节中才能形成和提高，才能表现出来和发挥作用。

目前我国创业教育还十分落后，大学生的创业活动普遍停留在一种创新实践活动层面，还没有系统的创业教育理论体系、教学体系作为支撑。建设创业教育实践基地的学术研究和现实操作还只是处于起步阶段，这种状况对于我国创业教育的健康和深入发展是个重要的制约因素，应当引起我们的高度重视。

第五章　大学创业教育典型案例

第一节　美国斯坦福大学

一、斯坦福大学教育概况

美国斯坦福大学的办学历史不如哈佛大学、牛津大学那样悠久，规模也不及伦敦大学那样庞大，但在当今全球高校中具有一席之地。斯坦福大学不仅具有一流研究型大学的所有特质，在创业型人才培养方面更是独树一帜。众所周知的惠普、雅虎、谷歌、思科等都是由斯坦福大学师生创办的。据统计，1996 年该校的企业收入约占硅谷收入的 60%。斯坦福大学的创业教育在全球高校中首屈一指，无人能及。研究斯坦福大学创业教育发展情况，可以为我国高校创业教育的开展提供借鉴与思路。

斯坦福大学建立于 1891 年，全名为"小利兰·斯坦福大学"(Leland Stanford Junior University)。学校分别设置商学院、工程学院、医学院、法学院、文理学院、教育学院和地球科学学院等学院。建校至今学校培养出大量优秀杰出人才，分布于政治、经济、学术等各个领域。其独树一帜的创业教育尤其值得我们研究。

二、完善的创业教育课程设置

斯坦福大学完善的创业教育课程体系已成为一大特色，将不同的专业课和创业教育进行结合，成为该校创业教育课程的一大亮点。

斯坦福大学注重应用导向和学科间的优势互补，在课程设置上，始终坚持"文理结合、教研结合、专职结合"的"三个结合"教育思想。在这一思想指导下，斯坦福大学在基础课程和综合课程设置上就注重专博结合，注重打破学科之间的限制，以加强学生的通识教育，为学生创业打下坚实的基础。在创业教育课程设置方面，学校不仅开设了单独的创业教育课程，还将创业教育贯穿到学生的基础课和综合课程中。斯坦福大学商学院的夏季创业研究所为商学院以外的研究生开设有市场营销、组织行为、信息技术和会计等课程，为学生传授创业理念、创业知识和创业技巧等，其开设的课程涵盖创业的各个方面。

2012～2013 学年，斯坦福大学商学院创业研究中心为学生开设了 38 门创业课程，涉及创业基础课程、金融类选修课、战略类选修课、市场与运营类选修课和非专门类选修课。同时，学校针对不同学历的学生，分层次开设课程，如把“高水平创业管理”、“全球创业营销”等以探讨为主的课程对研究生群体开设，把相应的入门性课程对普通大学生开设。

斯坦福大学在创业教育的设置上，还注重将创业教育与专业相结合。各学院针对自身专业特点，将创业教育与专业课程相结合，以更实用的“专业性创业教育课程”选修课开展创业教育，成为其课程设置的一大亮点。例如，斯坦福大学工程学院开设的创业教育课程有“创业工程师”，主要讲述有工程专业背景的创业者在创业过程中应掌握的知识与能力以及工程专业学生在商界的贡献；“科技创业的形成”，主要分析了高影响力创业的形成和成长过程。文理学院开设的创业教育课程有“社会创业的介绍”、“社会创新与社会创业者”、“社会创业合作”等课程。

三、丰富的创业教育实践体系

斯坦福大学不仅注重完善创业课程，还注重打造丰富、有效的创业教育实践平台。学校认为开展创业实践活动是营造创业环境、转化创业能力的重要途径，因此实践教学是斯坦福大学创业教育的重要组成部分。学校先后建立了各种实训、实验、研究、开发基地，以满足广大师生的创业实践需求。

斯坦福大学十分注重实践应用和科学研究的转换，提出以“产学研一体化”的模式开展创业教育。学校还将产学研作为制度加以实施，鼓励师生进行科学研究，加强与企业的联系。通过产学研一体化的创业教育，不仅引导了师生注重科研成果的商业化，也能为企业提供各种创业教育培训。学校通过与企业的密切合作，为学生提供了各种实践机会，学生在校期间就能参加硅谷企业的商业活动，并与这些企业保持着密切联系。

斯坦福大学还通过创业工作室、创业活动周、创业合作项目、创业大赛等活动培养学生的创业实践能力。学校的斯坦福创业工作室为学生提供创业实践平台，在这个平台上学生可以开展创业实践活动，并能得到创业者、教师的支持。从 2007 年开始，斯坦福大学每年举办一届创业活动周，在创业周上会请到不同领域的成功创业者和风险资本家到校和学生共同交流，还会举办相应的创业研讨会。学校还经常组织丰富的创业实践活动，如创业沙龙、创业年度大会、产品展示台、斯坦福创业挑战赛和创新录像大赛等，在举办活动的过程中也会邀请成功创业人士的参与。甚至学校会将创业实践活动搬进课堂，如斯坦福大学把苹果公司的工程师请到课堂讲授“iPhone 应用开发”的课程，学生可以将课堂上的作品发布到苹果应用商城进行销售，实现了课堂与市场的直接对接。

四、开放的创业教育互动机制

斯坦福大学的创业教育能够迅速发展起来，还得益于一支经验丰富的高水平创业师资队伍和一批高质量的学生，同时更得益于校、师、生间的积极参与和互动。

斯坦福大学特别注重教师队伍的建设。学校自建校以来，始终拥有着一支一流的师资队伍。在百余年的发展沉淀中，更是以优异的环境吸引了世界一流的学者。在创业教育师资建设方面，学校不仅注重教师的创业理论知识，更加注重教师具备一线的创业实践体验。同时，学校还注重对创业教育教师的培训，鼓励教师到企业一线去感受创业，从而丰富创业体验。为了更好地开展创业教育，学校聘请了全球一流的教师指导学生创业。除了拥有一支专业的高水平创业教育师资团队，学校还不定期从全球各地知名企业聘请科研或技术人员作为学校创业教育的顾问，指导学生开展创业。另外，学校还经常邀请创业成功人士、投资分析专家到学校进行演讲。

斯坦福大学不仅拥有一批一流的创业教育师资团队，还拥有一批优质的生源。学校在建校之初就重视优质生源的选拔，并采取控制招生数量、注重学生培养等多种措施来保障生源的质量。高质量的生源和多元化的创业教育师资团队为学校创业教育的发展提供了坚实的基础。

当然，最为重要的是校、师、生之间的良好互动。斯坦福大学注重对教师和学生创业的支持鼓励，形成了良好的互动关系。学校崇尚学术自由、主张科学研究开放，教师和学生可以自由选择研究课题。在对创业师生发展方面，学校不仅鼓励创业教师们每周可以到企业、公司兼职，还为创业教师提供 1～2 年的时间脱岗创业或到公司兼职，从事项目开发和经营活动。学校对学生的创业支持更是学校坚持的传统。学校通过政策、财力、平台等方面全方位扶持学生创业，提高学生创业综合素质。教师与学生在创业教育教学、实践和生活中也进行着有效的互动。在创业课程教学方面，教师开发创业课程来满足学生创业方面的各种需求，致使创业课堂具有很强的互动性，调动了学生参与的积极性，也加强了师生之间的感情。在教学方式方面，学校所采取的研讨教学将教师、学生和企业家们联系在一起进行讨论和交流，思想得以碰撞，情谊得以升华。在课外实践方面，学生组建了各种社团和俱乐部，老师们经常和学生一起参加各项创业活动。学生每年组织的斯坦福创业计划大赛更是和老师们一起出谋划策，这些都有效地加强了师生间的互动。在起居生活方面，斯坦福大学对一、二年级学生实行大学院制,学生和教师都居住在内,能够经常进行交流与探讨。这种自由、平等的师生互动关系也为创业教育的发展提供了保障。

斯坦福大学各个学院、各个项目、各种组织之间具有有效的沟通和合作。如由学校各创业教育研究中心、技术授权办公室和学生协会联合组建的斯坦福创业网络(SEM)联系了学校内的所有创业社区,并定期召开例会,总结各自开展的工作与活动。

与此同时,斯坦福大学积极加强与外界的联系和互动。在学校的发展纲要中就强调为地区经济增长作出贡献,鼓励教师将教学、科研与工业、社会联系起来。几十年来,学校一直坚持开放互动的办学方式,吸引了大量创业投资家、企业家等各界人士参与到学校的创业教育中。如邀请企业家担任客座教授,为学生进行创业教育辅导;加强与企业产学研联系,形成互动互补的良性循环;开展社会募捐活动,为创业教育发展筹集资金;以项目为平台,加强与外界其他机构的合作等。

斯坦福大学注重与国际上的交流与互动,除了美国每年召开的“创业教育圆桌会议”,学校每年还分别在亚洲、拉美和欧洲针对创业教育召开一次地区性会议,这些国际互动加快了全球创业教育进程。

这种将国际、国家、学校、学院、教师、学生、社会联系在一起的创业教育互动机制,将学校与各界紧密联系在一起,这种相互之间的有效互动,对创业教育的发展营造了良好的校内外环境。

五、浓郁的创业教育校园文化

纵观斯坦福大学创业教育发展历程,我们能够深刻感受到斯坦福大学那种浓厚的创业教育环境,这对斯坦福创业教育的发展和崛起具有不容忽视的作用,也成为斯坦福大学创业教育的一大特点。

斯坦福大学在建校之初所坚持的“培养具有实用价值的公民,为学生选择的职业做好准备”的办学理念就为学校后来的创业教育环境的营造埋下了种子。一代代斯坦福人更是将这种富有冒险精神和现实主义精神的理念传承下来,并形成了“自由、创新、求真务实、勇担风险”的创业文化。在创业教育与创业实践过程中,学校针对存在的问题,制定、完善了相关创业教育的政策,这些政策不仅保证了学校创业教育的顺利开展,也形成了学校创业教育文化的一部分,最终营造出斯坦福大学推崇创业、鼓励冒险、自由创新、宽容失败的创业教育氛围。这样浓郁的创业教育环境,激励着一代代斯坦福师生愿意创业、乐于创业、敢于创业。

斯坦福大学在对创业教育独特内涵的诠释中提到:通过创业教育不仅要提

高创业者的创业知识和能力，更要将创业的精神转化为学生的生活方式和精神气质。由此我们可以看出，斯坦福大学对学生创业教育的影响涉及学生思维和内在气质的转化，这种敢于冒险、勇于创新的创业实质已根深蒂固地扎根于学生日常生活中。在这样推崇创业、创新的环境中，再加上学校周围形成的创业资源和学校在政策、资金、技术等方面的支持，广大师生都愿意投入到创业当中，使学校涌现出一批批优秀创业成功人才。这些成功创业者的带动，又鼓励更多师生参与到创业过程中，从而形成良性互动循环，为学校营造了浓郁的创业氛围。

第二节　英国剑桥大学

一、剑桥大学教育概况

剑桥大学(University of Cambridge)不仅是世界一流的高等教育学府，也是世界上最古老的大学之一。剑桥大学建校至今已有800余年的历史，在长久的历史积淀中，学校形成了自己的特色，也培养出大量优秀人才分布于政治、经济、学术等各个领域。值得一提的是，它是全球高校中诺贝尔奖获得者最多的高校，被誉为“诺贝尔奖获得者的摇篮”。在各类世界一流大学排行榜中，它均名列前茅，始终以世界一流大学的姿态展现于世人。剑桥大学的创业教育发展虽然比美国斯坦福大学晚，但也是英国高校中开展创业教育的先行者，并形成了自己的特色，走出了一条与斯坦福大学不一样的创业教育之路。

二、基于创业学习过程的教育模式

剑桥大学特别注重培养学生的自信感和自我效能感，学校认为有更好的自我效能感有利于学生表达更高的创业意向。剑桥大学于1999年成立了剑桥大学创业中心，以期鼓励创业文化、加强创业教育教学、为有创业想法的学生提供支持与帮助。创业中心将市场现状与学生实际情况相结合，开发、编制有助于提高学生兴趣和参与性的课程。

剑桥大学创业中心借鉴Moore创业过程理论和Timmons创业过程模型，提出了“激励-传授-实施”的创业教育模式。Moore根据人的行为表现、创新特性和环境将创业过程课程分为创新、执行和发展三个阶段。剑桥大学根据这个理论，注重培养学生创意与商机的把握、想法与机会的验证、专利与战略的保护、团队与合作的作用四个方面的技能。创业中心根据Timmons提出的创业机会、创业团队、资源三者的关系，提出了交流商业计划、对接市场需求、制定商业计划、团队完成计划、获取信息资源的技能训练模式。

剑桥大学提出的“激励-传授-实施”创业教育模式是指先要激发学生认清自己所具有的创业能力，在树立学生创业信心后，为他们提供各种信息将其创意转化为事实的材料，再通过帮助学生寻找资源等形式的支持，最终实现其创意的创业教育方案。例如，在学校开展时间较久的创业星期二讲座。这门课程分为三个学期，每个学期都有其不同的主题。第一学期围绕“创业是什么，它能否适合我”的主题展开，依次、逐步使学生明确地认识创业、能够评估正确的创意、能够寻求信息和资本支持、能够在考虑到创业中的风险与问题后作出创业决定、能够成为一个有热情、有耐力的创业者。第二学期围绕“如何去创业”的主题展开，先让学生学习现实中创业成败的例子，从而分析出创业成败的因素；之后要学会与投资人、企业家进行交流，从而获取资金；再次要学会选择合适的人组建自己的创业团队；然后要学会制作创业简报，方便别人了解自己的创业项目；在此基础上要学会如何去经营一个企业；最后要制定一个符合实际的营销计划。第一、二学期学生所学的是理论课程，第三学期就要指导学生在实践中亲自参与创业，从而提升创业能力。

三、结合学生创业需求的课程体系

剑桥大学始终坚持以学生为中心开展教学活动，在课程上由无学分课程和有学分课程两部分组成。无学分创业课程主要以选修课形式开展，这种开放的无学分创业课程不仅对本校学生开放，其他高校或市民也可参与进来。学生可以自由选择感兴趣的创业课程，最具代表性的有创业星期二讲座、暑期学校、创业者等课程。有学分课程有通用的创业教育课程，也有对在校理工科学生开设的创业教育课程。学校根据不同专业的特点，具有针对性地开展创业教育。值得一提的是，有学分创业课程最终的学习成果检测要求学生形成一个商业策划书，从而培养学生的创业精神与能力。

四、依托企业孵化平台的实践活动

剑桥大学是英国最早构建科技企业孵化器的大学，其效果在国内是首屈一指的。如学校圣约翰创新中心围绕学校激光、网络、生物等优势学科支持该校师生创业实践。中心不仅为进入孵化期的企业提供 3 年的孵化服务，还通过出租邮址的形式为企业提供网上虚拟孵化。这种孵化合作使剑桥大学和企业形成了紧密的网络关系，为创业师生提供到公司、企业实习的创业教育实践平台。

五、具有国际合作色彩的联合办学

2000 年，英国政府和企业共同出资支持英国剑桥大学和美国麻省理工学院开展合作，联合成立了研究院(The Cambridge-MIT Institute)，以期推动两校在教育研究方面的合作，并能转化生产力来推动经济社会发展。在这样的合作中，剑桥大学可借助麻省理工学院在教育及科研创新方面的成果，突破学校的保守传统。研究院还通过两校的永久合作拓展出其他参与企业，从而加强学校与企业之间的交流合作。为了培养新一代的科技、工程和商业领军人物，研究院设立了创业教育的高级讲座。该讲座每期围绕一个主题，鼓励创新者和企业家进行讨论，从而使他们营造一种争论、共享的文化氛围。该讲座还对外开放，对创业、创新有兴趣的各界人士可以免费参与，并在讲座后进行讨论。通过这样的方式，为创业师生创造了良好的学习、交流环境。

第三节 美国百森商学院

百森商学院(Babson College)是美国的一所私立商学院，规模不算太大。学院开设本科、MBA和专业性的硕士学位教育，并向全球企业管理人员提供高层经理研修课程。自1919年成立以来，该校始终是创业学领域的领导者，并以创业教育方面的特色与专长为世界所公认。

一、百森商学院的全球创业教育领导地位

百森商学院是全球高等教育领域当之无愧的创业管理教育的领导者。

首先，百森在本科和研究生教育上连续获得排名第一，超过哈佛大学、斯坦福大学等。根据《美国新闻与世界报道》：

1994～2007年，MBA课程连续14年获得创业管理教育的第一位；

2006年，本科课程在创业领域第14次排名第一；

2006年，本科课程在“最好的商业课程”类别中排名第二十三。

根据《金融时报》(Financial Times)：

2006、2007年，创业管理教育连续2年排名第一；

2006年，MBA课程在创业领域排名第一，在2005年和2004年分别排名第二和第三；

2007年，高层经理研修课程列全球第六位。

其次，百森商学院自创立以来，在推动全球创业教育与研究发展方面作出了卓越贡献。百森有40余名创业学方向的研究和教育专家，代表人物蒂蒙斯是全球创业研究和教育的开拓者之一，是美国创业教育和研究的领袖人物。他在其研究领域、创新性课程开发及有关创业、新企业、企业融资和风险投资方面的授课被全世界公认为权威，获得“他能把他所教授的东西付诸实践”的赞誉。布兰克创业中心(Arthur M. Blank Center for Entrepreneurship)是百森商学院创业

活动的中枢，通过不断改善教学、研究和相关活动来领导全球性的创业教育，从而在社会上传播创业思想，激发创业精神，指导创业活动。

二、百森商学院创业教育的特点

1. 教育理念的战略性

任何一种教育创新活动，都可以说是社会环境变革的产物。百森商学院在美国首开创业教育先河，与当时的美国经济结构形态的变革有关。对于这种变革，许多人视而不见，见而不究，更不会以前瞻性的视角联想到教育创新。然而，以蒂蒙斯为代表的远见卓识者，敏锐地预感到 21 世纪 60 年代后期的美国正处在一场“静悄悄的大变革”中。他还认为这种变革对 21 世纪的影响将等同于或超过 19 世纪和 20 世纪的工业革命。蒂蒙斯所预感的“静悄悄的大变革”，指的是“创业一代的兴起与传统产业的衰退”。这种预感不仅很快成为现实，而且被许多研究者所证实。麻省理工学院的大卫·伯戌在 1979 年发表了颇具创新性的论文《工作创造过程》，提供了具有划时代意义的研究成果。他的研究成果推翻了以前认为大型企业是经济支柱和新就业机会提供者的各种说法，其结论是：从 1969 年到 1976 年，大量的新成长的中小企业创造了美国经济中 81.5％的新就业机会。1980 年以后，美国超过 95％的财富都是由大变革中的创业一代创造的，其中，最著名的代表人物是微软公司的比尔·盖茨。

事实证明，美国的确发生了一场“静悄悄的大变革”，即蒂蒙斯所谓的“创业革命”。蒂蒙斯的前瞻性不仅预见了这场变革，而且悟出了“创业教育”的新思路。当绝大多数高校还致力于为大企业提供人力资源时，蒂蒙斯便独具匠心地在百森商学院开始尝试创业教育，培养适应创业革命需要的创业型人才。

百森商学院创业教育的前瞻性特点，不只是一个时间上的概念，从教育理念上看，这种前瞻性还体现在它对创业教育价值取向的选择上。在百森商学院开展创业教育之初，许多人认为这种教育的价值在于“企业家速成”，即帮助学生在校期间就能创办公司，成为大大小小的比尔·盖茨式的创业企业家。蒂蒙斯认为，这种功利主义的创业教育，是在用“揠苗助长”的方式造就所谓的创业者，无法满足以创立高新技术产业为标志的“创业革命”对人力资源的需要。在他看来，学校的创业教育不同于社会上的以解决生存问题为借口的就业培训，也不是一种“企业家速成教育”。真正意义上的创业教育，应当着眼于“为未来的几代人设定‘创业遗传代码’，以造就最具革命性的创业一代作为其基本价值取向”。蒂蒙斯的这种前瞻性的创业教育理念，实质上是一种面向“创业革命”开发人力资源的教育创新。

1989 年 11 月，联合国教科文组织在北京召开“面向 21 世纪教育国际研讨会”。会议提出21世纪的教育应发给学生三本“教育护照”的新观点：第一本是“学术护照”；第二本是“职业护照”；第三本是证明一个人的事业心和开拓能力的“创业护照”。显然，百森商学院的创业教育理念与联合国教科文组织提出的“第三本教育护照”观是一致的。

2. 课程结构的整合性

在百森商学院看来，创业教育既是一种教育理念，也是一种教育实践。百森以战略性的创业教育理念指导具体的教育改革活动，并以开创性的创业教育课程体系作为改革实践的核心成果。学习和借鉴“百森经验”，应了解该校的创业教育课程结构的特点。

在建构创业教育课程结构时，百森商学院把适应未来创业需要的创业意识、创业个性特质、创业核心能力等“创业遗传代码”和有关创业的社会知识进行了整合，将科学教育与人文教育、智力教育与非智力教育进行了整合。这种具有整合性的课程结构，有利于使学习者置身于创业的经济、社会与人文的大背景中，引导学生关注与创业相关的一些经济问题、社会问题或其他问题。百森在课程整合理论指导下建构的“创业学”课程体系，被誉为美国高校创业教育课程化的基本范式。该课程体系由以下五大模块构成：

第一，创业者。教学内容为阐述创业者应具有的基本素质，分析创业团队在成功创建风险企业中的重要作用，以及创业者应当如何处理在组建新型风险团队时会遇到的关键性问题和障碍。课程目标是使学生明白作为创业者所应具有的个性品质，了解一些创业过程中关键性问题的解决方法。

第二，战略与商业机会。教学内容为阐述发现和挑选创业机会的过程，说明什么样的机会能够促成高发展潜力企业的创建，如何充分发掘自己的创造性才智，如何制订个人创业计划，如何模仿成功创业者的行动、态度、习惯和战略。课程目标是培养学生的创业意识，能及时地抓到创业机遇和挖掘创业潜能。

第三，资源需求与商业计划。课程内容为阐述成功创业者如何制订商业计划、寻找资金来源、发展战略联盟、获得商业运营许可证等创业知识。课程目标是使学生初步懂得创业前要获得的创业知识。

第四，创业企业融资。课程内容为阐述新企业融资的各种关键问题，债务资本市场的新现实情况，如何部署融资和筹资战略，如何寻找股权投资者并与其打交道，如何在资本市场中获取债务融资源等。课程目标是使学生了解到创业过程中有关融资方面的基础知识和方法。

第五，快速成长。课程内容为阐述新建的风险企业在成长过程中会遇到的具体问题和危机，解释风险企业所经历的发展阶段及其独特性，探讨避免及摆脱困境的方法，创业型风险企业在领导和管理上的突破性方法的特征。课程目标是使学生在创业过程中能遵循创业自身的发展规律，灵活把握不确定因素。

3. 教学方式的探究性

在众多的教学方式中，课堂教学是学校教学最基本的方式，也是使学生在较短的时间内能够有系统、有重点地学习人类丰富知识体系的一种比较经济、有效的途径。百森商学院在落实创业教育理念的实践中，同样注重课堂教学。但是，学校清醒地认识到，并不是任何一种课堂教学方式或课堂环境都有利于创业教育。学校认为，采用传承性教学方式很难高效地实现创业教育的目标，而采用探究性教学方式，则有利于为受教育者"设定创业遗传代码"，造就"最具革命性的创业一代"。

所谓探究性教学方式，是指在课堂教学的生态环境中，让受教育的学生成为一种主体要素，在与教师、教学内容以及教室环境等生态要素的协调作用中，成为教学过程的参与者和探究者。采用这种教学方式，有利于形成强化学生主体意识和发挥主观能动作用的创业教育环境。传统的传承性教学方式以教材为本，以教师为中心，而新的探究性教学方式从创业教育理念出发，强调教师、学生与媒介等因素的整合。在这种整合中，课堂变成一种动态的、生长性的"教学生态环境"，教学变成各教学要素相互之间持续互动的动态过程。

第一，通过案例教学实现探究性。创业本身是一个鲜活的过程，创业教育的课程教学内容也不能过于呆板。百森商学院在设计课程教学内容时，以现实创业社会的状况作为切入点，自始至终把典型案例分析贯彻在整个教学过程之中，帮助学生从典型案例中感悟创业理念，理解创业规律，从案例思考中激发学习兴趣，培养思辨能力。在选择案例时，学校既选择创业成功的案例，也选择创业失败的案例。通过对精心选择的案例的分析，不仅增加了教学的鲜活性，而且培养了学生探究问题的兴趣与分析问题的能力。

第二，通过智力激励实现探究性。在教学中，百森商学院的教授们根据奥斯本智力激励理论实施智力激励教学，让学生在激励环境中解放思想，大胆探究。所谓智力激励，有两层含义：一是给予大脑多方面的信息刺激，相互填补知识空隙，相互激励和诱发，产生智力碰撞的连锁反应，促进大脑把有关知识和所得信息围绕着要解决的问题重新整合，从而产生新的设想。二是能够造成一种鼓励个体大胆思维和提出新设想的氛围，克服胆怯、倦怠、从众性等阻碍探究的心理因素。在智力激励教学中，百森商学院的教授们采取以问题为中心的激智方式，让学生围绕创业过程中有可能出现的一系列问题，如在现实创业中怎样有效地进行商业交流与公共交往？怎样提高在创业过程中精确分析和作出正确判断的能力？怎样激发创业个体与创业团队的创造潜能？怎样利用各种有效资源和制订商业计划？如此等等，展开自由畅谈和思维互激。其目的是造成一种高度激励的学习与探究氛围，使学生能突破层层思维障碍和心理约束，让思维自由飞腾，充分激活学生的灵感，从而建立一个充满激情、热情高涨的探究性课堂。为此，百森商学院采用了奥斯本智力激励理论提出的自由思考、延迟评判、以量求质和结合改善等基本原则。

第三，通过"虚拟创业"实现探究性。为了让学生对创业有所体验，百森商学院在课程教学过程中增设了"虚拟创业"教学环节。学校想方设法安排学生深入创业企业去观摩或实习，也鼓励学生带着他们预制的创业方案到企业去检验可操作性，甚至还可以在某个创业岗位上练练手，从中获得一些创业理论与实践上的经验。这种在"虚拟创业"过程中探究所得的创业体验，可以潜移默化地增强学生的创业意识和提高创业所需要的观察能力、思维能力与判断能力。

百森商学院以其前瞻的教育理念、系统的课程设计和有效的教学方式走在创业教育的前沿。百森创业教育理念的前瞻性，在于悟出了创业教育的新思路，着眼于培养适应创业革命需要的创业型人才。真正的创业教育不是"企业家速成教育"，而是为未来的几代人设定"创业遗传代码"，以造就最具革命性的创业一代作为其基本价值取向。百森创业教育系统化的课程设计，保证了创业教育理念的落实，课程内容采用了模块化的结构，通过分析综合、比较研究的方法，把一个个成功创业者所需具备的意识、个性特征、核心能力和社会知识结构系统地进行了整合，体现了创业教育所具有的科学教育与人文教育的融合、智力开发与非智力教育的融合。在教学方式上，百森商学院以现实社会的状况作为切入点，把现实的实例分析和实践活动贯彻在整个教学过程中。通过智力激励与"虚拟创业"等方式，努力使学习者置身于创建企业、发展企业这样一个动态过程中，以引导学生关注与创业相关的一些经济问题、社会问题或其他问题。

第四节　温州大学

一、温州大学创业教育概况

温州被誉为"创业热土"，植根于这片创业热土的温州大学多年来把大学生创业教育作为学校深化教育教学改革的重要举措，走出了一条具有鲜明特色的大学生创业教育模式，对人才培养产生了深刻影响。自 2002 年以来，10 000 余名大学生参加了大学生创业教育活动，1 000 多名大学生参加了大学生创业实践活动，共有 200 余名毕业生自主创业。学校被共青团中央授予"2007 年大学生KAB创业教育优秀院校”，被浙江省教育厅评为“2007年度人才培养模式创新实验区”，被浙江省中小企业局评定为“浙江省创业教育研究基地”，被温州市人民政府命名为“温州市文化创意产业园”。

温州大学通过课堂教学、创业工作室、素质拓展三大平台全面推进创业教育，形成课内与课外联动，创业实践与氛围营造、文化建设并举的局面。

1. 课堂教学平台侧重创业知识与创业意识教育

学校从教学主渠道入手，在课程设置中，增设创业教育课程模块，以加强学生创新精神、创业意识和创业知识教育。例如，面向全校开设“大学生职业生涯发展指导”公共必修课；开设“大学生KAB创业基础课”、“温州模式与企业家精神”等公共选修课；同时，在国际贸易等相关专业设置“创业实务”、“市场营销”、“企业管理”、“中小企业案例教学”等专业必修课。学校还利用专业实习、实践、开放实验室项目等实践教学环节，强化对学生学以致用和专业创新能力的培养。

2. 专业创业工作室平台侧重创业实践与创业体验教育

相对于其他高校建立在高科技、技术发明与创造基础上的学生创业教育，学校所开展的大学生创业教育侧重于鼓励学生发挥专业优势，倡导学以致用，创业与专业学习紧密结合。由于专业知识是大学生所掌握的最有利的资源，也是最可靠、最能够得心应手支配的资源，所以，依托专业优势开展创业活动，更符合大学生的实际。这种以专业为依托的学生创业工作室是学校学生创业实践教育的基本形式和载体，由学生5～7人自愿组合、自发组建，其特点是规模小、投入少、见效快、风险小、运作灵活。这种创业工作室既没有巨额的风险投资，也不需要大量的成本投入；既不需要大量人力资源积聚，也无须烦琐细致的分工。学校注重由小到大的积累，强调在实践中培养创业意识，提升创业能力。

3. 素质拓展平台侧重对学生综合素质的培养

温州大学是浙江省5所大学生素质拓展计划试点高校之一。学校依托素质拓展阵地，设立创新学分、特长学分、素质奖励学分、组织管理奖励学分四类素质拓展学分，强化对学生综合素质的培养。素质拓展计划围绕职业设计指导、素质拓展训练、实践平台搭设、学科竞赛等开展活动，贯穿学生在校学习全过程。通过素质拓展教育，有效提高了学生的心理承受能力、协调能力、应变能力、团队意识和协作精神，为自主创业提供了必要准备。

学校利用暑期组织、引导学生开展以“温州模式”调研和温州经济、产业结构特点调研为主题的社会实践活动。仅近3年，学校组织这样的实践队伍80多支，参与人数近2 000人。通过主题实践，不仅增强了学生的实际动手能力和社会适应能力，而且深化了学生对温州地域经济、商业文化的认识，在潜移默化中培养了学生的创业意识。学校连续9年被评为大学生暑期“三下乡”活动先进集体。

学校出台《学生科研管理条例》，鼓励和引导学生参与科技创新。近3年来，学校投入专项经费70余万元，扶持学生科研科技课题立项513项。2007年，有52人14项学生科技创新项目被浙江省科技厅、团省委、省教育厅首次联合开展的2007年“新苗人才计划”立项资助，资助总金额达10万元。此外，近3年学生累计在国内外学术刊物上发表文章76篇；发明实用新型专利4项；5名学生设计的鞋靴样板被鞋业公司等采纳并投入生产。学校成立了大学生科技协会，连续举办了22届学生学术论文报告会。学生的科技创新活动为创业实践打下了坚实基础。

二、温州大学人才培养模式改革的具体思路

1. 优势与特点相结合

第一，具有区域优势。温州传统文化孕育着浓厚的创业意识，这种独特的地域文化赋予温州人一种近乎天然的商品意识。随着经济、社会的不断进步，这种历久弥新的地域文化与改革开放的伟大实践融合产生了享誉中外的“温州模式”。在“温州模式”的形成过程中应运而生的当代“温州精神”，其根本内涵就是“敢为人先、特别能吃苦、特别能创业”。正是这种精神赋予温州大学这所地方院校人才培养实践以强大的精神动力和思想源泉。

第二，具有先发优势。在2002年，教育部确定9所部属高校作为大学生创业教育试点学校。创业教育刚起步时，温州大学就成立了浙江省首个结合专业的创业工作室，开创了创业教育实践之先河，并逐步发展壮大，现有100余个专业创业工作室。在创业教育的基础上提出创新教育、创意教育，使之形成创意、创新、创业教育体系：创意是思维层面，创新是方法层面，创业是实践层面。

第三，与学校特点相结合。高校应有自己不同的培养目标，如“985”等国家重点大学培养研究型人才，拿“项目”的人才，培养科学家精神；温州大学属于地方院校，应该培养应用型人才，拿“营业执照”的人才，培养企业家精神。

第四，与学生特点相结合。温州大学的学生思维活跃，善于创新，灵活好动，具有较强的动手实践能力；并且大部分学生来自温州及周边地区，相对来说，家境富裕一些，来自企业家家庭多一些，有利于开展创业教育。

2. 课内与课外相结合

第一，改革课程体系。学校以未来社会每个人应得到的学术性、职业性和证明个人事业心与开拓技能的三本“教育护照”为基本结构，设置公共基础课程、学科基础课程、专业课程和创业教育课程群四大课程板块。

第二，拓宽课外活动。学校组织学生参加第二课堂活动，拓宽学生的知识面，提高学生的动手能力和实践能力。积极做好五大课外活动：创业工作室要侧重学生的创业实践与体验教育；学生社团要侧重课外创业氛围的营造；素质拓展计划要侧重学生综合素质的培养；学生科研科技活动要侧重学生创新意识与能力的培养；暑期社会实践要侧重学生综合实践能力、社会适应能力的提高。

3. 学校与企业相结合

第一，校企合作，"请进来"。结合学校的人才培养特色，以服务大学生的就业和创业为导向，通过整合校企资源，搭建校企合作综合平台，深化校企协同培养应用型人才培养模式，引领学校大学生成才新亮点。让一大批知名企业家进校园，通过优秀企业家走近青年学生言传身教、报告创业典型事迹，激励在校学生在企业家精神下感悟成长；同时，还能让大学生感知企业，感悟职业，更好地融入企业，加快培养应用型高级专门人才。

第二，校企合作，"走出去"。建立温州大学百个"大学生专业实践基地"。实践基地是高校培养具有实践能力和创新创业精神的高素质人才，充分发挥高校科技、文化优势，服务地方企业的有效举措。基地的建立将有利于加大高校与企业之间产学研的合作力度，一方面为基地单位服务，另一方面增强学生的实践能力。

4. 创业与专业相结合

第一，专业教育渗透创业理念。创新创业教育的重点和难点在于，如何在专业教学中渗透创业教育的理念和创新的教学内容，如何引导学生在第一课堂接受创新思想，形成创新思维，树立创新意识。目前，在专业教学管理和评估体系中，缺乏创新意识和创业内容的管理机制，使得部分教师在授课内容和授课方法上仍然缺乏创新性和开拓性；部分学科的教材仍然存在过时的现象，缺乏时代感和时效性。因此，在教育教学改革的过程中，需要加大师资培训力度，加快教学内容更新速度，加强教学方法和手段的现代化程度，增加专业教学的创新性和灵活性。

第二，创业实践结合专业教育。从学生自身特点出发，倡导依托专业优势开展创业实践。这有利于弥补学生因社会资源的匮乏所造成的创业劣势，有利于规避风险，达到创业成功概率的最大化，使创业与学业相得益彰。

三、温州大学创业教育措施

1. 修订培养方案，保证创业教育的系统性

为了有效地进行人才培养模式创新实验，学校准备从艺术设计类、经济管理类、电气信息类专业的人才培养方案入手，逐步构建起一套理论与实践并举、课

内与课外联动的完整创业教育体系。为了有效地推进大学生创业教育，在课堂教学上，全面实施以通识教育和专业教育有机结合的“基础＋专业”为基本架构的人才培养方案。无论是在基础平台阶段还是在专业教育阶段均突出对创业型人才的培养，设置相关课程。例如，在基础平台，将就业创业指导课纳入公共必修课程，拟设置以大学生 KAB 创业基础等为特色的创业教育系列课程群为学生的选修课程；在试点专业的专业教育中，设置“创业实务”、“专业创业”、“中小企业创业管理”等为专业必修课，通过教学主渠道对学生进行系统的创业理论与知识教育。在实践教学环节，提出基础实践、创新实践、创造实践，利用专业实习、实践、开放实验室项目等实践教学载体，强化对学生“学以致用”能力的培养。

2. 搭建创业平台，增强创业教育的实效性

为了强化对学生创业意识和创业实践能力的教育，学校逐步构建学生创业工作室、学院创业中心、学校创业园“三位一体”的创业教育平台。在创业园的管理上，坚持“铁打的工作室，流水的创业者”的理念，使更多的学生在创业园中得到创业实践的锻炼。以专业为依托的学生创业工作室是学生创业教育的基本形式和载体；学院以大学生创业中心为平台，为学生创业工作室提供最直接的服务；学校建立大学生创业园，现有 100 余个专业创业工作室。这样，通过实实在在的创业实践来培养学生的创业综合素质。这样的创业教育实践平台，既可以保证学生的创业内容依托专业基础，又有利于学校有限的教育资源的优化配置与合理共享，促进学校创业教育与服务的深入，避免对学生创业行为的限制和约束，大大提高了创业教育的实效性。

3. 营造浓厚氛围，提升创业教育的拓展性

学校以第二课堂为创业教育的拓展阵地，充分发挥其教学主渠道以外的辅助功能，通过社会实践、学科竞赛、创业计划大赛、学生科研、素质拓展训练等途径，努力营造一种富有创新、创业氛围的校园文化环境。首先，准备在大学生素质拓展项目中，举办企业家论坛、创业论坛、模拟营销、演讲与辩论等活动，以培养学生的综合创业素质。其次，聘请温州籍知名企业家走进论坛，与学生就创业之道进行交流与探讨。通过企业家论坛，建立学生与企业家之间一种面对面的直接交流机制，激发学生投身于创业实践的热情。再次，学校鼓励创新、创业竞赛，培养学生的专业创新意识。最后，组建调查队伍，对“温州模式”、温州民营经济的发展状况、温州家族企业的改革、企业文化、行业协会等进行专门调研和考察。这样的实践活动不仅深化了学生对温州地域经济、商业文化的认识，同时对学生创业素质的培养、创业意识的塑造也是潜移默化的。

4. 设立创业基金，加大创业教育的持续性

学校在已有的200万元创业基金的基础上，通过企业家捐赠、学校划拨、校友馈赠，建立500万元的创业基金，支持大学生创业，加大创业教育与实践的扶植力度。

5. 加强师资队伍建设

学校将创业教育的理念渗透到专业教育中，构建多元化特色师资，为创业教育实施提供保障。挑选部分专业教师到企业挂职实践，将专业知识与生产实践相结合。同时，与创业教育开展较为成熟的院校建立合作关系，聘请合作院校创业教育资深教师为温州大学客座教授，为该校师生提供指导和授课。另外，聘请知名校友企业家担任创业导师，他们的创业经历是大学生创业教育最好的"活"教材。

6. 开设"企业接班人试点班"和"创业先锋班"

学校在大学二年级不同专业的学生中挑选家庭有商业背景的学生组成"企业接班人试点班"，设置"财务管理"、"公共关系学"、"市场营销"等课程，以案例教学为主，教学安排上着重"接班"能力的培养，使其毕业后能接掌企业的班，实现企业的再成长；组织这些企业接班人到世界500强企业进行实践，培养具有国际视野的温州企业接班人，实现温州经济的长远发展。"创业先锋班"着重培养学生的创业能力，使其毕业后就能结合专业进行创业。

7. 加强与社会的对接

一直以来，学生的创业实践服务对象一般是学生，局限于校园的范围。今后，在进一步完善校园市场的同时，慢慢向社会市场转变，加强与社会的对接，使创业范围由校内市场向社会市场转变。同时，向社会征求合作项目，由学校提供场地和人才，由企业提供设备、技术人员等，共同研发。充分发挥学校的专业优势、人才优势和研发优势，更好地为温州经济发展服务。

8. 以创新、创意带动创业，形成"创业、创新、创意"的良好氛围

在学生中加强创新与创意教育，并以创新、创意带动创业。温州市文化创意产业园落户学校，为学生的创业提供了优良的资源，也为创意产业发展搭建了有效平台；同时，鼓励学生申报国家发明或专利。学校积极鼓励学生参加各种比赛，设立创新奖学金。每年划拨100万元专项经费支持创新项目，从而在学生中形成一个良好的创业、创新、创意氛围，培养学生成为高素质、强能力、会创新、能创业的高级应用型人才。

四、温州大学创业教育保障体系

1. 制度建设

学校将创业能力的培养列入人才培养目标之一，确定了“培养德、智、体、美全面发展，具有创新精神、创业能力和社会责任感的应用型高级专门人才”的人才培养目标，并将创业教育纳入人才培养方案予以实施。出台《温州大学大学生素质拓展计划实施意见》，明确素质拓展计划为大学生创新创业服务；颁布《温州大学创业园项目管理办法》，对创业团队的入驻、管理与服务、考核与奖惩、团队退出等作了全面规定；出台《温州大学课外教育项目学分管理办法(试行)》、《温州大学学科竞赛实施意见》等一系列制度、措施，鼓励和引导学生参与创新创业实践。

2. 师资队伍建设

师资队伍职称结构合理，由副教授、教授组成；专业学科背景齐全，教师中有专门从事企业管理、市场营销、创业教育的教师10余名，也有从事专业创业的指导教师30余名，还有从事温州民营企业研究、温州传统地域文化研究、大学生创业教育研究的学者专家5名。另外，学校还聘请了15位温州知名的民营企业家，如天正集团董事长高天乐、红蜻蜓集团董事长钱金波、大虎打火机董事长周大虎作为兼职教授，为学生创业授课并进行指导。学校还加强与温州的银行、工商管理局、地税局等部门的合作，加大与浙江省中小企业局、温州市经贸委的联系，聘请他们的负责人作为创业兼职教师。学校师资队伍年龄梯队结构合理、组成结构合理，有利于创业型人才的培养。

3. 加大投入

学校设立温州大学新湖创业教育基金、美术与设计学院红蜻蜓创新创业奖学金、机电工程学院大学生科技创新基金、服装学院汇智创新创业基金等。学校每年用于大学生创业教育的经费不少于100万元，极大地鼓舞了学生创新、创业的热情。

4. 实验室建设

学校的艺术设计专业有产品造型设计、环境艺术、传媒设计、鞋样设计四个实训车间，教学设备资产达500万元，实验室面积达5 000多平方米，计算机房5个，电脑200余台。学校建有9 000 m^2 的文科实验实训大楼，并投资400余万元建立工商管理模拟实验室、电子商务实验室、物流管理实验室等，为教学与实践提供了良好的环境，使用效果良好。

5. 创业工作室建设

大学生创业园始建于2002年，在原来只有一个创业工作室的基础上，经过

5年的建设，目前已开拓创业园面积6 000多平方米，可容纳100余个学生创业团队。经过学院创业中心的培育，效益和发展前景较好的学生创业工作室入驻创业园，这些工作室可以获得学校层面的各项扶持和激励政策的惠及，从而获得更大的发展。

6. 校外实践基地建设

学校建立校外实践基地150余家，其中有著名的康奈集团、正泰集团、飞科电器等。这些教学条件有利于创业型人才的培养。

7. 本地企业家网络数据库建设

学校收集本地企业家有关信息，建立企业家网络数据库，并且链接到中国温州商会的网站。这对于学生的实践、教师的科研等工作的顺利开展起到了重要的辅助作用。

8. 大学生创业网站建设

建立温州大学大学生创业网，打造大学生创业教育、创业网络和交流平台。

9. 建立大学生创业教育顾问团

学校积极与地方工商行政管理、税务等部门协商，建立协调机制，为学生创业争取优惠的扶持政策。

温州地域文化特色鲜明，从古至今始终带有浓厚的务实、创新特点。传统地域文化与现代商品经济融合产生的“温州模式”以及其中蕴涵的“温州精神”，至今仍焕发着蓬勃的生机与活力。温州大学在独特的地域文化的熏陶下，总结多年办学经验，确立了“求学问是、敢为人先”的校训，明确了“培养德、智、体、美全面发展，具有创新精神、创业能力和社会责任感的应用型人才”的培养目标，把具有鲜明地域特点的大学生创业教育作为学校教育教学改革的重要实践，逐渐形成具有地域特色的创业教育模式。这种创业教育模式具有很强的参考价值和引领作用，全国各高校的创业教育也应该根据学校的特点和实际情况具体开展。

参考文献

[1] 陈浩凯.全球竞争视野下的印度创业教育[J].中国大学生就业,2008(4):42-43.

[2] 谷力群.论大学生创业精神的培养[D].沈阳:辽宁大学,2013.

[3] 李志永.日本大学创业教育述评[J].外国教育研究,2009,36(8):65-70.

[4] 潘延召.中国与德国高等学校创业教育比较研究[J].中小企业管理与科技,2016(26):118-119.

[5] 彭钢.创业教育学[M].南京:江苏教育出版社,1995.

[6] 彭琴.21世纪美国高校创业教育发展研究[D].上海:华东师范大学,2016.

[7] 任泽中,李洪波.印度高校创业教育研究[J].教育与职业,2011(9):96-97.

[8] 宋克勤.创业成功学[M].北京:经济管理出版社,2002.

[9] 谭蔚沁.大学生创业教育概论[M].昆明:云南大学出版社,2011.

[10] 王彩华.我国高校创业教育研究[D].上海:华东师范大学,2007.

[11] 杨秋宁.德国高校创业教育的特点及启示[J].人民论坛,2014(11):235-237.

[12] 曾成.高校创业目标及其实现[D].长沙:中南大学,2007.

[13] 张力玮.法国创业教育发展历程和政策举措[J].世界教育信息,2016(9):50-54.

[14] 张爽.中国创业教育提出的背景与意义[J].职业,2009(3):7.

中国矿业大学实习改革专项资助教材

文艺晚会策划与实施策略

刘　振　编著

中国矿业大学出版社
·徐州·

内 容 提 要

本书以文艺晚会策划为主题，从文艺晚会的内涵、类别和特征展开，着重阐述文艺晚会策划思维的培养、策划者所需具备的策划能力和文艺晚会策划的主要流程等内容，以系统化、程序化、任务模块化的表达形式指导实践，强调从策划思维和策划实践两个层面着力提升文艺晚会策划创意能力。

本书可供艺术类专业学生学习参考使用。

图书在版编目(CIP)数据

文艺晚会策划与实施策略 / 刘振编著. —徐州：中国矿业大学出版社，2021.9(2024.1 重印)

ISBN 978-7-5646-5124-4

Ⅰ.①文… Ⅱ.①刘… Ⅲ.①晚会—策划 Ⅳ.①G241.3

中国版本图书馆 CIP 数据核字(2021)第 188153 号

书　　名　文艺晚会策划与实施策略

编　　著　刘　振

责任编辑　史凤萍

出版发行　中国矿业大学出版社有限责任公司

（江苏省徐州市解放南路　邮编 221008）

营销热线　(0516)83885370　83884103

出版服务　(0516)83995789　83884920

网　　址　http://www.cumtp.com　**E-mail**:cumtpvip@cumtp.com

印　　刷　江苏凤凰数码印务有限公司

开　　本　710 mm×1000 mm　1/16　**印张** 11　**字数** 197 千字

版次印次　2021 年 9 月第 1 版　2024 年 1 月第 2 次印刷

定　　价　40.00 元

前　言

文艺晚会是一种以综合文艺节目表演为主，采用灯光、音响、舞美等舞台表现手段来表达晚会主题诉求的演出活动。文艺晚会凭借其鲜明的主题性、艺术性、娱乐性等特征，现已成为庆祝重大节日、举办重大活动的必要环节和重要内容，是演艺活动中应用最广泛、出现最频繁的演出形式。新时代，随着我国经济的高速发展、国家政治的空前稳定，文艺晚会又被赋予了丰富民众精神文化生活、展现当今美好时代、凝聚国人精神力量等特殊功能。新时代的文艺晚会主题鲜明、节目形式多样，其表演形态更具科技化，它具有广泛的群众基础。无论年龄的差别、文化修养的高低还是社会地位的不同，文艺晚会无疑都是深受观众喜爱的一种艺术形式，逐渐成为老百姓茶余饭后不可缺少的一道文化大餐。

虽然当代的文艺晚会市场呈现出一派繁荣的景象，但从整体上看，各级各类文艺晚会还是存在着良莠不一、艺术水平参差不齐的客观情况。国家与政府层面举办的重大文艺晚会，主创人员由当下著名导演担任，制作水平、艺术效果很高；而地方政府或企事业单位制作的文艺晚会整体艺术水平不高，出现“晚会晚会，节目开会”（节目的简单串联）的窘境。究其原因，在于高水平的文艺晚会策划人才的缺乏和文艺晚会策划人才培养体系的缺失。当下，文艺晚会策划人才的培养处在边缘化的状态，文艺晚会理论的学术研究还比较匮乏，关于文艺晚会策划领域还没有形成系统的理论阐述。要想提升文艺晚会从业人员的艺术素质，不断提高文艺晚会的制作水平，更好地为新时代中华民族伟大复兴的文化事业服务，就必须培养出德智体美劳全面发展，厚基础、强能力、高素质，具有家国情怀、创新精神的高水平创新型人才。

本书在借鉴文艺晚会策划领域前人成果的基础上，根据艺术专业策划方向人才培养的需要，将文艺晚会策划理论与实践案例相结合，从而指导策划方向学生的理论学习与实习实践。本书具有以下特点：

① 本书以文艺晚会策划为主题，着重阐述文艺晚会策划思维的培养、策划者所需具备的策划能力和文艺晚会策划的主要流程等内容，强调从策划思维和策划实践两个层面着力提升策划创意能力。

② 本书重视策划工作的实操性，以程序化、任务模块化的表达形式指导实践。文艺晚会策划工作具有较强的实践性、操作性特征，不能仅仅局限于“纸上谈兵”，必须将晚会创意、主题立意、风格特征落到实处，必须在实践过程中提升学生的文艺晚会策划能力。本书以思维导图的形式清晰地展现所要完成的各种程序和任务，使学生能够更加直观、明确地把握知识点，并能够将理论知识直接运用到实习实践中，提升知识和能力学习的实操性。

③ 本书架构了文艺晚会策划过程的主体结构，即主线，使原本繁复冗杂的策划任务化繁为简、清晰可辨。本书借鉴了文艺晚会策划领域很多前人的成果，但也发现有些成果由于策划过程主体结构不清晰，出现某些程序和任务不明确、阶段任务模块划分不明显、文艺晚会创作思路不清晰等问题。本书将文艺晚会策划的完整过程分为文艺晚会策划的准备、制定、实施和呈现四个阶段，并在每个阶段中注明所要完成的策划程序、工作任务和阶段目标，标明本阶段所要花费的大概时间区间，用以指导学生的文艺晚会策划实践。

④ 从思维的层面提升策划创意能力。就文艺晚会来说，具有创造性的策划思维异常重要，它是决定文艺晚会成功与否的关键因素。然而，创造性的策划思维是一种非常复杂、系统的思维体系，它不是天生的或是一蹴而就的，而是需要进行长期的、系统的训练才能获得的。本书详细阐明了发散思维、辩证思维、形象思维、直觉思维和逻辑思维等思维形式在文艺晚会策划方面所起到的重要作用，并通过思维训练指导文艺晚会的策划工作，提升文艺晚会策划的创意性和艺术性。

⑤ 本书优选 29 个策划案例，并配有二维码。这 29 个案例是文艺晚会策划理论的有效补充，是学生学习文艺晚会策划理论的实践指导。这些案例既有国家与政府层面举办的重大文艺晚会，也有地方政府、企事业单位制作的艺术水平较高的文艺晚会。可以说，书中选取的文艺晚会的策划案例，内容全面、结构合理、层次分明。同时，29 个策划案例都配有二维码，学生可以通过扫描二维码，在手机等移动终端观看这些文艺晚会的视频，能够更好地学习、理解相关理论。

⑥ 本书高度重视思政内容的融入。本书在文艺晚会策划理论、实践指导以及策划案例等内容中，加入丰富且意义深远的思政元素，尤其是在优选的策划案例中，将《东方红》《奋斗吧中华儿女》《胜利与和平》等弘扬社会主义核心价值观、《江城月·中华情》《锦绣中华》《千年之约》等弘扬中华民族优秀传统文化的优秀案例囊括其中，使学生在理论学习和实践操作过程中潜移默化地树立正确的世界观、人生观和价值观。

限于学识水平，书中疏漏谬误之处在所难免，恳请专家及广大读者批评指正。

目　录

第一章　文艺晚会概述

第一节　文艺晚会的内涵

文艺晚会是一种文艺演出活动类型。从字面上来说，该名词囊括了举办时间和晚会内容两个层面的内涵：一是文艺晚会的举办时间大多数是在晚上，即便是在白天举办也要营造夜晚的氛围，以便采用灯光、舞美等舞台表现手段来为晚会增添色彩、刻画艺术形象；二是晚会内容取决于文艺一词，主要是以综合文艺节目表演为主，也称综艺晚会。北京师范大学黄会林教授认为："广义的晚会，从性质上讲，可以是艺术的，即以音乐、舞蹈、戏曲、小品等艺术形式为节目内容编排的晚会；亦可以是非艺术性的，即以领导祝词、劳模讲话……等非艺术形式活动而举办的晚会；还可以是二者兼有。狭义的晚会，是指创作主体在特定时空里，以某一主题诉求为主要任务目标，以当众表演文娱节目为主要形式而举行的聚会。"①

中华民族历史文化悠久，早在上古时期就出现了诸如《云门》《咸池》《箫韶》《大夏》《大武》等"歌、舞、乐"三位一体的早期综合文艺表演形式。隋唐时期是我国封建社会综合实力空前强大、历史文化蓬勃发展的时期，隋代"每岁正月，万国来朝，留至十五日，于端门外建国门内，绵亘八里列为戏场，百官起棚夹路，从昏达旦以纵观之，至晦而罢"②，足以见得当时的文艺表演规模之宏大、气势之磅礴。随着宋元市民音乐的勃兴，作为市民音乐活动中心的"瓦子"与"勾栏"成为众多宫廷以及民间艺术家表演的固定场所。据《东京梦华录》记载，汴京就有桑家瓦子、朱家桥瓦子等 8 处，其中仅桑家瓦子及附近的中瓦、里瓦就有勾栏

① 黄会林：《中国电视艺术发展史教程》，北京师范大学出版社 2006 年版，第 64-65 页。

② 孙继南、周柱铨：《中国音乐通风简编》，山东教育出版社 2013 年版，第 66 页。

50余座[①]。两宋时期，瓦子勾栏中的表演内容极其丰富，既有小唱、嘌唱、说诨话等小型民间表演形式，还有诸宫调、杂剧等表现完整故事情节的大型戏剧形式。另据夏庭之《青楼集》载："内而京师，外而郡邑，皆有瓦舍勾栏。优萃云集，奏乐献艺，观者挥金与之"[②]。

自中华人民共和国成立，尤其是改革开放以来，伴随着我国经济的高速发展、国家政治的空前稳定，文艺晚会更是呈现出百花齐放的繁荣景象。每年一度的中央广播电视总台春节联欢晚会（简称央视春晚）作为我国文艺晚会的风向标，通过电视媒体向全国人民乃至全世界展现了我国综合文艺晚会的特殊魅力。这类综艺晚会的兴起，契合了我们当代社会快节奏的生活以及求新求变的心态。综艺晚会在当代中国已经成为庆祝重大节日、举办重大活动的必要环节和重要内容，同时人们对于文艺晚会的审美需求、节目质量、参与度等要求都在不断地提高，文艺晚会的成功与否直接关系到人们对节目或活动的参与程度和社会美誉度。

新时代，文艺晚会又被赋予了丰富民众精神文化生活、展现当今美好时代、凝聚国人精神力量、贡献社会建设等特殊功能。新时代的文艺晚会主题鲜明、节目形式多样，其表演形态更具科技化，也有着广泛的群众基础。无论年龄的差别、文化修养的高低还是社会地位的不同，文艺晚会无疑都是深受观众喜爱的一种艺术形式，逐渐成为老百姓茶余饭后不可缺少的一道文化大餐。

第二节　文艺晚会的类型

文艺晚会的类型多种多样，如元旦文艺晚会、五四文艺晚会、中秋文艺晚会、国庆文艺晚会、春节文艺晚会、各类艺术节文艺晚会、运动会文艺晚会、开幕式文艺晚会、颁奖文艺晚会、社区文艺晚会、校园文艺晚会、军营文艺晚会等，数不胜数。我国著名舞蹈家、大型体育晚会开创者吕艺生先生从晚会内容的层面将文艺晚会分为六大类型，即庆典性晚会、节日性晚会、纪念性晚会、行业专题性晚会、文体性晚会、景点旅游性晚会等。

---

① 孙继南、周柱铨：《中国音乐通风简编》，山东教育出版社2013年版，第82页。

② 孙继南、周柱铨：《中国音乐通风简编》，山东教育出版社2013年版，第83页。

一、庆典性晚会

庆典指庆祝典礼，是各种庆祝仪式的统称。庆典性晚会是在庆典日或庆典日前几天举办的大型综艺性文艺演出活动，此类晚会一般级别较高，如国家性庆典晚会、民族性庆典晚会、时代性庆典晚会，等等。庆典性晚会既有明确的主题，又有国家气派与民族意志，同时具有较强的仪式感、严肃感和荣誉感。这类文艺晚会大多能代表亿万人民的心愿，表达人们的爱国主义情怀。毋庸置疑，庆典性晚会是目前国家和地方政府最为重视、各界人士最为支持、各方面投入最大的一种晚会活动。

随着中国的和平崛起，每逢国庆、抗战胜利等国家重要庆典日都要举行系列庆典性活动，而文艺晚会无疑是系列庆典活动中的重头戏，上到中央、下到普通百姓无不高度重视，规模越做越大，质量越来越高。

2019 年 10 月 1 日是中华人民共和国成立 70 周年纪念日，首都北京举行了一系列庆祝活动，主要包括庆祝大会、阅兵、群众游行等多项安排。各地也从实际出发，组织开展形式多样的庆祝活动，展示中华人民共和国成立 70 年来的光辉历程和伟大成就。2019 年 9 月 29 日，在首都北京人民大会堂举办的庆祝中华人民共和国成立 70 周年大型文艺晚会《奋斗吧中华儿女》，将庆典性文艺晚会的品质做到了极致。

案例 1　《奋斗吧中华儿女》
——庆祝中华人民共和国成立 70 周年大型文艺晚会

七十载沧桑巨变，七十载壮丽征程。庆祝中华人民共和国成立 70 周年大型文艺晚会《奋斗吧中华儿女》2019 年 9 月 29 日在京举行(图 1-1)。中央广播电视总台 9 月 30 日晚黄金时间，在央视综合频道、综艺频道播出，共同回顾新中国成立 70 年来的辉煌历程，共同祝福伟大祖国的美好前程。

(一) 晚会主题与内容

《奋斗吧中华儿女》是以音乐舞蹈史诗形式呈现的庆祝中华人民共和国成立 70 周年文艺晚会，由杨笑阳担任总导演。该晚会以“奋斗”为主线，分为《浴血奋斗》《艰苦奋斗》《团结奋斗》《奋斗吧中华儿女》四个篇章，全要素运用交响、合唱、舞蹈、朗诵、情景表演等形式，再现一代又一代中华儿女为民族独立、国家

图 1-1 《奋斗吧中华儿女》大型文艺晚会

富强不懈奋斗的伟大历程。

“奋斗”是本场晚会的创作主题，“人民”是表现主体，主创团队努力赋予《奋斗吧中华儿女》新时代的艺术美，调动各种舞台手段创新表达，使其更符合观众的审美习惯。该晚会既对标了《东方红》等经典，也致敬了革命前辈、艺术前辈，从创作、制作到舞台呈现，从词曲、演唱、演奏、编排到服装、化妆、道具等各流程和门类都要求很高。本场晚会的节目单如表 1-1 所示。

表 1-1 《奋斗吧中华儿女》文艺晚会节目单

篇章主题	节目序号	节目名称
第一篇章《浴血奋斗》	1	《没有共产党就没有新中国》
	2	《起来　起来》
	3	《国际歌》
	4	《工农兵联合起来》
	5	《南昌起义》
	6	《秋收起义歌》
	7	《西江月・井冈山》
	8	《三大纪律八项注意》
	9	《娘子军连歌》
	10	《露营之歌》
	11	《过雪山草地》
	12	《南泥湾》
	13	《延安颂》

表 1-1（续）

篇章主题	节目序号	节目名称
第一篇章《浴血奋斗》	14	《怒吼吧　黄河》
	15	《大刀进行曲》
	16	《弹起我心爱的土琵琶》
	17	《渡江　渡江》
	18	《中国人民解放军进行曲》
	19	《交响情景表演》
第二篇章《艰苦奋斗》	20	《东方红》
	21	《赞歌》
	22	《翻身农奴把歌唱》
	23	《英雄赞歌》
	24	《我的祖国》
	25	《我们走在大路上》
	26	《我为祖国献石油》
	27	《幸福不会从天降》
	28	《接过雷锋的枪》
	29	《共和国之恋》
	30	《歌唱祖国》
第三篇章《团结奋斗》	31	《祝酒歌》
	32	《在希望的田野上》
	33	《春天的故事》
	34	《战决口》
	35	《东方之珠》
	36	《七子之歌》
	37	《故乡的云》
	38	《走进新时代》
	39	《生死不离》
	40	《我和你》
	41	《江山》
	42	《长江之歌》

表 1-1（续）

篇章主题	节目序号	节目名称
第四篇章《奋斗吧中华儿女》	43	《天耀中华》
	44	《致敬人民》
	45	《一个都不能少》
	46	《强军战歌》
	47	《我的绿水青山》
	48	《赤子》
	49	《新的天地》
	50	《不忘初心》
	51	《和平——命运共同体》
	52	《复兴的力量》
	53	《奋斗吧　中华儿女》

（二）案例分析

与《奋斗吧中华儿女》相类似的大型文艺晚会还有音乐舞蹈史诗《东方红》、纪念中国人民抗日战争暨反法西斯战争胜利70周年文艺晚会《胜利与和平》、纪念中国人民志愿军抗美援朝出国作战70周年文艺晚会《英雄儿女》等。这类庆典性晚会或史诗性晚会，大都具有以史为线、结构宏阔，体量巨大、参与者众，舞美精心、场面壮观，组织复杂、动员力强等特点。这类晚会动辄数千名演员，在一个演出之夜呈现令人震撼的视觉冲击，成为中国现代艺术史上的壮观之象。

1. 晚会的结构框架

《奋斗吧中华儿女》是采用时序性结构的大型音乐舞蹈史诗，特别值得指出的是，晚会的四个篇章，均突出了“奋斗”二字。比起历史综述性的结构方式，《奋斗吧中华儿女》的精神指向性极其鲜明、突出。该晚会要用120分钟的时间描述漫长的70年历史，每年平均时长只有1分钟多，主创团队因此经过了多次构思、修改，不断重新提炼。节目组从一大批歌曲里选出了近60首经典歌曲，并且只挑选了人们最熟悉的那几句迅速串连。

2. 晚会的策划过程

2018年10月，《奋斗吧中华儿女》策划工作开始启动。2019年3月，文学组、音乐组等部门提供晚会初步方案；4月，主创团队奔赴全国各地采风，拿出修改方案并反复论证；6月，各篇章落实节目细节；同月月底，在模拟舞台全面进入排练；9月，各工种进入人民大会堂合排，不断磨合，直至正式与全国观众见面。总导演杨笑阳回忆历时一年的创作历程，感慨地说："舞台不是我们的练兵场，而是我们的战场。"

3. 晚会的艺术追求

音乐舞蹈史诗的艺术综合性决定了创作的复杂性，音乐要和表演结合，乐队要和演员配合，相得益彰才能个个出彩。新创歌曲和重新演绎的歌曲最考验真本事，思想性、艺术性、政治性的标准不能降低，必须能够在这个舞台上立得住。总导演杨笑阳说："创作最初，我们就确立了以音乐舞蹈史诗来架构这一恢宏题材，以文艺工作者最大的真诚歌唱祖国、礼赞人民。每个人都拼尽全力，要拿出真诚、真实的艺术精品。"

人民大会堂的舞台气势宏大，大会堂自身对音乐有扩散效应，合唱团分立两侧，给声场配合带来很大难度。150人的乐队来自3个乐团，400位合唱演员来自7支合唱团，通过不断练习磨合达到和谐效果。指挥家陈燮阳回忆："乐队一连演奏两个小时，没有中场休息，很多乐手拉到最后手都抬不起来了。有时下午练一遍，晚上又一遍。有一次晚上11点开始联排，结束时已是子夜1点。"

众多演员中，有80岁高龄的指挥家陈燮阳、主持人陈铎，也有七八岁的小学生。不论年龄大小、不论来自哪里，演员们都没有迟到早退，没有怨言懈怠，更没有论资格讲条件，出活出彩没有一点含糊。正如指挥家李心草所说："每个人都有极限，但心里有着同样强烈的责任感，互相鼓励着就获得了力量。"

可以说，"奋斗"是本场晚会的主题，更是主创团队精益求精的创作追求。主创团队以真诚的祝福献给祖国和人民，以奋斗的精神向着艺术高峰攀登。总导演曾说："《奋斗吧中华儿女》是一部呕心沥血、精益求精之作，更是体现全国文艺工作者奋斗精神的作品。"这正是庆典性文艺晚会或音乐舞蹈史诗性文艺晚会的魅力之所在。

4. 晚会的社会评价

坚持以人民为中心的创作导向是新中国文艺一以贯之的精神指引，《奋斗吧中华儿女》便是坚守这一创作导向的最佳范本。从开篇至终篇，每一个平凡而又伟大的中华儿女都是舞台上的主角。整场演出不论音乐、舞蹈还是诗歌，都是在讲述一个个平凡的中华儿女如何建设祖国的艰辛历程，讲述中华儿女的热血与奉献。从爬雪山过草地的红军战士，到抗震救灾的人民子弟兵，再到奥运会上的运动健儿，每一个人都是亿万辛勤奋斗着的中华儿女的缩影，而这一个个真实的身影，最能唤起国人的情感共鸣。

——《中国文化报》2019 年 10 月 10 日，第 3 版

该晚会既是一次艺术的熏陶，也是一堂特别生动的爱国主义教育课。整场演出节奏明快，信息量大，内容丰富而具体，充满向前、向上的活力，体现了新时代文艺工作者真诚的创作态度，也体现了舞台艺术的卓越进步，是一次艺术经验和舞台技术的凝结和展示。该晚会是一台气势雄壮、主题昂扬的舞台艺术精品，恰如新中国 70 年的历史，演绎了一首波澜壮阔、催人奋进的壮丽史诗。

——《人民日报》2019 年 10 月 1 日，第 5 版

二、节日性晚会

“节日”是千百年来人们为了适应生产与生活的需要而共同创造的一种民俗文化，世界各民族各地区都有自己的节日。中国的节日早在远古时期就已经开始萌芽，流传至今的春节、中秋节等节日在先秦时期就已经形成。中国的节日多种多样，有源于传统习俗的春节、中秋节、清明节、重阳节等，有源于对某人或某事件纪念的端午节、国庆节、青年节等，还有源于国际组织指定日子的劳动节、妇女节等。除此之外，近些年还出现了一些新兴的与艺术表演相关的节日，如中国艺术节、中国戏剧节、中国杂技节、中国电影节、中国电视节、中国京剧节等，在庆祝这些节日的同时举办相关的文艺晚会已成为一种固定模式。

节日性晚会是在节日当天或前几天举办的一种广大人民群众喜闻乐见的综艺性演出活动，这类晚会大多与中华民族传统风俗紧密联系，因此晚会具有文化底蕴深厚、民族气息浓郁的特点。改革开放之后，随着电视业的快速发展，电视的普及为节日性综艺晚会的举办提供了技术前提和保障。春节联欢晚会、元宵晚会、中秋晚会等，已成为华夏儿女欢度传统节日必不可少的视听盛宴。

始于 1983 年的央视春晚，通过电视媒体向亿万观众展示了节日性晚会的无穷魅力。央视春晚，是中央广播电视总台在每年除夕之夜为了庆祝新年而举办的综合性文艺晚会，起源于 1979 年，正式举办于 1983 年，2014 年被定位为国家项目。晚会涵盖小品、歌曲、舞蹈、杂技、魔术、戏曲、相声等多种艺术形式，把现场观众和电视机前的观众带入狂欢之中，打造“普天同庆、盛世欢歌”的节日景象。央视春晚以歌舞秀开场，以歌舞、曲艺、戏曲节目为主体，用《难忘今宵》作为结束曲为晚会画上句号。

案例2　2015年中央广播电视总台春节联欢晚会

2015年央视春晚于2015年2月18日（农历甲午马年腊月三十）晚8:00在中央电视台综合频道、综艺频道、中文国际频道、多个外语频道以及各省级卫视等全球同步直播。

（一）晚会主题与内容

1. 晚会主题

2015年央视春晚以“家和万事兴”为主题，以“吉祥过大年”“团圆话家常”“家和万事兴”“中华全家福”四个节目群的结构方式，与全世界的中华儿女共同分享一年来的国兴盛世、家有喜事，同电视机前的每一个观众一起讲中国故事、展中国精神、共度中国年。

2. 晚会标志与吉祥物

晚会标志上面写着“2015中央电视台春节联欢晚会”字样，旁边用竖写字体标明“乙未年”，而“20”两个数字向内卷曲，看起来像一对羊角。（图1-2）

图1-2　2015年央视春晚标志

晚会吉祥物为“阳阳”，出生于“羊城”，从中国小尾寒羊形象中汲取灵感。（图1-3）“阳阳”是春晚史上第一个吉祥物，其配音由中央电视台节目主持人刘纯燕担任。春晚剧组把国外动画电影中的动作捕捉技术搬上舞台，将真人模拟和动画相结合。“阳阳”的幕后动作原型是哑剧演员李奎。设计原型由2008年北京奥运会吉祥物“福娃”的作者之一、清华大学美术学院教授吴冠英制作。

图1-3　2015年春晚吉祥物

羊年春晚剧组通过设立“春晚吉祥物”大力弘扬中国传统文化中的“生肖”元素。一方面塑造一种特定的形象标识，增强大众对“春晚”这一全民文化品牌的符号认知；另一方面，“阳阳”的出现不仅符合人们喜爱萌宠动物的本能审美心态，更能够贯穿起整台晚会的构架、节奏，实现晚会形式的独特创新。

3. 晚会节目单(表 1-2)

表 1-2　2015 年中国广播电视总台春节联欢晚会节目单

节目序号	节目形式	节目名称
1	歌曲联唱	《四世同堂合家欢》
2	歌曲	《中华好儿孙》
3	小品	《喜乐街》
4	歌曲联唱	《明星反串闹新春》
5	相声	《我忍不了》
6	创意儿童节目	《自古英雄出少年》
7	歌曲	《回家的路》
8	小品	《车站奇遇》
9	歌曲	《当你老了》
10	歌曲	《拉着妈妈的手》
11	小品	《小棉袄》
12	杂技	《青花瓷》
13	魔术	《纸牌幻想》
14	歌曲	《多远都要在一起》
15	小品	《投其所好》
16	舞蹈	《丝绸霓裳》
17	歌曲	《丝路》
18	武术	《江山如画》
19	小品	《高手在民间》
20	歌曲	《锦绣》
21	小品	《一定找到你》
22	戏曲荟萃	《梨园芳华》
23	歌曲	《共筑中国梦》
24	小品	《社区民警于三快》

表 1-2（续）

节目序号	节目形式	节目名称
25	歌曲	《从前慢》
26	歌曲	《乡愁》
27	歌曲	《人间天河》
28	歌曲	《幸福家家有》
29	歌曲	《搭把手》
30	歌曲	《强军战歌》
31	歌曲	《把心交给你》
32	舞蹈	《大地春晖》
33	相声	《圈子》
34	相声	《这不是我的》
35	歌曲	《时代的勇气》
36	歌曲	《难忘今宵》

（二）案例分析

1. 晚会的艺术创新

2015 年羊年春晚主创团队力求节俭创新，其中包括首次融入新媒体互动板块，实现屏幕内外的互动联欢，首次设立春晚吉祥物“阳阳”虚拟主持人，羊年春晚节目还突出南水北调、丝绸之路等 2014 年度国家记忆，打造非物质文化遗产、中华武术、戏曲艺术等中国传统文化节目。

为了能够让亿万观众感受到“过大年”的祥和气氛，让中国人民与全世界的中华儿女共同分享一年来的国兴盛世、家有喜事，同电视机前的每一个观众一起讲中国故事、展中国精神、共度中国年，主创团队将春晚的观众体验感放在首要位置，并在此基础上进行了卓有成效的创新。观众的体验感主要体现在以下三个方面。

① 晚会在直播过程中设置了两个演播厅。从 1998 年至 2014 年，春晚用的是中央电视台一号演播大厅，2015 年春晚使用的则是一号和九号(1000 平方米)两个演播厅。双演播厅的设置，除了提升观众观看体验、便于演员贴近观众外，也在一定程度上缩短了搬运道具的时间。

② 晚会在审查中纳入了“笑果测评体系”。审查阶段，不仅有春晚审查小组对节目整体进行把关，在专门制定的测评方案中，也有专门的监测人员使用“掌声记录仪”监测现场观众在自然放松的状态下对各个节目的鼓掌情况、笑声

分贝等数据。审查结束后，节目组还会组织不同年龄、性别、职业的观众代表进行座谈，请他们在小品的故事情节、台词、演员表演等多个方面分享观后感以及意见建议。

③ 晚会设置了以“羊”为原型的吉祥物，谐羊年之音，取名“阳阳”。这是春晚历史上第一次设立吉祥物。在春晚直播当天，“阳阳”作为特邀主持人贯穿于直播过程当中，与全国观众一道迎接乙未羊年的到来。

吉祥物，通常是针对重大赛事或者大型活动而创作的特殊形象，往往带有美好深远的象征意义。作为一台全国最有影响力的节庆晚会，春晚早已经成为全国人民家喻户晓的新民俗。然而多年来，春晚一直没有吉祥物作为固有的形象支撑。

在中国民间传说中，“羊衔五谷”至人间，留下千古美名。作为一种喜迎羊年的吉祥图腾，用夸张的手法进行原型再现的“阳阳”表达对观众的美好祝愿，寄予对来年的美好祝福。羊年春晚剧组为其取名“阳阳”，象征着“活泼阳光、三阳开泰”的美好寓意。羊年春晚剧组希望通过设立“春晚吉祥物”这种方式，大力弘扬中国传统文化中的“生肖”元素，努力提高春晚与观众之间的亲和力和体验感。

2. 节目的选拔原则

在羊年春晚策划工作启动之初，主创团队就定下了节目选拔的原则，即三不用原则：低俗媚俗的节目不用、格调不高的节目不用、有污点和道德瑕疵的演员不用。众所周知，春晚节目的选拔和审查制度相当严格，任何节目都要经历层层审查，没到除夕当晚正式演出之前，任何节目都有被拿下的可能性。例如语言类节目的审查，第一次审查定在 2014 年 12 月 20 日，包括相声、小品等 8 个节目参与了此次审查，内容涵盖社会公德、家庭伦理、空巢老人等；第二次审查定于 2015 年 1 月 11 日，此次审查共有 8 个新节目亮相，包括 3 个相声、4 个小品和 1 个滑稽戏；终审定于 2015 年 1 月 25 日，前两次初审之后，共有 15 个节目脱颖而出，入围了最终审查。

3. 晚会的社会评价

羊年央视春晚更加深度地融入中国人民的民俗生活和年俗精神中，以时尚化、科技化、艺术化的风采成长为古老年俗里的新民俗，愈发成为一种民俗的观看和观看的民俗。整台晚会生动反映了中国人民的精神面貌和时代风采。社会主义核心价值观作为时代最强音也成为晚会的主旋律。以日新日又新的精神，充分释放创新和想象，集合中华文化精神，激活古老优秀传统，使千年的年俗和万众的民俗与时俱进、其命维新。

——《东方早报》2015 年 2 月 21 日

羊年春晚“家”的主题对家庭理念的回归，也折射出人们对家庭真正意义的企盼。春晚的节目设置中将主线贯穿到底。四个节目群中，“吉祥过大年”以热烈喜庆的氛围开篇，突出除夕过年的欢庆场面；“团圆话家常”烘托其乐融融的儿女亲情；“家和万事兴”融汇中华民族的情感、气象和传承；“中华全家福”表达共筑梦想的家国情怀。以“家”为灵魂，主打“家”的温情牌，既走入了每位观众、每个家庭的心，也践行了社会主义大家庭伟大复兴的中国梦。

——央视网

晚会以“家和万事兴”为主题，做了不少突破和努力，不仅延续了“新民俗”的喜庆气氛，更调和出了酸甜可口、咸辣多元的独特风味。艺术源于生活，反映社会现实，春晚上各种味道，不仅让观众感到“感动”“火爆”“劲儿足”，更是全社会形成新的文化风气，社会氛围更加开明、和谐的集中体现。

——新华社

三、纪念性晚会

“纪念日”是指发生过重大事情而值得纪念的日子。

在生活中，纪念日的种类比较广泛，国家有纪念日，家乡有纪念日，家庭有纪念日，甚至我们个人也有纪念日。著名的纪念日有 3 月 5 日学雷锋纪念日、7 月 1 日中国共产党成立纪念日、7 月 1 日香港回归纪念日、8 月 1 日中国人民解放军建军纪念日、9 月 3 日中国人民抗日战争胜利纪念日、9 月 30 日烈士纪念日、10 月 1 日中华人民共和国国庆日、12 月 9 日一・二九运动纪念日、12 月 13 日南京大屠杀死难者国家公祭日、12 月 20 日澳门回归纪念日，等等。

纪念性晚会一般都是在纪念日当天或在纪念日前几天举办的综艺演出活动。纪念性晚会又有纪念人物和纪念事件之分。纪念人物的纪念性晚会有纪念毛泽东诞辰 120 周年文艺晚会、梅兰芳诞辰 110 周年纪念晚会等。1993 年，中华人民共和国文化部、中华人民共和国广播电影电视部、中国人民解放军总政治部、北京市人民政府和中国文学艺术联合会联合主办纪念毛泽东同志诞辰一百周年大型文艺晚会《山高水长》，以赞颂毛泽东同志那高山大河一样雄伟浩大的功业和气魄，以表达全党全军和全国各族人民对自己敬爱的导师和领袖崇高的敬意与无尽的思念。纪念事件的纪念性晚会有纪念中国人民抗日战争暨世界反法西斯战争胜利70周年文艺晚会《胜利与和平》、《心连心·创未来》庆祝香港回归祖国20周年文艺晚会、《濠江情·中国心》庆祝澳门回归祖国20周年文艺晚会等。

案例3 《胜利与和平》
——纪念中国人民抗日战争暨世界反法西斯战争胜利70周年文艺晚会

2015年9月3日晚，《胜利与和平》——纪念中国人民抗日战争暨世界反法西斯战争胜利70周年文艺晚会在北京隆重举行(图1-4)。党和国家领导人与6000名中外人士观看晚会，共同纪念这个光辉的日子。人民大会堂万人大礼堂灯光璀璨，二楼眺台悬挂着横幅“铭记历史、缅怀先烈、珍爱和平、开创未来”。舞台正中，“胜利与和平”5个金色大字熠熠生辉。蜿蜒起伏的长城造型构成了舞台主背景，舞台两侧镶嵌的“中国人民抗日战争胜利70周年纪念章”金光四射。

图1-4 《胜利与和平》
——纪念中国人民抗日战争暨世界反法西斯战争胜利70周年文艺晚会

(一) 晚会主题与内容

晚会以“铭记历史、缅怀先烈、珍爱和平、开创未来”为主题，以抗战重要历史节点和典型事件场景为主线，选取抗战经典歌曲，把气势磅礴的大合唱作为主要表现形式，融合交响化和民族化的音乐、舞蹈、戏剧、情境表演、诗朗诵、多媒体等艺术手段，主题鲜明，主线突出，大气磅礴，催人奋进，唱响了中国人民抗击侵略的英雄凯歌，抒写了中华民族共御外侮的壮丽史诗，突出表现了中国共产党在抗战中的中流砥柱作用，反映了中国作为东方主战场为世界反法西斯战争胜利作出的不可磨灭的贡献。晚会由开场式《胜利》及《浴血中华》《正义力量》《和平梦想》三个篇章构成，节目单如表 1-3 所示。

表 1-3　《胜利与和平》——纪念中国人民抗日战争暨世界反法西斯战争胜利 70 周年文艺晚会节目单

篇章主题	主题内容	节目序号	节目名称
开场式《胜利》	在胜利的日子里，一名抗战老兵走向英雄雕像。胜利广场上，英雄团队的旗帜飞扬，老战士和年轻人欢聚一堂，共庆中国人民抗日战争暨世界反法西斯战争胜利 70 周年辉煌盛典	1	《胜利之歌》
第一篇章《浴血中华》	时空斗转，回到抗日战争爆发的 1931 年 9 月 18 日，东三省沦陷，国破家亡，中华民族独立奋起抗争，揭开了世界反法西斯战争的序幕，开始了长达十四年的英勇抗战。中国共产党在中华民族最危险的时候，促成了抗日民族统一战线的建立，树起抗日先锋的旗帜	2	《怒吼吧　黄河》
		3	《松花江上·抗联英雄》
		4	《卢沟烽火·南京—永不忘却》
		5	《救亡进行曲》
		6	《山丹丹开花红艳艳》
		7	《延安颂》
		8	《抗日将士出征歌》
		9	《太行山上》
第二篇章《正义力量》	中国共产党提出并坚持全民族抗战路线和持久战的战略总方针，成为中国人民抗日战争的中流砥柱。中国抗日军民在世界反法西斯战争东方主战场上，始终抗击和牵制着日军主力，与同盟国并肩战斗，为争取最后胜利发挥了重大作用	10	《到敌人后方去》
		11	《游击队歌》
		12	《铁血雄狮》
		13	《毛主席的话儿记心上》
		14	《大刀进行曲》
		15	《并肩战斗》
		16	《保卫黄河》
第三篇章《和平梦想》	站在新征程的起点上，中国人民铭记历史，缅怀先烈，珍爱和平，开创未来。中华民族执着地追寻光荣与梦想，共同唱响中华民族实现伟大复兴的中国梦	17	《红纱巾》
		18	《光荣与梦想》
		19	《强军战歌》
		20	《天耀中华》
		21	《和平—命运共同体》

（二）案例分析

1. 晚会的表现形式

① 展示抗战历程，凸显东方主战场的重要作用。晚会以“胜利与和平”为主题，以东方主战场的重要历史节点和典型历史场景为主线，以从中国抗战打响世界反法西斯战争东方主战场的第一枪开始，到赢得胜利，在和平发展的旗帜之下，共建人类命运共同体，开创和平美好未来为主要表现内容，综合了合唱、领唱、重唱、交响乐、民族音乐、戏剧情境表演、舞蹈、诗朗诵、多媒体等多种舞台艺术手段，再现了若干抗战历史重大事件，表现了中华儿女在实现民族伟大复兴中国梦征程上的精神风貌，突出中国气派、中国精神、中国风格，追求昂扬向上、恢宏大气、气势磅礴、震撼人心的史诗性艺术效果。

② 抗战歌曲新编，展现历史纵深感。晚会以纪念胜利日开篇，包括开场式《胜利》和《浴血中华》《正义力量》《和平梦想》3 个篇章，共有 21 个节目，选取了 22 首音乐作品。其中，全新创作了 4 首作品，重新设计与编创了 18 首经典抗战作品。晚会结尾以展望未来的和平命运共同体压轴，既有历史纵深感，又有主题的推进和升华。

③ 参演人员横跨各年龄层，全民族胜利狂欢。本次晚会演职人员总数 3000 余人。其中年龄最大的 85 岁，年龄最小的仅 6 岁。国家级艺术院团优秀艺术家为晚会演出主体，既有中直院团，又有部队院团；既有国营院团，又有民营院团；既有解放军战士，又有大、中、小学的学生，构成了全民族欢庆胜利，讴歌世界和平的动人情景。

④ 情境表演与演唱融合，打破歌舞联唱模式。晚会打破了以往文艺晚会歌伴舞、舞伴歌、歌舞大联唱的常用套路，运用与情境相结合的戏剧化表演，使演唱、舞蹈、表演、音乐有机融为一体，塑造了鲜明的人物形象，使整台晚会无缝连接、高潮不断、扣人心弦，体现了史诗性的艺术风格。

⑤ 重现抗战经典战役，营造真实历史场景。晚会首次表现百团大战、中国远征军入缅作战、南京大屠杀等题材。以阶梯式、可推拉移动的舞台营造出多种舞台变化，力争表现出“真实”的战斗和生活的场景（图 1-5）。精选了大量的影视、图片等历史资料，与舞台表演密切配合，交相呼应，营造出典型的历史现实场景。

图 1-5　晚会场景

2. 晚会的社会评价

2019 年 9 月 3 日，继盛大的阅兵仪式后，《胜利与和平》文艺晚会又给人以强烈的视觉冲击和情感共鸣。晚会生动反映了"铭记历史、缅怀先烈、珍爱和平、开创未来"的纪念主题，凝练地表达了中国人民对世界和平的共同呼声。这是一台抒写中国梦、传递正能量的晚会。《胜利与和平》艺术地再现了 14 年艰苦抗战历史，将生死存亡的主题场景营造得壮怀激烈，将抗战英烈的光辉形象塑造得鲜活真切，充分表达了中华儿女不屈不挠的抗战志气，反映了中国人民在实现民族伟大复兴中国梦征程上的精神风貌，思想性、艺术性、观赏性俱佳，令人震撼、催人奋进。这是一台以人民为中心而创作的艺术精品。晚会主创者做到了全力以赴、身心投入、倾情表演，所以才能好评如潮。总导演陈维亚说，"这台晚会无论意义和分量都不同寻常，我们是代表 13 亿多中国人民发声，所有演职人员都在用真情演出。"全场 90 分钟的晚会响起 30 多次掌声，这是对所有主创人员最好的嘉奖。

——《人民日报》2015 年 10 月 11 日

四、行业专题性晚会

行业专题性晚会一般是指社会中各行各业的周年庆典，以及具有一定社会纪念价值的专题晚会等。企事业单位往往希望通过这种综艺晚会形式，利用电视或网络等媒体平台向社会做本行业或本单位的形象宣传和成果展示。

行业专题性晚会，既要充分重视其艺术水准，还要兼顾社会形象和行业的功能性。

随着我国经济的飞速发展，以展示某行业成果和形象为内容的行业专题性晚会越来越多，其中主要以各行业的颁奖晚会、展示企业成果的年度性晚会以及国家性规模较大的行业晚会三类最为引人注目。

1. 各行业的颁奖晚会

近些年，国内外各类行业颁奖晚会越来越受到观众的追捧，如国外的奥斯卡颁奖晚会、格莱美颁奖晚会等，国内的金鸡奖颁奖晚会、百花奖颁奖晚会、华语金曲奖颁奖晚会等。在这些晚会上，人们不仅可以看到耀眼的艺人，还能够看到光彩夺目的舞美效果以及构思巧妙的节目。（图 1-6，图 1-7）

图 1-6　电影金鸡奖

图 1-7　大众电影百花奖

2. 展示企业成果的年度性晚会

随着我国经济的高速发展以及人民群众消费模式的转变，不少知名企业开始利用综艺晚会的形式，一方面展示自己的发展成果，另一方面打造全新的消费模式。近些年，国内知名电商依托“网络平台”和“明星效应”，利用综艺晚会的形式，结合人民群众的线上消费，打造了全球瞩目的“购物狂欢节”，将这种综艺晚会的功能和魅力发挥到了极致，作为“天猫双 11 全球狂欢节”零点前的开场秀，“猫晚”（天猫双 11 狂欢夜）在这场全民狂欢节中占据着重要的位置。2019 年，“猫晚”为了实现全球化狂欢愿景，不仅邀请中外艺人加盟，还打通全球近 30 个平台播出，覆盖超过 50 个国家和地区，达到了 2018 年“猫晚”狂欢夜播出覆盖地区的 10 倍。

3. 国家性规模较大的行业晚会

这类晚会一般是由国家政府部门牵头主办，主题内容明确，且大多具有公益性质的综合性文艺晚会，如“CCTV 慈善之夜”晚会、“3·15”晚会等。“3·15”晚会是由中央电视台联合国家政府部门，为维护消费者权益，在每年 3 月 15 日晚共同主办并现场直播的一台大型公益晚会。每一届“3·15”晚会都在为维护消费者权益、规范市场经济秩序、完善法律法规而努力。“3·15”晚会一贯致力于推动法治建设、依法维权的价值追求，倡导在法治的阳光下，消费者更有尊严地维护自己的合法权益，经营者更诚实守信地参与竞争，监管者有法可依、执法必严，忠实维护市场经济秩序。这类晚会受到广大人民群众的热烈欢迎，原因在于它与人民群众的日常生活有着千丝万缕的联系。

案例 4　2019 年中央电视台“3·15”晚会

“3·15”晚会作为中央电视台的品牌节目，自 1991 年起每年 3 月 15 日晚通过中央电视台向全国直播(图 1-8)。它唤醒了消费者的权益意识，成为规范市场秩序、传播国家法规政策的强大平台，专题调查、权威发布等都成为广大观众最期待的节目亮点。“3·15”晚会已成为一个符号，成为亿万消费者信赖的舆论阵地，成为国家有关部委规范市场秩序的重要力量，“3·15”也从一个简单的数字变成了维护消费者权益的代名词。

图 1-8　2019 年中央电视台“3·15”晚会

（一）晚会主题与内容

1. 晚会主题

“3·15”晚会每年确定一个主题，晚会设置专题调查、消费预警、权威发布、“3·15”贡献奖评选等多个环节。晚会上播出的调查节目一般紧跟当下的消费热点，追踪消费生活中不为人知的“潜规则”，曝光侵害消费者权益的重重“黑幕”。（表 1-4）

表 1-4 “3·15”晚会主题

年份	晚会主题	年份	晚会主题
1991—1996 年	—	2008 年	3·15 的力量
1997 年	世纪的力量	2009 年	3·15 有你更有力量
1998 年	为了农村消费者	2010 年	新规则　新动力
1999 年	在法治阳光下安全健康地消费	2011 年	护航新消费
2000 年	我们共同的事业	2012 年	共筑诚信　有你有我
2001 年	生命·安全	2013 年	我的权益我做主
2002 年	共筑诚信　我们在行动	2014 年	让消费更有尊严
2003 年	净化消费环境，提升消费质量	2015 年	消费在阳光下
2004 年	健康秩序　健康生活	2016 年	共筑消费新生态
2005 年	健康　维权	2017 年	用责任汇聚诚信的力量
2006 年	我们的心愿	2018 年	共建秩序　共享品质
2007 年	责任　和谐	2019 年	共治共享　放心消费

在晚会播出的同时，监管部门对晚会现场曝光的不法商家展开执法行动。针对百姓日常生活中常常遭遇的一些消费陷阱和误区，晚会通过现场试验等手段，发出消费预警，提醒消费者规避消费风险。

2. 2019 年“3·15”晚会部分节目内容(表 1-5)

表 1-5　2019 年“3·15”晚会部分节目内容

节目名称	节目内容
《医疗垃圾的黑色产业》	废弃的输液管、注射器,这些本该被集中无害化处理的医疗垃圾,却从医院流向市场,被加工成破碎料。这些加工破碎料的厂家没有任何资质,污水不经任何处理随意排放。 再生料颜色发黄发灰,被下游企业加工为洗脸盆、卫生盆、塑料网袋等产品,发往山东、河南等地。单单一家工厂一天就生产十万多只蔬菜网袋,行销全国各地,甚至流入到了儿童玩具领域,严重侵害消费者安全
《危险的辣条》	一款被做成表情包的小零食——辣条,在小学校园内十分火爆,记者在购买“虾扯蛋”后,被店主追了半条街,要求回收辣条。“虾扯蛋”“亲嘴牛尖”“爱情王子”“黄金口味棒”这几款热销的辣条,主要来自河南、湖南。虽然外包装均有清晰的产品编号,但加工场地却布满污垢,制作原料也仅是面粉加上各种添加剂
《“化妆”的土鸡蛋》	红蛋黄有猫腻,添加剂让蛋黄变红。商标注册搞手段,“鲜土”鸡蛋变成“鲜土鸡蛋”,“好土”鸡蛋变成“好土鸡蛋”。其实就是普通鸡蛋,价格翻了 2～3 倍
《缺德的智能骚扰电话》	“我们是房地产公司的”“我们是做银行贷款的”……这些骚扰电话为何源源不断?这些公司主要通过机器人拨打电话,一个机器人一天能打 5000 个电话,使用领域主要分布在房地产、培训教育、汽车、金融、整形等行业。如何获取更多电话号码?通过探针盒子,识别连接上无线网络的手机。这些探针盒子被秘密放在商场、超市、便利店、写字楼,在用户毫不知情的情况下获取用户信息
《资质证书岂能如此挂靠》	药店药师不在岗,资质证书岂能如此挂靠?知情人士透露,药店可能根本就没有执业药师,药师资质证书是租来的,而药师也承认此事。记者走访发现,医师资格证租借已经形成灰色产业链
《不卫生的卫生用品》	国家明确规定,成人纸尿裤原料应该无毒、无害、无污染。但部分企业将不合格的散浆与国规的卷浆进行一定比例的混合使用,而散浆大部分来自于回收的纸尿裤,有的已经沾染了大片污渍,甚至发霉
《售后服务套路多,明修暗骗躲不过》	在全国各地多个品牌家电特约售后服务维修中心,记者体验发现,安装时高价推销不必要的配件,维修时小病大修、虚假维修,在家电售后行业非常普遍,消费者已然成为待宰的羔羊
《“714 高炮”要钱更要命》	“714 高炮”,指的是那些期限为 7 天或者 14 天的高利息网络贷款,基本上 90%都是以 7 天期为主,具有高额的砍头息,所以被称为“高炮”

（二）案例分析

“3·15”晚会作为行业专题性晚会，它唤醒了消费者的权益意识，成为规范市场秩序、传播国家法规政策的强大平台。

2019年“3·15”晚会以“共治共享　放心消费”为主题，聚焦产品质量、售后服务、互联网消费等领域侵犯消费者权益的违法违规行为，曝光行业内幕和消费“潜规则”。晚会主要曝光了以下几个方面：医疗垃圾的黑色产业；危险的辣条；“化妆”的土鸡蛋；缺德的智能骚扰电话；资质证书岂能如此挂靠；不卫生的卫生用品；售后服务套路多，明修暗骗躲不过；“714高炮”要钱更要命等内容。

“3·15”晚会作为行业专题性晚会，通过“调查专题”和“消费预警”两个主要环节的呈现，将行业专题性晚会的功能和作用展现得淋漓尽致。尤其是“调查专题”这一环节，依然延续晚会的一贯风格，继续揭露相关行业存在的潜规则和消费市场中存在的违法侵权行为。本场晚会曝光了国际国内企业侵犯消费者权益的虚假欺诈行为，揭露了在新消费环境下的骗局和陷阱，彰显了媒体的责任与公信力，传递了对民生浓浓的关怀。例如，备受关注的“化妆”的土鸡蛋，因为被冠上天然、营养价值高等标签而备受吹捧，价格也比普通鸡蛋贵1～2倍。此次“3·15”晚会曝光，市场上的绝大多数“土鸡蛋”就是普通鸡蛋。通常商场的工作人员在推销时，会根据蛋黄的颜色深浅来宣传“土鸡蛋”，普通鸡蛋颜色浅，土鸡蛋颜色深。但实际上蛋黄颜色深是因为商家在饲料里加入一种名为“斑蝥黄”的添加剂。

总之，“3·15”晚会有助于推动市场治理，更有助于监管部门和企业反省自己的行为。“3·15”晚会推动了中国的市场建设，推动了社会的进步，晚会在本质上不是消费者维护权益的胜利，而是舆论的胜利。

五、文体性晚会

文体，除了表示文本构成的规格和模式之外，还有文娱和体育的合称之意。文体性晚会主要是指在国内外重大赛事的开始和结束两个时间节点举办的开闭幕式文艺演出活动，它是利用国内外重大赛事这一平台展示文娱与体育完美融合的最佳载体，也是广大人民群众喜闻乐见的一种大型文艺演出活动。

人们从电视转播中看到极具艺术化的国际赛事文体性晚会，还要追溯到1984年的美国洛杉矶奥运会。现场舞剧式的欢庆场面以及上百台钢琴共同演奏美国著名作曲家格什温创作的《蓝色狂想曲》，开创了奥林匹克运动中艺术与体育融合的新时代。而后1988年韩国汉城奥运会的主题曲《手拉手》成为全球广为流传的经典歌曲。1990年我国成功举办了第十一届亚运会，并继续沿用开闭幕式文艺演出的模式，为亚运会的成功举办增添了丰富的色彩。

如今，国际重大赛事的开闭幕式文艺晚会被看作展现国家实力和文化底蕴的重要载体。每逢奥运会这种重大赛事，各主办国都会不惜重金投入到晚会的策划与设计中。奥林匹克运动会开幕式历来都是奥运会的重头戏，是万众瞩目的焦点。2008年8月8日晚8时，在我国首都北京举办的第二十九届奥林匹克运动会开幕式，成为奥林匹克运动会史上最为经典、最美轮美奂的开幕式表演。北京奥运会会标见图1-9。

图1-9　北京奥运会会标

案例5　2008年8月8日第二十九届奥林匹克运动会开幕式文艺晚会

2008年8月8日第二十九届奥林匹克运动会开幕式在国家国家体育场（鸟巢）隆重举行（图1-10）。具有两千多年历史的奥林匹克运动与五千多年传承的灿烂中华文化交相辉映，共同谱写人类文明气势恢宏的新篇章。夜幕下，“鸟巢”造型的国家体育场华灯灿烂，流光溢彩，可容纳9万多人的体育场内座无虚席，群情激动。

图1-10　2008年第二十九届奥林匹克运动会开幕式文艺晚会

（一）晚会节目单（表 1-6）

表 1-6　2008 年第二十九届奥林匹克运动会开幕式文艺晚会节目单

篇章主题	节目主题	节目形式
美丽的奥林匹克（序）	倒计时	体育场中央，随着一声声强劲有力的击打，2008 尊中国古代打击乐器缶发出动人心魄的声音，缶上白色灯光依次闪亮，组合出倒计时数字。在雷鸣般的击缶声中，全场观众随着数字的变换一起大声呼喊：10，9，8，7，6，5，4，3，2，1，在一片欢呼声中，迎来了开幕式正式开始的时刻：20 时整。2008 名演员击缶而歌，吟诵着“有朋自远方来，不亦乐乎”，表达对世界各地奥运健儿和嘉宾的欢迎
	欢迎焰火	奥林匹克神奇的火光，穿越历史时空，在古老的东方大地上，迸发出巨大的能量，古老和现代、西方和东方紧紧联系在一起。国家体育馆焰火燃放阵地：顶部燃放点 287 个，顶部红闪燃放点 1462 个，中心区阵地 27 个。顶部 11456 发，中心区 8428 发。焰火在高空绽放，整个体育场如盛开的花朵。五彩的焰火沿北京南北中轴线次第绽放，呈现出象征第二十九届奥运会的 29 个巨大脚印
	国旗入场	8 名持旗手水平持旗，隆重展示国旗。在熟悉悠扬的歌声中，56 个身着民族服装的儿童簇拥着国旗走来，代表了中国 56 个民族合为一家。升旗手升中华人民共和国国旗。224 名民族合唱队员唱中华人民共和国国歌，民族国歌合唱队由来自 56 个民族的演员组成
	文房四宝	笔、墨、纸、砚，文房四宝，集天地之精华，将中华民族五千年的文明，展现于笔端画卷，凝结成人间瑰宝
文艺演出篇（上）《灿烂文明》	画卷	当场地上巨大的卷轴慢慢拉开时，全场为之震撼。这幅 147 米长、27 米宽的巨大 LED 屏幕，是展现中国五千年历史的长卷，开幕式的演出从此开始。“画卷”表现了中国历史文化的起源和发展。 1. 一幅真正的中国画卷打开了。它告诉人们，今晚的演出将从一幅中国画卷开始。 2. 画卷中央，铺放着一张白纸。造纸术，是中国古代的四大发明之一。 3. 画纸四周的绫子上，流淌着中国文化起源和发展的图案，有岩画、陶器和青铜器…… 4. 一张 1000 多年前的古琴，名为“太古遗音”。 5. 演员们独特的身体语言，蕴涵了中国水墨画的意趣和韵味。 6. 演员在纸上画了朵朵祥云，画了山川、河流、太阳。祥云神奇地消散，只留下山水和太阳。 7. 地面上，是中国古代名画《千里江山图》

表 1-6（续）

篇章主题	节目主题	节目形式
文艺演出篇（上）《灿烂文明》	文字	在人类的文明中，汉字具有独特的美。它化天地于形象，化形象于符号。小小的符号变幻无穷，包容了宇宙万物，传达出中国关于人与人、人与自然的最古老的人文理念：和为贵。中国汉字是世界上最古老的文字之一。古老的汉字承载着中华文明源远流长的历史。 1. 孔子的“三千弟子”。演员们吟诵着《论语》中的名句——“四海之内，皆兄弟也”。 2. 弟子们手持竹简。这是用竹片穿成的书，竹片上刻着文字。 3. “活字印刷”是中国古代的四大发明之一。“活字印刷”的表演，既像古代的活字字盘，又像现代的电脑键盘。 4. 897 块活字印刷字盘变换出不同字体的“和”字，表现了中国汉字的演化过程，也表达了“和为贵”的人文理念。 5. 以线条的形式表现长城，简洁而鲜活。 6. 朵朵桃花，浪漫、写意，充分表达了中国人民热爱和平的美好心愿
	戏曲	中国传统的戏曲表演深深扎根在百姓的心中。中国地域广阔，方言众多，衍生出数百种戏曲剧种。中国戏曲历史悠久，品种繁多。 1. 中国传统的京剧打击乐表演。京剧被称为“东方歌剧”。 2. 舞旗的演员身着兵俑服饰。移动的戏台上，在京胡、锣鼓伴奏下，4 个京剧木偶和 800 名演员表演喜悦的凯旋场面
	丝路	出阳关，下西洋，架起丝绸之路。路，连接起空间，连接起时间，也连接起心灵；路，翻越高山荒漠，跨过江河湖海，穿越历史尘烟，连接起东西方人民的心。“丝绸之路”是中西方经济文化交流的重要通道。 1. 演员们举起这张纸前行。地面上是“丝绸之路”的地图以及沿途的文化标志。2000 多年前，中国的商队就经常带着贵重的丝绸由长安（今陕西西安）出发，经过河西走廊，进入欧洲大陆。“丝绸之路”成为中西方经济文化交流的重要通道。 2. 表演“海上丝绸之路”“郑和下西洋”的情境。明朝的郑和 7 次率领船队远航，到达西亚、东非地区，开创了有名的“海上丝绸之路”。辽远无边的沙漠、波涛汹涌的海洋，陆上、海上“丝绸之路”的开拓者艰苦跋涉、破浪前行。 3. 演员手举古老的指南针。指南针是中国古代的四大发明之一
	礼乐	咫尺之图，画江山万里。水墨丹青，写天地日月。盛世强音，颂人间和谐。五幅中国长卷画，配以演员们的古典舞，再现了古代中国礼乐之邦的盛世气象。 1. 演员演唱昆曲。昆曲是中国古老的传统艺术，已入选世界非物质文化遗产名录。 2. 地面上，是中国最有名的五幅长卷画。它们分别来自唐、宋、元、明、清五大朝代

表 1-6（续）

篇章主题	节目主题	节目形式
文艺演出篇（下）《辉煌时代》	星光	银白色钢琴弹奏出优美浪漫的旋律，古老的画卷在星光中延展，1000名身穿绿衣的表演者，涌向场地，现代部分表演开始。 突然，一幕人们意想不到的场景出现：绿衣人周身亮起银光，宛若万点繁星，组成一支振翼欲飞的和平鸽，晶莹剔透、满场生辉。继而，演员们身形一变，翠绿如初，瞬间在场中央搭起一个巨大的“鸟巢”，闪烁着绿银交织的光芒。这一幕声、光、电在人体上的曼妙变化，充满灵性和神奇，给人留下难忘印象
	自然	人类飞翔的梦想，亲近自然的渴望，太极之风充盈于宇宙之间。 太极的表演体现了传统与未来的交融，表现了人与自然和谐相处，达到天人合一的境界。 1. 太极拳是中国武术中最有代表性的一种拳路。它的特点是“动静结合、刚柔相济”。 2. 多媒体形式的表演，生动地表现了中国功夫古老的哲学观念：人与自然的和谐。 3. “飞流直下三千尺，疑是银河落九天。”这是唐代诗人李白的诗意表达。 4. 太极八卦图象征着天、地、雷、风、水、火、山、泽八种自然现象，衍生了世间万物的变化。 5. 2008名太极演员排成圆阵。在中国传统的观念中，圆为大，为圆满。这个阵式叫“天圆地方”。 6. 古代人画的日月山川图，被孩子们染成了绿色，表达了环保的理念。这也是中国太极的核心观念“天人合一”
	蓝色星球	奥运开幕式史上，最大、最沉、最新高科技的模型，直径18米、重16吨的液晶星球出场，仅设计、制造和安装这颗多媒体“地球”就用了一年多时间。 天空中的星球，变幻着色彩和图案，众多演员在“地球”上行走，似乎脱离了地心引力，充满梦幻色彩；体育竞赛在“地球”上诠释着“更快、更高、更强”的奥林匹克精神
	梦想	同一个世界，同一个梦想。 你和我，我们是一家人； 我和你，一起创造明天
	主题曲	“我和你，心连心，同住地球村。为梦想，千里行，相会在北京……”英国伦敦女歌手莎拉布·莱曼和中国歌手刘欢深情地唱起北京第二十九届奥林匹克运动会主题歌《我和你》。体育场上展现出2008张世界各地儿童的笑脸，体育场上方的投影屏上也呈现出孩子们笑盈盈的脸庞。情真意切的主题歌和不同肤色儿童的笑脸，形象生动地诠释了北京奥运会“同一个世界、同一个梦想”的主题

表 1-6（续）

篇章主题	节目主题	节目形式
入场仪式	运动员入场	21 时 10 分 19 秒，运动员入场式开始。反映世界五大洲风格的乐队轮番奏响不同大陆的经典乐曲。来自奥林匹克运动发源地的希腊代表团首先入场，其他国家和地区代表团按简化汉字笔画顺序先后进场。共有 204 个国家和地区的代表团参加本届奥运会。陆续入场的运动员个个朝气蓬勃、精神抖擞，不时微笑着向观众挥手致意。现场观众用热烈的掌声和欢呼，欢迎他们的到来。 23 时 09 分，东道主中国代表团最后入场。中国体育代表团共 1099 人，其中参赛选手 639 人，创中国历届奥运会参赛人数之最，也是本届奥运会参赛运动员最多的代表团。 中国队持旗手、著名篮球运动员姚明拉着四川省汶川县映秀镇渔子溪小学二年级学生林浩的手，走在队伍最前列。在汶川特大地震发生的那一刻，9 岁的小林浩临危不惧，冲进废墟营救同学，被评为抗震救灾英雄少年。中国人民面对灾难展现出的坚忍不拔、顽强不屈，让全场中外观众倍受感动。观众席上掌声雷动、欢呼不断，“中国加油”的呐喊声响彻体育场上空。 入场过程中，每个运动员都在体育场中央的画面上留下了彩色足迹。五颜六色的足迹与文艺表演留下的图画，共同构成一幅“人类家园”的美丽景象
	刘淇致辞	北京奥运会组委会主席刘淇在开幕式上致辞。他代表北京奥组委，向来自世界各个国家和地区的运动员、教练员、来宾表示热烈的欢迎；向国际奥林匹克委员会、各国际单项体育组织，向参与北京奥运会筹办的建设者和工作者，向所有关心、支持北京奥运会的朋友们表示衷心的感谢。刘淇说，北京奥运会的重要使命在于促进世界各国文化的交流。我们真诚地希望，中华民族悠久的历史文化、热情好客的人民，能给朋友们留下美好的记忆
	罗格致辞	国际奥委会主席罗格在开幕式上致辞。他感谢北京奥组委和成千上万志愿者不辞辛劳的工作。罗格表示，我们处在同一个世界，我们拥有同一个梦想，希望本届奥运会带给大家欢乐、希望和自豪
	国家主席宣布开幕	国家主席胡锦涛用洪亮的声音宣布：北京第二十九届奥林匹克运动会开幕！
点火仪式	点火仪式	奥运主火炬点燃仪式，是由“体操王子”李宁以钢线吊到高空，“空中漫步”绕场一周后，点燃“祥云”造型的主火炬，象征为期 16 日的北京奥运会正式开始

（二）案例分析

1. 晚会的艺术追求

奥林匹克运动会是全世界最为重要的、最受欢迎的体育盛会，而开幕式文艺演出则被看作是展现国家实力和文化底蕴的重要载体，是一场极具民族特色的文化盛宴。历年来,奥运会的开幕式文艺演出都是奥运会的重头戏,是万众瞩目的焦点。

奥运会开幕式文艺演出作为文体性文艺晚会的杰出代表,它既要反映出以和平、团结、友谊为宗旨的奥林匹克精神,也要展现出东道国的民族文化、地方风俗和组织工作的水平,同时还要表达对世界各国来宾的热烈欢迎。有人甚至认为,开幕式的成功举办意味着整个运动会成功了一半。

在国人的一片热情呐喊声中,2008 年 8 月 8 日第二十九届奥林匹克运动会在北京如期举办,中国人的百年奥运梦想变成现实。撼人心魄的缶乐声,“有朋自远方来,不亦乐乎”的豪迈高歌声,撞击着全世界观众的耳膜,展现着好客的中国人无比的热情和真诚。而后,在悠扬古朴的《太古遗音》古琴声中,上古至先秦的文化符号在画卷上流淌。在行云流水般的变幻中,“孔子周游列国”的诵读情境、“活字印刷版”的文化意象、“丝绸之路”的大漠风情、“郑和下西洋”的壮丽景观、中华礼乐的盛大气象、当代中国的时代风貌,依次演绎。造纸、飞天、长城、昆曲、和平鸽、鸟巢、太极拳、瓷器,各种体现中国文化的元素艺术地再现。总的来说,北京奥运会开幕式在短短一小时的文艺表演中,让世界充分感受了中国文化的精华,不仅把中华文明更好地融入了世界,更将有力地推动世界文化与中国文化相互了解与交流。开幕式总导演张艺谋曾说:“我们要表达的是我们是谁以及我们和你们是一家人。让同一个世界同一个梦想在这里得到一个感性的、人性的解释。”

2. 晚会的社会评价

北京奥运会开幕式在世界各地均取得了令人满意的收视成绩。据统计,约 10 亿名观众收看了北京奥运会开幕式的盛况,约占世界总人口的 15%。

法国国家电视台:这个精彩绝伦的开幕式是中国人精心准备了超过三年时间的结果,这个“鸟巢”虽然是由外国人参与设计的,但开幕式演出百分之百是中国味的。

法新社:北京奥运会揭开了序幕,开幕典礼十分壮观,烟花照亮了整个北京夜空。从古老的朝代到现代大国,北京奥运会开幕式描绘了丰富多彩的中国历史。

英国广播公司:开幕式充分显示了中国人的自信。北京奥运会的规模超出任何想象,它简洁、超常、令人惊叹。

葡萄牙国家电视台:中国人通过北京奥运会开幕式,以其独特的方式向世界诉说着自己的悠久历史和传统文化,中国人向世界诉说自己的历史和文化的方式具有不同寻常的、丰富的想象力。

保加利亚国家电视台:北京奥运会的开幕式简直“完美无缺”“无可挑剔”,很好地展现了中国的历史和文化。解说员还评论说,开幕式的电视播出效果无与伦比。

六、景点旅游性晚会

旅游,顾名思义,是“旅”和“游”的合称。“旅”是指旅行、外出,即为了实现某一目的而在空间上从甲地到乙地的行进过程。而“游”则是指外出游览、观光、娱乐,即为达到这些目的所作的旅行。二者合起来即“旅游”。所以,旅行偏重于行,旅游不但有“行”,还有观光、娱乐之意。

随着我国全面建成小康社会,中国旅游业已经进入了一个大发展、大繁荣的机遇期。中国经济的持续快速增长,对旅游消费增长发挥巨大的催化作用。更为重要的是,中国政通人和、社会安定,中国已经成为世界上第一大旅游接待国、第四大旅游客源国和世界上最大的旅游市场。

中国幅员辽阔,旅游资源异常丰富,越来越多的地方政府开始高度重视旅游产业对于拉动地方经济发展所起到的重要作用。一方面各地纷纷打造具有浓郁地方特色的旅游资源,另一方面各地借助国际知名赛事品牌以及国家级媒体平台制作具有浓郁民族特色的综艺晚会,即景点旅游性晚会。如 2019 年 10 月 6 日,2019 年世界旅游小姐全球总决赛颁奖盛典在我国著名旅游城市山东青岛举行,来自 67 个国家和地区的佳丽在民族服装、泳装、晚装以及才艺展示环节各展风采,最终来自墨西哥和加拿大的两名选手分获冠亚军,中国选手谭若依获得季军(图 1-11)。

图 1-11 世界旅游小姐全球总决赛颁奖盛典

2004年10月2日，中央电视台《体验中国》颁奖晚会暨中国凯里国际芦笙节开幕式晚会《芦笙恋歌》在黔东南州民族体育场举行。晚会以《体验中国》颁奖盛典为契机，打造开幕式晚会民族歌舞表演的新模式。

案例6 《芦笙恋歌》——2004年中央电视台《体验中国》颁奖晚会暨中国凯里国际芦笙节开幕式晚会

中国凯里国际芦笙节是贵州省凯里市的著名传统文化节日。凯里市是黔东南苗族侗族自治州首府，著名的芦笙故乡。该市民族文化异彩纷呈，民族风情古朴浓郁。为了弘扬民族文化、振兴地方经济，凯里市于1999年10月举办了首届中国凯里国际芦笙节，每届芦笙节都有开幕式文艺演出，芦笙舞、锦鸡舞、铜鼓舞、木鼓舞等展示贵州独特民族风情的民间艺术表演是文艺演出的亮点。（图1-12）

图1-12 中国凯里国际芦笙节

（一）节日特色

中国贵州黔东南享有“百节之乡”“歌舞海洋”的美誉，贵州黔东南地区的少数民族风情特色鲜明，是中国西南少数民族地区民族文化极其珍贵的旅游资源。黔东南作为“多彩贵州”的典型代表，其美丽独特的自然景观、古朴浓郁的民族风情和丰富多彩的民族文化被联合国世界文化基金会确定为“全球返璞归真、回归自然”十大旅游首选地之一，被世界乡土文化保护基金会确定为世界十八个生态文化保护圈之一，被中外游客、专家学者赞誉为“露天的原生态民族文化博物馆”“全球最友善的旅游目的地”。

两大主体民族——苗族和侗族，作为当地民族文化符号，文化源远流长，是中华文明的重要组成部分。芦笙文化、歌舞文化和服饰文化在苗族文化中最具代表性，这三种苗族文化元素被充分浓缩在中国凯里国际芦笙节里。

（二）创新发展

为了能够把“国际芦笙节”这个品牌传播给大众，推向国际舞台，2004 年 10 月 2 日，中国凯里国际芦笙节组委会与中央电视台联手，以《体验中国》颁奖盛典为契机，打造开幕式晚会民族歌舞表演的新模式，即举办中央电视台《体验中国》颁奖晚会暨中国凯里国际芦笙节开幕式晚会——《芦笙恋歌》。

（三）主办单位

2004 年中央电视台《体验中国》颁奖晚会由中国电视艺术家旅游电视委员会、国家旅游电视协作委员会、中央电视台西部频道联合主办，在晚会进行过程中颁发了中国旅游优秀电视节目奖、《体验中国》特别奖等重要奖项，香港、新疆吐鲁番、北京昌平、四川九寨沟、贵州雷山等 10 个最具特色的旅游地榜上有名。颁奖盛典也邀请了新华社、人民日报等媒体和部分主办单位代表参加，各地方电视台及全国近 60 家参与媒体对盛典进行了报道。

（四）晚会节目

晚会以芦笙、红缨束女子打击乐团和苗族服饰秀组成的节目《神奇的凯里》拉开序幕，主体节目则是由《芦笙恋歌》《侗族大歌》《大地飞歌》等节目板块组成，配以苗侗民族独特的服饰和原生态音乐、舞蹈，再现苗侗人民的生活风貌。

第三节　文艺晚会的特征

文艺晚会在其发展进程中，逐渐形成了以庆典性晚会、节日性晚会、纪念性晚会、行业专题性晚会、文体性晚会、景点旅游性晚会为主的六大晚会类型，彰显出主题性、艺术性、娱乐性、宣传性、互动性和多样性的鲜明特征。

一、主题性

“主题”的本意为文艺作品或者社会活动等所要表现的中心思想，任何一个文艺作品都要围绕一个主题来展开，文艺晚会也是如此。文艺晚会的主题是一场演出活动的灵魂，如若没有主题，就如同一盘散沙，文艺晚会也就变成了若干节目的堆积。中国著名电视艺术家、书法家洪民生先生曾说:“从1984年起,春节晚会开始注重制定明确的主题思想,一直沿袭至今。实践证明,凡是能充分体现主题的就成功,凡是跑了题的就失败,表现不充分的就显得平淡。主题就是晚会的基调和灵魂,它的确定不带有个人的随意性,而是经过广泛听取观众和专家的意见确立的,它既体现浓烈的民族传统节日气氛,又要把晚会放在宏观的时代背景上去立意深化。”①国家一级导演邓在军认为:“一台晚会的主题,直接关系着节目创造、演员选择、风格色彩各个方面。一台大型综合性文艺晚会,如果没有明确的主题,并贯串于晚会的始终,就会显得东拼西凑,杂乱无章,即使有好的节目也给糟蹋了,或者只有个别节目给人留下印象,而整台晚会人们会很快就会淡忘。因此,在设计晚会的开始,必须把确定晚会主题作为首要课题,精心地考虑、研究。”②

晚会有了主题,就能够基本确定晚会的定位,就给晚会策划与节目编创指明了方向,为各项工作的开展铺平了道路。虽然不同类型的晚会艺术风格各异,主创阵容也不同,但是其策划与创作无一不是围绕鲜明的主题而展开的,所有的策划、编创都具备极强的针对性,统一了工作思路,提高了工作效率,保障了晚会的成功。

2017年《不忘初心》——中央电视台“心连心”艺术团赴延安慰问演出,以“宣传贯彻十九大精神,共筑中国梦”为主题,以“为人民服务”为主线,分为《红旗向着宝塔山》《绿水青山新延安》《金凤万里中国梦》三个篇章,气势磅礴、温暖人心。通过著名歌唱家与当地文艺工作者演绎《山丹丹花开红艳艳》《大地芬芳》《那一天》等节目,表达对革命圣地的无上敬意,展现党的十八大以来以习近平同志为核心的党中央,带领全国各族人民决胜全面建成小康社会、建设社会主义现代化强国的新气象。这场演出主题鲜明、立意明确,演出受到业内同行和观众普遍好评,被赞“结构新颖、内容鲜活,别开生面、振奋人心”。

二、艺术性

艺术,本意是用形象来反映现实、但比现实有典型性的社会意识形态。艺

① 洪民生:《追忆:中央电视台1983—1989春节联欢晚会》,中国国际广播出版社1990年版,第6页。

② 林强:《邓在军电视艺术》,华文出版社1993年版,第147-148页。

术是语言的重要补充。俄国文艺理论家车尔尼雪夫斯基较早地提出了“艺术来源于生活又高于生活”的理论。他认为，没有生活原形或者现象就没有艺术创作的源头和灵感。也就是说生活中的所有点滴小事或者发生过的事情都是艺术素材的提供者和原型。作家通过艺术手段的加工，精练的语言描述，有序的故事情节排列，渲染、夸张、集中矛盾等故事情节的描绘，就使一本小说或者是其他的文学作品更加的生动，耐人寻味。无论何种类型的文艺晚会，都不能是主题或中心思想单调且乏味的说教或传达，而应该将现实生活中的方方面面，通过艺术的手段进行加工，使之转变为艺术品为大众所津津乐道。文艺晚会的艺术性主要体现在以下四个方面。

① 晚会结构的艺术化处理，即采取什么样的结构框架组织晚会，晚会结构有时序性结构、诗文性结构、板块性结构、戏剧性结构、串联性结构等。

② 晚会内容的艺术化处理，即节目所呈现的内容需要被夸张、对比和渲染，避免流水账式的叙述、简单乏味的说教。

③ 晚会形式的艺术化处理，即选择什么样的节目形式和表现形式更适合表达节目内容和凸显主题思想，如歌舞、器乐、相声、小品、音乐剧、互动等。

④ 晚会效果的艺术化处理，即服装、化妆、道具、舞美等环节的艺术化渲染，将原本朴素的节目以更加丰富、更加浓郁的色彩来展现。

文艺晚会的艺术性需要导演和编导等主创人员共同把控。一般来说，在文艺晚会确定主题和立意之后，导演与编导们需要前往晚会举办地实地考察，着手搜集整理与主题相关的素材，包括地理、历史、文化、政治、艺术等。甚至，有些负责具体节目的编导还需要实地体验生活，感受体验对象的精神和思想，并用艺术的手段予以呈现。通过编导们艺术化的策划、设计和编创，在舞台上能够呈现更加生动、更加鲜活、更加耐人寻味的经典节目。

三、娱乐性

娱乐性是文艺晚会与生俱来的鲜明特征，是文艺晚会的生命，也是晚会成败的关键。艺术本身具备娱乐的功能，是指艺术使审美主体身心愉悦和休闲的功能。荀子曾说“以琴瑟乐心”，即是指艺术的娱乐功能。亚里士多德在《政治学》中明确提出艺术的娱乐功能，认为艺术的娱乐功能使艺术对广大欣赏者更具强烈的吸引力。因此，成功的文艺晚会除了必须要做到艺术性和思想性完美统一之外，还必须要具备能对广大观众产生强烈吸引力的娱乐性。

在文艺晚会确定了主题和立意之后，策划与编导们就要围绕主题立意进行创作。晚会不是每一个节目都要“直击”主题，其表演形式和艺术创意可以从不同角度深入，力求全方位地展现晚会内容，在不偏离晚会主题的前提下，融合娱乐性元素或穿插娱乐性节目作为晚会的看点，定会吸引无数观众。即便是一些抗震救灾类的文艺晚会，其节目的内容和形式也不会完全是以说教为主，而应采取融合娱乐元素的寓教于乐的形式。因此，晚会的编导们，只有把节目的娱乐性和主题内容结合好，把主题性节目变得好听、好看、好玩，易于被观众接受，使其观后有所回味，才能最终达到寓教于乐的目的。

2017年《不忘初心》——中央电视台“心连心”艺术团赴延安慰问演出，以安塞腰鼓、子长唢呐演出团队带来的《金秋鼓乐》拉开了演出的序幕。除了有表现中国人民抗击日军的坚强意志和对革命圣地延安的热爱和敬仰的节目《延安颂》《山丹丹花开红艳艳》《南泥湾》等之外，还有让现场观众激情澎湃的节目《最炫民族风》《送你一首吉祥的歌》《时间都去哪儿了》《美好时代》《最美中国》等。

当然，文艺晚会不应该单纯为了满足观众的娱乐需求而采用与主题立意一点关系都没有的纯娱乐性节目，追求娱乐性的同时必须要保证晚会的主题性和艺术性。

四、宣传性

宣传，是一个传播学的名词，是指运用各种符号传播一定观念以影响人们的思想和行动的社会行为，多被政府、企业或团体运用到日常工作中。文艺晚会的宣传性主要体现在文艺晚会的主题和形式上。

1. 鲜明的主题决定了文艺晚会的宣传性特点

鲜明的主题决定了文艺晚会向大众传达怎样的思想和价值观。例如大型音乐舞蹈史诗《东方红》，艺术性地再现了中国共产党带领全国各族人民建设新中国的历程，很好地宣传了没有共产党就没有新中国的真理。再如《风雨同舟》赈灾晚会，呼吁全国各族人民行动起来，纷纷伸出援助之手，帮助我们的兄弟姐妹渡过难关。再如2017年《不忘初心》——中央电视台“心连心”艺术团赴延安慰问演出，以“宣传贯彻十九大精神，共筑中国梦”为主题，表达了对革命圣地的无上敬意，展现了党的十八大以来以习近平同志为核心的党中央，带领全国各族人民决胜全面建成小康社会、建设社会主义现代化强国的新气象。

2. 多元化的表现形式展现了文艺晚会的宣传性特点

文艺晚会的主题和立意要依靠歌舞、器乐、相声、小品、杂技等多元化的节目形式来呈现。每一类节目形式展现主题和立意的内容、形式及角度是不同的，也就是从多个维度、多个层面来展现文艺晚会的主题和立意，其宣传性的特点普遍存在于各种类型的晚会当中。

另外，有些文艺晚会甚至在晚会进程中穿插非节目形式的访谈、互动游戏等环节，其宣传性的特点一览无余。随着我国市场经济的高速发展，众多商家深深地意识到文艺晚会在企业产品宣传和业绩展示方面所展现出的巨大潜力，纷纷利用文艺晚会这种途径开展商品推介、成果展示和企业宣传等工作。这种晚会不是以艺术性的高低来评价的，而是看为商家带来了多少利润，是否为主办方的商品销售、品牌推广起到了很好的推进作用，把其宣传性甚至是广告性放在了首位，并视为最终目的。

五、互动性

互动，本意是彼此联系、相互作用的过程。在日常生活中，互动则是指社会上人与人之间、群体与群体之间等通过语言或其他手段传达信息而发生的相互依赖性行为的过程。文艺晚会中的互动环节，是营造热烈、活跃的晚会气氛的最佳途径。观众，在文艺晚会进行中，既扮演旁观者的角色，还可以发挥群众演员的功能。在众多文艺晚会中，导演和编导们常在观众与演员之间设计互动环节融入演出中。目前，文艺晚会中经常出现的互动环节大致有以下几种类型。

1. 使用道具互动

晚会主办方把一些道具发放到观众手中，在晚会进行中，台下与台上形成呼应，营造热烈的晚会氛围。2017 年《不忘初心》——中央电视台“心连心”艺术团赴延安慰问演出中，演出的所有座位上都有一束鲜花，演出开始后观众自发举起鲜花，配合着音乐摆动，形成了良好的视觉效果，营造了现场热烈的氛围。另外，近些年还有一些晚会，观众会自发参与到互动环节中，比如观众自发打开手机的手电筒，演出现场瞬间变成了璀璨的银河。

2. 观众参与节目表演

为了让观众更加深入地参与节目互动，可以将现场观众作为节目表演的一分子，通过现场沟通与交流，在主持人与观众、演员与观众之间形成互动的参与环节。2017年《不忘初心》——中央电视台“心连心”艺术团赴延安慰问演出中，晚会节目就设置了“观众方阵主题党课”互动环节。节目中，我国著名影视演员刘劲和张凯丽带领现场几千名观众一起学习了毛泽东著名的演讲《为人民服务》，这种互动形式不仅重温了我党为人民服务的宗旨，同时也拉近了演员与群众之间的距离。

3. 使用多媒体互动

一些文艺晚会设置与主题相关的悬念，采用手机、网络、自媒体平台等高科技手段实现主办方或赞助商与观众的互动，达到推广企业产品和活跃气氛的目的。

就文艺晚会本身而言，其互动性给文艺晚会增添了更多的魅力，更加吸引观众的眼球。就观众而言，晚会的互动性不但使观众愉悦了身心，还满足了观众的参与需求，这种形式广受观众的喜爱和欢迎。

六、多样性

当代的文艺晚会是一种综艺性的演出活动，在节目内容、结构形式、演员构成、技术手段等方面体现了文艺晚会的多样性。

1. 文艺晚会节目内容的多样性

文艺晚会大多融合歌舞、曲艺、戏曲、相声、小品以及杂技、魔术等多种艺术形式为一体，节目内容涵盖人民群众日常生活的方方面面，这恰恰满足了不同年龄阶段、不同文化层次、不同审美倾向的观众的娱乐需求。因此，往往会出现老、中、青、幼四代共同观看同一台文艺晚会的现象，历年的央视春节联欢晚会就是一个鲜活的例证。每年的央视春晚收看量都能过亿人次，满足了多层次观众的审美需求，可以说老少兼宜、雅俗共赏。

2. 文艺晚会结构形式的多样性

结构是策划者们按文艺晚会的规律对内容进行的形式上的组织与安排，好的结构会使节目产生质的飞跃和升华。一般来说，文艺晚会的结构主要包括以下五种类型：一是时序性结构，如2019年大型音乐舞蹈史诗《奋斗吧中华儿女》；二是板块性结构，如2018年江苏省庆祝改革开放40周年文艺晚会《潮涌新时代》；三是诗文性结构，如1995年中国国际服装博览会大型晚会

《华夏民族魂》;四是戏剧性结构,如1999年庆祝中国文联成立50周年文艺晚会《我们共同走过》;五是串联性结构,这种结构类型比较普遍,且制作成本较低。

3. 文艺晚会演员构成的多样性

由于一场文艺晚会的成功举办需要大量的演员出现在舞台上,加之晚会节目所涉及的艺术门类非常广泛,因此,文艺晚会又需要来自不同专业领域的演员来共同表达晚会的主题和节目的内容。晚会的成功举办既需要专业的演员,也需要业余的演员,有时还需要一些非文艺特长的人作为访谈嘉宾等出现在舞台上。

4. 文艺晚会技术手段的多样性

文艺晚会是一种多部门协调运作、系统组织的复杂演出活动,整场晚会在舞台上的艺术呈现需要服化道效、灯光音响等技术手段进行包装和渲染,需要全要素各部门的密切配合与保驾护航。随着舞台科技的不断进步,当代的文艺晚会成为融声、光、电于一体的复杂的综合艺术,这样才能为大众呈现激情四射的视觉盛宴。

案例7　2017年《不忘初心》
——中央电视台“心连心”艺术团赴延安慰问演出

(一)中央电视台“心连心”艺术团简介

中央电视台“心连心”艺术团,成立于1996年5月24日,是没有编制、全国最大的艺术团,全国所有艺术家和优秀演员都是艺术团成员。20多年来艺术团走遍全国,上万人次的艺术家团队走进老少边穷、走进厂矿部队科研一线,在全国各地举办义务慰问演出。

同时,“心连心”艺术团无论走到哪里,都怀着满腔热情精心制作每一场演出。中央电视台原副总编辑张华山曾说:“虽然现代传媒很发达,但是老百姓需要与艺术家面对面的交流,对艺术家来说也是一个学习的过程。”正是基于此,“心连心”艺术团坚持了20余年并将继续走下去。表1-7是2012—2015年“心连心”艺术团部分演出一览表。

表 1-7　2012—2015 年“心连心”艺术团部分演出一览表

年份	播出时间	演出名称
2012 年	2012-05-18	《华彩湘西》 ——“心连心”艺术团赴湘西慰问演出
	2012-07-01	《永远跟党走》 ——“心连心”艺术团赴北京房山慰问演出
	2012-08-01	《八一军旗红》 ——“心连心”艺术团赴南昌慰问演出
2013 年	2013-07-16	《盛开的格桑花》 ——“心连心”艺术团赴甘南慰问演出
	2013-11-07	《望巴山红遍》 ——“心连心”艺术团赴四川巴中慰问演出
	2013-11-14	《潮涌东方》 ——“心连心”艺术团赴汕头慰问演出
2014 年	2014-01-29	《我们的中国梦》 ——“心连心”艺术团东西南北贺新春
	2014-05-01	《中国梦・劳动美》 ——“心连心”艺术团慰问演出特别节目
	2014-08-21	《好山好水好四川》 ——“心连心”艺术团赴广安慰问演出
	2014-10-07	庆祝新疆生产建设兵团成立 60 周年 慰问演出
	2014-10-23	《好人好梦》 ——“心连心”艺术团赴河北沧州慰问演出
	2014-11-06	《筑梦山水间》 ——“心连心”艺术团赴湖北十堰慰问演出
	2014-12-18	《追梦黔东南》 ——“心连心”艺术团赴贵州黔东南慰问演出
2015 年	2015-01-10	《2015 我们的中国梦》 ——“心连心”艺术团赴闽西古田慰问演出
	2015-01-15	《2015 我们的中国梦》 ——“心连心”艺术团赴贵州遵义慰问演出
	2015-09-08	《雪域新歌》 ——“心连心”艺术团赴西藏慰问演出

(二)案例分析

2017年12月,由中央宣传部主办、中央电视台承办的《不忘初心》——中央电视台"心连心"艺术团赴延安慰问演出,在革命圣地延安新区胜利举行,为延安人民带来了一场丰富的视听盛宴,为党的十九大胜利召开营造了热烈的氛围。

1. 晚会的艺术特征

本场演出将文艺晚会的主题性、艺术性、娱乐性、宣传性、互动性和多样性特征表现得淋漓尽致。

本场晚会以"宣传贯彻十九大精神,共筑中国梦"为主题,以"为人民服务"为主线,展现了鲜明的主题性特征。主创团队通过实地考察,创作更加生动、更加鲜活、更加耐人寻味的经典节目,展现了深邃的艺术性特征。晚会邀请了吕继宏、殷秀梅、凤凰传奇、玖月奇迹等广受群众喜爱的中青年演艺人员登台,演唱观众耳熟能详的经典歌曲,展现了鲜活的娱乐性特征。本场晚会向全国人民表达了对革命圣地的无上敬意,展现了十八大以来以习近平同志为核心的党中央,带领全国各族人民决胜全面建成小康社会,建设社会主义现代化强国的新气象,展现了广泛的宣传性特征。座位上摆放的鲜花,以及刘劲和张凯丽带领现场几千名观众一起学习毛主席著名的演讲《为人民服务》,展现了显著的互动性特征。晚会丰富的节目内容、新颖的结构形式、多元的演员构成、复杂的技术手段,展现了丰富的多样性特征。

2. 晚会的节目内容

本场演出以安塞腰鼓、子长唢呐演出团队带来的《金秋鼓乐》拉开了演出的序幕。一曲激发抗日爱国热情的战歌《延安颂》,表现了中国人民抗击日军的坚强意志和对革命圣地延安的热爱和敬仰,让现场观众激情澎湃。除《山丹丹花开红艳艳》《南泥湾》等红色经典歌曲联唱外,《最炫民族风》《送你一首吉祥的歌》等接地气的广场歌舞表演,《时间都去哪儿了》《美好时代》《最美中国》等抒情歌舞表演,观众方阵主题党课《为人民服务》,情景表演《少年中国梦》等一系列节目也先后精彩上演,赢得了观众热烈的掌声。

3. 晚会的社会评价

演出结束后,市民王路说:"演员们穿着单薄的衣服,在这么冷的天气为大家带来那么精彩的表演,我们十分感动。"2017年"中国好人"、延安道德模范庞军说:"'心连心'艺术团来延慰问演出,体现了党中央、国务院对我们延安人民的关心，今天邀请我们道德模范和广大市民一起来观看演出，我感觉十分荣幸。今后，我要继续发挥好道德模范的作用，为延安经济社会发展多作贡献。”

——《延安日报》2017 年 10 月 13 日

第二章　文艺晚会策划概述

第一节　策划释义

一、策划的概念与类别

策划，又称企划、计划。“策”，名词，本意为古代一种有尖刺的马鞭子，在骑马时用“策”驱马，使马快跑。“划”的含义很多，其中第四声的“划”具有设计、谋划之意，动词。“策划”一词最早见于《后汉书·隗嚣公孙述列传》：“夫智者睹危思变，贤者泥而不滓，是以功名终申，策画复得”，其中“画”与“划”相通互代，“策画”即“策划”，意思是计划、打算。

策划具有广义和狭义两个层面的含义。广义的策划是指由个人、多人或者团体，为了完成某个策略性目标而必经的重要程序，其过程包括确立目标、分析现况、明确方向、评估可行性、制定实施方案、追踪成效与评估成果等众多重要环节。另外，在现代生活中，策划还被作为一种职业的名称。

与广义的策划不同，狭义的策划则专指某行业、某项目或某活动的策划活动，大致可以分为商业策划和活动策划两大类。商业策划，即企业或单位为了规避风险和追求利益最大化而进行的一种理性行为。商业策划一般包含营销策划、项目策划、品牌策划、广告策划、推广策划等。活动策划，则是企业或单位运用创造性思维，独辟蹊径地筹划活动的过程。活动策划一般包含文艺晚会策划、比赛活动策划、公司年会策划等。

二、文艺晚会中的策划

文艺晚会中的策划专指在文艺晚会这一领域中实施的策划活动以及策划活动实施的主体，它含有动词和名词两种属性。一是策划活动，具有动词属性，专指文艺晚会的策划创意与策划方案实施展示的过程；二是实施策划活动的主体，具有名词属性，专指对文艺晚会进行整体创作、风格把控、统筹全局的人，即文艺晚会的策划者。

1. 动词属性的策划

动词属性的策划指策划者或创作团队在文艺晚会举办之前制定策划方案的创作思维过程，以及策划方案制定完成后的实施展示过程两个阶段的活动。任何一场文艺晚会都是由策划者或创作团队进行前期的策划创意形成策划方案，并将策划方案付诸实施展示的完整策划过程。很多学者认为文艺晚会中的策划仅仅局限在文艺晚会举办之前进行的策划活动，这是不全面的。其实文艺晚会的策划者，既要对策划方案的创意设计负责，还要对策划方案的实施展示和最终效果负责。因此，本书认为文艺晚会策划方案的设计创意和实施展示是一场文艺晚会完整的策划过程，不容分割。

① 文艺晚会的策划创意是文艺晚会举办的基础、前提和首要因素，也是策划者和创作团队在文艺晚会举办之前面临的主要课题。文艺晚会策划创意的优劣，是决定文艺晚会成功与否的关键性因素。晚会主题的确立、节目内容的呈现、晚会结构的搭建、舞美效果的设计都离不开完整和巧妙的设计与谋划，即文艺晚会的策划创意。

② 策划方案的实施展示过程，既是纸面形式的策划方案付诸实施的过程，也是在其过程中检验策划方案优劣与否的重要环节。策划方案中主题立意是否新颖、结构框架是否合理、节目内容与形式是否具备艺术性、晚会是否受到观众欢迎，只有在文艺晚会节目排练、合成预演以及实际演出过程中才能进行检验。另外，在文艺晚会的节目排练、合成预演阶段，策划者和创作团队还应根据实际情况提出相应的意见和建议，并加以修改和完善。

2. 名词属性的策划

名词属性的策划即文艺晚会的策划者，一般由文艺晚会的主办方负责人或投资人、总导演或总编导、各领域专家三类人员担任。在一些大型或重要文艺晚会的策划中，这三类人员往往能够强强联合，可以作为文艺晚会策划的理想人选。反之，在一些小型文艺晚会的策划中，则不需要这三类人员同时出现，有可能只是主办方负责人或投资方担任策划者的角色。

文艺晚会质量的优劣，在很大程度上取决于策划者的素质与修养，晚会的风格也往往体现了策划者的艺术风格。策划者的艺术水准，不仅表现在个人的艺术造诣方面，也表现在有效地激发艺术合作者们的创作热情和创作想象等方面。

三、文艺晚会的策划者

一般来说，文艺晚会的策划者由主办方负责人或投资人、总导演或总编导、各领域专家三类人员担任，他们在文艺晚会中履行创意谋划、酝酿实施的职责。

1. 主办方负责人或投资人

主办方负责人或投资人，一般为文艺晚会的总策划，是文艺晚会创作的源头和起点。他们往往是文艺晚会主办单位的行政领导，或企业单位的经营管理者，即投资人。主办方负责人一般具有较高的行政级别，他们能够直接告诉艺术家们文艺晚会应该朝着哪个方向去做；而企业单位的经营管理者，他们是投资人，能够站在市场的角度思考问题，考虑晚会制作的市场回报，对晚会的创作方向往往具有决定权。

在文艺晚会策划工作中，主办方负责人或投资人在上级领导总的创作原则指导下，与策划团队一同确定晚会时间、地点和晚会创作的主要方向，并对晚会提出相关要求，主动配合做好相关工作。总策划还要针对晚会的策划方案、文学台本、节目内容以及舞美、灯光、音响的实际效果等进行审查，并提出整改意见，为文艺晚会的完美呈现奠定基础。

2. 总导演或总编导

“导演”一词来源于影视，是影视作品中的组织者和领导者。而总编导则是对文艺晚会的实际组织者、剧组人员的领导者、晚会艺术性的把控者的称谓。但是，在近些年的文艺晚会制作中，由于文艺晚会大多与电视媒介相融合，几乎每场文艺晚会都有电视直播或转播。因此，当代文艺晚会的组织者和领导者也常被称为“总导演”，以下关于总导演或总编导的称谓，本书统一称之为“总导演”。

如果说主办方负责人或投资人是文艺晚会的牵头人或管理者的话，那么总导演则是文艺晚会的具体组织者，是文艺晚会策划方案设计和实施的灵魂与核心，全面负责晚会的各项工作。总导演一般由晚会主办方直接任命并对其负责，他是创作团队与主办方之间的桥梁和纽带。总导演应具有较高的艺术修养和艺术造诣，熟悉文艺晚会创作的艺术规律，要有较强的创新意识和市场意识，更要有大局观和出色的组织协调能力。

3. 各领域专家

为了提升文艺晚会节目的艺术性、结构的系统性、素材的全面性等，策划团队一般都会邀请当地或社会文艺界人士、文化名流、新闻媒体人员和相关社会学专家参与文艺晚会的策划工作。这些人熟悉文艺创作规律和创作走向，了解社会流行趋势和社会需求动态，熟悉宣传政策和新闻工作要求等。在文艺晚会策划方案制定之前，一般由主办方负责人或投资人牵头，由总导演具体组织，邀请各领域专家担任晚会的艺术顾问或策划，并召开多次策划会议。举办策划会议的意义在于，来自不同领域和行业的专家针对晚会策划提出有效建议和意见，往往在瞬间能够提醒或激发创作团队的创作灵感。

以上三类人员组成的策划团队，是文艺晚会策划与制作的核心人员，是文艺晚会成功举办的关键性因素。文艺晚会的策划者应具有良好的大局意识和团队精神。首先，文艺晚会的策划者作为晚会制作团队的一员，应具备良好的大局意识。一场文艺晚会的策划团队有来自各专业领域的专家，这些人都是能人，如果大家都高高在上，没有一点大局意识，晚会制作一定会乱成一锅粥。其次，文艺晚会的策划者应具备良好的团队精神。文艺晚会是一个整体，某个节目或某个创意的成功并不能代表整场晚会的成功，只有整场晚会的成功才是真正的成功。因此，策划者不仅要在各自的专业领域发挥聪明才智，而且要触类旁通、全方位地考虑问题，要与主创团队其他人员通力合作，拧成一股绳，只有这样才能搞好配合，群策群力地做好一台晚会。

四、文艺晚会总导演的素质要求

文艺晚会的总导演是晚会创作团队的“总教官”“主教练”，是文艺晚会策划方案设计和实施的灵魂和核心，全面负责晚会的各项工作。文艺晚会是一项综合性很强的表演活动，无论是晚会的内容、结构，还是表现形式、呈现效果，都需要文艺晚会的总导演具备多方面的艺术才能和较强的专业素养。

1. 具备全面的艺术修养

当代文艺晚会的制作在节目形式、演员构成、技术手段等方面具有多样性特征，主要体现在文艺晚会涉及音乐、舞蹈、戏剧、曲艺、杂技等多种艺术门类，需要来自不同专业领域的演员来共同表达晚会主题和节目内容。与此同时，文艺晚会也需要服化道效、灯光音响等技术手段进行包装和渲染。因此，文艺晚会的总导演必须是全能型人才，虽不强求样样精通，但需要具备全面的艺术修养，这样才能够做到触类旁通、融会贯通。假如总导演的知识面不够宽，即使他是某一领域的知名专家，也会由于知识结构过于“专一”而无益于晚会的策划工作。

2. 熟悉文艺晚会的生产流程和艺术规律

总导演首先要熟悉文艺晚会的生产流程，对于先干什么后干什么要烂熟于心，避免外行领导内行、业余指挥专业的情况发生。贾振鑫在《文艺晚会艺术原理与策划实施》一书中曾提到：“在一些基层晚会的策划中，就曾经闹过这样的笑话，晚会的指导思想没有，主题没定，表现内容未定，甚至节目还八字都没一撇，策划人一开始就研究起主持词要写什么了，真是本末倒置，乱了方寸。”①

总导演还应具备掌控文艺晚会艺术特点的能力。总导演应熟知文艺晚会的结构类型和表现手法，能够在进行策划创作思维的过程中直奔主题、确立风格、搭建结构、明确表现手法等，使文艺晚会的创作和策划更具艺术性。

3. 具有良好的个人魅力

总导演是文艺晚会制作的统领，要从晚会的全局出发，面对形形色色的演职人员要以鲜明的个人魅力统揽全局，激发演职人员的工作热情。首先，总导演需具备较强的口头表达能力，口头表达要言简意赅，应该让所有创作人员明白节目的设计方向和节目中要突出、要强调的是什么。其次，总导演需具备良好的独立判断能力。在晚会策划工作中，可能会出现某一方面的专家由于自我感觉良好，会对他并不专长的方面指手画脚，甚至是乱出主意妄加评论。总导演应该耐心听取并虚心接受别人的意见，但对事物必须有一个正确的判断，这种判断源自长期积累的艺术修养、个人素质以及由此而产生的艺术直觉。最后，总导演需具备较强的运筹帷幄能力。这就要求总导演既要具有广博的艺术理论基础，也要有触类旁通的能力；既不拘泥于所从事的某一艺术门类，也不为一己之好所左右。每个总导演都要以统帅的标准要求自己，敢于负责、敢于担

① 贾振鑫：《文艺晚会艺术原理与策划实施》，中国社会科学出版社 2010 年版，第 138 页。

当，拿出情理之中、意料之外的奇思妙想，积极调动每个人的思维，正确预见创意的艺术呈现，直至形成策划方案。

4. 具有较强的创新能力

创新是艺术的生命，同时也是艺术的本质，文艺晚会的策划创作同样离不开创新。对于文艺晚会总导演来说，其主要工作是针对文艺晚会主题立意、框架结构、节目内容、表演形式等方面进行创意和设计。这项工作的性质和内容决定了总导演必须具有较强的创新能力。优秀的总导演充满了对创作的热情和激情，总会在大脑中迸发出鲜活的创意，恰当、及时地为晚会带来新鲜的色彩。文艺晚会需要有好的创意，观众一定不会接受一台毫无创新的晚会。因此，晚会的总导演应具有较强的创新能力，归根结底，需要具备创造性的策划思维能力。然而，创造性的策划思维能力是一种非常复杂、系统的思维体系，它不是天生的或是一蹴而就的，而是需要进行长期的、系统的训练才能获得。

第二节　思维与策划思维

一、思维

思维是人类所具有的高级认识活动，是对新输入信息与脑内储存知识经验进行一系列复杂的心智操作过程，即人以感觉和知觉为基础，运用分析和综合、抽象和概括等智力能力，对感觉信息进行加工，并以存储于记忆中的知识为媒介反映事物的本质和内在联系。通俗来说，人们在工作、学习、生活中每逢遇到问题，总要"想一想"，这种"想"，就是思维。思维涉及人类所有的认知或智力活动。

思维的存在形式有逻辑思维、形象思维、顿悟思维等。逻辑思维又叫抽象思维，形象思维又叫具象思维，顿悟思维又叫灵感思维。无论是人类的发明创造活动，还是人类的学习与生活，都离不开思维，思维能力是学习能力的核心，是整个智慧的核心，参与、支配着一切智力活动。一个人聪明不聪明，有没有智慧，主要就看他的思维能力强不强。要使自己聪明起来、智慧起来，最根本的办法就是培养思维能力。

二、策划思维

策划是通过实践活动对未来采取的行为做决定的构思或理性思维程序，即策划是一种思维，策划的过程就是思维的过程。策划是人类一种具有超前性的思维特质，它是针对未来和未来发展所做的当前决策，能有效地预测和指导未来工作的开展，并取得良好的成绩。其基本特征是具有一定的虚构性、相对的新颖性、相对的超前性和可操作性，其中的“虚构”“新颖”“超前”无不体现出策划具有创新和创造的本质特性。因此，策划思维其实就是创新思维，这是由策划的根本性质决定的。

策划思维是一种包含了多种思维形式的、复杂的复合思维系统，包括发散思维、辩证思维、形象思维、直觉思维、逻辑思维等。

1. 发散思维

发散思维又称辐射思维、放射思维、扩散思维或求异思维，是指大脑在思维时呈现的一种扩散状态的思维模式，它解决思维过程的方向性问题，起指引作用。换言之，发散思维是个体在解决问题过程中，个人的思维沿着许多不同的方向扩展，使观念发散到各个有关方面，最终产生多种可能的答案而不是唯一正确的答案，因而容易产生有创意的新颖观念。

2. 辩证思维

辩证思维是反映和符合客观事物辩证发展过程及其规律性的思维。辩证思维的特点是从对象的内在矛盾的运动变化中，从其各个方面的相互联系中进行考察，以便从整体上、本质上完整地认识对象。辩证思维模式要求个体在观察问题和分析问题时，以动态发展的眼光来看问题。在逻辑思维中，事物一般是“非此即彼”“非真即假”，而在辩证思维中，事物可以在同一时间里“亦此亦彼”“亦真亦假”而无碍思维活动的正常进行。

3. 形象思维

形象思维是人们在认识世界的过程中对事物表象进行取舍时形成的，是只要用直观形象的表象解决问题的思维方法。形象思维是在对形象信息传递的客观形象体系进行感受、储存的基础上，结合主观的认识和情感进行识别（包括审美判断和科学判断等），并用一定的形式、手段和工具（包括文学语言、绘画线条色彩、音响节奏旋律及操作工具等）创造和描述形象（包括艺术形象和科学形象)的一种基本的思维形式。形象思维具有形象性、非逻辑性、粗略性、想象性的特点,它是与逻辑思维截然相反的思维形式。

4. 直觉思维

直觉思维是指对一个问题未经逐步分析,仅依据内因的感知迅速地对问题答案作出判断、猜想、设想的思维形式,它往往是个体在百思不得其解之中,突然对问题有"灵感"和"顿悟",甚至对未来事物的结果有"预感""预言",这些都是直觉思维。直觉思维是一种心理现象,在创造性活动的关键阶段起着极为重要的作用,其功能主要体现在两个方面,一是帮助人们迅速作出优化选择。二是帮助人们作出创造性的预见。借助一些方法,人们可以提升直觉思维能力。

5. 逻辑思维

逻辑思维是人的理性认识阶段,是人运用概念、判断、推理等思维类型反映事物本质与规律的认识过程。它是作为对认识者的思维及其结构以及起作用的规律的分析而产生和发展起来的。只有经过逻辑思维,人们对事物的认识才能达到对具体对象本质规律的把握,进而认识客观世界。它是人的认识的高级阶段,即理性认识阶段。逻辑思维是一种确定的而不是模棱两可的,是前后一贯的而不是自相矛盾的,是有条理、有根据的思维形式。在逻辑思维中,要用到概念、判断、推理等思维形式和比较、分析、综合、抽象、概括等思维方法,而掌握与运用这些思维形式和方法的程度,就是逻辑思维的能力水平。

以上五大思维形式按照一定的分工,彼此互相配合,每个思维形式都发挥着各自不同的作用。对于"创造性突破"来说,有的要素起的作用更大一些,甚至起关键性作用,而有的思维形式起的作用相对小一些,但是每个思维形式都是必不可少的,都有各自不可替代的作用,从而形成一个有机的整体,即创新思维体系。

三、文艺晚会的策划思维

就文艺晚会来说,具有创造性的策划思维异常重要,因为它是决定文艺晚会成功与否的关键因素。然而,创造性的策划思维是一种非常复杂、系统的思维体系,它不是天生的或是一蹴而就的,而是需要进行长期的、系统的训练才能获得。创造性策划思维的训练既需要发散思维来解决思维的方向性问题,又需要辩证思维和横纵思维来提供宏观的哲学指导与微观的心理加工策略,还需要形象思维、直觉思维和逻辑思维来构成创造性思维过程的主体。

1. 发散思维解决思维的方向性问题

发散思维最显著的特征是思维沿着许多不同的方向扩展,最终产生多种可能的答案而不是唯一正确的答案,因而容易产生具有创意的新颖观念。策划者与创作团队是文艺晚会策划的核心,在文艺晚会策划过程中既要革新整个团队的传统艺术思想和观念,更要端正对发散思维的本质和作用的深度认识。例如,在文艺晚会的前期准备阶段中,需要多次举办由主办方负责人或投资人、总导演或总策划、各领域专家组成和参与的策划会议。会议中需要与会人员依托自身知识结构和艺术素养,充分发挥想象力和创造力,通过思维碰撞和头脑风暴,擦出具有创造性的火花。这时也许会出现不太现实,或是看起来很奇怪、不太好实现的"点子",但这些"点子"从某种程度上来讲其实就是"创意",这就是发散思维在文艺晚会策划中发挥的重要功能。在会议中,千万不要扼制提出"点子"的想象力,反而应该鼓励自由发挥、大胆想象。策划团队应该集思广益、兼收并蓄,在他人意见基础上提出更新更好的想法。

但值得注意的是,发散思维并不等同于创造性思维,因为创造性思维是一种逻辑式创新思维形式和非逻辑式创新思维形式、发散式思维形式和收敛式思维形式、纵向思维形式和横向思维形式及系统思维形式等融合在一起的复合性思维形式,发散思维只是创造性思维体系中的一个思维形式,不能以偏概全地认为发散思维就是创造性思维。

2. 辩证思维提供宏观的哲学指导

辩证思维是一种哲学思维,它为文艺晚会策划提供宏观的哲学指导。辩证思维不仅可以和横向思维、纵向思维一样成为实现创造性突破的锐利思想武器,而且在整个创造性思维活动过程中,辩证思维都起到重要的指导作用。在整个思维过程中,只有运用唯物辩证观点作指导,才有可能使人类的各种思维形式最有效地满足上述思维目的的要求。我们应当把辩证思维贯穿到整个创新思维过程中去,这样才能使我们的思维内容和思维成果更全面、更深刻和更具洞察力,也才有可能真正实现创造性突破。

在文艺晚会策划过程中,前期调研是必不可少的重要环节,主要针对晚会性质、受众群体、时间安排、晚会场地、地方文化特色、晚会经费等内容进行深入且翔实的调研,这个环节如果做不好就会影响整个晚会制作的艺术水平和质量效果。因此，策划团队必须从实际出发，主动与主办方、创作团队反复沟通，直到把所有的问题都弄清楚，以避免主观臆断与猜测想象所带来的无尽麻烦。在调研过程中，首先要坚持唯物主义的观点，对所搜集的信息和资料进行深入的分析，要尊重客观事实，一切从实际出发，切忌带有先入为主、主观偏见的思想。其次，要运用"发展"的观点，对新生事物树立起必胜的信心，要热爱、支持和扶植一切新生的事物。值得注意的是，区别新旧事物的标准不能仅凭出现的时间先后，也不能只看形式上是否标新立异来辨别，而是要看谁能真正同历史发展的必然趋势相一致。

例如，2019 年 10 月 1 日 20:00 在首都北京天安门广场举办的庆祝中华人民共和国成立 70 周年联欢活动中，大量可折叠的"手持光影屏"物联网显示系统贯穿全场，时而是迎风飘动的五星红旗，时而是气势恢宏的绝美画卷，时而是极具创意的各式造型在舞台上翩翩起舞，凭借其流光溢彩的显示效果，引起了全世界的关注。科技含量高是本次国庆联欢活动的最鲜明特点。手持光影屏是联欢活动得以精彩呈现的核心道具，通过手持光影屏使联欢活动的呈现更加立体。5400 平方米的巨幅国旗、25 米高的"三维烟花树"、3290 块可折叠手持光影屏等，在国庆 70 周年联欢活动上呈现的这些"黑科技"，成为大家的国庆记忆中最璀璨的存在。(图 2-1)

图 2-1　庆祝中华人民共和国成立 70 周年联欢活动

3. 形象思维、直觉思维和逻辑思维构成创造性思维的主体

艺术创作离不开形象思维、直觉思维和逻辑思维的相互碰撞。一般来说，形象思维与直觉思维能力往往决定一个人的审美水平，而逻辑思维能力则是使艺术创作符合客观规律、符合逻辑结构的重要能力。

文艺晚会的策划既需要具有想象性、非逻辑性、不确定性、偶然性特征的形象思维和直觉思维，又需要具有确定性、逻辑性、非偶然性特征的逻辑思维，两方面从字面上看似冲突、对立，实则在文艺晚会策划过程中它们都是不可或缺的、能够发挥巨大推动作用的思维形式。首先，通过空间视觉的“象”来构成思维的主要形式，即利用形象思维反映事物属性的表象、利用直觉思维反映事物之间关系的表象，通过形象、情感以及联想和想象等思维加工机制，塑造艺术形象，表达思想感情。其次，需要运用逻辑思维的比较、分析、综合、抽象、概括等思维方法，使艺术创作符合客观事物的本质特征和发展规律，最终创作出具有艺术美而又符合逻辑规律的艺术作品。

因此，文艺晚会的策划思维绝不是哪一种思维能力就能完全解决问题的，三种思维形式之间应当结合而不应割裂和对立，三者总是相互支持、相互依存、相互结合在一起的。但有人认为形象思维、直觉思维与逻辑思维是对立的、格格不入的，甚至有些学者在强调逻辑思维时往往贬低形象思维和直觉思维，这都是不对的。

第三节　文艺晚会策划与实施的基本原则

文艺晚会的策划与实施应遵循导向性、创意性和团结协作这三大原则。导向性原则解决的是文艺晚会向大众传达什么内容的问题，创意性原则解决的是文艺晚会怎样才能使大众津津乐道的问题，而团结协作原则解决的则是文艺晚会的策划应该如何实施的问题。

一、导向性原则

文艺晚会策划的导向性原则，其内涵主要是指通过文艺晚会向大众传达优良的价值观和情感观，充分发挥文艺晚会的舆论导向作用。例如，庆典性、纪念性晚会从晚会主题立意、内容形式等各方面都发挥着文艺晚会宣传性的功能，主要向大众传达爱国、爱党、爱社会主义、爱家乡、爱人民的深刻思想内涵。因此，文艺晚会的策划者应从晚会创作之初就要保证向大众传递的信息是准确无误的，要引领观众分辨是非对错、好坏善恶。例如，第二十九届奥运会(北京奥运会)开幕式既向世界宣传了我国的灿烂文明和发展成就，也展现了中国人民奋发向上的精神面貌，主题明确、立意鲜明，向世界人民传达了优良的价值观和情感观。这样的晚会要求策划者必须具备较高的政治素质，熟知国家的大政方针、了解国家的历史文化，具有高度的政治使命感，利用文艺晚会这种艺术形式更好地为人民服务。

即便是以娱乐性、功能性为主的文艺晚会，如节日性、行业专题性以及景点旅游性晚会也要向大众传达正能量，寓教于乐，陶冶情操。俗话说："水可载舟，亦可覆舟。"一场晚会的总体诉求就是要呈现给观众欣赏，而观众对于文艺晚会的认可和接受程度是检验晚会成功与否的重要标准。因此，文艺晚会的策划要以大众的审美需求为出发点，将优良的价值观和情感观以艺术化的形式纳入到节目当中，不是简单乏味地说教，而是寓教于乐，争取创作出一些观众愿意看、乐于接受的经典作品，这样才能真正地让观众体会到晚会所要表达的主题和思想。

二、创意性原则

文艺晚会是否吸引人、是否被大众津津乐道，其关键因素在于需要有好的创意。在我们的日常生活中，创意无处不在，当我们心中有"这样是不是会更好"的念头时，便是创意闪现的时候。创意是创造意识或创新意识的简称，它是指对现实存在事物的理解以及认知，所衍生出的一种新的抽象思维和行为潜能。换言之，创意是让我们把不可能变为可能，把不相关的因素联系到一起，激发出新的火花。

文艺晚会策划的创意性是文艺晚会成功与否的关键因素之一。从宏观上来讲，文艺晚会的创意是对艺术的独到追求，是新的探索，是艺术观念的形象展示，是标新立异，是新发现。因此，创作团队应该积极思考、创新，通过思维碰撞、观点交叉融合，凝练出具有创意性的"点子"。从微观上来讲，文艺晚会的创意可能是全新视角，可能是新方法的使用，可能是传统方式的新组合、新阐释。因此，策划者要针对主题立意、框架结构、节目内容、表演形式等方面进行创意设计，并结合新的思想，寻找新的思路，把握时代的脉搏，关注当今的热点，不断融合创新，制定具有创意性的策划方案。

三、团结协作原则

文艺晚会的策划是一项极其复杂而又充满挑战性的工作，因此需要在主办方负责人和总导演的领导下组建优秀的策划团队和创作团队，对晚会进行相对完美的、合乎艺术规律的、全面的策划与设计。策划一场晚会，是集体的力量、集体的艺术，没有任何晚会可以由一个人来完成，仅凭导演个人能力实现晚会的创作理想几乎是不可能的。因此，要充分调动集体的智慧，发挥集体的力量，团结协作。

团结协作是社会工作的基本规范之一。人们在日常生活、学习和工作中，要互相支持、互相配合、顾全大局，明确工作任务，方可实现共同目标。就团结而言，在主办方负责人和总导演的领导下，工作团队要团结、配合、顾全大局，处理好各种人际关系和工作关系，营造良好的工作氛围；就协作而言，文艺晚会的制作既要有必要的分工，明确各部门或个人的工作任务和责任，各司其职，还需要策划者用科学的目光来统一领导，促进各部门的共同协作，全力配合，取得事半功倍的效果。

第四节　文艺晚会策划与实施的基本流程

鉴于晚会性质、规模和人员调配等因素，一般来说，文艺晚会策划与实施的时间大约为 6～12 周(一些特别重大的文艺晚会，也有可能提前一年开始策划设计)，共经历文艺晚会策划的准备阶段以及策划方案的制定、实施和呈现四个阶段。(图 2-2)

一、晚会策划的准备阶段

俗话说，万事开头难。如果开头开得好，就是成功了一半。任何文艺晚会的策划与实施都要从晚会信息的调查研究和工作团队的组建开始，即从文艺晚会策划的准备阶段开始。

调查研究是为了了解该文艺晚会本身和举办地的相关信息，为策划方案的制定和节目创作奠定基础；工作团队的组建是将文艺晚会策划方案付诸实施的前提。任何一场文艺晚会都是集体智慧的结晶，是集体艺术的展现。积极的、奋进的工作团队是实现制作成功的文艺晚会的重要因素，优秀的工作团队能在文艺晚会策划与实施过程中达到事半功倍的效果。

鉴于文艺晚会性质、规模、级别和人员调配等因素，一般来说，文艺晚会策划的准备阶段大致持续 7～14 天，大约 2 周之内完成。

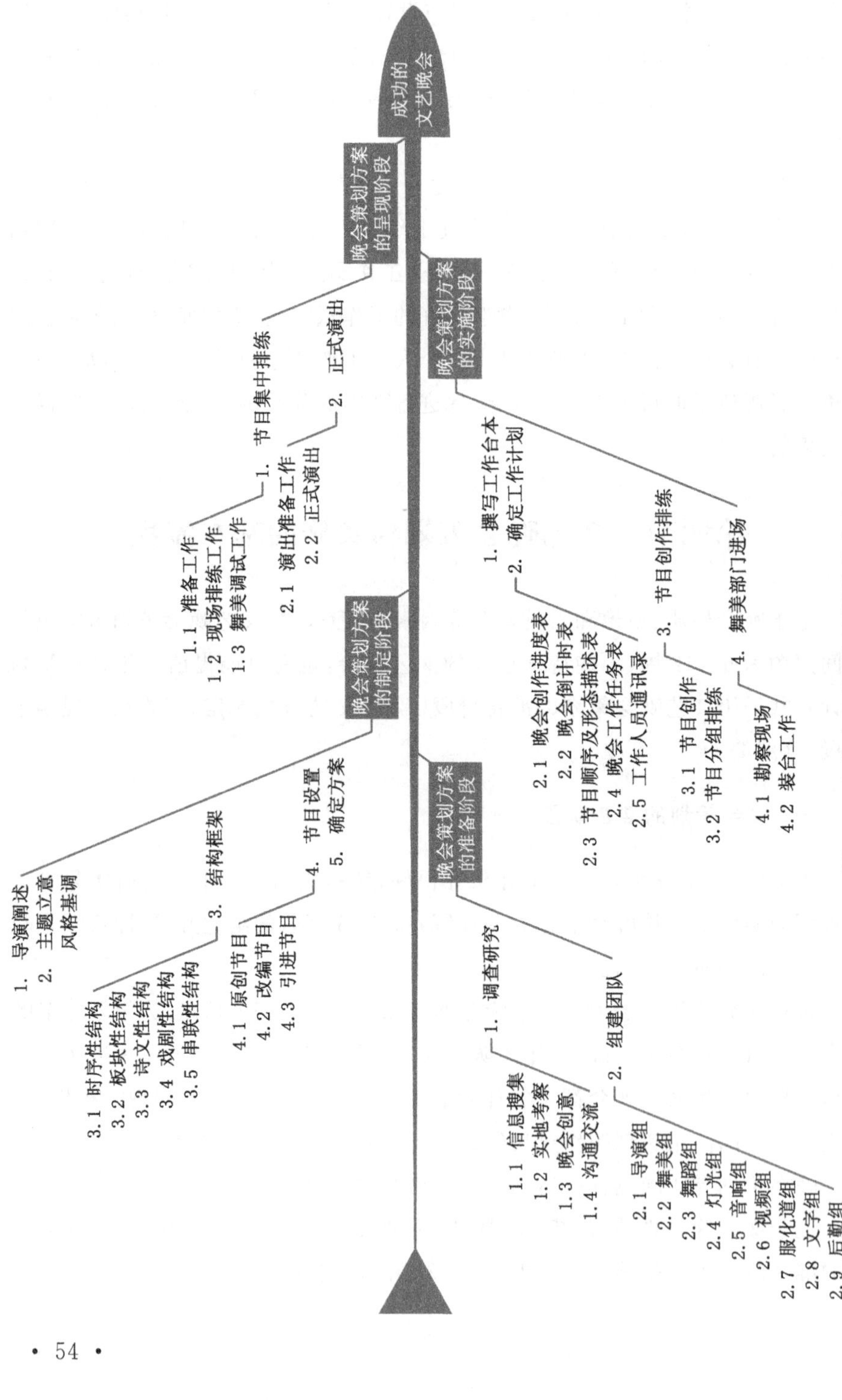

图 2-2 文艺晚会策划与实施的基本流程

二、策划方案的制定阶段

在完成调查研究和团队组建后，策划工作进入到第二个阶段，即文艺晚会策划方案的制定阶段。实质上，这个阶段是总导演的创作意图从思维中转移到纸面上的过程，也是将虚拟想象转化成实际方案的过程。

文艺晚会策划方案的制定阶段，由“一个主线、四个任务和一个阶段目标”组成。本阶段的主线是针对总导演书写的“导演阐述”（即总导演对本场晚会的基本构思和创意）多次举办策划团队和主创团队工作会议，旨在通过头脑风暴和思维碰撞，把握晚会制作的基本方向，将总导演的创作意图落地。在举办策划会议的过程中完成本阶段的四个任务，即确定晚会主题立意、明确晚会风格基调、搭建晚会结构框架、构思节目内容形式，最终完成本阶段的重要目标，即制定本晚会的策划方案，为晚会下个阶段工作任务的具体实施奠定基础。

鉴于文艺晚会性质、规模、级别和人员调配等因素，一般来说，文艺晚会策划方案的制定阶段大致持续14～21天，大约2～3周之内完成。

三、策划方案的实施阶段

文艺晚会策划方案的实施阶段是策划方案从“纸上谈兵”向“效果呈现”方向转化的重要阶段，也是总导演创作意图最终落地的关键环节。实施，即实际的行为、实践，是指用实际行动去落实、施行。策划方案作为文艺晚会节目创作和排练的重要指导性文件，它被应用到晚会节目创作与排练的完整过程中，并在实施过程中检验策划方案的合理性，如遇到问题交由策划团队进行解决、修改和完善。这个阶段的重要任务就是为文艺晚会呈现阶段的联排、彩排以及正式演出做准备。

此时，晚会策划方案已经基本确定，晚会节目、舞美、服装等环节创作全面展开，演员也进入紧张的排练工作，主要事务性工作已经交由各部门负责人来安排调度。对于各部门负责人来说，这才是最繁忙、最复杂的重要阶段。

鉴于文艺晚会性质、规模、级别和人员调配等因素，一般来说，文艺晚会策划方案的实施阶段大致持续14～28天，大约2～4周内完成。

四、策划方案的呈现阶段

文艺晚会策划方案的呈现阶段是文艺晚会策划的最终环节，是将最初文字形式的策划方案以艺术表演的形式在舞台上"完美呈现"的展示阶段。"呈现"，即显出、露出，是指具体事物在眼前清晰地显现出来。文艺晚会策划方案的"呈现"是以视觉和听觉相互融合的方式向观众展现策划方案的主题、立意、内容、风格和特征。假如观众看到文字形式的策划方案，那只能依靠大脑思维和想象去感受文艺晚会，这种也是"呈现"，是在个体大脑中的抽象"呈现"，但这种"呈现"会因为观众认知、知识结构、艺术品位和审美水平的不同而呈现出不同的艺术效果。而在舞台上艺术化的"呈现"，观众则能够直接看到舞台上具象的艺术表演，能够直接感受到晚会的主题立意、风格特征，并会根据自己的感知来评价文艺晚会的艺术效果。

此时，文艺晚会的节目创作排练和正式演出的准备工作等都基本结束，大多数工作人员都会集中到晚会场地进行节目走台、舞美调试、晚会合成以及正式演出。

鉴于文艺晚会性质、规模、级别和人员调配等因素，一般来说，文艺晚会策划方案的呈现阶段大致控制在 7 天以内。

第三章　文艺晚会策划的准备阶段

俗话说，万事开头难。如果开头开得好，就是成功了一半。任何文艺晚会的策划与实施都要从晚会信息的调查研究和工作团队的组建开始，即从文艺晚会策划的准备阶段开始。

调查研究是为了了解文艺晚会本身和举办地的相关信息，为策划方案的制定和节目创作奠定基础；工作团队的组建是将文艺晚会策划方案付诸实施的前提。任何一场文艺晚会都是集体智慧的结晶，是集体艺术的展现。积极的、奋进的工作团队是实现制作成功的文艺晚会的重要因素，优秀的工作团队能在文艺晚会策划与实施过程中达到事半功倍的效果。

鉴于文艺晚会性质、规模、级别和人员调配等因素，一般来说，文艺晚会策划的准备阶段大致持续 7～14 天，大约 2 周之内完成，主要工作内容见图 3-1。

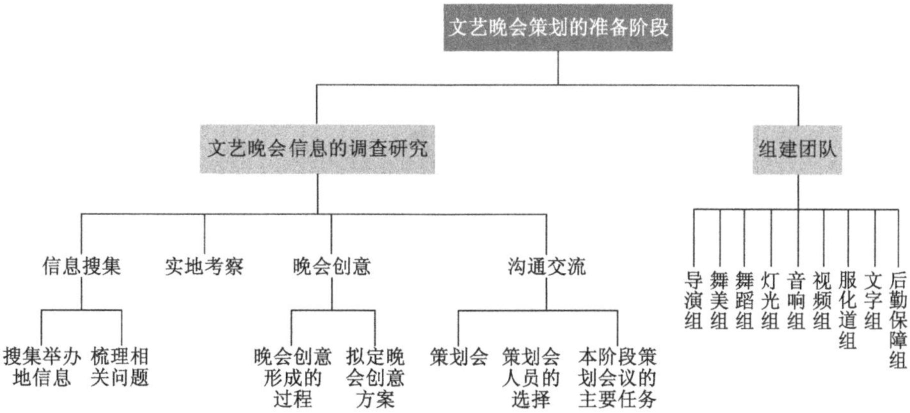

图 3-1　准备阶段的主要工作内容

第一节　文艺晚会信息的调查研究

文艺晚会的策划大多是从晚会信息的调查研究开始的，调查研究的内容主要包括信息搜集、实地考察和沟通交流等。一般来讲，信息搜集和实地考察是为了详细了解与晚会相关的重要信息以及举办地的文化资源等；沟通交流是为了能够充分激发和发挥策划团队创新性思维，通过思维的碰撞探寻晚会的创意，为导演阐述的文本书写提供重要素材，为晚会的设计与创作奠定坚实的基础。

一、信息搜集

1．搜集与晚会相关的重要信息

在实地考察与沟通交流之前，总导演应通过网络、图书、报刊、图像等途径搜集整理所有涉及本场晚会的相关信息，其内容主要包括举办地的地理、历史、文化、时政、艺术、城市符号等。总导演应该根据这些材料及时并快速找到晚会创作的大致方向和基本内容，以备策划会议和导演阐述之用。

2．梳理相关问题

梳理相关问题在文艺晚会策划的准备阶段异常重要，它是总导演与主办方负责人沟通时确认相关信息的前提和关键。在这里，我们套用企业管理中著名的 5W2H 分析法，分别从七个方面针对晚会信息进行提问。（图 3-2）

图 3-2　文艺晚会 5W2H 分析法

（1）Why:为什么举办这场晚会

这个问题,归根结底,是晚会性质的问题。第一章中提到文艺晚会有庆典性晚会、节日性晚会、纪念性晚会、行业专题性晚会、文体性晚会、景点旅游性晚会等不同性质的晚会,每一类晚会所要表达的内容、主题和功能是不同的。如庆典性晚会具有庆典性特征,需要满足各种庆典仪式的要求,表达人们对重要庆典日的心愿与情怀;纪念性晚会具有纪念性特征,既有对“人”的怀念,也有对“物”的留念,表达人们一种留念和怀念的情绪;景点性晚会具有对外宣传地方旅游文化的功能;等等。因此,总导演首先要明确晚会的性质,即举办这场文艺晚会的目的是什么,确定了这一点文艺晚会的策划与创作才能够有的放矢、不走弯路。

（2）What:晚会有什么要求

任何形式的文艺晚会都需要围绕鲜明的主题开展策划工作,任何形式的晚会都必须满足主办方、投资人、受众群体等不同人员的各种需求。将这个问题搞清楚,其实是给总导演指明了方向。总导演要与主办方进行充分的沟通,积极聆听主办方、投资人、社会各领域专家的意见,及时了解他们关于晚会风格和形式、节目内容、演员配置、晚会时长、主要环节等诉求,听取他们对晚会创作有益的建议和意见。

第一,晚会风格和形式要明确。该文艺晚会所表现的风格是庄重的、轻松的、高雅的,还是煽情的、励志的、欢乐的？它的表现形式是传统的、现代的,还是专题性的、综艺性的？这些问题都要搞清楚。第二,晚会节目的大致内容要明确。什么样的节目内容需要突出展现？什么样的内容不能强调甚至不能体现？第三,晚会演员的基本配置要明确。根据晚会的规格与层次,对演员的身份有没有特殊的要求和界定？节目有多少？是否有足够可以演出的演员？第四,晚会时长要明确。根据晚会的性质基本上确定出大致时长,总导演才能根据时长确定节目的数量。第五,晚会的环节设置要明确。观众互动环节是否需要？晚会中有没有必须要播的专题片？专题片的内容是什么？谁负责拍摄、制作、审查？等等。

（3）When:什么时候举办晚会

晚会时间的确定对于晚会的顺利举办具有重要影响。如晚会是在春天、夏天还是秋天、冬天,是在白天还是晚上,是在工作日还是节假日,等等。时间不同,晚会的表现形式、受众群体、演职人员都可能会发生变化。另外,晚会时间一旦确定，策划、创作和排练的大致时间区间也就确定了。策划团队需要根据晚会的规模，大致测算出创作节目的比例，而这些创作量需要多少时间，根据演员的专业水平和对舞台的熟悉程度，要安排多少时间来进行排练，这些都是晚会顺利举办的重要因素。

(4) Where：晚会地点在哪

一般来说，晚会地点有演播厅、剧场、体育场、体育馆等，每个演出场地的大小、环境和布局直接影响文艺晚会的规模和形式。首先，总导演要充分考虑演出场地是否能够满足文艺晚会举办所需空间的要求。根据晚会的投资、规模和观众数量等要求，大致测算出文艺晚会所需空间的数据，如表演区面积、台口宽度、舞台长宽高、观众席数量、嘉宾领导席数量、候场区容纳量、化妆间数量、服装道具间数量等。其次，总导演还要充分考虑演出场地的前后台和设备存放的空间，以及场地设施与设备的条件能否满足演出需求。例如，供电能否保证，是否有车台、移动台、合唱台，演员候场区是否够用，消防通道是否通畅，现有灯光条件是否需要补光，地面能够承受的最大重量是多少，墙壁是否有抗回声设施等。

(5) Who：受众群体是谁，创作团队有谁

晚会的受众群体是策划团队必须要考虑的重要内容。所谓受众群体，专指广告、晚会、电视栏目等面向的对象群体。不同的受众群体具有不同的审美需求，如春晚的受众群体是全国范围内各阶层的全部人群，因此春晚必须囊括符合老、中、青、幼各年龄阶段口味的节目，节目形式也必须满足各类人群的欣赏需求。再如重阳节晚会的受众群体主要是中老年人，晚会节目如果过于现代化、年轻化和通俗化，肯定是不合适的。

创作团队是将总导演的艺术思维付诸具体节目的人，是晚会成功举办的重要保障。总导演不是万能的，必须要与演员、编创者及所有团队成员愉快合作，才能使晚会获得理想的艺术效果。文艺晚会的创作团队大致分为两种类型，一是主办方指定的队伍，这支创作队伍也许对晚会举办的背景和所要表现的主题内容更加熟知，也许他们对于晚会举办地的实际情况更加了解，但由于总导演并不了解他们真正的艺术水平，因此总导演需要向主办方提出意见，选派或推荐一些更加专业的创作者融入这支创作团队，以把控晚会创作的艺术性和方向性，避免创作过程中发生一些意想不到的变故。二是主办方委派总导演组建团队，总导演可根据以往工作经验和合作关系，择优选择创作团队成员。

(6) How:晚会如何开展工作

总导演是文艺晚会策划与实施的灵魂与核心,必须在与主办方进行充分沟通与协商的前提下,保证总导演的绝对话语权。首先,确认总导演的主导地位。总导演虽然需要认真听取各方的意见和建议,保持谦虚的工作态度,但也不能因为某些人的社会地位和行政权力过于迁就他们的意见而被牵着鼻子走。任何难题和一切与人相关的障碍都要让位,以高水平完成文艺晚会任务为目的,不受其他各方不合理要求的干扰。对已经达成的共识,要坚决执行,不可随意更改。其次,总导演既要对晚会的主题、结构和节目形式胸有成竹,还要对舞美技术团队、表演团队、服化道团队充分了解,更要对各部门工作程序烂熟于心,这样才便于临机处置。最后,指挥话筒永远在一个人手中。在联排、彩排以及合成阶段,指挥话筒应当在负责演员和场面调度的执行导演或舞台总监手里。而到了正式演出阶段,指挥话筒只能在总导演的手里,各部门负责人只听一个人的,由总导演下达关键命令。

(7) How much:晚会有多少经费

晚会经费的多寡往往决定了晚会的艺术品质和实际效果。一般来说,文艺晚会的经费越充足,晚会的艺术品质就越高,越能实现更多好的创意和构思。晚会经费大致分为三个部分,一是舞美制作,约占三分之一;二是演出经费,包括创作经费、演员劳务费、外请演员费等,约占三分之一;三是场地费、服化道费及后勤保障费等,约占三分之一。根据以上经费的比例划分,基本能够测算出文艺晚会的经费需求,相反,也可根据已明确的经费额度测算出能够举办多大规模的晚会。

二、实地考察

实地考察,是指为了搞清楚事物的真相和势态发展进程而到实地进行直观的、局部进行详细的调查研究。在文艺晚会策划的准备阶段中,实地考察是继搜集相关信息之后进行的信息比对分析、验证信息真实性和可靠性的关键阶段。文艺晚会的策划与实施是一项非常复杂的系统工程,有时只看搜集来的材料或图片,不到现场进行实地考察,会与实际情况有很大的差异。因此,总导演需要在实地考察过程中,随时将自己观察到的内容与已搜集的信息进行比对分析,真实地把握考察对象的特点。

实地考察的内容主要包括主办地文化特色、民间传说、历史遗产、演出团队、演艺资源、演出场地、创作力量等，最终目的在于深入挖掘创作资源、酝酿晚会节目形式、提炼举办地的外在形象和内在性格，为晚会的整体策划创作和具体细节的设计提供坚实且丰富的资料，使晚会的整体风格和主题与举办地的特征融为一体。

案例 8　2005 年中央电视台《江城月·中华情》中秋晚会的实地考察[①]

撰稿人：郭霁红

晚会主题：江城月·中华情

晚会举办地点：武汉

2005 年 5 月，中央电视台中秋晚会总导演郭霁红带领其创作团队来到武汉，为中秋节即将举办的《江城月·中华情》中秋晚会进行前期实地考察，主要包含以下六方面内容。

① 地理。武汉是湖北省的省会，全省政治、经济、文化中心，华中地区的最大城市。近年来，武汉城市建设日新月异，是中国现代化成就的代表之一。世界第三大河长江及其最大的支流汉水横贯市区，将武汉一分为三，形成了武昌、汉口、汉阳三镇隔江鼎立的格局，故武汉素有“江城”美誉。

② 历史。武汉历史上曾是魏、蜀、吴三方鏖战之地。明末清初，汉口与朱仙镇、景德镇、佛山镇同称天下“四大名镇”。19 世纪中期，汉口对外开埠，英、德、俄、法、日相继建立租界。1911 年，武昌起义从红楼打响第一枪，结束了中国两千多年的封建帝制。

③ 文化。武汉是荆楚文化的发祥地。楚风汉韵兼具壮丽与柔美，豪放与婉约交相辉映，激慨与幽怀兼容并蓄。武汉古琴台，伯牙子期的故事流传千古，一曲《高山流水》成千古绝唱；发掘整理的编钟乐舞，浪漫瑰丽。

④ 景观。古代的黄鹤楼、晴川阁，近代的汉口老租界、辛亥革命的标志物红楼、农民运动讲习所、八路军办事处旧址、海关大楼，当代的武汉长江大桥、江滩公园、长江二桥等，这些历史和文化的积淀，是武汉这座古老城市的“根”，是江城这座开放城市的“名片”。

⑤ 城市性格提炼。从物质文化和精神文化的双重角度审视荆楚文化的发

① 郭霁红：《实战文艺晚会》，中国广播电视出版社 2007 年版，第 24-27 页。

展轨迹，可以进一步发现它在以下五个方面具有创新特质，是当今发展先进文化的重要精神遗产。一是“筚路蓝缕”的创业精神；二是“抚夷属夏”的开放精神；三是“一鸣惊人”的创新精神；四是“深固难徙”的爱国精神；五是“止戈为武”的和合精神。荆楚文化的这些创新特质，既是时代的产物，又是优秀民族文化和民族精神的具体展现，是中国优秀传统文化的重要资源。

⑥ 确定主会场。武汉人文积淀深厚而且独特，拥有江南三大名楼的黄鹤楼，享有“天下绝景”的盛誉，自古以来名扬四海。武汉的月光迷离，波光潋滟，烟火缤纷，灯火辉煌，烘托出一派江天夜景和一片浓浓的中秋节日气氛。

三、晚会创意

在总导演与主办方负责人或投资人、社会各界专家进行沟通交流之前，还有一项重要的工作需要谋划，这就是晚会创意。晚会创意是策划者利用新方法、新视角、新形式来展现晚会主题立意的高级而又复杂的思维活动，它体现了策划者对艺术独到的追求。晚会创意是决定晚会质量、艺术效果和晚会影响力的重要因素。

1. 何为创意

在日常生活中，创意无处不在。当我们心中有“这样是不是会更好”的念头时，便是创意即将闪现的时候。创意是创造意识或创新意识的简称，它是指对现实存在事物的理解以及认知，所衍生出的一种新的抽象思维和行为潜能。通俗点讲，创意就是让不可能变为可能，把看似不相关的因素联系和融合在一起，从而激发出“创新”的火花。创意并不是艺术家的专利，任何人都能在日常生活中闪现各种不同的创意，使我们的生活充满乐趣。

2. 晚会创意形成的过程

晚会创意是一场晚会策划的开始，是决定晚会质量、艺术效果和晚会影响力的重要因素。文艺晚会的策划人需要具备较强的创意思维能力，这种能力的培养，或者说创意方法的掌握既要从书本上学习，更需要在实践中积累和领悟。晚会创意形成的过程主要经历晚会信息的分析与归纳、创意的闪现与创意的加工三个阶段。

（1）晚会信息的分析与归纳

总导演在完成晚会信息的搜集、相关问题的梳理、实地考察等工作之后，就要对这些材料进行整理、分析和归纳，这个过程其实就是针对创意思维材料的分析过程。创意思维的材料犹如一个万花筒，万花筒内的材料数量越多，组成的图案就越多，就越容易产生创意。

晚会创意思维的材料主要分为两种类型：一是直接相关的材料，如晚会的时间地点、主办方要求、主题立意、可使用的演艺团队和舞台设备等；二是间接相关的材料，如主办地的历史人文、风景名胜、英雄人物、民俗风情、艺术氛围以及当地人民群众的审美需求等。

针对晚会创意思维材料的分析，具体方法有四类：一是综合优选，即总导演对散乱无序、孤立无形的材料进行优选，优胜劣汰、去粗取精。二是系统重组，即将优选过的材料按照一定的逻辑结构进行系统组合，使众多材料的内在联系符合逻辑结构。三是异类迁移，即运用想象、联想等思维方式分析事物内部及事物之间的内在联系。很多事物之间都有相似而不相同的特征，如飞翔的大雁令人产生对自由的向往，熊熊烈火可与火热的斗争产生联系，等等。四是反向寻觅，即运用不同思维方式、不同思维角度去分析事物的本质特征，普通人的思维常按理论或经验顺向进行，而思想家、政治家、艺术家等却常常反其道而行之。

(2) 创意的闪现

创意往往会在费尽心思、苦苦思索之后闪现。"闪现"一词有着瞬间出现、忽然出现的含义，稍纵即逝，看不见摸不着。但也有经历苦苦思索之后创意未闪现的状况，这时需要策划者暂停思索、放松自己，选择自己最喜欢的娱乐方式，如打球、听音乐、唱歌、看电影等，归根结底就是让精力转向任何能使自己身心愉悦的活动上去。这个过程看似毫无意义，其实这个转向是刺激想象力和潜意识的思维过程。例如，著名科学家爱因斯坦钟情音乐，与小提琴情愫深厚，当他演奏小提琴乐曲时经常思考未知领域的科学问题，他的妹妹玛雅回忆道："在演奏中有时他会突然停下，激动宣布：'我找到了它！'"这个"它"，不是琴弦上的音符，而是物理学科的发现。再如，著名数学家阿基米德在极度疲劳的状态下，暂停思索前往浴室放水洗澡，在离开浴缸的那一刹那，哗哗的水响触动了他的灵感。从此以后人类对浮在水面上的万吨巨轮，用排水量来计算其重量。因此，创意也会在暂停思索的休息和愉悦后闪现。

(3) 创意的加工

闪现后的创意是总导演针对文艺晚会主题立意、结构框架、风格特征等方面的初步想法，也许并不成熟、并不完善，也许创意性、艺术性不那么鲜明。因此，这时的创意还需要总导演将初步的创意方案提交策划会议，让更多的策划者进行集体创意、集思广益，去修改、补充、锤炼和提高，这是创意的最后阶段，也是最重要的阶段。

3. 拟定晚会创意方案

文艺晚会的创意方案，是总导演以文字形式呈现的未通过策划会议商讨的初步策划方案。它既是总导演书写导演阐述的主要文字材料，也是总导演给主办方领导审查的文件，还是供策划团队一起商讨、研究、修改和提高的原则依据。

由于总导演在此时拟定的创意方案是在文艺晚会策划的准备阶段中所要提交的文字资料，具有阶段性和时效性特征，因此，它与文艺晚会最终的策划方案是不同的，它们所面对的对象和涉及的内容也是不同的。晚会创意方案所面对的对象是主办方负责人以及策划团队，而后面将要提交的导演阐述和晚会最终的策划方案所面对的对象，除了主办方负责人和策划团队之外，还有由总导演组建的创作团队或工作团队。晚会创意方案的内容主要包括以下几方面：

(1) 晚会名称

晚会名称是整场晚会内涵、性质和功能的高度概括，晚会名称既要简明扼要，又要易于传播。在拟定晚会名称的时候，根据晚会的性质与功能，有的晚会须考虑其名称兼具文学性与艺术性特征，例如 1964 年大型音乐舞蹈史诗《东方红》、第六届全国少数民族运动会开幕式文艺演出《民族音画 1999》、2018 年江苏省庆祝改革开放 40 周年文艺晚会《潮涌新时代》等晚会名称都具有一定的文学性与艺术性特征。也有较为严肃、庄重、仪式感很强的晚会，名称可以直白一些，过于文学性与艺术性则不太适合这类晚会，例如庆祝中华人民共和国成立 70 周年文艺晚会《奋斗吧中华儿女》、纪念中国人民抗日战争暨世界反法西斯战争胜利 70 周年文艺晚会《胜利与和平》、2019 年“3・15”文艺晚会《共治共享　放心消费》等。总导演可以提出 2～3 个晚会名称，在策划会议上供主办方领导和策划团队共同协商决定。

(2) 主题思想

主题思想是晚会宗旨与意义的文字表达，是所有创编人员在工作过程中必须遵循的思想和原则。主题思想的凝练必须严谨、准确、简洁，尤其是庆典性、纪念性等性质突出、功能独特的晚会，因其具有政治、社会、历史的内涵，因而文字更应经得起推敲。

(3) 演出场地的布置与改造

根据晚会的主题立意、风格基调和节目表演的需要，也根据举办场地的实际情况，对场地布置提出形象化的改造设想。第一，演出场地的布置与改造要适于晚会主题立意的表达，要与晚会风格基调相一致。第二，演出场地的布置与改造要适合节目表演的需要，也就是要有可操作性，例如歌舞类表演必须要有足够的空间，杂技类表演需要考虑舞台的立体空间，戏曲曲艺类表演需要缩小表演空间、并考虑其声音的传递和视觉的拉近等。第三，演出场地的布置与改造必须要具备创意性和艺术性，给现场以及电视机前的观众留下深刻印象。除此之外，灯光、音响、舞台布景等因素都需要与演出场地的布置与改造一并考虑。

(4) 艺术风格

艺术风格也称艺术效果、艺术基调、艺术标准等，是创意方案中的重要内容。晚会艺术风格的初步凝练，旨在为主办方负责人以及策划团队在意识上呈现一个大致的晚会艺术效果。而主办方负责人以及策划团队应当针对总导演的创意和有关艺术效果的设想进行可行性分析，即通过什么方式、什么途径来实现创意，这一点对于主办方负责人和策划团队来说尤为需要。

(5) 基本结构框架

总导演根据自己对晚会结构框架的基本设计做出概括性的介绍和描述。创意方案中的结构框架与最终策划方案中的结构框架是不同的，前者具有朦胧、不具象的特征，它只是向主办方负责人以及策划团队呈现晚会大致的轮廓或架构。

案例 9　1997 年首都人民庆祝香港回归大会文艺晚会方案(讨论稿)[①]

时间：1997 年 7 月 1 日 20:00—22:00

地点：北京工人体育场

(一) 指导思想

本场晚会的指导思想主要在于突出表现中华民族历经百年沧桑而不屈不

① 吕艺生:《大型晚会编导艺术》，上海音乐出版社 2004 年版，第 42-44 页。

挠、英勇斗争之志；突出表现全国人民欢庆香港回归、洗雪百年耻辱的喜悦及真挚的爱国之心；突出表现海内外中华儿女实行“一国两制”，推进和平统一，实现祖国繁荣昌盛，迎接新世纪的炽热之情。（图 3-3）

图 3-3　1997 年香港回归大会文艺晚会

（二）晚会方案的主要内容与要求

1. 基本结构框架

结构由两部分组成，一为大会，二为文艺晚会。

(1) 会议前的氛围及表演

场地设计：背景台的长城、黄河、雄狮、华表，气势磅礴、雄伟壮观；编钟、古磬，浑厚古朴，展示了中华民族的文化底蕴；紫荆花、牡丹花，繁花似锦，争奇斗艳；草坪上，场景造型，各具其妙；灯光变幻，光彩夺目，晶莹的红灯笼点缀其中，更添颜色。整个场景庄严而大方，雄伟而有气魄。

19:45，千人的交响(包括中国交响乐团、北京交响乐团、中央歌剧芭蕾舞剧院乐团、中央民族乐团、中央广播民族乐团以及金帆、银帆乐团共计千人)与万人的合唱开始，《歌唱祖国》的歌声响彻云霄，气势雄壮，排山倒海，8 万人挥动着国旗、港旗，群情激昂，欢呼声此起彼伏，以此拉开庆典活动的序幕，展现出欢庆香港回归的恢弘气势。主席台悬挂“首都人民欢庆香港回归庆祝大会”的大横幅，布置庄严、隆重，具有时代性、民族性，欢庆色彩浓郁。

20:00，宣布大会开始时，全场欢呼，焰火绽放，五彩缤纷，异彩纷呈，展现出国家庆典活动的壮观景象。建议奏国歌时鸣礼炮，展现一个国家级隆重庆典的规格。

(2) 文艺演出(略)

2. 总体要求

庄严、隆重、热烈、欢庆，具有政治性、民族性、艺术性与可行性。

3. 场地设计要求

① 背景台采用传统翻板与现代灯光、焰火相结合的方法，必要时翻板可采用半立体、半浮雕及流动方式。长城、壶口瀑布、香港市容、邓小平形象等恢宏的庆典场景，真正起到画龙点睛及烘托的作用。

② 为了展现艺术队伍的力量，要在现场设一支千人的交响乐队和万人的合唱团，集中在两个专用台上，在会议前表演。

③ 为了突出大团圆，此次表演拟请刘诗昆、吕思清等艺术家参加主持与表演。此事可与香港的新华社进行商量。

④ 为了适应工体这一特殊表演场地，整个表演还是要强化大场面和大力度，创造壮观的气势。需要突出的表演点采用中心舞台与大型团体舞蹈相结合的方式，即点面结合。

（注：此例为策划方案最初的讨论稿，非正式定稿方案，更不是台本）

四、沟通交流

1. 策划会议释义

策划会议，是总导演与主办方负责人、投资人、社会各界专家针对文艺晚会策划内容进行沟通交流的主要渠道，旨在通过多角度、多领域、全方位的沟通交流来改进、更新和完善策划方案。策划会议应贯穿文艺晚会策划的全过程，且应多次举办。

总导演通过前期搜集资料、梳理问题、实地考察和创意方案的酝酿，已经对晚会有了一个大致的想法和创作方向，但这可能是不完善的，这就需要经过认真讨论、集思广益以使其更加完美的沟通交流过程。在策划会议中，策划团队将针对与会人员提出的建议和意见进行“去粗取精，去伪存真，由此及彼，由表及里”的选择，使策划方案的制定与实施更加合理、可行与完善，这就是策划会议存在的重要意义。

2. 策划会议人员的选择

策划会议的参会人员一般由主办方负责人或投资人、总导演或总编导以及社会各界专家等组成。主办方负责人或投资人一般为该晚会的领导或提出要求的人。总导演或总编导则是文艺晚会策划方案设计和实施的灵魂和核心，全面负责晚会的各项工作。社会各界专家担任艺术顾问的角色，他们是最熟悉文艺创作规律、文艺创作走向、社会流行趋势、宣传政策和新闻工作要求的专家，包括文艺界人士、文化名流、新闻媒体人员和相关社会学专家等。邀请这些专家参与策划会议的目的在于，针对晚会策划提出合理有效的建议和意见，往往在瞬间能够提醒或激发创作团队的创作灵感。

3. 本阶段策划会议的主要任务

案例10　2006年山西省春节联欢晚会策划会议摘要[①]（表3-1）

表3-1　2006年山西省春节联欢晚会策划会议摘要

参会人员	发言内容
嘉宾1	我们的春节晚会年年搞，怎么才能出新意，让观众有兴趣看，我觉得应该多表现他们身边的小人物的故事。我知道有这么一个山西的农民，叫王衡，去年3月得了国家科学技术发明二等奖，这个荣誉非同小可，这是专业知识分子都很难得到的，但他是一个地地道道的农民，山西运城的，当然现在算农民企业家了。当时一些大型工程渗漏的情况非常普遍，而当时国内还没有一种材料可以很好地防止水害。他就是在一次偶然的机会中，看到防水工人用大豆来堵漏，作为农民他很心疼，那是好不容易种出来当口粮的啊。他为了不再用粮食来堵漏，用了20多年的时间，发明了一种"混凝土复合剂"，在防水剂上的技术发明填补了国家技术空白，使许多工程水害迎刃而解，现在他发明的产品不仅在国内畅销，而且走向了国际市场。这些产品和技术为国家节约资金至少11亿元。王衡由此也先后获得全国劳模、全国五一劳动奖章、山西省科技功臣等荣誉。人们管他叫"农民科学家"。我觉得像这个人的故事有没有可能编成一个节目出现在晚会上，比如小品什么的，从开放发展的角度去看这样的一个山西农民的思维和故事
嘉宾2	我们的春晚好像从来没有过关于法律方面的内容，有没有可能上这样的节目。我知道一个山西的小伙子，叫郝劲松，他是干嘛的呢，他就是打官司，为一点鸡毛蒜皮的事情打官司。比如说为了收费厕所没发票打官司，为了火车餐车没发票打官司，为了酒店不开空调打官司，其实我们应该给这样的人颁奖，我们的社会沉淀了许多似乎是约定俗成而实际蕴藏着不公的惯例，这对消费者来讲是很不公平的，现在社会上有很多不合理的地方，得有人去较真，起码得让人知道这样是不对的，这样社会才能进步。他的行为就是要让更多的人去进行法律思考，给更多的人以勇气去抗争，让更多的人拥有法治的思维和观念，他打官司的意义早已超越了其行为的本身。我们应该学习这种时时处处依法维护自身权益的意识，将消费维权以及公民维权进行到底。但是实际问题是：站出来说话的人太少了，绝大多数的人是在保持沉默！应该有更多的人站出来，用法律的武器来捍卫自己的合法权利，从身边的小事做起，把大家习以为常的"坏毛病"牵出来，把社会约定俗成的"坏习惯"揪出来，用合法的形式改变它。他在去年成为"2004构建经济和谐十大受尊崇人物"的候选人之一。我觉得这个事情对社会很有启发，也比较符合春节晚会的百姓特点

① 英瑞：《导演实务：文艺晚会导演工作》，山西人民出版社2016年版，第218-220页。

表 3-1（续）

参会人员	发言内容
嘉宾 3	每年春晚都有青年人的节目，但我感觉都是反映他们怎么活泼热情、青春朝气，时间长了就成了俗套。有这么一个从太原考上清华大学的学生，叫李强，他深入农村调查，了解社情民意，写成了一份 4 万字的调查报告，叫《乡村八记》，这个调查报告通过年轻人自己的眼睛去观察农村、关心农村，了解中国内陆农村的贫穷落后、表面政绩和数字水分等真实情况，涉及农民的增收难、农村教育、税费改革、乡村公共事务管理、村官选举等多方面的情况。这篇调查报告引起了总理的关注，体现了当代大学生强烈的社会责任感和历史使命感。报告中提出的问题和建议，有相当的参考价值，这是年轻人真正深入基层、贴近工农、了解国情、激发理性思维，珍惜和把握好时代发展，做一个对社会有用的人的具体实践。不是所有的学子都能成为栋梁之材，但“位卑未敢忘忧国”才是最重要的。也是“一方水土养一方人”，是山西的土壤培育了李强这样的优秀学子。有没有可能改变一下我们一直以来的青年人节目形象，把这种有思考、能实践、充满责任感的新时代青年考虑用什么形式搬上春晚舞台
嘉宾 4	今年举行了十届全运会嘛，山西体育代表团的刘青在田径比赛里得了冠军，这个事情是不是可以在晚会里表现一下，她在 1500 米决赛和 800 米决赛中都得了冠军，这是山西体育运动史上的突破。但问题是，她是个山东人
嘉宾 5	山西的青年精英能不能把李彦宏说一说，百度总裁，阳泉人，首先是他站在了 IT 界的前端，领导着网络技术最新的潮流，创立搜索引擎产业，成为目前中国互联网最有影响力的人物之一，而且是中国 IT 业十大富豪之一。他现在是省青联的委员，能不能把这类的新晋商搬上春晚的舞台，成为反映时代脉搏的一个点

一般来说，策划会议的举办应贯穿整个文艺晚会策划与实施的全过程，包括策划方案的准备阶段、制定阶段、实施阶段和呈现阶段。同时，策划会议在不同阶段具有不同的工作任务。

文艺晚会策划的准备阶段，主要是针对晚会的主题立意、风格特征、表现形式以及主办地文化特色、历史遗产、演出团队、演艺资源、演出场地、创作力量等问题召开 3～5 场策划会议。参会人员 3～6 人即可，人数不宜过多。如果召集的人过多，就难以融合思路。同时，每次会议时间控制在 3～4 小时之内，每人在 20～30 分钟有限的时间内集中精力表述清楚可行性强的、具有创意的策划点。策划团队要及时记录、汇总、筛选策划会上有建设性意义的信息点，从而保证策划会议的效果。

在文艺晚会策划方案的制定和实施阶段，还需要针对不同的议题多次举办策划会议。

第二节　组建文艺晚会工作团队

在主办方负责人和总导演的领导下，组建一支优秀的工作团队对于晚会的策划以及成功举办意义重大。任何一场文艺晚会的成功举办都是集体智慧的结晶，是集体奋斗出来的艺术，没有任何晚会可以由一个人来完成，仅凭个人能力实现晚会的创作理想几乎是不可能的。因此，需要充分调动集体的智慧、发挥集体的力量，在创作工作中巧妙构思、驰骋想象，努力在舞台上再现方案的创意和灵魂，努力实现策划方案的预期目标。

在工作团队中，要根据专业领域和部门职责的不同，对工作进行细致分工，做到权责明确。因此，每个人都有各自分内之事，都有其固定的工作位置。文艺晚会的工作团队一般分为导演组、舞美组、舞蹈组、灯光组、音响组、视频组、服化道组、文字组、后勤保障组等工作组，各自的工作职责如表 3-2 所示。

表 3-2　文艺晚会工作团队职责表①

工作组名称	岗位名称	工作职责
导演组	总导演	晚会的总负责和总协调、总指挥，是整台晚会的艺术负责人和整体构思者，负责晚会的全面工作和晚会的艺术标准以及最终的艺术质量。总导演应具有较高的艺术修养和艺术造诣，更要有出色的组织协调能力
	执行导演	负责晚会的现场工作。在晚会进场后，负责走台、联排、彩排期间的全部台上工作，协调与现场工作有关的全部事务，负责演员定位、话筒试音、气氛组织，人选由总导演确定。演出时负责控制场上节奏、节目催场、主持人开始时间和引导观众互动，及时就现场情况与导演沟通，工作位置一般在上下台口和后台
	音乐导演	负责晚会的音乐创作，配合音乐总监工作，与作曲家密切沟通，按照晚会的音乐设计要求对创作音乐进行把关，录音及制作音乐时要盯棚，直至完成作品，提出歌唱演员人选，安排替代歌手，为晚会中的环节提供音乐资料，配合音响设计编排音乐程序，负责后期编辑中所需的配音配乐工作。这个人选由总导演指定，现场工作位置在音控台
	舞蹈导演	配合舞蹈总监工作，负责晚会中全部与舞蹈、杂技、魔术有关的具体工作，负责舞蹈团队的选定、排练、管理及走台、连排、彩排工作，代表导演组与舞蹈编导团队进行沟通协调、开展工作，负责晚会走台、连排、彩排阶段的现场指挥工作。这个人选由总导演指定，工作位置在现场

① 英瑞：《导演实务：文艺晚会导演工作》，山西人民出版社 2016 年版，第 183-187 页。

表 3-2（续）

工作组名称	岗位名称	工作职责
导演组	语言导演	负责晚会中包括短剧、曲艺、小品、小戏在内的所有语言类节目的策划、创作、编排、演员选定以及舞台演出工作。人选由总导演指定
	戏曲导演	负责晚会中戏曲节目和民俗节目的创作、确定团队、联络演员、录音合成、排练及演出工作，这个人要懂戏曲艺术和民间艺术。人选由总导演确定
	视频导演	负责整台晚会的节目视频背景工作，对视频背景画面进行创意、指导制作和组织现场大屏幕调试、演练等项工作，晚会现场负责指挥大屏幕画面按照节目顺序正确无误的切换播出。该人选由总导演确定，工作位置在现场技术区大屏幕控制台
	外联导演	负责联系外请嘉宾、演员及团体，负责与外请嘉宾、演员及团队确定演出合同及表演内容，负责与其敲定演出日期、演员人数、交通方式及接待标准。在外请演员到达后，应与剧务部门密切配合，告知对方演出时间、节目顺序和候场位置，在现场与导演完成交接。该人选由总导演确定，工作位置在嘉宾候场区
舞美组	舞美总监	舞美总监的工作包含了舞美设计和舞美制作两个部分。舞美总监从事舞美创意设计，按照晚会总导演和导演组提出的舞美思路，绘制舞美创意方案，并根据自己对晚会的理解，提出视觉创意方案。舞美总监负责舞台美术实景设计、台上置景景片道具设计、施工材料选材制作以及舞美施工安装指导。同时舞美总监参与舞台灯光效果设计绘制，参与视频后期制作。美术设计在舞台上呈现出的所有与舞台美术有关的内容，舞美总监全都有权给出决定性的意见
	舞美设计	根据总导演的舞美构思和晚会整体美术要求，设计舞台美术造型与舞台布局。在充分了解晚会主题和节目策划、了解晚会演出地点特征的基础上，提出舞台的最佳使用方案，绘制出舞美设计效果图、平面图、侧视图、俯视图及制作出舞台模型，供导演组详尽了解舞美设计的创造性构思
舞蹈组	舞蹈总监	根据总导演的艺术构思，组织舞蹈编导团队对晚会节目中的舞蹈、伴舞、台上人员调度、背景造型、合唱队表演、演员及主持人站位进行编舞、排练等工作。负责遴选舞蹈演员，负责在晚会的走台、连排、彩排阶段指挥现场工作，负责确定演出节目的服装、道具、头饰、特殊造型，绘制节目呈现图，负责提出具体节目的灯光和特效要求等
灯光组	灯光设计	根据导演组要求并根据节目的具体情况，确定晚会的灯光主色调和设计节目的灯光意境，安排灯位，对节目的特效光、观众光、幕间过渡光等进行布置，绘制灯位图供导演组使用，在节目的走台、连排阶段，对节目进行合光工作
音响组	音乐总监	根据总导演的艺术要求，把握晚会的整体音乐感觉，确定晚会的音乐主旋律，对晚会中所有节目进行音乐设计和把关，组织作曲家进行歌曲、舞蹈、戏曲、器乐节目的音乐创作，对改编、节选音乐进行选择审定，对录制音乐进行监棚工作
	音响设计	负责晚会现场的声音质量，选择与操作现场音控台，调试并控制现场音量，安排布置现场话筒、现场配乐及现场声音效果，负责现场演出的多轨录音及合成以及现场的所有放音工作，用声音渲染晚会气氛

表 3-2（续）

工作组名称	岗位名称	工作职责
视频组	视频设计	根据导演组要求和具体节目内容，设计每一个节目的大屏幕视频背景画面及副屏画面，策划、设计、组织、制作片头、角标、节目条、字幕条，包装视频短片，组织指挥大屏幕节目背景、现场字幕机的切换
服化道组	服装设计	根据舞蹈总监和导演组的要求，对节目服装、主持人服装、嘉宾服装进行符合节目特点和要求的设计工作，制作代用服装供排练使用，组织正式演出服装的制作、试穿、改定、修补以及相应的服装管理工作
	造型设计	根据舞蹈总监和导演组的要求，对演员进行符合节目特点的造型、定妆。组织化妆师对所有演员、嘉宾、主持人实施化妆工作，对特殊造型中的头套、头饰、胡须进行设计制作，对节目中需要的彩绘、伤疤、人工血浆等特殊效果进行设计制作并与服装师密切配合工作
	道具设计	根据舞蹈总监和导演组的要求，负责舞台大型道具、所有节目演员的手持道具、现场摆放的固定道具的设计工作，负责组织道具部门工作人员的道具制作、保管、使用、收回以及代用道具的准备及使用，组织上下道具工作
文字组	撰稿人	负责撰写晚会主持词，负责对主持人进行主持词的分工与排练，为主持人解说主持词的强弱、轻重、强调部分，在晚会演出及现场录制时，撰稿要盯现场，随时为主持人写出临时变化的主持词。这项工作一般都是外请文字功底强、对电视工作比较熟悉的文化艺术工作者
后勤保障组	后勤保障	对导演组负责，负责整台晚会的前期、中期、后期的全部行政工作，负责剧组演职人员的后勤保障和联络部署；负责剧组的接待工作、场地接洽、办公服务等

一、导演组

根据文艺晚会的性质和规模的不同，导演组人员的配置也不尽相同。大型或重大文艺晚会分别设有总导演、执行导演、音乐导演、舞蹈导演、语言导演、戏曲导演、视频导演、外联导演，等等。中小型文艺晚会则会减少导演组的配置，或者只聘请总导演和执行导演，或者不聘，而是由晚会主办方委派一名内部人员担任。

1. 总导演

总导演全面负责晚会的各项工作，一般由晚会主办方直接聘任或任命并对其负责，总导演是创作团队与主办方之间的桥梁和纽带。

2. 执行导演

执行导演又称现场导演，是总导演的左膀右臂，负责晚会的现场工作。在晚会进场后，主要负责走台、联排、彩排期间的全部台上工作，协调与现场工作有关的全部事务，负责演员定位、话筒试音、气氛组织，等等。演出时负责控制场上节奏、节目催场、主持人开始时间和引导观众互动，工作位置一般在上下台口和后台。

3. 副导演

副导演即音乐导演、舞蹈导演、语言导演、戏曲导演、视频导演、外联导演等，他们的主要任务是辅助总导演的各项工作，由总导演任命，并直接对总导演负责。一般来说，副导演在总导演的领导下分别认领一个部门的工作，例如：音乐导演负责晚会中所有节目的音乐创作工作；舞蹈导演负责晚会中全部与舞蹈、杂技、魔术相关的创作工作；语言导演，负责晚会中包括短剧、曲艺、小品、小戏在内的所有语言类节目的策划、创作、编排、演员选定以及舞台演出工作；戏曲导演，负责晚会中戏曲节目、民俗节目的创作、排练及演出工作；视频导演，负责整台晚会的节目视频背景创意、指导制作和组织现场大屏幕调试、演练等工作；外联导演负责联系外请嘉宾、演员及团体等工作。

二、舞美组

舞美总监的工作职责是带领舞美设计人员完成舞美设计和舞美制作等工作。根据总导演和导演组提出的舞美思路和晚会整体美术要求，舞美组设计舞台美术造型和舞台布局，并绘制舞美设计效果图、平面图、侧视图、俯视图及舞台模型等舞美创意方案，供导演组详尽了解舞美设计的创造性构思。同时，舞美设计方案确定后，舞美组还负责舞台美术实景施工材料选材、制作以及施工安装指导等。

三、舞蹈组

舞蹈总监的工作职责是带领舞蹈编创人员完成晚会节目中的舞蹈、伴舞、台上人员调度、背景造型、合唱队表演、演员及主持人站位等工作。舞蹈总监是演员的形体造型师，他们用舞蹈表现晚会的主题内容，发挥延伸、拓展和丰富总导演艺术要求的作用。舞蹈总监负责遴选舞蹈演员，负责在晚会的走台、联排、彩排阶段指挥现场工作，负责确定演出节目的服装、道具、头饰、特殊造型，绘制节目呈现图，负责提出具体节目的灯光和特效要求等。

四、灯光组

灯光组的工作职责是带领灯光设计人员完成塑造艺术形象、表达导演组的创作意图、丰富舞美设计表现等工作。根据导演组要求并根据节目的具体情况，灯光组确定晚会的灯光主色调和设计节目的灯光意境，安排灯位，对节目的特效光、观众光、幕间过渡光等进行布置，绘制灯位图供导演组使用，在节目的走台、联排阶段，对节目进行合光工作。

五、音响组

音响组的工作职责是带领音响设计人员完成晚会节目的音乐创作与审定等工作。根据总导演的艺术要求，音响组把握晚会的整体音乐风格，确定晚会的音乐主旋律，对晚会中所有节目进行音乐设计和把关，组织作曲家进行歌曲、舞蹈、戏曲、器乐节目的音乐创作，对改编、节选音乐进行选择审定，对录制音乐进行监棚工作。同时，音响组还负责晚会现场的声音质量，选择与操作现场音控台，调试并控制现场音量，安排布置现场话筒、现场配乐及现场声音效果，负责现场演出的多轨录音及合成以及现场的所有放音工作，用声音渲染晚会气氛，等等。

六、视频组

根据导演组要求和具体节目内容，视频组的工作职责是设计每一个节目的大屏幕视频背景画面及副屏画面，策划、设计和制作片头、角标、节目条、字幕条等，包装视频短片，组织指挥大屏幕节目背景、现场字幕机的切换等等工作。

七、服化道组

根据导演组和舞蹈总监的要求，服装总设计负责针对演员、主持人、嘉宾等人员完成服装设计、制作和管理等工作；化妆总设计负责针对演员、主持人、嘉宾等人员完成化妆设计工作；道具总设计负责舞台大型道具、所有节目演员的手持道具、现场摆放的固定道具的设计工作，负责组织道具部门工作人员的道具制作、保管、使用、收回以及代用道具的准备及使用，组织上下道具等工作。

八、文字组

撰稿人负责撰写晚会主持词，负责对主持人进行主持词的分工与排练，为主持人解说主持词的强弱、轻重、强调部分，在晚会演出及现场录制时，撰稿要盯现场，随时为主持人写出临时变化的主持词。这项工作一般都是外请文字功底强、对晚会工作比较熟悉的文化艺术工作者。

九、后勤组

后勤组的工作职责是负责整台晚会的前期、中期、后期的全部行政工作，负责剧组演职人员的后勤保障和联络部署；负责剧组的接待工作、场地接洽、办公服务等。

如果说总导演或导演组是一场文艺晚会风格创意的整体把控者和具体工作的最高组织者的话，那么各部门、各工作组则是文艺晚会具体节目的创作者、呈现者，他们是导演组创作意图的具体实施者。

案例 11　2011 年山西省春节联欢晚会的工作分工①

领导组：领导剧组开展工作，协调监督晚会各项组织工作，上情下达，节目审查、安保、接待领导等协调工作。

导演组：负责晚会整体策划、节目编排组织及现场指挥等工作。

办公室：负责安排、接待、联络等剧组日常事务，常驻剧组。

音乐组：负责晚会音乐部分创作、配器、录音，按导演组要求选定歌手，现场负责调音台及音乐播放程序。

戏曲组：负责晚会戏曲部分的创作、编排、组织及演出。

语言组：负责晚会小品、曲艺、小戏节目的选择、创作、排练及演出。

舞蹈组：负责晚会舞蹈班底的选择，配合舞蹈总监进行节目排练、场上演员调度、合成、彩排、演出。

舞美组：负责晚会舞美设计、基础台、演出平台、背景、侧景、主持人台、主持人背景、大屏幕搭建、大屏幕播放、现场布置、现场气氛等工作。

灯光音响组：负责晚会灯光设计、音响设计、现场音响工作。

---

① 英瑞：《导演实务：文艺晚会导演工作》，山西人民出版社 2016 年版，第 180-181 页。

视频组：负责片头、插播短片、恭贺短片、广告短片、大屏幕字幕、节目背景片的创意、制作、包装、现场控制播出等工作。

外拍组：负责晚会恭贺单位、拜年短片、结构中插播短片、花絮专题片的联系、外拍、制作、包装。

技术组：负责晚会现场技术设备的提供，组织彩排及演出现场的录制，负责晚会后期制作、包装。

文字组：负责晚会主持人管理，插播短片文字撰稿、晚会串联词撰写、改定，现场主持人替代，主持人调度，现场字幕机字幕，大屏幕字幕，后期编辑字幕。

服化道组：负责晚会服装设计、制作、租借；晚会造型设计、彩排及演出期间化妆工作，化妆室及化妆设备安排；晚会道具设计、制作，代用道具制作使用，现场所有涉及服化道的管理工作。

剧务组：负责晚会剧组、本地演员的组织管理；负责外请演员、舞蹈班底、戏曲班底的吃住行诸项工作；进入现场后的后勤保障工作；现场用水、用电、供暖等协调工作。

第四章　文艺晚会策划方案的制定阶段

在完成调查研究和团队组建后，策划工作进入第二个阶段，即文艺晚会策划方案的制定阶段。实质上，这个阶段是总导演的创作意图从思维中转移到纸面上的过程，也是将虚拟想象转化成实际方案的过程。

文艺晚会策划方案的制定阶段，由“一个主线、四个任务和一个阶段目标”组成。本阶段的主线是针对总导演书写的“导演阐述”即总导演对本场晚会的基本构思和创意，多次召开策划团队和主创团队工作会议，旨在通过头脑风暴和思维碰撞，把握晚会制作的基本方向，将总导演的创作意图落地。在举办策划会议的过程中完成本阶段的四个任务，即确定晚会主题立意、明确晚会风格基调、搭建晚会结构框架、构思节目内容形式，最终完成本阶段的重要目标，即制定本晚会的策划方案，为晚会下个阶段工作任务的具体实施奠定基础。

鉴于文艺晚会性质、规模、级别和人员调配等因素，一般来说，文艺晚会策划方案的制定阶段大致持续14～21天。

文艺晚会策划方案制定阶段的主要工作内容见图4-1。

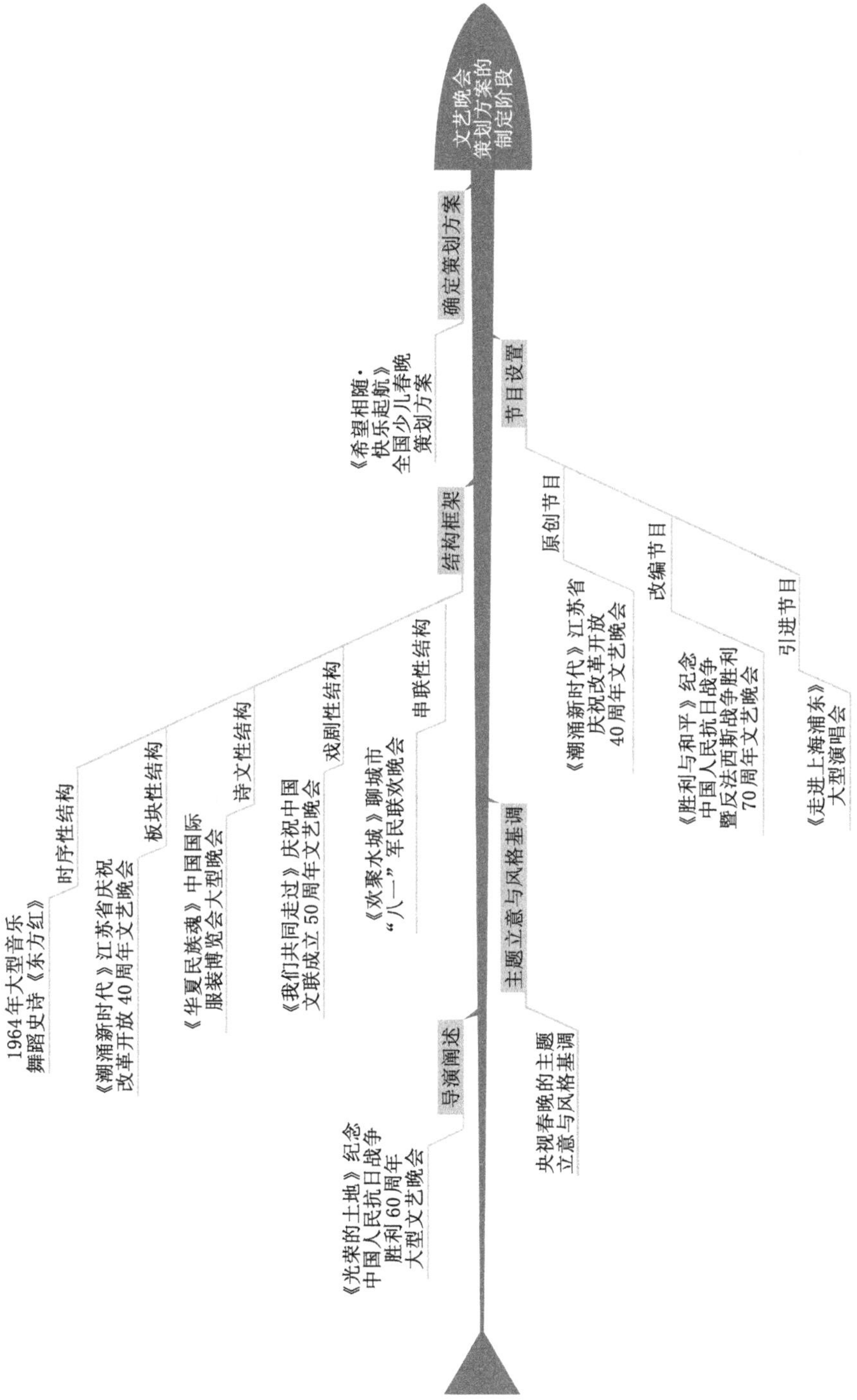

图 4-1　文艺晚会策划方案制定阶段的主要工作内容

第一节 导演阐述

导演阐述是在文艺晚会策划方案正式制定之前进行的一项非常重要的案头工作，书写导演阐述的目的在于通过文字的形式在策划会议举办过程中阐明导演有关晚会的创意、构思、设想和要求，使策划团队和晚会各部门深入了解导演的创作意图，统一思想、凝心聚力、明确分工、协调工作。换句话说，通过总导演在策划会议上宣读导演阐述，让大家都清楚地知道这场晚会要做成什么样以及要怎样做。晚会各部门人员只有充分了解导演的创作意图，才能在策划会议上运用头脑风暴法各抒己见，才能在确定晚会主题立意、明确晚会风格基调、搭建晚会结构框架、构思节目内容形式等环节顺利开展工作，为文艺晚会策划方案的最终制定指明方向、奠定基础。

导演阐述是一个文本，需要总导演或总编导针对前期信息搜集、实地考察、沟通交流获得的晚会信息进行分析、整理、归纳和总结之后，围绕晚会目的、风格基调、工作要求等内容书写导演阐述文本并在工作会议上宣读。其内容主要有以下几个方面：

① 举办晚会的目的是什么？通过导演阐述，工作团队明确举办这场晚会的主旨和目的，明确对晚会背景、思想性及现实意义的理解，有的放矢，不走弯路。

② 晚会的风格基调是什么？通过导演阐述，工作团队了解该晚会的风格是传统的、现代的，还是专题性的、综艺性的，晚会所表现的基调是庄重的、轻松的、高雅的，还是煽情的、励志的、欢乐的，明确方向、统一思想。

③ 对节目创作及各部门的工作要求是什么？总导演对节目创作及各部门提出的工作要求，其实是将总导演创作意图落地的核心内容，也是文艺晚会策划方案制定和实施的重要环节。第一，总导演在导演阐述中，要让创作部门明确本场晚会需要创作什么样的作品，并以什么样的形式展现晚会主题。第二，总导演在导演阐述中，要对各部门接下来的工作布置任务、明确分工、提出要求。比如，灯光总设计必须以导演阐述中提出的要求为主要依据，按照导演对晚会基调的阐述和对节目创作的要求设计灯光效果；音响总设计必须按照导演对音响和录音的要求，做到声画合一、协调一致，等等。

案例12 《光荣的土地》
——山西省纪念中国人民抗日战争胜利60周年大型文艺晚会导演阐述

（一）导演阐述的主要内容①

2005年是中国人民抗日战争胜利60周年，为了铭记这场伟大而艰苦卓绝的民族解放战争，缅怀无数革命先烈的丰功伟绩，使后辈继承和发扬优良的革命传统，我们组织策划这样一场大型的纪念活动，现对活动的内容给大家做一个简要的陈述。

三晋大地，曾经是晋察冀、晋绥、晋冀豫抗日根据地所在地，是八路军总部和三个主力师长期活动的地方，发生过许多可歌可泣的抗日英雄故事，革命遗址多且分布广，为了全景式再现我党领导的八路军和抗日民众在敌后抗战主战场的山西的革命斗争和辉煌业绩，我们此次活动，将汇集全台力量，组成五个导演组，分赴八路军总部所在地武乡、一一五师师部所在地繁峙、一二九师师部所在地左权、一二〇师师部所在地兴县、太岳军区司令部所在地沁源五个革命老区，录制五场包括介绍抗日斗争事迹、革命根据地旧址，纪念地短片、历史人物短片，搜集插播历史资料片，现场老战士、老英雄采访和文艺演出相结合的晚会节目。采用五地同时直播、互相传送、彼此呼应的节目串联方式，全景式地展现中国共产党及其所领导的八路军在广阔的敌后战场所取得的辉煌业绩，把党和政府对老区人民的关心、关爱送到当年的抗日根据地，送到人民中间，努力营造团结向上和谐发展的氛围。

各导演组将会到实地展开实地考察与体验生活，要在大的历史事件背景下努力挖掘历史细节，力争将那些不为人知而又感人至深的故事展现给观众，从而使整个活动有血有肉、鲜活生动。

在节目的组织上，除了创作五个与各革命老区有关的语言类节目之外，其余所有节目，都应精心选择在抗战时期流行在当地的抗战民歌和历史歌曲以及流传在当地的拥军山歌，可以有选择地创作一些歌颂党、歌颂八路军、歌颂子弟兵和老百姓鱼水深情的节目。山西在整个抗日战争时期，诞生了大量的抗战歌曲，有些是重新填词，有些则完全是创作，这些歌曲都非常生动地反映了当年抗

① 英瑞：《导演实务：文艺晚会导演工作》，山西人民出版社2016年版，第71-74页。

日军民同仇敌忾打击敌人的战斗豪情，歌颂了共产党八路军的英雄事迹，用在我们的晚会中，可谓恰如其分。如《当不了英雄别回家》《关家垴打得好》《参加民兵队》《刘邓带领飞行军》《朱总司令栽下白杨树》《贺司令员到我家》《左权将军歌》等等，不胜枚举，不可多得，不会再有。此外，如《黄河大合唱》《游击队歌》等，因之与山西的密切关系，也应选用。演出队伍应着重考虑地方演出力量，除个别歌曲或舞蹈节目使用专业演员外，其余都应使用当地力量，尤其是合唱节目、小戏、曲艺和民歌手，一方面可调动地方积极性，另一方面可挖掘演出人才。

舞台的搭建，尽可能选择在各个革命遗址前，力求简单、节约，不搞大屏幕，不搞喷绘，不要灯光，不搞任何奢华铺张，在群众中演，与群众一起纪念，要牢记：这是一次根据地的联欢。把演出现场深入到当年与八路军将士共同抵御强敌的老乡院落，这才是我们组织这次活动的本意。

各导演组在配齐班子后，尽快拿出计划，尽快下去，充分挖掘资源，多讨论，及时汇报。要索取当地史志，对定下的拍摄内容和节目及时通报。在活动的进行过程中，虚心求教当地政府与史志办的同志，谦虚谨慎，热情工作。在活动的组织执行过程中，尤其要注意群众纪律，对老乡的物品有借有还，在老乡家住宿吃饭照价付款并收拾整洁，要注意爱护革命文物，不再赘述。

希望大家齐心协力，克服困难，以努力而忘我的工作，用大量珍贵翔实的历史资料、耳熟能详的革命歌声，再现那段民族抗战的烽火岁月，纵情讴歌共产党八路军的丰功伟绩。谢谢大家！

（二）案例分析

英瑞撰写的《〈光荣的土地〉——山西省纪念中国人民抗日战争胜利60周年大型文艺晚会导演阐述》，详细地将晚会主题和背景、晚会的风格基调、晚会节目的创作要求以及对各部门的工作任务与要求等信息阐述清楚，并及时传达给各部门工作人员，使他们深入了解了导演的创作意图，为下一阶段的工作奠定坚实的基础。

1. 晚会的主题和背景

进入新世纪以来，中华民族在中国共产党的英明领导下取得了翻天覆地的变化，人民生活水平日益提高，综合国力跻身世界第二。在这样的盛世华章中，我们更不能忘记这场伟大而艰苦卓绝的民族解放战争。俗话说“六十甲子一轮回”，60这个数字对于中国人来说代表着一个轮回，因此在2005年举办了这场纪念中国人民抗日战争胜利60周年的文艺晚会。本场晚会的主题是纪念中国人民抗日战争胜利60周年，目的是缅怀共产党八路军以及无数革命先烈的丰功伟绩，使后辈继承和发扬优良的革命传统。

2. 晚会的风格基调

本场晚会的性质和主题决定了晚会的风格基调，以传统的艺术表现形式呈现晚会的风格，以庄重的、励志的节目内容呈现晚会的基调。另外，三晋大地曾经是晋察冀、晋绥、晋冀豫抗日根据地所在地，这里发生过许多可歌可泣的抗日英雄故事，革命遗址多且分布广，一方面为晚会节目的创作提供了宝贵的素材，另一方面这些素材也是彰显晚会风格基调的重要途径。

3. 晚会节目的创作要求

为了真实性、全景式地展现中国共产党及其所领导的八路军在广阔的敌后战场所取得的辉煌成就，策划团队将分为五个导演组分赴五个革命老区展开实地考察与体验生活，目的是要在大的历史事件背景下努力挖掘历史细节，力争将那些不为人知而又感人至深的故事真实地展现给观众。同时，针对现有节目和经典翻唱作品的选择，应以所在地区为中心，辐射周边各县，每一地的演出长度不得超过50分钟。

4. 各部门的工作任务与要求

各导演组在组建团队后，尽快制定工作计划和实地考察方案，充分挖掘资源，并开展交流讨论。在实地考察过程中，要虚心求教当地政府与史志办的同志，谦虚谨慎，热情工作。当然，更要注意群众纪律，对老乡的物品有借有还，在老乡家住宿吃饭照价付款并收拾整洁，要注意爱护革命文物。

第二节　主题立意和风格基调

文艺晚会，因其具有主题性、宣传性特征，具有鲜明的舆论导向功能，在当代已成为传达某种意识形态的重要载体。因此，晚会需要有明确的主题、深邃的立意、鲜活的风格和统一的基调。

一、主题立意：晚会传达的内容与思想

1. 主题

主题是文艺晚会的灵魂，是举办晚会的目的。首先，文艺晚会要有明确的

主题，策划团队才能提纲挈领、全面统筹地进行整体策划设计。其次，文艺晚会的主题是在节目中反复出现且刻意表达的内容和思想。持续展示和强调主题，才能使观众对晚会主题有明确的认识。不同性质和类型的文艺晚会有着不同的主题立意，如庆典性晚会有重大事件的典礼与仪式的主题，纪念性晚会有回忆与展望的主题，节日性晚会有欢乐祥和、普天同庆的主题，等等。

2. 立意

立意是文艺晚会的思想性，是晚会的内涵，即晚会想要传达给人们什么思想。即便是娱乐性、商业性很强的节日性晚会、文体性晚会、景点旅游性晚会等，也需要有明确的立意。例如，春节联欢晚会的立意旨在昭示中国人喜迎新春的欢乐祥和与对新一年的希望；中秋晚会的立意旨在唤起亲人的思乡情怀、团圆愿望，彰显中华民族大家庭的凝聚力；奥林匹克运动会开幕式文艺演出的立意旨在反映和平、团结、友谊的奥林匹克精神，展示东道主的民族文化、地方风俗和组织工作的水平；中国凯里“国际芦笙节”文艺晚会的立意旨在弘扬民族文化、振兴地方经济；等等。当晚会立意明确后，结构框架和节目创作就有了主心骨和依据。

二、风格基调：晚会展现的艺术效果

风格基调是文艺晚会展现的艺术效果，即晚会使用什么样的形式传达思想和内容。当文艺晚会确定了主题立意之后，必须根据晚会特有的文化属性、文艺特征和观众审美需要，准确把握晚会的整体风格，进而确定晚会的基调。鲜明而统一的风格基调可以使文艺晚会最大程度地展现主题，达到更好的艺术效果。不同的晚会，其风格也是不同的。例如，国庆晚会的风格是气势雄壮、主题昂扬、波澜壮阔、催人奋进的；春节晚会的风格是祥和、团圆的；少儿晚会的风格是活泼阳光、快乐向上的；颁奖晚会的风格是庄重、喜悦、热情的；等等。

案例13　中央广播电视总台春节联欢晚会的主题立意与风格基调

（一）主题立意

以2018年央视春晚为例，本场晚会以“喜庆新时代、共筑中国梦”为主题，荟萃歌曲、舞蹈、戏曲、小品、相声、武术、杂技等艺术形式，集聚中外艺术家的精彩表演，生动展示党的十八大以来中国共产党和中国国家事业的历史性成就、历史性变革，展望决胜全面建成小康社会、全面建设社会主义现代化国家的光明前景，弘扬中国精神、中国价值、中国力量。（图4-2）

图 4-2　2018 年央视春晚

（二）风格基调

多年来，央视春晚的风格基调大多定位于“热烈、民族、祥和、团圆”。一是要体现老百姓过年的喜庆欢乐氛围；二是要表现过去一年政治、经济、社会文化的发展成就；三是渲染春节的传统情绪，如友情、亲情、爱情、团圆、丰收等；四是要希冀春天的美好，如新的未来、新的希望，春节在这里成为一个新的开始。人们通过既充满时代气息，又有着浓郁的中国风格的春节晚会节目，感受到了春节喜气洋洋、合家团聚的幸福，看到了过去一年取得的成就，表现出时代进步和发展的新面貌，体会到了欢庆的节日气氛，鼓舞着走向未来的信心。

第三节　结构框架

文艺晚会的策划始于晚会创意，而晚会创意的“落地”则依托于结构框架的搭建。如果将文艺晚会比作人体的话，那么结构框架就如同人的“骨骼”一样，是展现一场文艺晚会逻辑关系的重要架构。晚会结构框架是指策划者按文艺晚会的规律对内容进行形式上的组织与安排，好的结构框架会使晚会产生质的飞跃和升华。同时，组成文艺晚会的基本单元看似各自独立的节目，其实则不然，这些节目就像人的“血肉”一样，依托于晚会的结构框架而存在，需要以连贯的主题或情绪贯穿起来。注重总体设计节目，合理安排晚会结构，对晚会的创作有着重要意义。

目前，文艺晚会的结构框架多种多样，这里主要讲述五种相对成熟的结构样式，即时序性结构、板块性结构、诗文性结构、戏剧性结构和串联性结构。这五种结构样式各有其相对的独立意义，但也会在实践中互有交叉。

一、时序性结构

时序，本意是指时间或气候时节的先后顺序。文艺晚会框架中常使用时序性结构，它像是编年体的史书一样，将历史中发生的重大事件、历史节点等内容按照时间的先后顺序进行搭建，也称史诗性结构。时序性结构被广泛运用到庆典性晚会、纪念性晚会、行业专题性晚会等各类文艺晚会中，最典型的范例就是音乐舞蹈史诗《东方红》。1964 年，为庆祝中华人民共和国成立 15 周年，在周恩来亲自倡导并指挥下，由北京、上海和中国人民解放军等 70 多个单位的音乐舞蹈工作者、诗人、作曲家、舞台美术工作者，以及工人、学生、少先队业余合唱团 3000 多人，以满腔的革命热情成功地创作了这首革命史诗。这是中国大型晚会创作中的一座丰碑，从构思到结构，从排练管理到演出合成，都为我们积累了极为丰富的经验。

案例 14　1964 年大型音乐舞蹈史诗《东方红》结构框架

从帝国主义入侵到中国共产党的成立，从秋收起义到建立井冈山革命根据地，从万里长征到抗日战争胜利，从解放战争到中华人民共和国成立，跨越了整个中国民主主义革命时期。中国革命波澜壮阔的历史与晚会八大主题场景：东方的曙光、星火燎原、万水千山、抗日的烽火、埋葬蒋家王朝、中国人民站起来、祖国在前进、世界在前进相辅相成，完全融为一体，让人难以识别这是历史本身还是艺术。它包括了 48 个歌舞、舞蹈、表演唱，39 首革命歌曲，18 段诗朗诵，37 个不同场景，动员了 3000 多人参加表演。（图 4-3）

图 4-3　1964 年大型音乐舞蹈史诗《东方红》剧照

（一）晚会结构框架（表 4-1）

表 4-1　1964 年大型音乐舞蹈史诗《东方红》结构框架

结构	主题名称	节目序号	表演形式	节目名称
序曲		1	歌舞	《东方红》
第一场	《东方的曙光》	2	舞蹈	《苦难的年代》
		3	歌舞	《北方吹来十月的风》
		4	表演唱	《安源路况工人俱乐部之歌》
		5	表演唱	《农友歌》
		6	表演唱	《工农兵联合起来》
第二场	《星火燎原》	7	表演唱	《就义歌》
		8	舞蹈	《秋收起义》
		9	表演唱	《井冈山》
		10	表演唱	《三大纪律八项注意》
		11	歌舞	《八月桂花遍地开》
第三场	《万水千山》	12	歌舞	《遵义城头霞光闪》
		13	舞蹈	《飞夺天险》
		14	歌舞	《情深意长》
		15	舞蹈	《雪山草地》
		16	歌舞	《会师歌》
		17	歌舞	《七律·长征》
第四场	《抗日的烽火》	18	表演唱	《松花江上》
		19	表演唱	《救亡进行曲》
		20	表演唱	《抗日军政大学校歌》
		21	表演唱	《到敌人后方去》
第四场	《抗日的烽火》	22	歌舞	《游击队歌》
		23	表演唱	《边区十唱》
		24	表演唱	《南泥湾》
		25	歌舞	《保卫黄河》

表 4-1（续）

结构	主题名称	节目序号	表演形式	节目名称
第五场	《埋葬蒋家王朝》	26	表演唱	《坐牢算什么》
		27	表演唱	《团结就是力量》
		28	舞蹈	《进军舞》
		29	歌曲	《中国人民解放军进行曲》
		30	舞蹈	《百万雄师过大江》
		31	歌舞	《解放区的天》
		32	歌舞	《人民解放军占领南京》
第六场	《中国人民站起来》	33	歌舞	《伟大的节日》
		34	歌舞	《赞歌》
		35	歌舞	《歌唱祖国》
		36	歌舞	《抗美援朝保家卫国》
		37	歌舞	《牧歌》
		38	歌舞	《毛主席祝您万寿无疆》
第七场	《祖国在前进》	39	大合唱	《社会主义好》
		40	大合唱	《我们走在大陆路》
		41	舞蹈	《工人舞》
		42	舞蹈	《丰收歌》
		43	舞蹈	《练兵舞》
		44	歌舞	《全民皆兵》
		45	大合唱	《毛主席，我们心中的太阳》
		46	童声合唱	《我们是共产主义的接班人》
第八场	《世界在前进》	47	大合唱	《全世界无产者联合起来》
		48	大合唱	《全世界人民团结起来》

（二）案例分析

音乐舞蹈史诗《东方红》是一部集新中国文学、历史、音乐、舞蹈等于一体的经典作品，由首都及全国 3000 余名专业、业余文艺工作者联合演出，制作严谨，达到当时最高的艺术境界。《东方红》通过歌舞概括地表现了中国共产党成立后，中国人民在中国共产党和毛主席领导下，所进行的反帝反封建反官僚主义的艰苦卓绝的革命斗争。《东方红》不仅创造了中国大型音乐史诗上的神话，也成为中华民族挥之不去的历史记忆，它值得我们从以下五个方面重温经典、再现辉煌。

1. 总理导演，史无前例

1964 年的国庆节，在北京人民大会堂，党和国家领导人同各国贵宾一起观看了一场由周恩来亲自导演，3000 多名专业和业余文艺工作者参演的大型音乐舞蹈史诗《东方红》。首演后连续上演的 14 场演出，场场爆满，盛况空前。

2. 革命颂歌，气势磅礴

《东方红》是一首高昂激越的中国革命颂歌，晚会将巨大的历史概括力和艺术感染力融为一炉，演出画面恢弘壮美、气势磅礴。其中《没有共产党就没有新中国》《我们是共产主义接班人》《松花江上》《南泥湾》《保卫黄河》《歌唱祖国》等多首脍炙人口的歌曲，更是以其隽永的艺术魅力被一代代的人们喜爱和传唱。

3. 艺术价值，经典巨作

《东方红》不仅仅是一部辉煌的中国革命音乐舞蹈史诗，更是一部凝聚了中国最具权威的著名词曲作家智慧的经典巨作。它荟萃了中国优秀艺术家的珠玑精华。尤其值得令人称道的是，这部尊为史诗的文艺巨片，在创作、排练与拍摄的过程当中，并未因“诗”而废“史”，而是以一种严谨的历史唯物主义态度和现实主义美学原则，准确把握了“诗”与“史”的审美表现关系，以“诗”证“史”，“诗”“史”互见，从而使晚会既准确深刻地传达出一份厚重而苍凉的历史追怀感，又抒发了作为胜利者对于自身辉煌业绩的欢欣和满足。

4. 时序结构，历史精华

《东方红》采用时序性结构框架，将中国人民所经历的这段辉煌革命斗争史中发生的重大事件、历史节点、英雄事迹等内容，选择相关经典作品按照时间的先后顺序，设置东方的曙光、星火燎原、万水千山、抗日的烽火、埋葬蒋家王朝、中国人民站起来、祖国在前进、世界在前进八大主题场景，与晚会主题立意相辅相成，完全融为一体，让人难以识别这是历史本身还是艺术。

案例15　2019年大型音乐舞蹈史诗《奋斗吧中华儿女》结构框架(表4-2)

（一）晚会结构框架

晚会结构框架见表1-1。

（二）案例分析

2019年大型音乐舞蹈史诗《奋斗吧中华儿女》与1964年《东方红》相类似，都属于时序性结构。时序性结构的晚会大都具有以史为线、结构宏阔，体量巨大、参与者众、舞美精心、场面壮观、组织复杂、动员力强等特点。这类晚会动辄数千名演员，在一个演出之夜呈现令人震撼的视觉冲击，成为中国现代艺术史上的壮观之象。

1. 晚会的创作思路

本场晚会分为《浴血奋斗》《艰苦奋斗》《团结奋斗》《奋斗吧中华儿女》四个篇章，均突出了"奋斗"二字。比起历史综述性的结构方式，《奋斗吧中华儿女》的精神指向性极其鲜明、突出。该晚会要用120分钟的时间描述漫长的近百年历史，每年平均时长只有1分钟多，主创团队因此经过了多次构思、修改，不断重新提炼。节目组从一大批歌曲里选出了近70首经典歌曲，并且只挑选了人们最熟悉的那几句迅速串连。

《奋斗吧中华儿女》包含了音乐、舞蹈、诗歌等多种艺术元素，是一种艺术综合性极强的文艺晚会。它的综合性决定了创作的复杂性，音乐要和表演结合，乐队要和演员配合，相得益彰才能个个出彩。新创歌曲和重新演绎的歌曲最考验真本事，思想性、艺术性、政治性的标准不能降低，必须能够在这个舞台上立得住。总导演杨笑阳说："创作最初，我们就确立了以音乐舞蹈史诗来架构这一恢弘题材，以文艺工作者最大的真诚歌唱祖国、礼赞人民。每个人都拼尽全力，要拿出真诚、真实的艺术精品"。整场演出不论音乐、舞蹈还是诗歌，都是在讲述一个个平凡的中华儿女如何建设伟大祖国的艰辛历程，讲述中华儿女的热血与奉献。

2. 晚会的结构内容

随着"没有共产党就没有新中国……"振奋人心的旋律响起，大型音乐舞蹈史诗《奋斗吧中华儿女》拉开帷幕。

① 第一篇章《浴血奋斗》。一开场，交响乐与舞蹈《起来　起来》便将人们的记忆带回中华民族苦难深重的岁月，随后激昂的歌舞《国际歌》再现中国共产党成立这一开天辟地的大事变，交响乐、合唱和舞蹈《南昌起义》《西江月·井冈山》《过雪山草地》《延安颂》《怒吼吧　黄河》《渡江　渡江》等以时间的脉络，生动展现中国共产党团结带领中国人民经过28年艰苦卓绝斗争建立新中国的伟大历程。

② 第二篇章《艰苦奋斗》。以绚丽宏大的合唱和舞蹈《东方红》开篇，回顾新中国热火朝天的社会主义革命和建设年代。《赞歌》《翻身农奴把歌唱》唱出各族儿女开启新生活的无尽喜悦，《英雄赞歌》《我的祖国》讴歌保家卫国的爱国情怀，《我们走在大路上》《我为祖国献石油》抒发敢教日月换新天的蓬勃斗志……交响情景表演《共和国之恋》中，"两弹一星"元勋郭永怀以身许国，在飞机失事前用身体保护珍贵文件的场景，感动了在场的每一个人。

③ 第三篇章《团结奋斗》，通过歌声和舞蹈表达对改革开放事业的深情礼赞。《祝酒歌》《在希望的田野上》《春天的故事》《走进新时代》《江山》等唱出国家发展欣欣向荣、人民生活幸福甜美；《东方之珠》《七子之歌》《故乡的云》等表达对祖国的深情眷恋、对国家统一的热切期盼；《战决口》《生死不离》《长江之歌》等展现中华儿女血脉相连、众志成城的磅礴力量。一首首经典歌曲、一段段精湛表演，让人们重温风云激荡、天翻地覆的发展奇迹。

④ 第四篇章《奋斗吧中华儿女》，展现党的十八大以来中国特色社会主义进入新时代的壮阔图景。朗诵《致敬人民》赞颂人民改天换地的伟力，歌舞《天耀中华》承载了华夏儿女祝福祖国平安昌盛的深厚情感，《一个都不能少》记录脱贫攻坚的奇迹，《强军战歌》抒发新时代军人的豪迈气概，《我的绿水青山》描绘绿色发展的生动实践，《和平——命运共同体》呼唤守望相助的美好未来，《不忘初心》《复兴的力量》以深情的旋律和动人的歌词，唱出"万水千山不忘来时路"的庄严承诺，唱出"万众一心奔向前方"的壮志豪情。

二、板块性结构

板块性结构，又称篇章式结构，即在围绕晚会大主题的前提下，将全部节目分为几个板块或几个篇章，每个板块或篇章都有突出且鲜明的小主题，与晚会大主题相互呼应，这种结构样式在大型庆典性、纪念性晚会中较为常用。板块性结构的特点就是有头有尾、层次分明、结构宏大、主题突出、手法凝练，每个篇章的主题性和内容性也较为集中，所选节目也都在各自篇章中有一定的代表性。

例如，2018 年 9 月，由江苏省委宣传部主办、省演艺集团和省广电总台共同承办的《潮涌新时代》——江苏省庆祝改革开放 40 周年文艺晚会在江苏大剧院歌剧厅华美上演（图 4-4）。本场晚会以“潮涌新时代”为主题，分为“强、富、美、高”四个篇章，14 个原创节目既再现了改革开放 40 年来，江苏“一路风雨一路歌”的璀璨芳华，更奏响了“改革开放再出发”的奋进强音。

图 4-4 《潮涌新时代》江苏省庆祝改革开放 40 周年文艺晚会

案例 16 《潮涌新时代》
——江苏省庆祝改革开放 40 周年文艺晚会结构框架

（一）晚会结构框架[①]（表 4-2）

表 4-2 《潮涌新时代》江苏省庆祝改革开放 40 周年文艺晚会结构框架

结构	主题名称	节目序号	表演形式	节目名称
序		1	交响合唱	《壮美中国梦》
第一篇章	《强·创新立潮头》	2	情景音画	《大国智造，时代雄风》
		3	歌曲	《丝路筑梦》
		4	舞蹈	《波涛之上》
第二篇章	《富·率先奔小康》	5	戏曲	《富裕进万家》
		6	小品	《我家四十年》
		7	器乐	《龙跃东方》

① http://www.jiangsu.gov.cn/art/2018/9/30/art_37384_7831092.html。

表 4-2（续）

结构	主题名称	节目序号	表演形式	节目名称
第三篇章	《美·青山映绿水》	8	评弹	《大美江苏》
		9	歌曲	《大运河》
		10	舞蹈	《春色如许》
第四篇章	《高·文明筑辉煌》	11	歌曲	《你的名字我的力量》
		12	歌曲	《长江之歌》
		13	情景音画	《群英谱》
		14	合唱	《潮涌新时代》

（二）案例分析

本场晚会以“潮涌新时代”为主题，分为“强、富、美、高”四个篇章，属于板块性、篇章式结构。“潮涌新时代”是本场晚会的主题，总领晚会内容、结构和形式，体现了晚会的立意和风格。“强、富、美、高”则分别是每个篇章的小标题，篇章内的节目都与小标题密切联系。板块性、篇章式的结构使得晚会浑然一体，相得益彰。

1. 晚会特点

本场晚会形式多样，精彩纷呈，具有强烈的时代气息和较高的艺术水准。雄壮瑰丽的交响音乐，刚柔并举的舞蹈，扣人心弦的杂技，直击心灵的歌曲，富有江苏特色的戏曲、民乐、评弹、滑稽戏在舞台上一一呈现，共同勾画出了当代江苏经济腾飞、文化富足、环境秀美的宏伟画卷。全场演出舞台布景与演员演绎融合，描绘了江苏改革开放 40 年来翻天覆地的变化，歌颂了兢兢业业、用平凡的劳动书写不朽人生篇章的广大江苏儿女，表达了江苏人民锐意进取、砥砺前行、攻坚克难，在习近平新时代中国特色社会主义思想引领下建设“强富美高新江苏”的坚定决心。

另外，本场晚会的 14 个节目均为原创，通过不同的艺术手段，去表现、提炼江苏改革开放中涌现出的真人、真事、真经验、真精神，一幅江苏改革开放 40 年的美丽图卷徐徐打开。

2. 晚会的结构内容

“雄风浩荡，春潮奔涌，滔滔江河唱响中国梦……”，在由殷桂兰、张美林领唱的交响合唱《壮美中国梦》中，演出正式拉开序幕，江苏改革开放的生动实践、巨大成就和改革路上再出发的精神风貌扑面而来。

(1) 强·创新立潮头

机床轰鸣、钢桥飞架,情景音画《大国智造,时代雄风》展现"大国重器"。从"制造"到"智造",徐工集团的成长轨迹是江苏传统工业转型升级的代表,也是江苏制造业40年发展的精彩缩影。站在台上的艺术家们扮演的是知识分子、科研人员和新时代的产业工人,他们从流水线上走来,通过舞蹈和朗诵,尽显江苏智造的豪情。

江苏是中国的,也是世界的。一辆"复兴号"列车疾驶而来,背景是高楼林立的现代化建筑,车门打开,歌声传扬:"古有郑和,今有我们,续写精彩在每段航程",二重唱《丝路筑梦》描绘在"一带一路"交汇点上的江苏,面对世界呈现出的壮阔胸怀。

舞蹈《波涛之上》展现江苏发展不断转型升级、勇立潮头的形象。这个节目由南京体育学院竞技训练学院技巧队等联合演出,融合舞蹈与体育技巧,让观众在赞叹惊险动作的同时,也感受到舞蹈艺术的韵律美。

(2) 富·率先奔小康

此篇章一开头,昆曲和锡剧、扬剧、淮剧等江苏多个地方剧种轮番登场,周东亮、李政成、陈明矿、陈澄、单雯、施夏明、徐思佳、张争耀等名角联袂奉上一段戏剧连唱《富裕进万家》,唱出改革开放以来江苏致富路上的努力和成果。

著名滑稽戏演员顾芗、张克勤带来全场唯一的小品《我家四十年》。故事从老王夫妇结婚40周年纪念日说起,展现40年来百姓生活变化的轨迹图。40年前老王穿一件的确良衬衫,骑着永久牌"二八"大杠自行车,把媳妇"茉莉"驮回家,连"三转一响"也没买齐。如今,新时代的幸福生活通过爷爷奶奶与孙子的日常一点点打开:私人订制婚纱、网上挂号看病、拍抖音当网红、家里电器智能控制。小品以江苏的普通人家为关注点,展现他们与大时代同步向前,"富生活"后"富精神",实现人生价值。

民乐演奏《龙跃东方》让人耳目一新,民乐与芭蕾水乳交融,带给人美的享受。这个节目由苏州民族管弦乐团和苏州芭蕾舞团联袂演出,这两个演出团体本身就是江苏文化体制机制改革的产物。苏州民族管弦乐团,全球招聘演奏人员引入淘汰机制,成立不到一年,已成为首屈一指的民乐团。苏州芭蕾舞团则以原创为主旨,跳出了用西方的芭蕾艺术讲述中国故事的创新之舞。

(3) 美·青山映绿水

江苏是戏曲艺术大省,各地都有与当地文化背景相符的戏曲剧种,既有"百戏之祖”，也有仅限于一地的小剧种。本篇章的评弹《大美江苏》、男声独唱《大运河》，用优美的音符阐释了江苏生态环境美的水韵华章和运河情怀。“秦淮中分白鹭洲，栖霞山青青天外……”随着苏州评弹软糯优美的旋律，由评弹名家盛小云带来的《大美江苏》，将白鹭洲、栖霞山、瘦西湖、惠山、溱湖等江苏各地的美景一一道来。绿水青山，让人沉醉。舞蹈《春色如许》配以昆曲念白，生动演绎了江南的婉约美好。

（4）高·文明筑辉煌

在钢琴和弦乐的伴奏下，十位不同肤色的国际青年和中国歌唱家田浩江共同演绎的《长江之歌》，成了当晚最特别的歌唱。让外国人唱中国歌，是由著名歌唱家田浩江推动的“iSING！苏州国际青年歌唱家艺术节”项目。每年，一群西方青年歌唱家来到苏州生活一个月，他们不仅学习用中文演唱，在江苏这个窗口，还被真实的中国生活“圈粉”，并报之以歌：“我们赞美长江，你是无穷的源泉；我们依恋长江，你有母亲的情怀。”那一刻，舞台上下涌动着同一种爱，同一份感动。

伟大的事业需要榜样的引领，美好的岁月辉映高尚的心灵。40年的江苏发展，有大气磅礴、惊天动地的故事，也承载着无数普通人的细微情感和起伏经历。晚会在《潮涌新时代》的壮阔合唱中落下帷幕。朝着“强富美高”的目标，会场内外激荡着“改革开放再出发”的时代强音。

三、诗文性结构

诗文性结构，是一种以诗歌或散文等文学形式和特征呈现晚会的主题立意和风格基调的结构形式。这类晚会内容大多突出语言性，有的像格律诗一样有意制造字句的整齐，韵律感十足，有的则像散文一样，表面看似很随意，但从头至尾一气呵成，没有段落分割，没有人为的斧凿痕迹，流畅、自然。

例如，1995年在北京人民大会堂举办的《华夏民族魂》——中国国际服装博览会大型文艺晚会，就是一部采用诗歌性结构的典型案例。本场晚会是以时装设计与展示为核心、以诗歌、散文的形式搭建结构框架的特色文艺晚会。

案例17 《华夏民族魂》
——中国国际服装博览会大型文艺晚会结构框架

（一）晚会结构框架（表4-3）

表4-3 《华夏民族魂》——中国国际服装博览会大型文艺晚会结构框架

结构	主题名称	晚会内容
序幕		天地玄黄，宇宙洪荒，千年一瞬，人世苍茫。 龙的传人因为什么生生不息？ 神州大地因为什么而傲立东方？
第一幕	《勇颂》	从黄河的第一滴水穿过草尖开始， 他们就站在这； 从女娲的第一个孩子沐浴阳光开始， 他们就站在这； 他们是我们的祖先，也是我们的子孙 是我们繁衍的十二亿的种群， 也是我们团结、勇敢、奋进的民族精神！
第二幕	《竹林会》	对于一片天空，白云是精髓； 对于一片竹林，清风是精髓； 对于一座高山，流水是精髓； 对于一个民族，艺术是精髓。 琴是心情，在流淌的思绪里，手与弦的一唱一和； 棋是意念，在方寸间的宇宙，黑与白一唱一和； 书是舞蹈，在千万年的传说里，笔与纸的一唱一和； 画是季节，在茂盛与枯槁里，虚与实的一唱一和
第三幕	《日月山》	就像黄河从高原流向大海，那是我们相连的血脉； 就像大阳东升而西落，那是我们共同的作息。 五十六个民族，五十六个兄弟， 天地呵，你们听着， 我们将永远在一起！
第四幕	《良宵吟》	我们从五千年的黄土中走来，披一身的尘埃。 我们从五千年的丛林中走来，缠一身链带。 而今的白云下，有鸟儿在唱歌， 我们多想飞到天上，去和它轻和； 那么就现在， 让我们解脱，让我们冲破， 用五千年的岁月，放飞五千只白鸽
第五幕	《时尚》	这就是我们的情愫， 这就是我们的心怀， 这就是我们的节奏， 这就是我们的时代

表 4-3（续）

结构	主题名称	晚会内容
第六幕	《大地情》	因为这片土地上茂生着牧草，所以我们妖娆； 因为这片牧草上点缀着牛羊，所以我们健壮。 匍匐在土地上，让我们轻声颂扬， 这伟大的自然呵，将永佑我们善良之邦
第七幕	《喜临门》	这是生命的节日， 这是生命的狂欢， 生生不息是我们的民族， 代代相传是我们的信念
尾声		时光的孩子们，你听到历史的回答了吗？ 是的。 那么，什么最温暖？ 是心和心贴在一起。 什么最有力？ 是手和手握在一起。 什么最长久？ 是泥土和我们！ 是太阳和我们！ 是永远张扬着的华夏民族魂！

（二）案例分析

本场晚会以“华夏民族魂”为主题，分别由几十位中国著名的时装设计师联袂为观众呈现“勇颂、竹林会、日月山、良宵吟、时尚、大地情、喜临门”七幕精彩纷呈的表演，另外还有序幕和尾声部分。每一幕都有以诗文形式呈现的、意味深远的主题，它是本幕内容的深度概括，都与晚会“博大精深的中华文化源远流长”的主题立意遥相呼应，风格突出、特色鲜明。观众可通过阅读和理解其中蕴含的深刻内涵，用心去感受中华民族博大精深的服饰艺术和文化魅力。

例如，第一幕《勇颂》，“从黄河的第一滴水穿过草尖开始，他们就站在这；从女娲的第一个孩子沐浴阳光开始，他们就站在这；他们是我们的祖先，也是我们的子孙，是我们繁衍的十二亿的种群，也是我们团结、勇敢、奋进的民族精神！”这段诗文表达了这样一个内涵：从黄河的第一滴水穿过草尖开始，从女娲的第一个孩子沐浴阳光开始，中华民族在天玄地黄、宇宙洪荒中播种下自己的文明种子，一种灿烂的文化由此破土而出。博大精深的中华文化，源远流长，渗透于人间衣食住行。其中，独树一帜于世界的华夏服装服饰，历久弥新，耀出鲜活灵动的光辉，照耀东方的苍茫。

再如，第六幕《大地情》，“因为这片土地上茂生着牧草，所以我们妖娆；因为这片牧草上点缀着牛羊，所以我们健壮。匍匐在土地上，让我们轻声颂扬，这伟大的自然呵，将永佑我们善良之师。”这段诗文表达了这样一个内涵：穿越千年，华夏服饰艺术女神的足音迢递而来，步丝绸之路的绵绵流韵，松旁月下，锦绢玉帛；闻鸡起舞，天一广袖；生动地写就敦煌飞天的飘逸，流畅而挥成霓裳羽衣的富丽。

晚会中的服装和服饰不仅是遮寒御暑的物品，也不仅是装饰，而已然成为中华民族内在气质的审美性外化，成为中国文化发展史一条长长的五彩斑斓之河。《华夏民族魂》——中国国际服装博览会大型文艺晚会，使观众再一次感受到中华民族是世界上最热爱生活的民族之一，感叹中华民族创造出如此斑斓的服饰艺术和文化魅力，这与本场晚会的主题完美贴合，使更多的人在激动和感叹中继续弘扬“华夏民族魂”。

四、戏剧性结构

戏剧性结构，也称故事性结构，是指由一个或者几个富有戏剧性的故事为主线组合而成的结构样式。例如，1999 年中国文联在北京中国剧院举办的《我们共同走过》——庆祝中国文联成立 50 周年文艺晚会就采用了戏剧性结构。本场晚会以中国文联的创建、发展为中心，巧妙地把中国文联 50 年的风雨历程和诸多艺术门类的发展成果编制在戏剧的情境之中，不设主持人，只有剧中人物，以戏剧的思维和历史的脉络搭建晚会结构框架，集中表现了文联与共和国同命运、文艺家与人民心连心的鲜明题旨和浓烈感情，展示出我国文学艺术事业所取得的伟大成就和文联 50 年所走过的辉煌历程。

案例 18 《我们共同走过》
——庆祝中国文联成立 50 周年文艺晚会结构框架（部分节目）①

《难忘儿时歌》描写江泽民与中国文联第六次代表大会代表联欢时回忆儿时歌曲的情形，它与表现江泽民为参加文联“万里采风”的艺术家们写信的最后一个节目《走向生活》首尾呼应，形成了封闭的结构，戏剧性结构较强。

《谁是最可爱的人》围绕抗美援朝这一历史事件将文学、电影、戏剧巧妙地

① 贾振鑫：《文艺晚会艺术原理与策划实施》，中国社会科学出版社 2010 年版，第 74-75 页。

组合在一起，是这场晚会戏剧性结构的集中体现。伴随着志愿军的战歌声，一队志愿军战士出场，化作几组表现战争场面的塑形。作为战地记者的魏巍出场了，他穿行在战土们中间，采访、记录，然后像是打腹稿似地吟诵出那篇广为人知的报告文学。

《我的祖国》由女卫生员轻轻唱起，仿佛在用自己的歌声为伤员减轻痛苦。卫生员的歌声感动了战士们，大家一起唱起来。

《胆与剑的对话》也是本场晚会戏剧性的集中体现，作者曹禺插进话剧《胆剑篇》中越王勾践的一段戏，与角色直接对话。

《魂牵梦萦》将冰心的散文《我的家在哪里》戏剧化、角色化，让老年冰心和小冰心在现实与梦幻场景之间形成了对话。

五、串联性结构

文艺晚会中的串联性结构，是所有晚会结构样式中历史最为悠久的一类，也是目前文艺晚会中应用最为广泛的一种结构样式，尤其是以社会上或民间举办的中小型文艺晚会最为盛行。首先，一般来说，串联性结构的文艺晚会大多级别低、规模小、投资少。因此，这类晚会节目一般不需要原创，现成的节目可以直接使用。其次，不需要每一个节目都与主题密切相关，主办方为了实现文艺晚会娱乐性、艺术性和商业性功能，有些节目能与主题靠近，甚至有些与主题关系不大的节目，也可以列在晚会节目名单中。

但是，正是因为串联性结构中的节目一般不需要专门创作，所以很容易导致晚会的主题立意不明确、风格基调不鲜明、节目内容不统一等现象的出现。因此，为了避免各节目单打独斗，为了规避晚会成为拼凑式的表演，策划团队应采用一些艺术性或技术性的手段加以弥补，尽量减弱串联性结构晚会主题涣散、整体性较差的问题。第一，根据晚会主题的需要，尽量选用与晚会主题相关或贴近的节目，这是弥补不足的常用方法；第二，深挖节目内涵，多角度、深层次地展现节目对于支撑主题的潜在积极意义；第三，组织创作力量根据晚会总体诉求，专门为晚会创作节目，这是最好的选择；第四，重视主持词在串联节目中的作用，如果说节目就像散落的珍珠，那么主持词就像串联起每一颗珍珠的线一样，形成珍珠项链。如果没有串联的线，再好看的珍珠也无法成为珍珠项链。主持词因其具有串联的功能，因此也称串词。

案例19 《欢聚水城》
——聊城市庆"八一"军民联欢晚会结构框架

（一）晚会结构框架（表4-4）①

表4-4　2005年《欢聚水城》——聊城市庆"八一"军民联欢晚会结构框架

序号	节目名称	主持词
	开场	甲：尊敬的部队首长，　乙：尊敬的地方领导， 丙：亲爱的战友们，　丁：各位来宾大家， 合：晚上好！ 甲：人民军队爱人民，　乙：军民团结一家亲， 丙：共建水城情意浓，　丁：无有困难不战胜！ 甲：我是今天的节目主持人××。　乙：我是今天的节目主持人××。 丙：我是今天的节目主持人××。　丁：我是今天的节目主持人××。 甲：七十八年艰苦卓绝的并肩奋战，七十八年用生命和鲜血作证的风雨历程，向世人宣示着军队和人民血浓于水的深情！ 乙：前进的中国，发展的水城，在每条战线上，在每一个人民需要的地方，到处都有人民子弟兵的身影！ 丙：今天在"八一"建军节到来之际，我们又在这里军民大联欢，欢歌笑语闹水城！ 丁：用优美的歌声和潇洒的舞姿，为最可爱的人送上水城人民诚挚的节日祝福。 甲：由中共聊城市委、聊城市人民政府共同主办的：《欢聚水城》——聊城市庆"八一"军民联欢晚会， 合：现在开始！
1	《军歌联唱》	首先，让我们共同欣赏由71901部队为我们带来的大合唱《军歌联唱》：《听党指挥歌》《打靶歌》《严守纪律歌》《加强战备歌》《人民是靠山》。 指挥：柴军华，手风琴伴奏：张春
2	《举杯吧，朋友》	丙：喜庆的节日里，让我们举起一杯幸福的美酒，祝我们的祖国繁荣昌盛，祝我们的人民幸福安康，祝我们的水城更加漂亮！来，举杯吧，朋友！请欣赏女声独唱《举杯吧，朋友》
3	《江北水城好风光》	丁：《江北水城好风光》这首歌曲对于水城人民来说再熟悉不过了。这首由张秋波先生作词、著名作曲家王佑贵先生作曲的歌曲飞遍了大江南北，广为传唱，让越来越多的人认识了江北水城、走进了江北水城。 今天，我们将用钢琴和古筝的形式再现这首歌曲，重温那优美的曲调。有请吕晓晗、杨昆、孟丽等为我们带来钢琴和古筝合奏——《江北水城好风光》

① 贾振鑫：《文艺晚会艺术原理与策划实施》，中国社会科学出版社2010年版，第56-59页。

表 4-4（续）

序号	节目名称	主持词
4	《烈火浓烟铸忠诚》	甲：水火无情人有情。看呀！消防战士在用生命压住烈火浓烟，谱写着人生最壮丽的宏伟篇章。 请欣赏，由市消防支队的曹文光为我们带来的配乐诗朗诵《烈火浓烟铸忠诚》，钢琴伴奏：张菲菲
5	《咏梅》	乙：刺骨严寒的冰天雪地，你以俏丽的身姿傲立于枝头，再艰苦的环境，你也要做出惊人的丰功伟业。这是梅花的品格，更是我们人民子弟兵的真实写照！ 接下来，就请欣赏由陈红娟为我们带来的京剧《咏梅》
6	《听月》	丙：在市委市政府的正确领导下，在军队和地方的共同努力下，我们的江北水城正变得越来越美。月高星朗的夜晚，在美丽的东昌湖畔赏月、听月，那是人生一件极美的乐事！ 请欣赏由刘哲创作并演奏的葫芦丝独奏《听月》，伴舞：蒋文娟、郝玲等
7	《电脑风波》	丁：科技强军是人民军队向现代化、科技化发展的有力保障，电脑当然是科技强军必不可少的装备，于是在军营当中围绕着电脑发生了很多的故事。 接下来，我们就去看看在我们 71091 部队因为电脑发生了什么事。请欣赏小品《电脑风波》，编剧：刘恋，表演：冯小龙、付海波、张文杰、朱罗光
8	《奔向明天》	甲：我们军民奋斗今天，更期待明天，因为明天会更好。好吧，就让我们军民携起手来，共同去创造美好的明天！一块来欣赏四人小合唱《奔向明天》，演唱：杨国杰、高亚楠、蒋文娟、魏燕
9	《赛马》	乙：刚才的几位歌手带我们穿越时空要奔向明天。好了，接下来的节目要给大家切换一下空间，带您去美丽的草原看看万马奔腾的壮观场面！ 请欣赏由刘慧杰、高娜等为我们带来的二胡齐奏《赛马》
10	《瞧这一家子》	丙：生活是琐碎的，也是具体的，每一家都会有小到柴米油盐，大到婚丧嫁娶的各种事情。而这一家却发生了一件不同的事，咱们一块去瞧。 请欣赏由贾振鑫创作表演的山东快书《瞧这一家子》
11	《夜巡》	丁：我们的子弟兵不管是白天黑夜还是刮风下雨，都永远在第一线维护着水城人民生命财产的安全。看，我们的武警战士正整装待发，开始了又一次的夜间巡逻。 请欣赏舞蹈《夜巡》，编舞：姚军，表演：张绍
12	《妻子》	甲：武警山东省总队杨正武少将，政委冯金安少将得知市委市政府举办军民联欢晚会，特意安排总队文工团部分演员前来助兴，同时也是对市委市政府多年来对武警官兵的关心支持表示感谢。让我们以热烈的掌声欢迎他们的到来。 下面有请山东省武警总队的钱黎明为我们带来女声独唱《妻子》

表 4-4（续）

序号	节目名称	主持词
13	《武松打虎》	乙：一部山东快书《武松传》，树立了武松的威武形象，他是山东大汉形象的代表，也是正义的化身，他和我们的武警战士一样除暴安良、疾恶如仇。 接下来我们就一起来欣赏，由山东武警总队的刘旭给我们带来的山东快书《武松打虎》
14	《中国兵》	丙：和人民心连心，把精忠报国牢记心中，舍小家顾国家，人民的利益比天还大。这就是人民的子弟兵，这就是咱中国兵。 请欣赏由山东武警总队的王宏伟带来的男声独唱《中国兵》
15	《穆桂英挂帅》	丁：女兵是我们现代军队中一支不可或缺的力量，她们在各自的工作岗位上发挥着重要作用。 甲：女兵担当保家卫国的重任是我们中华民族的优良传统，像木兰从军、穆桂英挂帅的故事便为大家广为传颂。 接下来，我们就一起来欣赏，由中国豫剧十大名旦、梅花奖获得者章兰女士为我们带来的豫剧《穆桂英挂帅》
	尾声	甲：唱不尽的军民鱼水深情， 乙：舞不尽的军民团结友谊， 丙：让我们在市委市政府的正确领导下，军民一心、干事创业， 丁：建设好卓越秀美的江北水城，为建设我们的和谐聊城、平安聊城再立新功！ 甲：预祝我们所有的战友们， 合：节日快乐 甲：《欢聚水城》——聊城市庆“八一”军民联欢晚会，到此结束，谢谢大家的光临，祝您晚安。

（二）案例分析

本场晚会以“欢聚水城，共叙军民鱼水情”为主题，共有15个风格各异的节目组成，其中绝大部分节目不是原创作品，如《举杯吧，朋友》《咏梅》《赛马》《穆桂英挂帅》，等等。这类晚会的策划创作是根据晚会主题立意的需要，采用现成节目和编创节目组合而成，属于串联性结构类型。

本场晚会的主题中暗含“聊城”和“军民鱼水情”两个关键词，它们向观众传达了晚会的主要内容和风格基调。一般来说，文艺晚会的节目内容与主题立意的相关程度可以分为三档：直接相关、间接相关和不相关。但本场晚会的节目内容与主题的贴合程度只涉及前两档：第一档“直接相关”，这类节目从节目名称、内容和表现形式都与“聊城”和“军民鱼水情”直接相关，对于烘托本场晚会的主题立意发挥着非常重要的作用，如《军歌联唱》（包括《听党指挥歌》《打靶歌》《严守纪律歌》《加强战备歌》《人民是靠山》)、《举杯吧朋友》、《江北水城好风光》、《烈火浓烟铸忠诚》、《电脑风波》、《瞧这一家子》、《夜巡》、《妻子》、《中国兵》等,这些节目都很好地展现了本场晚会的主题立意。

第二档"间接相关",这类节目大多为已创作、流传较广的成品节目,因此节目名称、内容和表现形式与"聊城"和"军民鱼水情"的主题立意有联系,但不完全贴合,这需要借助主持词的串联作用将节目内容与主题相融合,如《咏梅》《听月》《奔向明天》《赛马》《武松打虎》。《咏梅》是毛泽东反用陆游同调同题词意而创作的一首词:"风雨送春归,飞雪迎春到。已是悬崖百丈冰,犹有花枝俏。俏也不争春,只把春来报。待到山花烂漫时,她在丛中笑。"此词塑造了梅花俊美而坚韧不拔的形象,鼓励人们要有威武不屈的精神和革命到底的乐观主义精神。这首词与军民鱼水情或中国革命有一定联系。

第三档"不相关",有些晚会为了实现文艺晚会娱乐性、艺术性和商业性功能,主办方会邀请一些当红明星前来助阵,因此有些节目与主题关系不大,但这也得借助主持词将这类节目与主题串联起来,否则就会出现"生拉硬凑""两张皮"的现象,不利于晚会策划创作的主题性、整体性和系统性。本场晚会没有这样的节目,体现了策划团队精益求精的创作态度。

值得一提的是,文艺晚会结构框架的搭建不能平铺直叙、一成不变,而应该注意结构和内容呈现的韵律感和节奏感,即符合艺术创作中"起承转合"的基本规律。"起承转合"是艺术创作中常用的结构技巧之一。清代学者刘熙载在《艺概·经义概》中说:"起、承、转、合四字,起者,起下也,连合亦起在内;合者,合上也,连起亦合在内;中间用承用转,皆兼顾起合也。""起承转合式结构"不仅是文学作品创作中的一种基本结构方法,也是文艺晚会结构框架搭建的基本原则。文艺晚会中"起承转合"的运用,一方面应注重"起中有合,合中有起,首尾呼应",另一方面还要重视"承与转的节点兼顾起与合"。

案例20　《胜利与和平》
——纪念中国人民抗日战争暨世界反法西斯战争胜利70周年文艺晚会结构框架

(一)晚会结构框架

晚会结构框架见表1-3。

（二）案例分析

本场晚会的结构框架鲜明地体现了纪念性晚会回忆历史、不忘初心的典型特征。与《东方红》《奋斗吧中华儿女》等大型音乐舞蹈史诗不同的是，它的结构框架采取倒叙开场，而后以抗战重要历史节点和曲型事件场景为主线的结构贯穿全场。这种结构设计彰显了“起承转合”的特点和优势，“起中有合，合中有起，首尾呼应，承转兼顾起合”，使得晚会浑然一体，互相依存，表现出严密的逻辑关系。

① 开场：一位老战士缓缓走向70年前曾与他并肩战斗的抗战英雄的群像，深情抚摸，无限依恋。继而，号角响起，旗帜飞扬，整个舞台化为胜利的广场。人们欢呼着从四面八方涌来，齐声高唱《胜利之歌》。昂扬向上的旋律，豪情万丈的歌声，向所有为中国人民抗日战争和世界反法西斯战争胜利建立不朽功勋的英雄儿女致敬，也拉开了整场晚会的序幕。

② 第一篇章《浴血中华》展现了中华民族在生死存亡关头同仇敌忾、共赴国难、铁骨铮铮、视死如归的大无畏精神。歌曲《怒吼吧　黄河》《山丹丹开花红艳艳》《延安颂》《太行山上》气势磅礴，舞蹈《救亡进行曲》《抗日将士出征歌》悲壮感人，情境表演《松花江上·抗联英雄》《卢沟烽火·南京—永不忘却》催人泪下。

③ 第二篇章《正义力量》反映了中国共产党在抗战中的中流砥柱作用，展示了地不分南北，人不分老幼，全国人民同侵略者血战到底的英雄气概。《游击队歌》《毛主席的话儿记心上》《大刀进行曲》《保卫黄河》耳熟能详，《到敌人后方去》《铁血雄师》《并肩战斗》激情四射。

④ 第三篇章《和平梦想》发出真诚的呼唤：愿世界人民团结起来，捍卫和平，为缔造人类命运共同体，为建设一个共同发展、持久和平的世界而携手努力。《红纱巾》《天耀中华》情真意切，《光荣与梦想》《强军战歌》《和平—命运共同体》气壮山河。

第四节　节目设置

如果说文艺晚会的结构框架如同人的“骨骼”的话，那么晚会节目就像人的“血肉”，成为展现晚会主题立意和风格基调最重要的因素。节目设置是文艺晚会策划过程中非常重要的环节。如果节目设计具有创意、节目选择合乎规律、节目设置安排妥当，会使晚会主题与内容浑然一体，相辅相成。近些年，根据文艺晚会市场发展的规律，节目设置的类型大致分为以下三类：

一、原创节目

原创节目，就是策划团队为晚会量身打造的符合晚会主题、主办方和投资人诉求的新节目。原创节目是大型文艺晚会重要的组成部分，其内容大多是围绕晚会主题、紧跟时代潮流、密切联系地方文化等进行专门创作的节目，如主题歌、主题舞蹈、主题朗诵、主题小品等，这些主题节目的名称大多与晚会主题名称相同或相近。例如，2009年《复兴之路》——庆祝中华人民共和国成立60周年大型音乐舞蹈史诗，为了艺术性地展现中华民族自1840年以来169年极其光荣伟大的复兴之路，晚会大部分节目都是原创作品，其中最后一首由李维福作词、印青作曲的《走向复兴》成为本场晚会的主题歌曲。再如，2018年9月，由江苏省委宣传部主办、省演艺集团和省广电总台共同承办的《潮涌新时代》——江苏省庆祝改革开放40周年文艺晚会，以“潮涌新时代”为主题，分为“强、富、美、高”四个篇章，14个节目都为原创作品，其中最后一个与晚会主题同名的合唱节目《潮涌新时代》是本场晚会的主题曲。

二、改编节目

改编节目，一般是将现有的优秀节目加以主题呈现，或者是深挖现有节目的内涵本质和创新表现形式，以一种更艺术化的形式呈现。改编节目最常用的方式有扩大规模、缩短时间、创新表现形式（独唱与合唱互变、独舞与群舞互变、独奏与合奏互变，或增加伴唱、伴舞、背景表演等）等。深受老百姓欢迎的改编类型就是“老歌新唱”。究其原因，这些老歌观众大多耳熟能详，加之运用一些新的技术、新的手段、新的形式改编的作品很容易在观众人群中引起共鸣，从而使节目表现达到理想的效果。

例如，2015年9月3日晚《胜利与和平》——纪念中国人民抗日战争暨世界反法西斯战争胜利70周年文艺晚会在北京隆重举行。整场晚会由于选用具有代表各历史节点的歌曲，如果原封不动地呈现这些老曲，势必会过于简单和乏味，因此，在主创团队和作曲家的共同努力下，几乎所有的作品既保留了原有特征，又运用了丰富的和声语汇与配器色彩，将原曲巧妙地变形拓展，从而赋予老歌全新的生命。比如，在歌曲《山丹丹开花红艳艳》和《延安颂》

中，作曲家使用灵巧的技法、自然的调性转换以及个性迥异的节奏，将革命根据地节庆的喜悦气氛与对革命圣地的敬仰完美结合，现场观众无不为悦目的舞蹈和醉人的歌声所打动。再如，男声小合唱与情景表演《并肩战斗》表现的是远征军不畏艰险，在异国他乡与盟军并肩作战的场面。作曲家成功地将一首简单的小曲，改编成一个音乐内涵丰富、管弦乐手法高超的交响作品。另外，值得一提的是钢琴与合唱《保卫黄河》，由于时间有限，钢琴《保卫黄河》不可能全部演奏，无痕迹删减的版本与《义勇军进行曲》时而呼应、时而交融，可见作曲家的良苦用心。

三、引进节目

引进节目，又称外请节目，即邀请明星或有影响力团体的成熟节目参加文艺晚会演出。这类节目在晚会中往往能够起到增光添彩、吸引眼球、扩大影响的作用。引进明星的节目，是众多文艺晚会发挥名人效应，利用明星较高知名度和较强号召力来实现晚会成功预期的重要手段。

当然，引进节目要量力而行，在晚会预算许可的情况下引进节目能够为晚会的成功举办增光添彩，否则就会劳民伤财，得不偿失。同时，明星的选择也异常重要，要挑选那些具备正能量、能够很好彰显晚会主题的演员或嘉宾，从而实现预期的演出效果。

第五节　确定策划方案

文艺晚会策划方案的确定是这一阶段最后一项工作。通过前期的导演阐述，创作团队了解了总导演的创作意图，统一思想、凝心聚力；通过确立晚会的主题立意和风格基调，创作团队明确了晚会内容的设置和创作方向；通过结构框架的搭建和晚会节目的设置，晚会在具备良好逻辑关系的基础上，创作和选择具有创意、符合晚会主题的节目内容，使晚会的主题和内容浑然一体，相辅相成。以上这些工作其实都是为确定文艺晚会的策划方案奠定基础。

策划方案是策划团队与创作团队前期工作的缩影和表现形态，其目的是将晚会策划思路与内容客观、清晰、生动地呈现出来，并高效地指导晚会工作。策划方案常以文字形式来表现，为了能够让主办方领导或投资人在短时间之内看明白、大致了解晚会创作的基本信息，策划方案应尽量言简意赅，不需要掺杂过多的文学描述。策划方案的撰写一般由总导演亲自执笔，定稿后向上级领导和策划团队汇报，领导批准后方可实施。

案例 21 《希望相随·快乐起航》
——2016 年全国少儿春节主题晚会策划方案

（一）晚会策划方案（表 4-5）

表 4-5 《希望相随·快乐起航》——2016 年全国少儿春节主题晚会策划方案

结构	主题名称	主题立意	表演形式	节目名称	节目内涵
总体构思	李宗盛有一首歌曲叫做《希望》，是写给他的孩子的。里面唱到：她们是我的希望/让我有继续的力量/她们是未来的希望/所有的孩子都一样/她们是未来的希望/但愿我能给她一个最像天堂的地方。而现实往往是辛苦的；孩子们面对繁重的学业，背负家长望子成龙的期望，进行激烈的竞争……他们仿佛离快乐越来越远，我们也无法给他们一个最像天堂的地方。所以，我们策划了这一台让孩子们集体爆发快乐的晚会。我们希望晚会在新春佳节之际；突出喜庆、欢乐、祥和的节日气氛，内容健康、积极向上、富有创新性，充分展示当代青少年儿童积极向上的精神风貌，帮助他们树立阳光的世界观、人生观、价值观和对和谐社会的赞美与向往				
晚会主题	希望相随·快乐起航				
晚会风格	喜庆、热烈、快乐，采用多种艺术手段展示主题，舞台美术加强视觉效果				
板块结构	希望、童真、相信、家庭、万国、民族				
第一板块	《希望》	主打春夏秋冬、四季更替的概念，结合视频、歌舞、灯光等元素，展现人们在新年里人们积极快乐的心情	歌曲联唱	《欢乐四季》	四组青春活力的组合，演绎代表春夏秋冬四季的歌曲。结合视频舞美，用镭射、银色瀑布、彩色钓竿、道具虫等构建一个四季更替、绚丽多彩的世界。 春：《春天在哪里》（绿色） 夏：《捉泥鳅》（橙色） 秋：《听妈妈讲那过去的事情》（金黄色） 冬：《雪绒花》（银色） 合：《红彤彤的春天》（彩色）
			相声	《童趣》	将年幼时看过的一些影视剧故事串成一个有趣的相声，引出第二板块主题

表 4-5（续）

结构	主题名称	主题立意	表演形式	节目名称	节目内涵
第二板块	《童真》	童年永远都是美好的，大家对童年的童真都有相似的感悟，因此在这个环节中，我们利用音乐盒的形式，打开大家对童年的共同记忆	歌曲联唱	《记忆音乐盒》	采用“音乐盒”的创意，串接每首歌曲，就像打开每段回忆，展现不同的青春年华，表达不同的人生感悟。 《小龙人》——我是一条小青龙 《婉君》——有个女孩名叫婉君 《好爸爸　坏爸爸》——好爸爸坏爸爸 《三个和一个》——让世界像十岁一样美好
			互动游戏	《互动游戏》	曾经的童星出现在晚会现场，互动访谈、游戏
第三板块	《相信》	2015 年是世界反法西斯战争胜利 70 周年，也是中国人民抗日战争胜利 70 周年。在这一环节中，我们采用妈妈给女儿讲故事的方式，传承了对党和国家的坚定信念	歌曲联唱	《经典红色歌曲联唱》	中青少三代童星或从事少儿工作的明星重新演绎红色歌曲，同时采用经典革命电影的视频剪辑、儿童合唱团、歌舞团多种形式，营造大气宏伟的氛围。歌曲有《草原赞歌》、《劳动最光荣》
			互动环节	《优秀少年》亮相	《感动中国》：朱晓辉（照顾父亲 13 年如一日） 《最强大脑》：王一茗（过目不忘） 《少年中国强》：彭湛（花式空竹秀）
			才艺表演	《优秀少年》才艺表演	优秀少年做才艺表演
第四板块	家庭	家庭和睦是一个国家安定团结的基础要素；此环节以家庭为表演单位，让其乐融融的气氛体现父母对子女的关爱和家庭的幸福	歌曲联唱	《歌曲联唱》	《童年》《不想长大》《小苹果》《青春修炼手册》
			情景歌舞剧	《流行 2015》	利用实景与视频做一个家的情境，四组明星家庭倾情出演，讲述他们自己的家庭故事，体现他们的人生感悟。 郁市明、冉莹颖夫妇带儿子 李小鹏夫妇带女儿 刘烨夫妇带儿子 陆毅、鲍蕾夫妇带女儿
			爱心捐助	爱心捐助	承接家庭情景歌剧，每个家庭向一个慈善机构或者一个需要帮助的儿童进行捐助

表 4-5（续）

结构	主题名称	主题立意	表演形式	节目名称	节目内涵
第五板块	《万国》	为突显 CCTV 少儿频道“国内一流、世界前列”的地位，在这个环节中，我们将邀请来自世界各地的才艺少年倾情出演，展现世界各国的风土人情	歌曲联唱	《万国 Party 秀》	各国儿童用母语和汉语联唱代表世界各地风情的歌曲，用视频、舞美、造型、舞蹈等营造出万国联欢的华丽氛围。歌曲有《小小少年》《冰雪奇缘》《蓝精灵》《哆啦 A 梦》
			舞台剧	《动物迎春会》	小朋友们身着小动物的服装，描绘小动物在春天的愉快心情。春天桃花开了，柳树绿了，小动物们也都出来活动了。瞧小兔子蹦蹦跳跳的，多可爱啊，老虎也不落后，似乎跳的更高，小狐狸也来凑热闹了，他开心地与小兔子和小老虎打招呼，小鸟叽叽喳喳地从空中飞过……
第六板块	《民族》	在视频、灯光、音乐的带领下，晚会将邀请来自全国各少数民族的儿童，表演一组融合全国各民族特色的节目	《歌曲与服饰表演》	《歌曲与服饰表演》	民族团结是一种精神、一种力量、一种追求，是需要我们青少年从小树立的目标！从全国各地电视台海选出的各民族小朋友身着自己的民族服装来表演。歌曲有：藏族民歌《北京的金山上》、朝鲜族民歌《小白船》、蒙古族民歌《挤奶员舞》、新疆民歌《青春圆舞曲》
			童声合唱	《五十六个民族五十六朵花》	小朋友们身着五十六个不同民族的服饰，演唱《五十六个民族五十六朵花》，表达对祖国的热爱之情
			大合唱	《歌声与微笑》	这首歌节奏活泼、热情，结构方正、整齐，歌词质朴、大方、朗朗上口，突出了少年儿童的天真烂漫以及纯真、可爱。这首歌用大合唱的形式台上与台下共同演唱，使本场晚会在热烈、欢快、团结的气氛结束

表 4-5（续）

结构	主题名称	主题立意	表演形式	节目名称	节目内涵
时间	2016 年 2 月				
地点	中央电视台演播厅				
播出时长	2 小时				
参加嘉宾	来自全国各地的少年儿童、各类明星、公益企业家				
主办单位	中华人民共和国关心下一代工作委员会，中国共青团中央委员会 中华人民共和国文化部，中华人民共和国教育部，中华人民共和国国家食品药品监督总局				
承办单位	中国老龄工作委员会文化教育委员会，中国少年儿童文化艺术基金会 中国青少年发展服务中心，中国少年儿童通讯社				
预算	场租费：（包括空调、地板保护、供电） 舞美设计、灯光音响、大屏幕、平台制作费 外请演员预计 外请创作预计 外请舞蹈总监及团队 舞蹈班底 音乐、语言类创作费 演员劳务费 服装道具设计制作、代用道具费 外请团体食宿行费用 大屏幕内容、片头制作费 外拍费用及制作费 节目单、证件、请柬、观众票印制 外请接待费、演员租车费 化妆造型劳务费 演出场地布置、租借桌椅 观众互动道具 演员集中食宿 办公杂费 …… 总计：××××元				
时间	2015 年 11 月				

（二）案例分析

本场晚会以“希望相随 · 快乐起航”为主题，以“喜庆、热烈、快乐”为风格特征，共分为“希望、童真、相信、家庭、万国、民族”六个板块。导演组的创作初衷源于李宗盛创作的一首歌曲《希望》，面对现在孩子们承受着繁重学业、激烈竞争的现状，很多孩子已经离快乐越来越远。所以，导演团队想要制作一台内容健康、积极向上、富有创新性，充分展示当代青少年儿童积极向上精神风貌的晚会，帮助他们树立阳光的世界观、人生观、价值观和对和谐社会的赞美与向往。

本场晚会策划方案的具体内容涵盖了晚会的举办时间和地点、晚会的总体构思、主题和风格、节目设置与内容描述、演出阵容和外请嘉宾、主办单位和承办单位、晚会预算等等内容，能够清楚地从宏观和微观两个角度向创作团队和工作人员传达晚会的基本信息以及创作要求。

1. 宏观角度

本方案从宏观角度明确了本场晚会的主题、总体构思、风格特征等内容。晚会的主题是整场晚会内涵、性质和功能的高度概括。“希望相随·快乐起航”的主题兼具文学性和艺术性特征，主创团队只看主题名称也能大概了解晚会的基本内容和创作风格；晚会的总体构思，是晚会主题所表露信息的重要补充，是更深入地表达晚会创作目标和创作要求的文字表述。本场晚会的创作目标很简单，就是让孩子们快乐，就是要帮助他们树立阳光的世界观、人生观、价值观和对和谐社会的赞美与向往。创作目标一旦明确，创作要求也随即确定下来，节目的内容、形式和表现手段都得以创作目标为中心，否则会出现节目创作与主题立意相偏离的现象；晚会的风格特征是策划方案的重要内容，是策划团队通过文字表述能够在主创团队脑海中呈现的一个大致的晚会艺术效果。本场晚会的主体风格是喜庆、热烈和快乐，主创团队需要根据这样的风格特征思考通过什么方式、什么途径来凸显，这一点对于主创团队来说尤为需要。

2. 微观角度

本方案从微观角度构建了“希望、童真、相信、家庭、万国、民族”六个板块，其中涉及的节目名称、内容和表现形式等都要与板块主题一一相扣。例如第二板块《童真》，板块主题立意为童年永远都是美好的，大家对童年的童真都有相似的感悟。在这个环节中设置了歌曲联唱《记忆音乐盒》，将《小龙人》《婉君》《好爸爸坏爸爸》《三个和一个》等儿童时代耳熟能详的歌曲串联起来，利用音乐盒的形式打开大家对童年的共同记忆，表达不同的人生感悟。再如，第六板块《民族》，板块主题立意为在视频、灯光、音乐的带领下，由来自全国各少数民族的儿童表演一组融合全国各民族特色的节目《歌曲与服饰表演》，这些小朋友身穿自己的民族服饰来演唱藏族民歌《北京的金山上》、朝鲜族民歌《小白船》、蒙古族民歌《挤奶员舞》、新疆民歌《青春圆舞曲》等歌曲，旨在表达民族团结是一种精神、一种力量、一种追求的思想，在新时代更需要我们的青少年从小树立这样的目标！

另外，本方案还向主创团队传达了晚会的举办时间、地点、播出时长、参演嘉宾、主办单位、承办单位、预算以及晚会的技术条件等微观信息。总的来说，本策划方案从宏观和微观两个角度将完整的晚会信息和创作要求传达给主创团队，为下一阶段的节目创作工作打下坚实的基础。

第五章　文艺晚会策划方案的实施阶段

文艺晚会策划方案的实施阶段是策划方案从“纸上谈兵”向“效果呈现”方向转化的重要阶段，也是总导演创作意图最终落地的关键环节。“实施”，即实际的行为、实践，是指用实际行动去落实、施行。策划方案作为文艺晚会节目创作和排练的重要指导性文件，应用于晚会节目创作与排练的完整过程，并在实施过程中检验其合理性。这个阶段的重要任务就是为文艺晚会呈现阶段的联排、彩排以及正式演出做准备。

此时，晚会策划方案已经基本确定，晚会节目、舞美、服装等环节创作全面展开，演员也进入紧张的排练工作，主要事务性工作已经交由各部门负责人安排调度。对于各部门负责人来说，这才是最繁忙、最复杂的重要阶段。

鉴于文艺晚会性质、规模、级别和人员调配等因素，一般来说，文艺晚会策划方案的实施阶段大致持续 14～28 天。这个阶段的主要工作内容有以下几方面(图 5-1)：

1. 沟通交流

这个阶段的沟通交流依然非常重要。导演组要通过工作例会和创作团队会议把控晚会主题和风格的创作方向，审核验收各部门设计与创作的节目，并且在策划方案实施过程中不断发现问题、解决问题、修改方案、完善方案，尽量使晚会的节目创作、实际效果与策划方案的预期目标相吻合。

2. 撰写工作台本和制订工作计划

工作台本，是参与文艺晚会创作的所有人员必须熟知的工作内容和必须遵守的工作规则，其内容包括晚会的主题思想、艺术追求、结构框架、表现形式、具体要求等。它是制订具体创编计划和工作计划总的依据。而工作计划，则是保证晚会有条不紊地开展工作和督促晚会顺利实施的有效手段。工作台本和工作计划在文艺晚会策划的实施阶段非常重要，不可或缺。

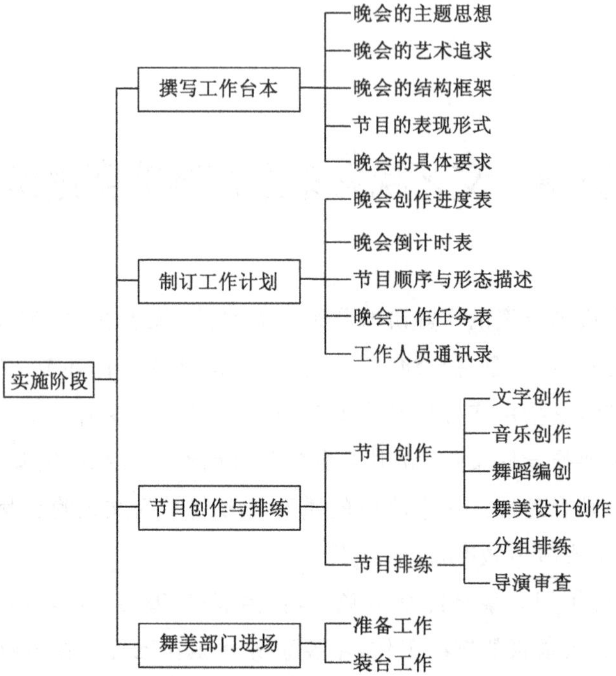

图 5-1　文艺晚会策划方案实施阶段的主要工作内容

3. 节目创作与排练

由各部门负责人牵头开展节目、舞美、服装等环节的创作工作，由舞蹈导演或舞蹈总监负责具体节目的分组排练工作。文艺晚会的主题立意是否明确、风格基调是否鲜明，其实都需要高品质的节目来呈现，因此节目创作与排练在整个晚会制作过程中占据异常重要的地位，且持续时间相对较长。

4. 舞美部门进场

在晚会节目创编工作初步完成之后，在各个节目开始紧张排练的过程之中，舞美部门就要进场做舞台搭建、舞美施工、灯光音响安装与调试、舞台背景或大屏安装等工作，为节目部门进场和晚会最终呈现做准备。

第一节　撰写工作台本

一、撰写工作台本的思路

文艺晚会的工作台本是专门为晚会编写的工作文本，它是参与文艺晚会创作的所有人员必须熟知的工作内容和必须遵守的工作规则。其内容包括晚会的主题思想、艺术追求、结构框架、表现形式、具体要求等，它是制订具体创编计划和工作计划总的依据。

工作台本的撰写是在晚会策划方案基本确定之后，在即将开始节目创作与排练之前，需要以文字的形式向各部门提出晚会创作的具体要求，即要求各部门按照指定的任务和时间期限完成节目创作、舞美设计等这个阶段所有的相关工作。工作台本一般由总导演负责撰写。

二、工作台本撰写的内容

工作台本的内容体现着总导演独特的总体构思和运用丰富的艺术表现手段的能力，例如，晚会的主题思想和艺术追求如何表达，晚会结构框架的特点如何展现。同时，利用什么表现形式展现节目的内容和内涵，运用什么样的特技效果烘托舞台气氛，采用什么样的舞美效果与节目内容有机融合等，这些都是总导演需要考虑，并要写在工作台本中的重要内容。

1. 晚会的主题思想和艺术追求

晚会的主题思想和艺术追求在策划方案的制定阶段就已经基本确定了，这里既有众人的意愿和多数人的想法，也有主办方或投资人对于晚会的诉求，因此在本阶段就不需要对其进行重复讨论。在策划方案的实施阶段中，总导演要让每一个创作人员都明确总导演的创作意图，要让每一个演职人员都用实际行动来表达晚会的主题思想，要让每一个工作人员都了解晚会的艺术追求，这就要求总导演在工作台本的撰写中使用最简练、最准确的语言将晚会的主题思想和艺术追求阐明清楚。

2. 晚会的结构框架

如果说文艺晚会的主题思想和艺术追求都较为抽象的话，那么晚会的结构框架则是非常具体的，而且是文艺晚会策划过程中最不稳定的环节。主题思想和风格基调一旦确定就基本上不再做大的改动了，而结构框架则会在工作进程中遇到无法实现或更好选择的时候，还会根据实际情况不断地进行调整、修正和完善。

3. 节目的表现形式

节目的表现形式是整个工作台本中最为细致、最为具体的内容，总导演需要通过工作台本让所有工作人员都了解节目的内容、时长、节目切换形式、节目表现形式等。例如，按照节目呈现的逻辑顺序，首先，一个节目如何与上一节目或主持人衔接；其次，这一节目表达什么主题内容，节目如何进行，时长是多少；再次，在节目表演过程中，演员从哪里上场，穿什么样的服装，手里拿着什么道具，整个节目的灯光色调、音响效果、大屏配图等如何配合；最后，这一节目如何收尾，如何与下一个节目衔接。以上内容都需要总导演使用较为细致、全面、准确的语言将节目的表现形式描述出来，使所有人都能感受到就像眼前看到了具体的节目一样，对节目的进行了如指掌。

4. 晚会的具体要求

有的工作台本内容还包含对音乐设计、舞美设计、服化道设计等工作任务的具体要求，如节目的时长、节目的包装、节目的动情点或闪光点等。这方面的内容不是一成不变的，它们还需要在策划方案具体实施过程不断地进行调整、修改和完善。

案例22 《锦绣中华》
——1999年第六届全国少数民族传统体育运动会开幕式文艺演出工作台本①

（一）晚会工作台本（表5-1）

表5-1 《锦绣中华》——第六届全国少数民族传统体育运动会开幕式文艺演出工作台本

主题思想	本场晚会以“锦绣中华”为主题，分为“吉燕衔春”“五彩云霞”“神州欢歌”“世纪鼓声”“走进新世纪”五个板块，以气势宏大的场景渲染浓郁的民族特色，描绘一幅民族和睦的彩画
艺术追求	民族特色浓郁、多姿多彩、气势恢宏，具有强烈的震撼力和时代气息

① 吕艺生：《大型晚会编导艺术》，上海音乐出版社2004年版，第90-95页。

表 5-1（续）

结构框架	节目形式	节目名称	节目时长	节目内容与要求
序 《吉燕衔春》	舞蹈	《吉燕衔春》	不超过 3 分钟	主持词。 音乐：辉煌的引子后，转入舒展、宽广的无字歌。灯光亮。运动场上出现五种颜色组成的彩云。大块的彩云在游动，它们改变着形状，变换着色彩。雨燕，自由自在地在蓝天中飞翔，在彩云中戏耍。它们呼唤春风，呼唤春雨，呼唤祖国新世纪之春的来临。 “雨燕”的队伍在扩大，穿旱冰鞋的“小雨燕们”穿行而过，并勇敢地翻腾着。 突然，祥云高飞，留下一片葱绿的大地，一幕五彩云霞
第一场 《五彩云霞》	舞蹈	《心向北京》	约 6 分钟	主持词。 在“雨燕”的呼唤下，身着各种民族服装的人们，从四面八方向中心涌来。吹着号角和芦笙的人们，出现在舞台的边缘与桥上，恰好是一道曲线的屏障，好像是为表演镶嵌了一道漂亮的花边。各路舞队如欢乐的人流，红的、橘红的、蓝的、粉的、白的、黄的、绿的人流，这人流与天上的彩霞交相辉映。他们从四面八方向中央汇集，像是被一个巨大的无形引力牵动着、吸引着
	歌舞	《编织美好的生活》	约 4 分钟	中心舞台抽拉出无数条彩带，它们由壮锦、侗锦、土家织锦、黎锦、苗族蜡染、维族绸布、瑶族刺绣构成。彩带被编织成各种图案，如同放大了纺织机上的彩色锦线，千万人拉着锦线纵横交错地舞蹈，像是共同编织着一幅美丽的理想图画。 一幅巨大的织锦编成了，各族人民跳起了自己具有特色的舞蹈。场上突然出现几只大象，它们向人们施礼祝贺。人们围绕着象征万象更新的大象，欢乐歌舞，尽享团结和睦的新生活

表 5-1（续）

结构框架	节目形式	节目名称	节目时长	节目内容与要求
	合唱	《山谷回声》	约 4 分钟	主持词。 灯光把看台最高处(原火炬台重新装点的高坡)照亮,山里人骄傲地站在冰山上,放开嗓子一展歌喉,雪莲花在他身旁绽放。声哟呼,山谷立刻撞击出震荡的回响;嘹亮的山歌,大山又把它几度重复。这优美动人的回声把人们带到那遥远、壮阔的大峡谷。 灯光渐亮,中心舞台上现出错落的树丛。树丛在移动,像是山在转,像是水在流,像是草木在随风飘荡,像是湖面被微风吹皱,散放出朵朵涟漪
第二场《神州欢歌》	对唱	《山与海对歌》	约 5 分钟	舞台下方出现了碧波荡漾的湖水,一支竹筏从湖面飘来。上面站着一位女歌手,她身后围绕着几位助兴的伙伴。姑娘开唱了,她向高山上的小伙子发起了挑战。高山上的一位小伙子立即响应,他身后的小伙子是他的助兴伙伴,一问一答,有领有合,问者有帮腔,答者有伴唱。他们声声唱的是社会主义幸福生活,句句回答的是改革开放带来的新变化。 对歌中,山坡上的人也在应合着。对歌中,水上又陆续出现各样小船。高山、湖海、大陆都对应起来。一幅和平、幸福的民族风情画展现在人们面前
	歌舞	《欢乐的赞歌》	约 6 分钟	一个小活动舞台上,蒙古族姑娘在马头琴声中,顶着碗舞蹈,她们拿着酒杯遥祝兄弟民族生活幸福,祝大家生活更美满。另一个小型活动舞台上,一群维吾尔族年轻人在手鼓的伴奏下向蒙古族青年对起舞来,他们向远处兄弟民族祝福健康。在水中,一群傣族少女手持蜡烛边跳边唱,她们在祝福兄弟民族吉祥。 中心舞台上出现了两位歌手,他们唱起了欢乐的歌,引出一群普米族的小伙子跳起了热烈的舞蹈
	舞蹈	《龙舟赛》	约 3 分钟	舞台下方突然出现数条龙舟,赛手们争先恐后地向前划着。赛手们手中的木桨整齐地翻上翻下,表现出一种你追我赶、力争上游、奋发上进的精神。岸上(舞台)的人成了加油呐喊的观众,观众成了助阵的啦啦队。 整个体育场真实地再现了中国江南龙舟赛的民俗风情。高潮中,音乐戛然而止,舞队也亮相停住。切光

表 5-1（续）

结构框架	节目形式	节目名称	节目时长	节目内容与要求
第三场《世纪鼓声》	群舞	《鼓阵》	约 4 分钟	主持词。 中心舞台的中央分离出一个小圆形舞台，形成一面大鼓。上百个汉子抬着鼓由远而近走来，三个大汉子正立在鼓面上。三个汉子随着原始野性的鼓声，在鼓上舞起来。他们扭动着有力的身躯，变化着铿锵的节奏，跳跃着、旋转着，展示出奇特的身姿，表现出鼓神的神威。 在三人舞的同时，两侧小舞台上出现了两面铜鼓和木鼓，在为鼓神伴奏。顿时，手持云南的象脚鼓、瑶族的长鼓、维吾尔族的手鼓、满族的太平鼓、朝族的长鼓、西藏的瑞巴鼓、甘肃的太平鼓、陕西的腰鼓、河南的挎鼓的人们从八方聚来形成一个庞大的鼓阵。他们像在响应鼓神的召唤，簇拥在鼓神四周，欢腾跳跃、旋转飞舞，鼓穗、鼓缨上下翻飞，此起彼伏。他们万众一心，用自己的勤劳与勇敢，用自己生命的律动，擂响新世纪的鼓声，迎接新世纪的到来。 在一个终止感很强的乐句中，鼓神与鼓手，所有人身体方向与目光都向着雪峰亮相。切光
	杂技	《攀峰取火》	约 3 分钟	与上一节目切光同时，冰山光亮。雄奇险峻的冰山，晶莹的冰雪，闪烁着耀眼的光芒。 场上的鼓阵顿时也变换成冰山，像是冰山的倒影，勇士们正在冰川上攀登。他们艰难有力的脚步，留下了山谷的回荡。他们终于爬上离太阳最近的顶峰，手持火炬的女神为他们点燃火种。 这时，一根绳索从顶峰一直拉向广场中央，勇士爬上绳索，从高峰上顺绳索滑下。场上的冰山又变换成祖国的版图，它像是被火种点燃，祖国到处都燃起沸腾的火。中心舞台升起巨大的中华宝鼎。所有的演员举着火把向宝鼎聚拢，所有的人同时将火炬伸向宝鼎
尾声《走进新世纪》	舞蹈	《走进新世纪》	约 5 分钟	主持词。 “嘭！”一声巨响，宝鼎的火聚燃升起。主题歌声起，主题歌是由 4 位站在大鼓上的名歌手唱起的，场上各族演员手举火炬翩翩起舞。他们组成一轮红太阳，象征着新世纪的曙光已经升起。56 个民族巨人，出现在霞光彩带间。 与此同时，身穿各种民族服饰的人群，涌满全场，像是一个巨大的花坛，百花争春、群芳斗艳。各族演员纷纷把本民族的吉祥物纪念品抛向观众，掀起一阵阵热浪。场外礼花升空，场内烟花齐放。开幕式在高潮中结束。 主持人结束语

（二）案例分析

1999 年第六届全国少数民族传统体育运动会开幕式文艺演出以“锦绣中华”为主题，分为“吉燕衔春”“五彩云霞”“神州欢歌”“世纪鼓声”“走进新世纪”五个板块。本场演出运用歌舞、杂技等艺术表现形式，以气势宏大的场景渲染浓郁的民族特色，描绘了一幅民族和睦的彩画。本场演出民族特色浓郁、多姿多彩、气势恢宏，具有强烈的震撼力和时代气息。

本场演出的工作台本中涉及主题思想、艺术追求、结构框架、节目时长以及节目表现形式等重要信息，对本阶段的创作任务具有重要的指导作用。其中特别值得一提的是，本工作台本明确了节目的时长和表现形式。节目时长是总导演根据晚会主题立意、结构框架、节目艺术特征和观众审美习惯等因素，针对每一个节目制定的时间长度限制，主创团队应根据节目时长进行节目创作。而节目的表现形式是整个工作台本中最为细致、最为具体的内容，也是总导演将脑海中想象的节目场景和艺术画面以文字形式呈现的主要途径。节目表现形式的内容主要有向主创团队传达节目的内容、切换形式和表现形式等内容。以第二场《神州欢歌》中的第二个节目《山与海对歌》为例，本节目时长为 5 分钟，采取男女声对唱的表现形式，内容主要表达对社会主义幸福生活和改革开放带来新变化的赞美。节目具体呈现形式是：首先，《山与海对歌》由主持人以主持词的形式将上一节目与本节目进行衔接。其次，本节目的大致场景为舞台下方出现碧波荡漾的湖水，一支竹筏从湖面飘来。一位女歌手站在竹筏上，与高山上的小伙子进行对唱，并有几位伴唱伙伴进行助兴。在对歌过程中，水上又陆续出现各样小船。高山、湖海、大陆都对应起来，一幅和平、幸福的民族风情画展现在观众面前。再次，本节目的主题内容是通过歌曲内容和舞台表演，赞美社会主义的幸福生活，诉说改革开放带来的新变化。复次，本节目的艺术表现形式是姑娘向高山上的小伙子发起对歌挑战，小伙子立即响应，姑娘、小伙子和伴唱帮腔伙伴，一问一答、有领有合，问者有帮腔、答者有伴唱。最后，本节目结束后，切光，随即主持人上台衔接下一节目。虽然本节目的表现形式中未对服装、道具、舞美效果等做出明确要求，但其中的文字足以展现总导演对这个节目的创作构思。

第二节　制订工作计划

晚会的工作计划是保证晚会有条不紊地开展工作和督促晚会顺利实施的有效手段。因此，导演组应该在组建工作团队之后，立即明确各部门的工作任务，并制订详细的工作计划。工作计划可以通过图表的方式写出来，挂在墙上，一目了然。

根据内容和性质的不同，工作计划主要包含晚会创作进度表、晚会倒计时表、节目顺序及形态描述表、晚会工作任务表、工作人员通讯录等表格。

一、晚会创作进度表

晚会创作进度表，是指在一场文艺晚会制作过程中所涉及的所有任务以时间为顺序进行安排的重要表格。导演组在接受任务之后，要对余下的时间作统筹考虑，并进行合理安排，以时间的顺序将两种重要信息，即各种任务的要求和时间期限填入表格，并督促工作人员按照这个进度完成各项任务。

2019 年 5 月 31 日 19:30，在中国矿业大学南湖校区体育馆成功举办了中国矿业大学建校 110 周年文艺晚会(图 5-2～图 5-4)。本场晚会从 2018 年年底开始启动，2019 年 2 月 25 日正式进入晚会的策划工作阶段。本场晚会的创作进度表涵盖了成立工作团队、搜集相关材料、召开各类协调会和策划会、确定策划方案、节目创作与设计、勘察现场、确定舞美及服化道等部门的设计方案、导演组审核节目并

图 5-2　中国矿业大学110 周年校庆标识

图 5-3　中国矿业大学 110 周年校庆晚会全体演员

图 5-4　中国矿业大学 110 周年校庆晚会部分演员

确定节目、进入现场联排彩排等诸多重要环节。同时，这张进度表也能够体现出文艺晚会创作进度表普遍存在的一个特征，即晚会前期和中期时间区间的跨度较大，内容较为粗略，而晚会最后十天的安排则要以天为单位甚至以小时为单位来计算，内容要非常细致。

案例23　2019年"源·行远"庆祝中国矿业大学建校110周年文艺晚会创作进度表(表5-2)

表5-2　2019年"源·行远"庆祝中国矿业大学建校110周年文艺晚会创作进度表

时间区间	主要任务
2月25日—3月1日	以中国矿业大学校工会、宣传部、校团委和音乐系为班底，抽调部分人员组建"中国矿业大学建校110周年文艺晚会"的工作组。地点在南湖校区体育馆B区校团委工作区，并备齐办公设备。校宣传部、校团委工作人员负责收集中国矿业大学110年办学历史中的重要信息和历史节点。举行预备会议，提出策划人员名单
3月4日—8日	成立策划团队，确定任务，责任到人，召开动员会，确定策划人选。通知策划人员，召开2～3次策划会。导演组会议，确定晚会参演团队、人数
3月11日—15日	召开一次策划会。导演组每日例会，讨论策划方案，出方案，上报领导
3月18日—22日	根据意见修改方案。召开舞美、作词、音乐、编剧创作会，分配任务。讨论晚会所有舞蹈的风格特点和表现手法，讨论其他节目表现样式，提出音乐、服装、道具的构思和要求
4月1日—5日	舞美设计完成，歌词创作完成，设计并制作视频短片
4月8日—12日	根据现有音乐、舞蹈进入排练准备阶段，舞蹈人员安排、道具、服装设计图出方案，灯光设计、大屏幕背景设计出方案，确定并联系外请演员
4月15日—21日	所有音乐创作本周完成，舞蹈进入排练阶段。本阶段争取晚会中所有涉及的舞蹈、伴舞排练都尽快进入，力争把开场和晚会中段的舞蹈、伴舞部分完成，结尾可留在下一阶段。导演审查外请节目并敦促修改
4月17日—30日	节目排练全面展开，部分未完成的创作本周完成，音乐小样全部到位。导演组审看舞蹈节目排练成果。审查灯位图、服装设计图、道具设计图，审看视频制作部分效果，提出修改意见
5月1日—5日	确定撰稿，确定主持人，联系外请主持人，设计主持人服装，导演组审看其他确定节目并提出修改意见，审看视频短片
5月6日—10日	所有节目录音结束，继续审看节目并修改，设计节目单，制定场地气氛方案，办理有关场地进入的所有手续，完成电、水、暖、候场区、服装间、化妆间、道具工作室设备的准备工作
5月11日—19日	舞美、灯光、大屏幕进场施工，领导审查片头和视频部分。晚会的所有舞蹈通过修改和排练，节目定稿

表 5-2（续）

时间区间	主要任务
5月20日—22日	舞美施工完毕，所有节目进场走台排练
5月23日—25日	全天晚会节目联排，灯光合光，服装、道具到位，服化道负责人员进入现场，按照节目整理服装、道具，确保准确无误
5月26日	上午演员休息，下午2:30第一次带妆彩排，主持人到位
5月27日	上午全体演员联排，下午1点开始化妆。下午4点，领导审查，晚上召开会议，听取修改意见
5月28日	上午，设备安全运行检查调试；主持人串词排练。 16:00 外请演员排练。 晚上，所有节目带装对光走位，确认舞台位置，现场标记色卡。 18:30—19:00　序曲，尾声，生日祝福 19:00—19:30　谢幕，传红旗 19:30—20:30　其他节目依次展开 20:30—　全要素合成2遍（按演出要求）
5月29日	09:30 外请演员排练合成。 14:00 全体演员集合、化妆、调整性排练。 18:30 集合，19:00 开始按正式演出要求全要素合成2遍
5月30日	上午，调整性排练 14:00　化妆准备 19:30　带观众首场预演，校内静场录像
5月31日	09:30　联合导演组第5次工作会，技术联排 14:00　所有演职人员集合，召开现场会议，明确工作要求 14:30　开始各项准备工作，连接性合成1遍 16:00　所有演职工作人员到达各自工作位置 18:00　正式演出倒计时 19:00　演员带妆有序候场 19:30　演出正式开始 21:00　演出结束，整理现场 22:00　调整场地，拆减设备，布置纪念大会舞台

注：根据实际情况随时调整时间进度。

二、晚会倒计时表

晚会倒计时表，是为了督促各部门工作人员在时间期限内完成相应的工作任务而制订的时间表。与晚会创作进度表不同的是，晚会倒计时表突出“倒计时”的概念，它不是晚会制作完整过程的时间表格，而是从晚会中期开始倒计时。其特点是设置严格的时间节点，使工作人员明确什么时间该完成什么工作任务，知晓自己要完成的工作最晚不能超过哪一天。因此，晚会倒计时表具有较为严格的时效性。

案例 24　2011 年山西省春节联欢晚会工作倒计时表①(表 5-3)

表 5-3　2011 年山西省春节联欢晚会工作倒计时表

时间区间	主要任务
12 月 16 日之前	1. 完成音乐前期创作合同的文本，并及时与作者沟通后签约。 2. 敲定短片拍摄方案并开始实施，31 日前交片。 3. 确定第二批抽调人员并请领导签字。落实剧组住地，确定节目预算。 4. 汇总舞美设计图并研究，最后确定舞蹈总监、舞蹈团队并签约，讨论确定《闹红火》节目，讨论并确定民歌的创作，创作《鼓舞催春》歌词及收集该节目音乐(一周内完成)，确定剧组住地。 5. 与舞蹈总监前期沟通，商谈服装、道具、音乐等问题，视经费落实情况完成场地签约工作，讨论舞美设计，入住宾馆(携带办公设备)并确定常住值班人员
12 月 19 日之前	1. 请领导确定舞美设计团队并做好预算，商讨外请演员并开始联络，商讨视频内容，形成大致框架。 2. 请宣传部协调解决：拟定邀请的地市演出团队(协调未果由剧组解决经费)并通知戏校改编演出《民歌联唱》。 3. 查收并审听《绿》、结尾音乐小样，及时传送给舞蹈总监。速将首批音乐小样传与舞美视频制作(全部视频 1 月 20 日前完成)，通知舞美视频团队制作片头、标版、字幕条等(年底交片)。 4. 审看宣传片小样，并沟通商讨各地主持人的串联方式，确定撰稿人(一周完成撰稿)，确定外请主持人。 5. 审看地市新送来的节目，查收《鼓舞催春》音乐。 6. 12 月 22 日星期三前审查舞美预算，第三次商讨并确定二人台剧本，通知作曲创作二人台音乐(一周内完成)，确定二人台所用服装、道具并开始制作，通知舞美确定二人台制景或视频内容。 审看《鼓舞催春》歌词，联系确定合唱团队，联系确定录音地点，联系吕梁文联艺术团、孝义歌舞团、稷山花鼓团队。 7. 录制合成《鼓舞催春》，确定本省节目《打金枝》改编方案、《杨门女将》缩减方案，听取《闹红火》汇报并开始实施，讨论赵文浩的节目，讨论是否上亚运首金袁晓超
12 月 25 日之前	1. 与舞蹈编导商讨有关事宜并开始第一批节目排练，将《打金枝》音乐传与视频制作。 2. 查收并审听《开场》《民歌与京剧》音乐小样，及时传送给舞蹈总监，与舞蹈总监商讨第二批节目创作相关事宜、服装道具相关事宜，将音乐小样传与视频制作。 3. 审看主持词，将主持词传给主持人，与技术部门商讨相关事宜。 4. 商讨《闹红火》等部分节目的大屏幕资料内容并形成文字交与视频组

① 英瑞：《导演实务：文艺晚会导演工作》，山西人民出版社 2016 年版，第 191-195 页。

表 5-3（续）

时间区间	主要任务
12 月 29 日之前	1. 审听二人台音乐，联系二人台录音，完成宣传片并通知总编室安排播出。 2. 二人台录音，二人台开始排练
1 月 2 日之前	1. 与舞美、灯光基础设施施工人员沟通，审看外拍小片、修改小片。 2. 去现场，商谈舞美进场前的相关事宜，审看外拍小片。 3. 舞美制作进入现场，视频开始《闹红火》等大屏幕内容的制作，开始收集字幕。 4. 审查晚会片头、标版、字幕条等，制片部门开始联系排练期间的演员住宿、吃饭等事宜
1 月 9 日之前	1. 审听《绿》、结尾音乐正式版。 2. 初审《闹红火》提出修改意见。 3. 赴北京与视频制作沟通。 4. 审看部分舞蹈节目。完成收集整理全部字幕，确定片尾字幕。 5. 审听全部音乐正式版
1 月 14 日之前	1. 审看节目单、工作证等设计图案，联系印刷事宜，申报技术设备。 2. 制片部门统计外请演员数量，拟定接待事宜，与办公室协商外请演员接待（按合同联系宾馆、车辆）。 3. 审看部分舞蹈节目。二人台完成排练，二人台服装道具完成
1 月 18 日之前	1. 审看本省节目，服装道具制作完成并发货。 2. 确定化妆团队，安排化妆室，确定各节目候场地点，制订排练走台计划。 3. 完成工作证、票证等印刷工作，从理工大取回票号（包括戏曲晚会）交台办。 4. 制片部门联系排练期间车辆。准备排练期间饮用热水，确定走台期间演员吃住地点。 5. 现场技术设备开始调试
1 月 23 日之前	1. 舞台基础工程完成，部分节目开始走台。 2. 开始整理服装、道具，导演组确定现场机位，审查大屏幕视频内容。 3. 给领导发放请帖，告知领导下周一审查节目，召开公安、消防等现场协调会。 4. 开始布置会场其他装饰，节目联排，技术人员看节目，主持人跟连排。 5. 节目大联排，技术人员看节目，主持人跟连排，完成借带等录制前的准备工作
1 月 24 日	1. 上午：安排接送演员车辆，准备盒饭。 2. 13:00 开始化妆，15:00 技术人员安装设备。 3. 20:00 领导审查节目，带机彩排。 4. 22:00 审后会，23:00 讨论修改意见
1 月 25 日	1. 修改节目，完成现场领导席的布置，完成节目单的印刷，部分外请演员到位。 2. 13:00 开始化妆，20:00 领导审查节目，带机彩排。 3. 22:00 审后会，23:00 讨论修改意见
1 月 26 日	1. 上午修改节目。 2. 13:00 开始化妆。 3. 20:00 正式录像，22:30 收集整理服装
1 月 27 日	春晚后期制作，戏曲节目开始走台。
1 月 28 日	戏曲节目走台，13:00 开始化妆，20:00 正式录像

表 5-3（续）

时间区间	主要任务
1 月 29 日	戏曲节目开始后期制作
1 月 30 日	领导审片
1 月 31 日	给各频道复制节目，播出节目送播出机房
2 月 1 日	20:00 播出

三、节目顺序及形态描述表

节目顺序及形态描述表，是一张微观的、形象化的描述节目顺序和节目形态的重要表格。它与总导演的工作台本有关节目的内容描述有相似之处，但又不同。总导演工作台本中反映的节目内容是一种宏观的、概括性的节目描述，即这个节目呈现出来大致是什么效果，而工作计划中的节目顺序及形态描述表，则会从节目如何开始、如何串联、如何结束，如何与灯光音响、服化道效各部门配合，如何体现舞蹈的情绪，晚会的亮点和高潮的设置等环节详细描述节目的内容。手里有了这张表，演职人员就能够细致地了解总导演对节目的设想和晚会的安排。

案例 25 《太行回声》
——中国人民抗日战争暨世界反法西斯战争胜利 70 周年朗诵音乐会节目顺序及形态描述表①（表 5-4）

表 5-4 《太行回声》——中国人民抗日战争暨世界反法西斯战争胜利 70 周年朗诵音乐会节目顺序及形态描述表

结构名称	节目名称	节目描述
序	片头之后，黑场，本段形式为过场节目，随《松花江上》伴奏音乐起，启光，灯光色调温暖明亮，场景为革命历史纪念馆内景，有廊柱，大屏幕背景，巨大的浮雕群散发着古铜色的光芒。 音乐中，一个老人领着孙子从下场口缓步走上，四下看着。演员给定点光，他们走到“九一八事变”的浮雕前停下来，静默着，老人的声音缓缓起“那年，我和你一样大，日本鬼子的枪炮声，响彻了那个早晨”。随着老人的讲述，枪炮声骤起，灯光暗。王莳斋饰爷爷，付梓辰饰小孙子	

① 英瑞：《导演实务：文艺晚会导演工作》，山西人民出版社，2016 年版，第 205-212 页。

表 5-4（续）

结构名称	节目名称	节目描述
第一章 《血祭中华》	《亡国是可怕的》 作者：李金发　朗诵：雍和平	朗诵时，背景演员台上造型，大屏幕为滚滚翻卷的乌云，朗诵结束，不切光音乐起，学生与伤兵造型的难民从两边涌上，朗诵者从难民后边上
	《人造地狱》 作者：刘心皇 朗诵：虹云	朗诵时，背景演员台上造型，大屏幕为南京大屠杀背景资料，朗诵结束，不切光，音乐停，静场。难民簇拥着走向台口，将朗诵者掩入队伍中。 背景演员在台口站几道人墙。定点排光
	合唱 《义勇军进行曲》	灯光下坚毅的面孔，一个坚定有力量的声音（无伴奏）响起，"起来，不愿做奴隶的人们"，随后两个声音、三个声音、更多的声音渐强渐快加入，唱到"每个人被迫着发出最后的吼声"时，音乐起，全场合唱，场面宏大、气势昂扬，大屏幕为《义勇军进行曲》歌谱，满台站满演员以营造气氛。 歌曲结束，紧接，难民与伤兵等下场，音乐风格转为昂扬、积极、有力，灯光大亮，大屏幕背景为繁华的大城市，城市中手拿标语小旗、募捐箱的学生，戴礼帽夹皮包的商人，拉黄包车的车夫，卖报的报童及市民打扮的演员，上场做背景表演。音乐停，朗诵者从台侧健步走来，在靠近下台口空地站定转身，所有民众都停下来造型，面朝朗诵者，开始聆听，音乐起
	《中共中央 1937 年 7 月 8 日为日军进攻卢沟桥通电》 作者：毛泽东 朗诵：方明	朗诵铿锵有力，充满力量信心，朗诵结束，众人群情激昂，相互鼓励，簇拥着朗诵者下，切光。 音乐起，灯光迅速转亮，场景为黄河边，几艘木船的船头冲上岸边，源源不断的全副武装的八路军战士从船上跳下，奔赴抗日战场。大屏幕为波涛汹涌的黄河。朗诵者为八路军战士造型，从队伍中走出，朗诵
	《黄河，黄河》 作者：谢克强 朗诵：磊明	朗诵中，队伍继续前进，一部分演员在高层平台造型，朗诵结束，朗诵演员跟随队伍下。未下演员紧接刚劲有力的男子群舞，表现八路军战士英勇抗击日军的力量和决心
	舞蹈 《保卫黄河》	八路军群舞结束，造型，迅速切光。 《在太行山上》音乐起，启光。革命历史纪念馆内，爷爷领着孙子走到"太行军民"的浮雕前，开始讲述："八路军东渡黄河，在共产党的领导下，抗战的烽火燃遍了敌人后方……"切光，音乐紧接

表 5-4（续）

<table>
<tr><th>结构名称</th><th>节目名称</th><th>节目描述</th></tr>
<tr><td rowspan="5">第二章
《烽火太行》</td><td colspan="2">音乐渐起，灯光缓缓打亮，大屏幕为乌云翻滚的天空，雷声阵阵、电光闪闪，朗诵演员定点光</td></tr>
<tr><td>《雷电颂》
作者：郭沫若
朗诵：刘劲</td><td>朗诵结束，切光，黑场中根据地的军民造型上场，朗诵者为八路军、妇救会、儿童团及民兵造型，分别被同样造型的群众簇拥着，大屏幕为太行山根据地的景色，定点光。音乐起</td></tr>
<tr><td>《组诗》
《假使我们不去打仗》
作者：田间　朗诵：郭韬
《血滴在路上》
作者：覃子豪　朗诵：田宏光
《给战斗者》
作者：田间　朗诵：王晋宁
《太行古道》
作者：阮章竞　朗诵：刘洋</td><td>大屏幕背景为百团大战内容，朗诵演员出，舞蹈造型收住。朗诵时，哪一组朗诵则哪一组的定点光亮。朗诵结束，切光，朗诵者与背景造型演员下。
音效起，枪炮声大作，激昂的音乐起，启光。舞蹈演员上，舞蹈表现八路军英勇作战，打击敌人，朗诵者上</td></tr>
<tr><td>《肉搏的大雨》
作者：王久辛
朗诵：大海</td><td>朗诵演员定点光，朗诵结束，切光。
音乐起，启光。场景分为两部分，上台口为太行山山壁峭岩，有一处岩石平台，下台口为延安窑洞，窑洞里点着灯火，窑洞前有一凳子，用不同的灯光色调区分场景。扮演左权的朗诵者站在岩石上，遥望延安，扮演左权妻子的朗诵者坐在凳子上正在缝补军装。大屏幕背景为宝塔山和延河粼粼的河水，叠化为抗战捐躯的八路军英烈肖像</td></tr>
<tr><td>《将军的家书》
朗诵：王京　董郡</td><td>朗诵时，音乐舒缓抒情，朗诵结束，朗诵演员造型定住，停几秒后缓缓切光音乐大作，《在太行山上》歌声强起，“我们在太行山上……就叫他在哪里灭亡”，歌声渐弱，结束。
《在太行山上》音乐起，启光。革命历史纪念馆内，爷爷领着孙子走到“军民团结，打击日寇”的浮雕前，开始讲述：“抗战的艰难岁月……子弟兵和老百姓亲如一家，人民支持着军队，军队依靠着人民，我们才会最终取得抗战的胜利。”切光，音乐紧接</td></tr>
</table>

表 5-4（续）

<table>
<tr><th>结构名称</th><th>节目名称</th><th>节目描述</th></tr>
<tr><td rowspan="5">第三章
《情暖太行》</td><td colspan="2">音乐起，启光，灯光色调沉重，演员定点光，大屏幕群山间黑云密布，大雨滂沱，泥泞中，一朵小花被雨水打倒，无情的雨水冲刷着它的身躯，但它仍坚强地挺立着。音效滚滚雷声</td></tr>
<tr><td>《我用残损的手掌》
作者：戴望舒
朗诵：张宏</td><td>朗诵结束，缓缓切光，音乐渐隐。
启光，音乐起，大屏幕背景为山间村庄，山后有一隐隐的山洞，台上一户农家小房，院内摆放一个碾盘，院里有一装着辘轳的水井，一个怀抱婴儿的母亲从井口爬出来，她试了试婴儿的鼻息，发现孩子已经没有了呼吸，巨大的悲痛击倒了她，女子悲怆地独舞。舞蹈与诗朗诵同步，舞蹈演员在水井光区，朗诵者在碾子光区。故事背景：在“反扫荡”中，一个农妇为了不使一名隐藏的八路军被敌人发现，捂住了啼哭的婴儿……</td></tr>
<tr><td>《敌后催眠曲》
作者：萧三
朗诵：杨晓非
独舞：田晶</td><td>舞蹈与朗诵结束，缓缓切光，音乐渐隐。
音乐起，启光，灯光大亮，战争早已结束，历史走入了今天，大屏幕背景为太行山层峦叠嶂，枫叶正红。当年，被太行山的乳汁哺育长大的八路军的孩子，回到太行山，来看望他的奶妈了。下台口场景为太行农家小院，院里一棵参天大树，大树掩映下的是一眼农家窑洞，窑洞门前挂着丰收的玉米和红辣椒，奶妈站在窑洞前，等候着孩子的到来。上台口是山间道路，当年的孩子，现在的中年人，从这里上场</td></tr>
<tr><td>《太行奶娘》
朗诵：张治忠　张晶</td><td>朗诵结束，不切光，朗诵演员下，歌唱演员上场，唱完第一段后，一群山村姑娘装束的舞蹈演员手里拿着簸箩、菜篮等道具上场做欢快舞蹈，一位八路军战士与他们共同起舞，表现军民鱼水情，歌曲结束，造型</td></tr>
<tr><td>《太行奶娘》
作词：武素萍　作曲：韩波
演唱：阎维文</td><td>切光</td></tr>
<tr><td rowspan="2">第四章
《筑梦和平》</td><td colspan="2">灯光大亮，大屏幕场景为太行山根据地，群山连绵，草木葱茏，阳光灿烂，八路军、游击队、民兵、儿童团、老百姓站满全场，朗诵演员健步走上，走到高坡停下来，面对大家，展开手中的稿件，全场安静，静静聆听，音乐起，雄壮激昂，鼓舞人心</td></tr>
<tr><td>《对日寇的最后一战》
作者：毛泽东
朗诵：方明</td><td>朗诵完毕，众人欢欣鼓舞，互相鼓励，充满豪情，簇拥朗诵者下，八路军战士集合整队，出发，音乐收，切光。
启光，太行山的清晨，林间有薄雾，远处传来清脆的鸟鸣声，太阳从山麓中徐徐升起，光影透过树隙洒下明显的道道光柱，山林里充满了生机和希望。舞台道具有山石和高大的树林，舞台后面的光源沿着树木缓缓地移动，如太阳般投下万道光芒。音乐起，朗诵者上，着中山装，走上山石</td></tr>
</table>

表 5-4（续）

结构名称	节目名称	节目描述
第四章 《筑梦和平》	《过太行山书怀》 作者：陈毅 朗诵：任志宏	朗诵结束，切光。 启光，台上空旷，舞台中间矗立着一根高大的诽谤木，大屏幕背景是透视的无数不断延伸的诽谤木，音乐起，朗诵者上
	《人类审判宣言》 作者；戈矛 朗诵：许还山	朗诵结束，切光，下道具。 录音起，日本天皇宣读投降诏书，启光。现场，弹痕累累的城墙，残破的战壕，大屏幕上还未散去的硝烟，弹坑边缘刺刀插进土里的步枪，还在燃烧的军旗，战争结束了，人们欢呼着过场，他们系着红绸，扭着秧歌，脸上充满喜悦之情。一个老兵逆着人群而上，他在四处寻找，人群下场，昔日的战场死一般寂静，台上躺着横七竖八的死者，有八路军，有日军和伪军。 朗诵演员上场。老兵在寻找，他的衣衫上还带着血迹，手中提着枪，他在寻找他的战友。音乐起，开始朗诵。老兵似乎看到城墙上出现了他的战友，还在向敌人射击，定睛看去又不见了，死尸堆里又站起了他的战友，又不见了，他就这样，一直在找着……
	《在欢呼的人群中》 作者：刘立云 朗诵：吴京安	朗诵结束，切光，演员下。 音乐起，灯光明亮，大屏幕背景鲜花烂漫，一直铺上天际，台上站满世界各国不同肤色的少年儿童，他们手捧鲜花，用最纯洁的声音，响亮地朗诵着
	《世界儿童和平宣言》 朗诵：60 人童声齐诵	朗诵结束，全场安静，孩子们目视前方，定格。停 5 秒后切光。 《红旗颂》音乐起，启光，灯光大亮。革命历史纪念馆里，爷孙二人还在走着，看着。大屏幕上，一座高大的太行丰碑，矗立着，太行军民的雕塑像是凝固的山岩，伟岸、不屈。爷孙二人停下来凝望丰碑，久久不语，庄严地向太行丰碑行礼致敬。下
尾声	音乐继续，8 位朗诵者陆续走上，走到丰碑前，注视丰碑，献上手中的鲜花，然后走到台前两侧，呈八字形面向观众，开始朗诵。朗诵中，八路军战士和群众装扮的群众演员陆续上场，走到丰碑前，向太行丰碑献花。献花仪式陆续不断，一直延续到朗诵行将结束，鲜花铺满丰碑脚下的平台。最后，所有演员站满舞台	

四、晚会工作任务表

晚会工作任务表，是晚会创作进度表、晚会倒计时表和节目顺序及形态描述表的补充，是对各部门工作任务的再明确，甚至落实到每个工作人员的具体工作任务，例如晚会中某个视频、某个道具、某个造型等都由不同部门的工作人员负责落实到位等。

五、工作人员通讯录

工作人员通讯录，是为了方便工作团队成员之间的沟通交流及数据传输而制定的通讯录，主要内容由所有工作人员的移动电话和电子邮箱组成。一般来说，移动电话方便工作人员之间随时随地沟通交流，如晚会工作人员外出协调工作、采买晚会道具、分组排练等，移动电话都是及时找到对方的最有效的联系方式；而电子邮箱则是方便工作人员传输音乐、视频、文字、图片等数据的有效途径。

第三节　节目创作与排练

节目创作与排练，是整个晚会制作过程中非常重要的工作内容，且持续时间较长，它包括节目创作和节目排练两个部分。节目创作是各相关部门根据总导演的艺术构思与晚会的主题立意对节目进行设计和编创。节目创作，其实就是节目本身的内容创作和节目表现形式的包装设计，它们都是展现艺术效果的重要环节，缺一不可。节目排练则是节目内容和晚会主题立意通过演员的表演在舞台上展现出来的重要环节。由于节目排练所涉及的编导、演员和工作人员众多，因此也是文艺晚会制作过程中最为复杂、组织难度最大的一个环节。为了使节目排练顺利开展，建议导演组制订详细的工作计划，使节目创作与排练工作根据计划有条不紊地开展。

一、节目创作

节目创作包含两个层面的工作，一是节目内容的创作，包括文字、音乐、舞蹈等；二是节目表现形式的创作，包括舞美、服装、视频、道具、造型、特效等。

1. 文字创作

无论是语言类、歌舞类、戏曲类等节目的创作，还是主持词、宣传稿等文件的撰写，都需要组建一支具有较强文字功底的创作团队。总导演或导演组应根据晚会的主题立意和风格基调，召集邀请相关领域专家和文字创作团队举办创作会议，并对其提出相应的创作要求，要求他们从历史、地理、文化、时政、风俗等多角度深入挖掘节目素材，根据艺术化的表现手法书写具有深厚内涵的节目文字。

例如，语言类节目或歌舞类节目中的文字创作，是所有节目文字创作中最为重要的内容。如果主创团队有撰稿者能够胜任工作当然最好，但由于这些节目的文字创作具有较强专业性和艺术性的特征，一般的撰稿者无法胜任，因此有时也需要聘请相关领域的专家进行创作。再如，主持词一般是文艺晚会表演的重要组成部分，是主持人把整台节目恰到好处地串联在一起的关键性词语，有时也称串词，尤其对于串联性结构的晚会来说，串词格外重要。一般来说，主持词应当由撰稿者统一来写，因为撰稿者对导演的创作意图和晚会的主题立意都比较了解，在创作中能够把握住重点和方向。当然，对于有文采、有一定创作经验的主持人来说，如果他们能够参与主持词的创作，这样更加容易上口，省去撰稿者与主持人之间的衔接和修改环节，效率会更高。

2. 音乐创作

音乐创作不仅存在于歌舞类节目中，在语言类、戏剧类节目以及晚会视频短片等环节，也需要音乐来烘托气氛。更为重要的是，众多晚会一般都会创作背景音乐贯穿晚会的始终，主要用于晚会开场与尾声、主持词、现场互动等环节。构思巧妙的音乐设计，能够形成晚会音乐风格的总基调。

在音乐创作之前，总导演或导演组要召集作曲家、舞蹈总监、音乐总监等相关部门的负责人，对于每个节目的创作意图、音乐风格和具体要求进行讨论，并形成音乐创作的基本提纲，供作曲家在开展创作工作的过程中参考并执行。同时，总导演或导演组应该在晚会创作进度表或晚会倒计时表中明确要求音乐创作的大致时间节点，并督促各单位尽量在时间节点之前完成，以保证节目创作的顺利进行。音乐创作的具体工作流程见图 5-5。

① 讨论并确定音乐创作方案；

② 作曲家根据方案进行音乐创作；

③ 作曲家创作出的简单旋律交由总导演审定，总导演提出修改意见；

④ 作曲家根据修改意见对旋律进行修改和完善，并制作音乐小样；

⑤ 作曲家将音乐小样交由各节目编导，用于各节目的编排工作；

⑥ 音乐初步合成，作曲家制作更加完善的音乐版本，带领乐队、歌手或演员进棚录制；

⑦ 音乐最终合成，加入节目需要的效果；

⑧ 制作现场演出需要的格式版本，刻录光盘或拷贝优盘，并做好备份；

⑨ 将制作好的音乐交给剧组，用于联排、彩排和演出。

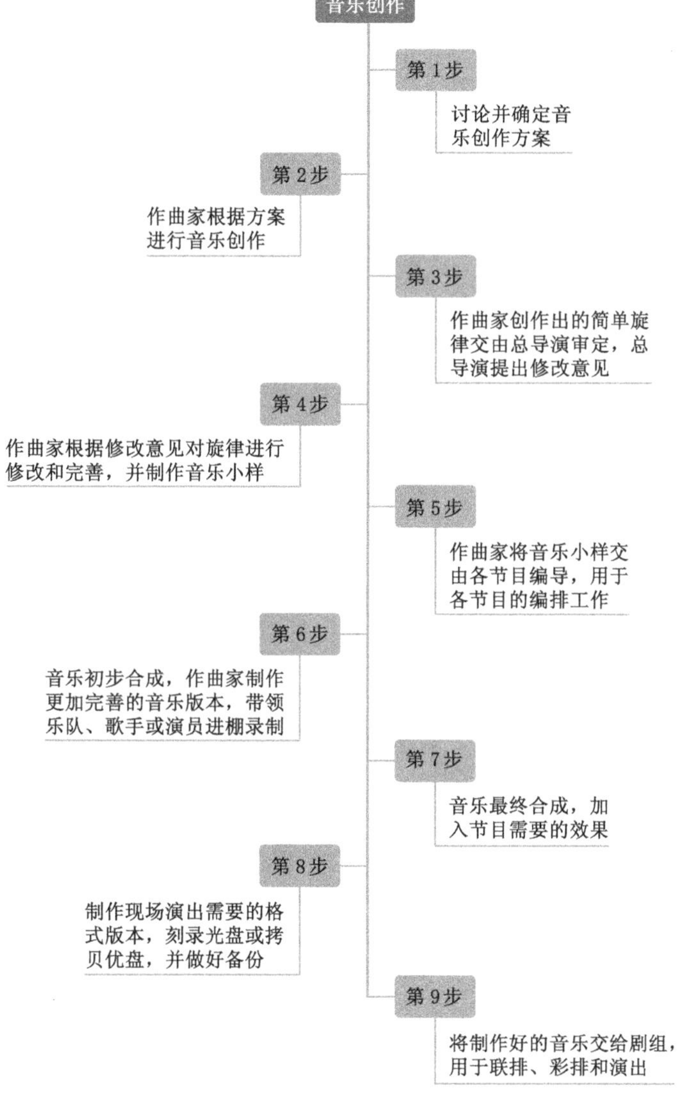

图 5-5　音乐创作工作流程

3. 舞蹈编创

文艺晚会中的大部分节目，如歌曲表演、乐器表演、戏曲表演、小品、杂技等节目都离不开舞蹈元素。有舞蹈环节的节目需要对其进行舞蹈编创，没有舞蹈环节的节目则是由舞蹈编导对演员进行舞台定位与相应肢体语言的设计。

在舞蹈总监拿到音乐小样后，应带领舞蹈编导根据晚会主题、节目内容与形式进行舞蹈设计与创作。舞蹈编创的具体工作流程见图 5-6。

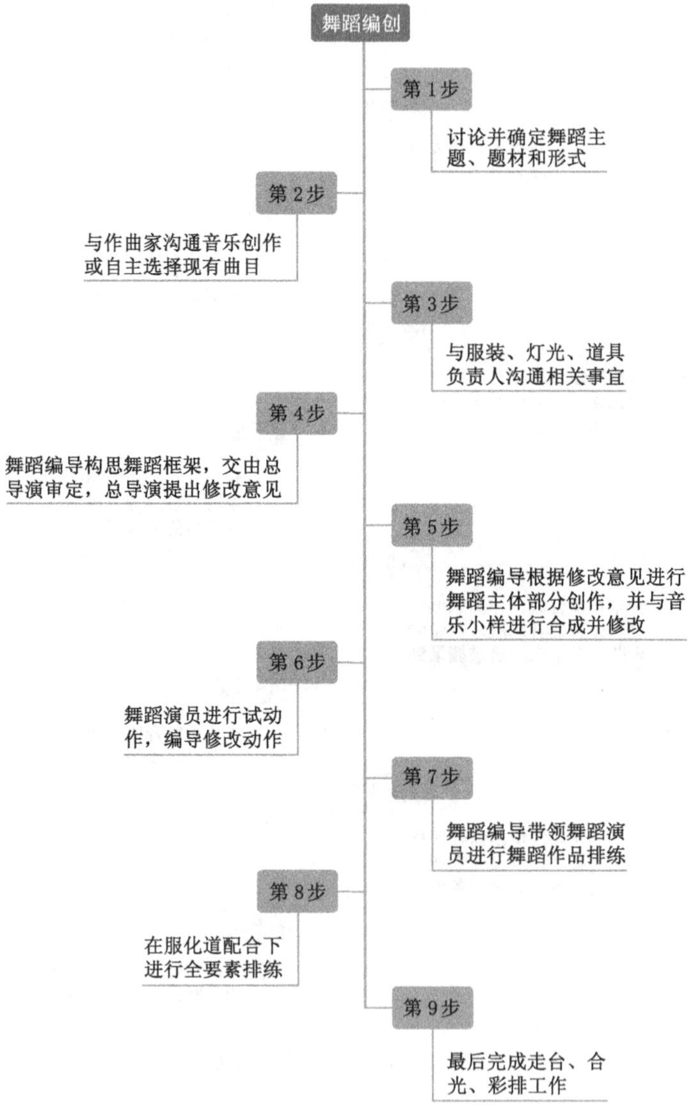

图 5-6　舞蹈编创工作流程

① 讨论并确定舞蹈主题、题材和形式；

② 与作曲家沟通音乐创作或自主选择现有曲目；

③ 与服装、灯光、道具负责人沟通相关事宜；

④ 舞蹈编导构思舞蹈框架，交由总导演审定，总导演提出修改意见；

⑤ 舞蹈编导根据修改意见进行舞蹈主体部分创作，并与音乐小样进行合成并修改；

⑥ 舞蹈演员进行试动作，舞蹈编导修改动作；

⑦ 舞蹈编导带领舞蹈演员进行舞蹈作品排练；

⑧ 在服化道配合下进行全要素排练；

⑨ 最后完成走台、合光、彩排工作。

4. 舞美设计创作

舞美设计，又叫舞台美术设计，它是晚会最直观的形象和最华丽的外衣。舞美设计对于人物造型、景物造型、塑造形象、创造和组织戏剧动作空间、创造剧情所需的情调和气氛等方面具有举足轻重的意义。舞美设计应该与晚会的主题立意和风格基调密切相关，那就要充分考虑地域特色、文化特征、政治语言、造型美感等元素。舞美设计主要包括以下几方面的工作。

(1) 舞台空间设计

根据使用功能，晚会舞台一般分为一层平台、二层平台、三层平台、高层平台、侧台、合唱台、主持人区、访谈区等不同的舞台空间。对舞美设计而言，首先要根据节目内容和表现形式的具体要求对舞台的使用空间进行规划和设计。同时，根据舞台形状和特性的不同，舞台一般分为镜框式舞台、演播室舞台、四面观众舞台、三面观众舞台以及突出式舞台、呼应式舞台等类型。总导演或导演组应根据不同的舞台形状，布局节目，调度演员，安排观众。

(2) 场景舞美设计

场景设计是根据晚会的主题立意和风格基调的要求，在统一的艺术构思中运用多种造型艺术手段，创造出晚会的整体环境和角色的外部形象，具有渲染舞台气氛的功能。我们经常提到的“视听盛宴”，其中“视”很重要，排在第一位，因为视觉具有先入为主的特征。有的时候给人留下深刻印象的不仅仅是节目本身，更多的是那些具有强烈视觉感的舞美画面。一旦观众受到舞美画面的“刺激”，他们会更容易被艺术所感染，从而达到艺术享受的目的。例如，2009 年央视春晚在舞台上开始启用 LED 舞美设备，这是一种全新的视觉享受。通过使用投影、三维等技术，不断变化的影像和节目互相呼应，创立了一个非常大的充满想象力的空间。2010 年央视春晚更是使用了 30 多块巨型 LED 屏幕编号排列，晚会中的所有歌舞和相声小品节目登场，身后都会呈现出与之相关的背景画面，而且舞台前方也配合以各种色彩浓烈的图案，给人美轮美奂的感觉。

总的来说，场景舞美的设计应仔细研究晚会的主题风格和具体节目的内容形式、特殊要求等元素，同时还要充分考虑晚会举办的时间、地点、背景、环境等要素。在场景舞美设计之初，总导演要先画草图，把自己对舞台的想法做一个基本的描述。当舞美设计师了解了总导演的大致想法之后，根据总导演的草图进行组织构图和艺术处理，从多个角度、多个层次设计出完美的场景设计图，包括整个舞台的效果图、平面图、俯视图、侧视图、施工图以及舞美模型等。

舞美设计创作的具体工作流程如下：

① 勘察现场，讨论并确定舞美设计方案；

② 根据设计方案，舞美设计师绘制舞台设计图；

③ 总导演审查设计图，并提出修改意见；

④ 舞美设计师根据修改意见完善设计图，并制作舞美模型；

⑤ 根据舞美设计的定稿方案，舞美组进场施工，制作舞台和场景等；

⑥ 搭建基础舞台和大屏，安装部分灯光和音响，供节目进场后走台和排练；

⑦ 节目进场后，与节目配合审定现场效果；

⑧ 派出工作人员在彩排和演出阶段随时开展对舞美的修改、完善、维护等工作；

⑨ 保障晚会正式演出的舞美效果。

(3) 视频设计创作

视频是一种融合音频的动态影像，被广泛运用到当代大型的文艺晚会中，它已成为文艺晚会渲染意境和深化主题的有效手段。一般来说，当代大型的文艺晚会都会在晚会的开头尾声、章节之间、每个节目等环节根据性质和内容的不同制作相应的视频。在启动视频设计任务之前，总导演要向视频组提出相关的创作要求，规范他们的设计内容和思路，随后由视频设计人员共同商讨视频创作方案，为晚会不同区域的大屏幕设计画面，讨论不同节目时段的大屏幕切换内容等。

视频设计创作的具体工作流程如下：

① 讨论并确定视频创作方案；

② 与作曲家沟通音乐创作的内容、风格等事宜；

③ 根据节目需要，拍摄与节目内容相关的素材供视频剪辑用；

④ 总导演审定视频设计师创作出的视频小样，并提出修改意见；

⑤ 根据修改意见对视频进行修改和完善，并制作视频初稿；

⑥ 视频设计师将视频初稿交由现场执行导演，用于节目进场之后的排练工作；

⑦ 视频最终合成，根据节目排练的实际情况，及时对视频进行修改和完善；

⑧ 制作现场演出需要的格式版本，拷贝优盘或发送邮箱，并做好备份；

⑨ 视频组将制作好的视频交给导演，用于联排和演出。

（4）服装设计创作

服装设计，原属于工艺美术的范畴，是解决人们穿着生活体系中诸问题的富有创造性的计划及创作行为。文艺晚会范畴中的服装设计，则主要是指设计符合节目内容和主题要求、用于展现节目的内涵特征和晚会的主题立意的创作工作。在服装设计创作过程中，导演团队、舞蹈编导和各参演团队应密切配合，服装设计人员要根据总导演和舞蹈总监的要求，着手为节目演员和主持人设计符合本节目特点的服装。服装设计创作的具体工作流程如下：

① 讨论并确定服装创作方案；

② 根据创作方案，服装设计师绘制服装设计图；

③ 总导演审查服装设计师上交的服装设计图，并提出修改意见；

④ 服装设计师根据修改意见完善设计图，并测量演员的头围、身高、三围，统计演员的鞋码，统计服装数量，列出制衣尺寸表等；

⑤ 按照定稿的服装设计图开始进行头饰、服装、头盔以及排练代用服装等制作；

⑥ 将代用服装提供给舞蹈编导，供排练使用；

⑦ 按设计、数量、时间要求将制作好的演出服装交给剧组，发放演员试穿；

⑧ 派出工作人员在彩排阶段随时对服装进行管理、修补、改正、维护等工作；

⑨ 演出结束，配合剧组工作人员将服装收回、点数、整理、装箱。

例如，2017年5月《千年之约》——"一带一路"国际合作高峰论坛文艺晚会在北京国家大剧院上演，以东西方多种艺术形式展现"一带一路"延绵不断的"千年"，表达"一带一路"沿线国家和地区"和平合作、开放包容、互学互鉴、互利共赢""之约"，体现出中华文化的纵深感和艺术魅力，再一次令世界瞩目(图5-7)。

图5-7 《千年之约》——"一带一路"国际合作高峰论坛文艺晚会剧照

案例26 《千年之约》——"一带一路"国际合作高峰论坛文艺晚会的服装设计方案(部分)[①]

(一) 服装设计方案(表5-5)

表5-5 《千年之约》——"一带一路"国际合作高峰论坛文艺晚会的服装设计方案(部分)

导演诉求	一般情况下，创作人员和领导甚至观众，往往会更关注震撼的舞台效果、炫酷的灯光变换以及宏大的舞蹈场面等。但是，从戏剧或表演的本体上说，真正重要的应该是演员，而与演员表演最密切的就是服装了。所以，服装造型设计每一次都会面临突破式的挑战。这种所谓的突破一方面来自领导的要求，另一方面也是导演寻求表演形态创新的一个直接的利器。所以，几乎所有的人都关注服装的好看——所有人的一般诉求；创新——这是领导和导演每一次的基本要求
设计理念	这场演出服装设计的最大难点是如何突破几十年一贯的"晚会"模式。《千年之约》虽然也是晚会，但在服装设计概念上却要寻求全新的、厚重的舞台感和戏剧感。经过反复的沟通交流和一遍遍的各级审查，由毕业于北京舞蹈学院的设计师组成的服装设计团队渐渐厘清了思路，那就是追求一种厚实的、具有文化感的设计路线
创意手法	围绕厚实、具有文化感的创作理念，针对不同节目所要传递的内涵，采用了不同的手法予以表现

① 韩春启:《〈千年之约〉文艺晚会的服装设计:〈千年之约〉的形状》，载《演艺科技》2017年第7期，第26-29页。

表 5-5（续）

节目名称	创作思路	服装设计图	实际效果图
《千年之约》	回归：《千年之约》蕴含了辉煌灿烂的敦煌艺术和文化。设计组在充分理解导演意图的基础上，采用发散式的思维设计，以一种仰视的角度对敦煌艺术进行了一种“回归式”的敦煌壁画形象呈现。所谓的“回归”是一种回到本体的创作方法，但其实却是一种具有深刻思考的艺术创造。面对敦煌文化的深厚和辉煌，需要停下飘飞的脚步，认真进到平实普通的“洞窟”中去寻找那些引发创作火花的“灵感”。敦煌的“厚实”不但是文化的积淀，也是工匠技艺的灿烂。设计组在设计敦煌舞蹈服装的过程中，没有停留于传统舞蹈“敦煌形象”的套路，而是从敦煌的整体发展上去“捕捉”，既有强烈的辨识度，又有陌生感的敦煌形象，其中可以看到北魏的色彩、盛唐的造型，感受到异域的奇幻，也有宗教的神圣	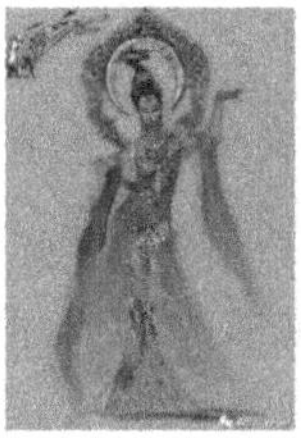	
《水墨丝语》	融合：《水墨丝语》节目的芭蕾舞是西方艺术形式，但设计者却为飘逸的精灵们穿上了东方的“青花”，让这些精灵具有了更多元的“意蕴”。往演员身上“贴花”的设计手法不但普遍甚至泛滥，而演出中的“青花精灵”却感受不到“贴”的痕迹，她们和谐相映。这“一点点”的区别不可小觑，这是文化认识和工匠精神的差别，设计者在“花型”和“花位”上的反复实验，不但让一种文化的浸润不露痕迹，而且越过了一种文化的鸿沟而融会贯通		
《群英荟萃》	融合：在《群英荟萃》这一具有东方传统戏曲水袖元素的节目中，同样的创作理念却展现出另一种“陌生”感的魅力。为更好地体现“戏曲水袖舞”的特点，采用立体剪裁体现身段美，突破了东方女性美的含蓄包容，但又不是西式的“薄、露、透”的庸俗套路，在一颦一笑间，圆润厚重地增添了西方时尚的大气流畅，带给人们一种行云流水、魔幻色彩般的靓丽。这种整体与细节的把控和拿捏，确实显示出了一位成熟设计师的功力		

（二）案例分析

2017年“一带一路”国际合作高峰论坛文艺晚会以“千年之约”为主题，以芭蕾、戏曲、飞天等东西方多种艺术形式展现了中华文化的纵深感和艺术魅力。主题“千年之约”表达了两个方面的含义：一是“千年”，它是一个时间的概念，寓意着我们的“一带一路”从古代开始就已经延绵不断；二是“之约”，它是我们的约定，邀请“一带一路”沿线国家和地区的嘉宾们欢聚一堂，通过文艺表演表达对“一带一路”的美好祝愿。本场晚会既有交响乐、民乐，也有中国古典舞蹈和西方芭蕾舞，既有美声演唱，也有中国戏曲，晚会用音乐、舞蹈、绘画等形式融合体现出国际范、中国风、北京味。

本场演出的服装设计方案内容涉及导演诉求、设计理念、创意手法以及各篇章服装设计思路等重要信息，对本阶段的服装设计工作具有重要的指导作用。一台大型文艺晚会，除了震撼的舞台效果、炫酷的灯光变换、宏大的舞蹈场面备受观众的关注以外，其实服装造型设计也是吸引观众眼球、创新表演形态的重要利器。但本场晚会的服装设计又与普通晚会不同，本场晚会要在服装设计概念上寻求全新的、厚重的舞台感和戏剧感。经过主办方反复沟通交流和各级审查，由毕业于北京舞蹈学院的设计师组成的服装设计团队渐渐厘清了思路，以围绕厚实、具有文化感为主要创作理念，针对不同节目所要传递的内涵采用不同的手法予以表现。

例如，第一篇章《千年之约》，以“回归”作为篇章主题，以一种仰视的角度对敦煌艺术进行了一种“回归式”的敦煌壁画形象呈现：在跨越千年的漫漫丝路上，敦煌连结起东西方文化艺术交流的友谊之路。“反弹琵琶”“飞天伎乐”“胡腾”“胡旋”，惊艳飞天的曼妙仙女凌空翩跹，大唐盛世百乐齐鸣，舞出一幅充满诗意的丝路风情画。服装设计组在设计敦煌舞蹈服装的过程中，没有停留于传统舞蹈“敦煌形象”的套路，而是从敦煌的整体发展上去“捕捉”，既有强烈的辨识度，又有陌生感的敦煌形象，其中可以看到北魏的色彩、盛唐的造型，感受到异域的奇幻，也有宗教的神圣。

再如，第二篇章《水墨丝语》，以“融合”作为篇章主题，将中国水墨画与西方芭蕾艺术有机融合在一起，让飘逸的精灵们穿上了东方的“青花”。有客远方来，走进江南，恍若梦中，初见如丝绸之恋，成长似青花之美。在温婉、抒情的音乐中走来了一群身着飘逸青花丝绸的少女，她们伴着五月的春光轻盈起舞，一派瑞丽祥和的景象。从服装设计的角度，往演员身上“贴花”的设计手法非常普遍甚至平庸，而本场晚会中的“青花精灵”却感受不到“贴”的痕迹，她们和谐相映，这不但让一种文化的浸润不露痕迹，而且越过了一种文化的鸿沟而融会贯通。

(5) 道具设计创作

道具是文艺晚会节目表演过程中所使用的器物，在舞台表演中起到表达节目内涵和强化节目主题的功能。根据总导演的节目构思和具体要求，道具组负责人带领设计人员制作相应的手持道具和台上大型道具。为了方便工作，剧组一般会制作节目的服装道具明细表，将节目名称、演员性别与数量、服装名称与数量、道具名称与数量等内容列入表格，清晰准确、一目了然，方便服装道具的制作与归类。服装设计的具体工作流程如下：

① 讨论并确定道具创作方案；

② 根据创作方案，绘制道具设计图；

③ 上交设计方案，并提出小型道具采买清单，总导演审查，提出修改意见；

④ 根据修改意见完善设计图，并组织工匠制作大型场上道具，制作与采买手持道具，先行制作排练代用道具；

⑤ 将代用道具交给各节目编导，用于排练；

⑥ 将大型道具运至现场，与舞美配合，看场上效果，有问题立即改正；

⑦ 按划定的道具候场区，安排所有道具到位，发放手持道具，安排迁换人员，在联排、彩排、演出阶段，组织大型道具上下场；

⑧ 及时对道具的破损进行修复；

⑨ 演出结束，配合剧组工作人员将道具收回，清点，入库。

案例27　2006年山西省春节联欢晚会舞蹈节目服装、道具明细表[①](表5-6)

表5-6　2006年山西省春节联欢晚会舞蹈节目服装、道具明细表

序号	节目	舞蹈演员	服装	道具
1	开场歌舞 《大团圆》	45女 45男 40少儿	①“狗狗”服装40套 ②男舞蹈服装45套 ③女舞蹈服装45套	服装式道具：帽子(各种颜色)180顶

① 英瑞：《导演实务：文艺晚会导演工作》，山西人民出版社2016年版，第268页。

表 5-6（续）

序号	节目	舞蹈演员	服装	道具
2	京剧戏曲伴舞《三晋春满园》	50 女	女舞蹈服装（半边袖的）50 套	小的戏曲沙扇 50 把
3	陈好伴舞《爱上冒险》	55 女	女舞蹈服装 55 套	55 根长的松紧皮筋道具
4	舞蹈《盛世鼓舞》	30 女 20 男（舞蹈） 山西柳林县文工团 19 女 21 男 24 女 14 男（打鼓）	① 柳林自己的服装。 ② 吕梁服装（打鼓）（女 24 套男 14 套） ③ 戏校服装（舞蹈）（女 30 套男 20 套）	① 50 条五色长绸 ② 鼓架 19 副（柳林） ③ 带轮鼓架 21 副（柳林） ④ 立式鼓架 38 副（吕梁）
5	歌舞《放歌山西》	50 女	女舞蹈服装 50 套	50 个彩色花包袱
6	女独伴舞《远情》	45 男	男舞蹈服装 45 套	45 个立式麦
7	女独伴舞《吕梁颂》	40 女	女舞蹈服装 40 套（变色）	40 把变色雨伞式道具
8	歌伴舞《妈妈的怀抱》	50 女	女舞蹈服装 50 套	50 把麦穗式大扇子
9	戏曲歌伴舞《汾河流水哗啦啦》	50 女	① 女舞蹈服装 50 套 ② 5 条连接演员的大布裙（10 人一条共 5 条）	
10	京戏伴舞《咏梅》	30 女 杂技演员 1 男 1 女	① 女舞蹈服装 30 套 ② 杂技演员服装男女各一套（共 2 套）	鼓风机 4 台
11	歌曲与模特《山西大院》	红帆模特公司 30 女 10 男	模特服装自己提供	
12	女独伴舞《祝你平安》		40 套女舞蹈服装	
13	男独伴舞《节日快乐》	25 女 25 男	① 25 套女芭蕾式服装 ② 25 双芭蕾鞋 ③ 25 套男芭蕾式服装	
14	结尾歌舞《三晋欢歌》	全体演员		290 副彩色铃铛手套

（6）造型设计制作

造型设计是按照节目要求，对演员的面部及头部进行的造型设计工作，它是直接体现在演员身上、直观反映出节目立意的舞美设计。一般来说，在当代大型文艺晚会中，造型设计负责人会带领化妆团队，在演出之前针对节目的角色和形象进行造型设计，并绘制造型图提交给导演。同时，造型设计负责人还会根据晚会规模、演员人数、化妆工作量，向导演组提交所需化妆用品的明细表，方便导演组将其列入预算。与晚会开始之前演员化妆相比更为重要的是，在晚会正式演出过程中化妆师应到台侧随时准备针对主持人、二次上台的主要演员擦汗、去油、补妆。造型设计的具体工作流程如下：

① 讨论并确定造型创作方案；

② 根据造型设计方案和节目要求绘制造型图；

③ 为主要演员或特殊造型演员定型定妆，导演组提出修改意见；

④ 根据晚会规模向导演组提交化妆用品明细表；

⑤ 购买化妆品与材料，组织化妆师制作节目中需要的假发、胡须、眉毛、饰品等；

⑥ 在带妆彩排阶段为演员试妆、化妆；

⑦ 正式演出前，为所有需要的人化妆；

⑧ 在晚会演出过程中，化妆师应到台侧随时准备针对主持人、二次上台的主要演员擦汗、去油、补妆。

（7）特效设计安装

特效设计是在舞美和音乐的配合下，为舞台营造出增强氛围的特殊效果的重要环节，比如气柱、喷火、彩烟、冷焰火、礼花以及泡泡机、雪花机、烟机、雾机、喷泉、彩虹机等，特效设计一般只在正式演出时使用。一般来说，在特效设计安装之前，特效负责人会与总导演共同商量在什么节目的什么位置使用哪一种特效。特效设计方案确定后，由特效设计负责人具体组织安装编程，演出时随着节目的进行而应用。

二、节目分组排练

整场文艺晚会所有的节目排练工作，主要分为节目分组排练和节目集中排练两个部分。节目分组排练是在节目编创基本完成之后，由舞蹈编导或各节目负责人分别带领演员在不同的地点分组进行的排练工作，最终迎接导演组的审查并针对导演组提出的修改意见进一步修改与完善。分组排练的时间长短取决于晚会的性质、规模、演员素质和节目复杂程度等诸多因素。晚会的规格越高、规模越大、节目编创得越复杂,所花费的排练时间就越长,反之则会较短。一般来说,节目的分组排练时间在 10～20 天不等。节目集中排练是在各节目基本成型、舞美施工基本完成和导演组审定之后,在实际演出舞台上进行的集中排练,包括联排、带妆彩排、正式演出等环节,这部分内容会在下一章《文艺晚会策划的呈现阶段》中讲述。

1. 分组排练

节目分组排练工作,其实就是节目从无到有、从支离破碎到基本成型的过程。此项工作对于舞蹈编导或节目负责人来说,时间紧、任务重,因此晚会的节目排练都是在不同地点进行分组排练。为了提高排练效率和质量,各节目在排练的时候应注意以下问题:

(1) 歌舞类节目要注意队形的层次感

第一,舞蹈编导要为歌唱演员留出位置,并设计好歌唱演员与舞蹈演员之间的互动。第二,在舞蹈演员人数足够多的情况下,队形要尽量集中且整齐。第三,舞蹈技巧不要过于繁杂,大场面时要强调动作的整齐划一,尽量避免凌乱、花哨的舞蹈动作。第四,舞蹈演员要注意舞台站位的层次感。

(2) 语言类节目要注意演员的表演尺度

第一,演员的表演是否强化了剧本中的矛盾冲突,剧中人物的戏剧调度是否合理。第二,主要人物的站位是否在表演区的中间,台词的处理是否拿捏得当、强弱到位。第三,演员不要长时间背对观众,也不要过于突出表现自我而不与其他演员交流。第四,节目时长不宜超过 10 分钟。

(3) 戏曲、曲艺类节目要注意动作的神韵

第一,戏曲类节目要注意演员在舞台上的站位。第二,戏曲演员在表演扑、跌、翻、滚、腾、跃等毯子功动作时,要适应舞台或排练地点地面材料特性,要提醒演员注意安全。第三,相声节目要注意演员表演的精气神,比如眼神不要瞟来瞟去。第四,曲艺类节目要提醒演员在舞台上注意自己表演的精气神、眼神、动作等,不能有任何轻浮、油滑、猥琐、松懈、随意的动作而破坏了晚会的整体形象。

2. 导演审查

导演审查是节目分组排练工作基本完成的节点,是检验节目分组排练成果

的重要环节。当文艺晚会策划方案确定的时候，节目还是以文字或图像等抽象的形式存在于纸上，而通过各部门的分组排练，在音乐、服装、道具的配合下，此时的节目已经成为较为具象的舞台表演了。此时，导演组要到排练现场去审查初步编排的节目，及时发现问题并提出修改意见。在导演组审查节目的过程中，可能会出现节目的主题和表现形式与总导演的创作意图有较大出入的现象，这时导演组应根据节目实际情况提出节目修改、调整顺序、调整编导排练或弃用的意见，不论哪种意见，都是为了提高晚会的艺术质量。

第四节　舞美部门进场

舞美部门进场的时间应该设置在晚会的编创工作结束后，各节目分组排练过程中，节目部门进场排练之前。简言之，舞美部门的进场时间大概在正式演出之前的 15 天左右。舞美部门的主要工作有舞台搭建、舞美制作、灯光音响设备安装等，为节目部门进场排练、联排、彩排以及正式演出做准备工作。

一、勘察现场

当晚会举办场地确定之后，导演组和舞美部门就要与场馆方取得联系，带领相关人员前往勘察场地，并测量相关数据。同时，要了解在舞美施工和正式演出时所能满足的必要条件，如果条件不足应想办法补足。

1. 勘测舞台空间

导演组首先要确定舞台方向和基本位置，要注意在舞台与观众席之间留出足够的空间和安全距离，便于架设各类舞台设备。测量舞台的宽度、高度和进深，注意留出两侧上下台口及上下道具的位置。

2. 搜集用电数据

舞美设计人员要了解场馆变压器、电缆、配电柜等设备的使用功率数据，并了解场馆已有的配电室到场地的输配电设备。由于灯光、音响和大屏幕是晚会用电量最大的设备，因此舞美设计人员要搜集场馆用电瞬时最高峰值数据，以便解决供电保电问题。如果场馆用电数据满足不了晚会对用电的实际要求，那么还需要考虑增加用于提高用电数据的设备设施以及备用发电机组等设备。

3. 了解设备安装数据

在搭建或吊装灯架和音响设备之前，要详细了解地面和顶部的承重数据。

同时，大屏幕除了要考虑地面承重问题以外，还要着重考虑固定LED设备的稳定性问题。

4. 场馆环境的布置

舞美设计人员要充分考虑嘉宾席、观众席以及场地四周的环境布置。同时，如果在体育馆、展览馆等封闭空间举办晚会，还需要考虑解决音响设备布置、声场设置、现场收音、屏蔽杂音和回声等问题。

5. 场馆设施的保护

在舞美设计施工时，对于必须拆除的座椅、楼梯等设施，要及时与场馆方沟通并保证在演出结束后恢复原样。同时，舞美设计人员还要注意对木地板、游泳池、座椅、栏杆等场馆设施进行保护。

现场勘察结束获得实际数据之后，舞美设计人员根据数据就可以开始进行舞美设计并绘制舞美设计图。

二、装台工作

舞美部门在做好前期勘察现场、搜集相关数据的基础上，在导演组规定的时间内完成舞台搭建、设备安装与调试、置景制作与安装等装台工作。在装台过程中，工作千头万绪、复杂且烦琐，因此要根据导演组的整体时间规划制定工作进度表和任务表，明确分工、责任到人，按部就班地如期完成装台工作。

装台工作主要包括基础舞台搭建、灯光架搭建、灯位设定与设备调试、音响位置设定与设备调试、景片制作与安装，大屏搭建与设备调试等。舞美部门进场施工应注意以下事项：

1. 进场准备工作

舞美部门应带好施工单位资质、舞美效果图、舞美施工图、用电量说明、施工材料说明及施工进度安排表等相关材料到相关部门报备，待相关部门允许后进场施工。

2. 按照相关规定安全施工

施工期间应严格遵守消防安全管理规定和施工安全管理规定，确保施工安全。

3. 各工种协调配合施工

装台工作主要涉及舞美、灯光、音响和LED大屏幕等工种。根据各工种不同的施工要求，制定详细的工作进度表，尽量避免因各工种之间的施工冲突而造成的施工混乱以及施工停滞现象的发生。如果个别工种因特殊要求需要提前搭建的，应在满足其要求的前提下，尽量与其他工种进行交叉施工。

4. 确保施工在预定时间内完成

在预定时间内完成装台工作，是保证晚会顺利进行的重要因素之一。一般来说，在节目部门进场排练的前一天，现场大规模的施工任务应基本完成。伴随着节目现场排练，舞美部门要对舞美工作任务进行安全检查、设备调试、置景微调等工作。

第六章　文艺晚会策划方案的呈现阶段

文艺晚会策划方案的呈现阶段是文艺晚会策划的最终环节，是将最初文字形式的策划方案以艺术表演的形式在舞台上“完美呈现”的展示阶段。“呈现”，即显出、露出，是指具体事物在眼前清晰地显现出来。文艺晚会策划方案的“呈现”指以视觉和听觉相互融合的方式向观众展现策划方案的主题、立意、内容、风格和特征。观众看到文字形式的策划方案时，只能依靠大脑思维和想象去感受文艺晚会，这种也是“呈现”，是在个体大脑中的抽象“呈现”。这种“呈现”会因为观众认知、知识结构、艺术品位和审美水平的不同而呈现出不同的艺术效果。对于舞台上艺术化的“呈现”，观众能够直接看到舞台上具象的艺术表演，能够直接感受到晚会的主题立意、风格特征，并且可以根据自己的感知来评价文艺晚会的艺术效果。

此时，文艺晚会的节目创作排练和正式演出的准备工作等已基本结束，大多数工作人员会集中到晚会场地进行节目走台、舞美调试、晚会合成以及正式演出等工作(图 6-1)。

鉴于文艺晚会性质、规模、级别和人员调配等因素，一般来说，文艺晚会策划方案的呈现阶段大致控制在 7 天以内。

文艺晚会策划方案呈现阶段的主要工作内容见图 6-1。

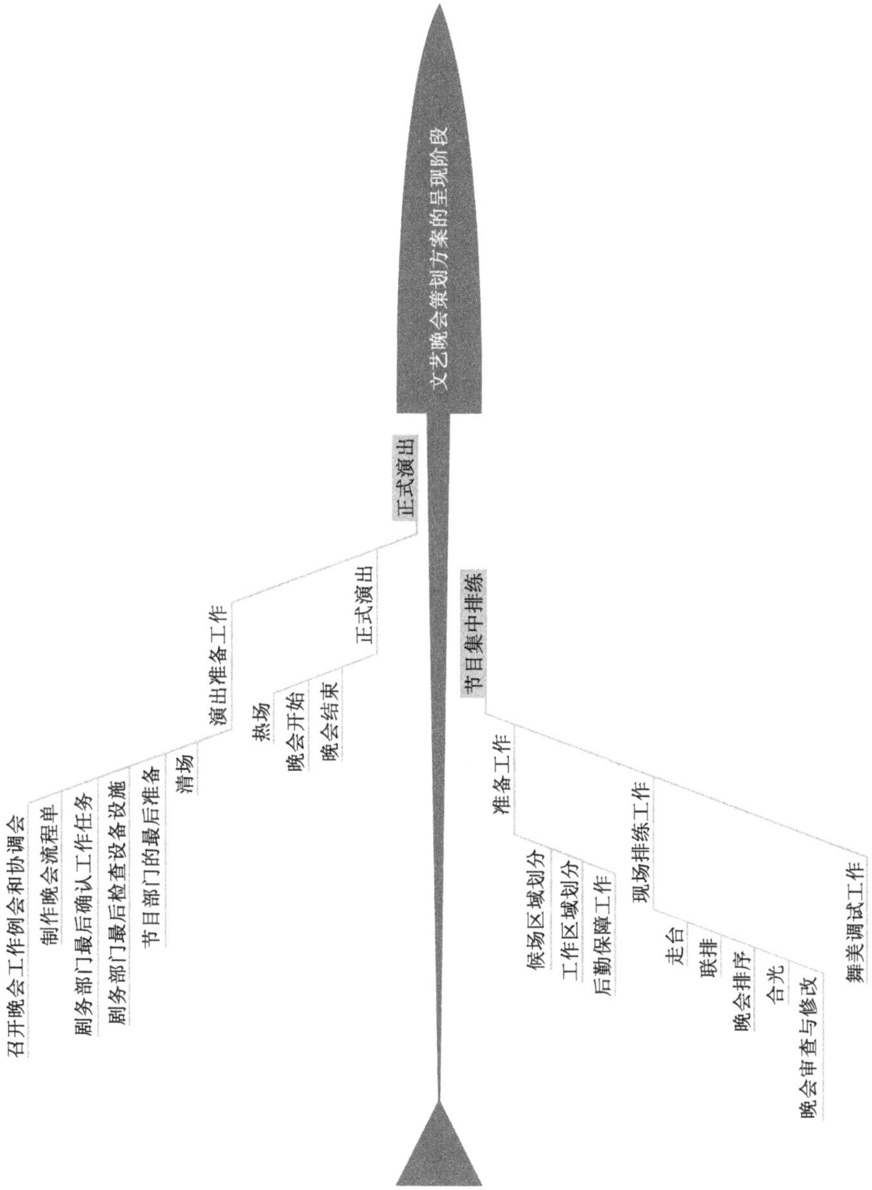

图 6-1　文艺晚会策划方案呈现阶段的主要工作内容

第一节　节目集中排练

节目集中排练是继节目分组排练、舞美施工基本完成和导演组审定节目之后，在晚会现场搭建的舞台上进行的节目排练工作，是节目分组排练工作的延续，包括走台、联排、合光、彩排、正式演出等环节。由于节目集中排练所涉及的工种、演员众多，工作也相对复杂和烦琐，因此在正式开始节目集中排练之前，要做好相关的准备工作。

一、准备工作

节目集中排练的准备工作，非常重要且烦琐，需要导演组或后勤组充分考虑节目集中排练的方方面面，要既全面又细致。准备工作主要内容包括：候场区域划分、工作区划分、后勤保障等工作。

1. 候场区域划分

大型文艺晚会一般涉及众多演员，如果不对候场区域进行有效划分和合理安排，后台秩序将会非常混乱，不利于文艺晚会的正常进行。候场区域一般可划分为嘉宾休息室、重要演员休息室、各演出团队休息室等功能区域。

(1) 嘉宾休息室

大型文艺晚会邀请的嘉宾一般身份较为特殊或具有较高的级别。一般来说，剧组都会单独为他们设置嘉宾休息室。嘉宾休息室一般设立在距离舞台比较近的地方，这个房间是供审查晚会的领导、晚会特邀嘉宾和参加晚会的行政领导在晚会开始前使用的，房间要有地毯、沙发座椅、茶水、鲜花等待客用品。

(2) 重要演员休息室

重要演员休息室是为了在演出之前需要单独进行练习的独唱、独奏、独舞以及领唱、领奏、领舞等重要演员做好演出准备工作而设立的候场区域。一般来说，重要演员休息室会配备台灯、镜子、座椅等设施，并会在门上张贴重要演员的名字。

(3) 各演出团队休息室

文艺晚会中的大型节目所涉及的演出团队和人数众多，因此要为各演出团队设置专门的团队休息室。可以在门上张贴节目名称或团队名称，便于剧务组工作人员在节目上演之前催场或通知团队候场。团队休息室是所有候场区域当中数量最多、所容纳人数最多的空间。为了保障晚会的顺利进行，这些休息室要在节目集中排练时就开始启用。

2. 工作区域划分

工作区域，顾名思义，是为了便于开展工作而设立的包括化妆室、更衣室、服装库、道具库等在内的工作区域，它也是保障文艺晚会顺利进行的重要环节。

(1) 化妆室

化妆室是文艺晚会最重要的工作区域之一。文艺晚会化妆和造型的工作量巨大，且涉及人数众多，因此要专门设立具备工作台、座椅、台灯、镜子等设施的较大空间作为化妆室。

(2) 更衣室

一般来说，大多数演员可以在各自的休息室更衣，但有时会出现个别演员因节目间隔时间较短，来不及回到休息室更衣的现象。因此为了方便抢装，导演组往往会在舞台两侧设立男女演员临时更衣室。这种更衣室首先要注意遮挡，其次要专门安排剧务人员负责出入演员和服装道具的管理工作。

(3) 服装库和道具库

服装与道具的管理工作，也是保障文艺晚会顺利进行的一个重要环节。歌舞类、小品类、戏曲类等节目所使用的服装和道具数量非常大，往往一个节目的服装道具就能占用很大的空间，因此需要专门设立服装库和道具库。同时还需注意，服装库要准备衣架，最好把所有的服装都挂起来。道具库还要将道具进行分类管理，方便使用和整理。另外，服装库和道具库要设置工作台，便于及时修补整理。

3. 后勤保障工作

任何一场文艺晚会都要做好后勤保障工作，为演员提供优质且细致的服务，考虑演员在排练和演出过程中涉及的问题，如就餐、饮水、如厕、用车、天气等。

(1) 就餐问题

节目部门进场后，后勤组要解决演员的集中就餐问题。预定演出场馆附近的食堂或酒店是解决大型团队用餐的首选，因为食堂或酒店可以提供较为优质的服务，同时能够保证用餐的饮食安全。如果演出场馆附近解决不了食堂或酒店用餐的问题，那就要根据人数预定快餐。导演组应责成专人把好食品安全关，快餐预定的数量应比实际人数略多一些。

（2）饮水问题

节目部门进场后，后勤组要解决演员的饮水问题。在走台、联排、彩排和演出阶段，演员要消耗体力和大量出汗，必须要保证演员的饮水。如果晚会在夏天举行，后勤组可以准备足够数量的矿泉水；如果晚会在天气较为寒冷的季节举办，后勤组则要准备能够加热保温的饮水机，保证演员能喝到热水。

（3）如厕问题

节目部门进场后，后勤组要解决演员的如厕问题。如果晚会在场馆内举办，场馆会配备一定数量的厕所。如果在室外演出，后勤组应当根据演员人数比例设置移动公厕。

（4）用车问题

节目部门进场后，后勤组要解决团队演员的交通用车问题。后勤组要根据演员人数，提前安排大客车接送住宿较远的演出团队。为了不影响正常的排练工作，后勤组要提前与团队负责人沟通好接送时间。

（5）天气问题

如果晚会在室外举办，后勤组要提前10天，每天与当地气象部门沟通天气问题，及时了解近期的天气变化情况。如若有降雨、大风等恶劣天气，要及时向导演组汇报，应考虑晚会改期或加固舞台灯光设备等措施，并为观众准备雨具。

二、现场排练工作

在前期准备工作就绪之后，则进入到晚会现场排练工作阶段。此时，舞蹈总监应带领各节目负责人熟悉各自节目的候场区域，以及与节目相关的工作区域，以便合理安排和管理各自的演员。现场排练工作是晚会节目更好地在舞台上艺术化呈现的必要程序，主要包括走台、联排、合光、彩排等工作。这一阶段的总指挥是舞蹈总监，所有节目在现场的排练都由舞蹈总监负责。

1. 走台

走台本意是指演员在演出之前在舞台上进行的练习，旨在熟悉舞台，以避免在正式演出中出差错。文艺晚会中的走台是指在舞美制作完成后，按照事先制定的现场排练顺序，让演员在舞台上走位置和熟悉舞台。由于先前的节目排练都是在其他排练厅或排练场进行的分组排练，演员对于正式演出的舞台大小、舞台结构、移动装置、演员站位等都不熟悉，因此在联排之前设置走台环节非常重要。走台持续时间较长，一个节目往往要反复走台，直到演员彻底熟悉和适应了舞台的结构和位置。同时，在走台过程中还会出现原来在排练厅编创的舞蹈动作在实际舞台上无法实现的情况，因此需要根据舞台进行重新编排和调整。

节目走台的顺序根据节目的性质和类型而定。一般来说，最先开始走台的应该是舞蹈节目或涉及舞蹈元素的节目。为了让演员更快地熟悉舞台，了解自己的站位和造型，此时的走台一般没有灯光、音乐，也不需要穿演出服，只有舞蹈总监使用口令走位置。舞蹈节目走台之后，其他节目才开始走台。一般来说，节目人数多的先走台，人数少的后走台。当然也有根据演员到达时间的早晚或节目的复杂程度来安排走台顺序的情况。原则上，节目走台的顺序都是按照导演组事先制定好的节目走台顺序表来进行的。

节目走台过程中需要注意以下事项：

① 按照走台顺序，各节目负责人要向导演组叙述节目大致概况，介绍舞台区域使用范围。

② 各节目负责人要辅助舞蹈总监指挥演员现场走位置，演员的站位既不能过分集中而造成舞台显得很空，也不能过于分散使视线没有重点。

③ 节目基本框架和演员位置大致确定后，舞蹈总监要考虑节目细部的处理，如对演员的表情、情绪、姿态等严格要求，让演员在正式演出之前就进入到正常的演出状态。

④ 在歌舞类节目中，如若歌唱演员无法到场排练，导演组应安排专人做歌唱演员的替身与舞蹈演员一同走位置，走台结束后由替身与歌唱演员沟通并确定舞台站位。

⑤ 舞美部门应在走台阶段针对设备进行调试，服装设计师和道具设计师也要到现场观看走台，并针对代用服装、代用道具等进行调整和修改。

⑥ 舞蹈总监应在走台的最后阶段，安排节目与音乐合练。在节目与音乐合练的过程中尽量不要停顿，要求演员按照既定的节目编排高效地完成与音乐合练的工作。演员的表情、情绪、姿态等尽量做到位，替身歌唱演员也应一丝不苟地与舞蹈完成配合。

案例 28 《源·行远》——中国矿业大学建校 110 周年校庆文艺晚会节目走台顺序表

（一）节目走台顺序(表 6-1)

表 6-1 《源·行远》
——中国矿业大学建校 110 周年校庆文艺晚会节目走台顺序表

时间	节目走台顺序
5 月 20 日	13:00—13:30 《矿大人心中的歌》(音乐系) 13:30—14:00 《生如夏花》 14:00—15:00 《青春相册》(音乐系) 15:00—16:00 《重游三汇坝感怀》(音乐系) 16:00—17:00 《中国矿大我的家》(音乐系) 17:00—18:00 《华乐绽放》(音乐系) 19:00—20:00 《铿锵誓言》 20:00—21:00 《生日快乐》、《点亮未来》 21:00—21:30 《最好的舞台》 21:30—22:00 《矿大弦歌》、《不忘初心》
5 月 21 日	8:00—9:00 《青春相册》(音乐系) 9:00—10:00 《重游三汇坝感怀》(音乐系) 10:00—11:00 《华乐绽放》(音乐系) 11:00—12:00 《中国矿大我的家》、《矿大人心中的歌》(音乐系) 18:00—19:00 《铿锵誓言》 19:00—20:00 《生日快乐》、《点亮未来》 20:00—21:00 《矿大弦歌》、《不忘初心》 21:00—22:00 《最好的舞台》、《生如夏花》
5 月 22 日	13:00—14:00 《生如夏花》 14:00—15:00 《重游三汇坝感怀》(音乐系) 15:00—16:00 《青春相册》(音乐系) 16:00—17:00 《中国矿大我的家》(音乐系) 17:00—18:00 《华乐绽放》、《矿大人心中的歌》(音乐系) 19:00—20:00 《铿锵誓言》 20:00—21:00 《生日快乐》、《点亮未来》 21:00—22:00 《最好的舞台》 22:30—23:00 《矿大弦歌》、《不忘初心》

（二）案例分析

2019 年 5 月 31 日晚，《源·行远》——庆祝中国矿业大学建校 110 周年文艺晚会在中国矿业大学南湖体育馆举行，参加校庆系列活动的部分领导、嘉宾、校友、师生3000余人共同观看晚会。同时，全球矿大人通过现场直播共享校庆喜悦。晚会以“源·行远”为主题，分《源远流长》《夏若繁花》《行健致远》三大篇章，展现了矿大筚路蓝缕的办学历程、在新时代再创辉煌的希冀和勤奋求实、进取奉献的精神。

1. 结构框架

① 序曲《铿锵誓言》气势磅礴，展示了矿大人不忘初心、砥砺前行。《矿大人心中的歌》拉开了晚会第一篇章《源远流长》的序幕，悠扬的旋律唱出了矿大学子对母校的热爱和崇敬。音诗画《重游三汇坝感怀》带领观众重温了一段段感人至深的过往故事，感动了在场校友。熟悉的旋律《中国矿大我的家》勾起了师生们的校园回忆，毕业多年的部分原唱人员也千里迢迢到场献唱。

② 第二篇章《夏若繁花》在著名表演艺术家瞿弦和《煤啊！我的情人我的黑姑娘》的朗诵声中开启。新民乐《华乐绽放》行云流水般的乐声紧扣现场听众的心弦。联唱《生如夏花》和舞蹈《青春相册》表达了学生对老师们的感恩和对校园生活的眷恋。

③ 在朗诵《矿大弦歌》中，晚会进入第三篇章《行健致远》。歌曲《不忘初心》向母校和祖国发出为实现中国梦奋力拼搏的庄严宣言。《最好的舞台》激情飞扬，尽显矿大人的动感节拍。西安音乐学院带来的舞蹈《千手观音》让观众们领略到“一带一路”的人文风采和海内外校友的浓浓深情。

④ 在五湖四海的校友通过视频送上美好祝福后，110名矿大学子手捧生日蜡烛，伴着生日歌和全球矿大人一起为矿大送上生日祝福，把晚会推向了高潮。最后，晚会在歌伴舞《点亮未来》中结束。

2. 走台工作

本场晚会于2019年5月20日开始进入现场排练走台阶段。这个阶段需要各部门、演员、工作人员等密切配合，在短时间内完成晚会排练、合光、造型等工作。如果说在前期节目分组排练阶段时间还相对好协调的话，那么晚会进入现场排练走台阶段，排练时间的确定就非常难了。尽管校庆文艺演出是整个校庆系列活动的重中之重，且已经进入最后10天的倒计时阶段，现场排练工作还是要在保证学生正常上课的前提下确定走台时间，尽量与学生上课时间错开，挤时间、抠时间进行排练。本场晚会的演员由来自12个学院的300余名大学生组成，其中音乐专业大学生的排练时间相对好协调，其他大学生分别来自学校20多个专业，且年级班级各不相同，课表中的上课时间也不尽一致，因此经过导演组与节目负责人多次的沟通交流，基本确定节目走台时间和走台顺序。排练时间和走台顺序确定后，各部门工作人员与所有演员克服一切困难，集中全力在最短时间内顺利完成了现场排练走台工作。

2. 联排

联排，原意为联合排练，即晚会所有人员（此时可有主持人）全部进入工作状态，由各部门协同，尽量不停顿地将晚会的所有节目完整地在舞台上表现出来。本项工作旨在让各部门充分熟悉演出流程，及时发现问题并解决问题。

联排有节目联排和大联排两种类型。节目联排，是指某一个节目从上场到下场，在各部门的密切配合下进行的完整演练。在此过程中，舞美组工作人员要及时调试设备，根据节目具体情况进行布光及特效设置的准备工作。剧务组工作人员也要及时跟进，在舞台上为演员造型点和道具摆放位置粘贴标记，方便演员和剧务在节目切换时及时准确地找到位置。在单个节目联排的最后，还要在舞蹈总监的指挥下，集中节目演员与剧务进行上下场切换，尽量保持节目之间的节奏感。

大联排则是晚会所有节目按照节目顺序不停顿地在舞台上串联。大联排的目的在于为正式演出排查可能存在的问题，例如通过大联排检验演员的上下场时间和换装时间是否足够，服装道具是否合适，后台秩序是否有条不紊，灯光音响、大屏幕等设备是否正常运行，等等。一般来说，服装和道具在这个阶段出现问题较多，穿错拿错的现象屡见不鲜。有些演员由于时间紧张，忙乱中将服装扯坏。其他部门也会暴露出一些问题，但不管出现什么问题，联排尽量不要停下来，当排查出所有问题之后，导演组牵头带领各节目编导和相关部门负责人针对出现的问题研讨解决方案。这样的联排，甚至彩排，其实就是不停地发现问题和解决问题的过程，这样才能规避在正式演出时可能出现问题的风险。在大联排的最后，总导演或舞蹈总监还要排练晚会的一个重要环节，就是谢幕。因为涉及人员较多，服装也是各式各样，因此舞蹈总监应根据演员知名度、节目水平、服装色调等因素编排设计谢幕环节。

3. 晚会排序

在合光和彩排之前，导演组要根据联排后节目的调整，制定基本的节目顺序。如不出意外，正式演出就按照制定的节目顺序进行。当然，在彩排环节的后期，主办方负责人或投资人会对晚会进行审查并提出修改意见，节目顺序也有可能还会调整。晚会节目的排序，要遵循“亮点、笑点、压轴点”合理分布的原则。一般来说，亮点在前头，笑点在中间，压轴点在最后。同时，晚会节目的排序还应考虑节目类型的穿插，考虑晚会情绪的起伏渐进，考虑演员换装时间等因素。晚会节目的顺序一旦排定，导演组就可以安排人员制作节目单初稿，供主办方负责人或投资人审查时使用。

4. 合光

合光，是灯光设计师根据总导演和舞蹈总监对灯光的要求，进行灯光定位、编程等灯光设计工作。一般来说，合光量大费时，节目越复杂、艺术性越强，对于灯光的要求则会更高。为了缩短用时，灯光设计师一般在联排阶段就要到现场观看节目，并根据总导演和舞蹈总监对灯光的要求，按照节目所用音乐的节奏、服装色调等因素进行灯光构思和设计，在联排结束之后能够迅速进入工作状态，为各个节目进行合光。

在合光过程中，灯光设计师应做好编程，并制定灯光流程表。合光工作相当复杂，由于节目内容和风格的不同，灯光设置也会有很大的区别。为了提升节目的艺术效果，灯光设计师除了要根据节目的主题色调编制出基本的灯光氛围（包括背景光、轮廓光、面光、侧光、顶光、逆光等）外，还要对节目中每一个发生变换的造型给出不同的定点造型光，在主持人位置、嘉宾位置和台下采访位置的固定点都要设计好光区。因此对于灯光设计师来说，要有效利用高科技手段进行高质量的灯光编程，并制定灯光流程表。

5. 彩排

彩排，是文艺晚会正式演出前的最后一轮排练，也是主办方负责人或投资人进行晚会审查之前的总体排练。彩排旨在演练晚会整体程序、让演员更加熟悉演出环节、让各部门与节目更加熟练配合、排查可能出现的问题等。彩排需要全要素合成，即与正式演出一模一样，灯光、音乐、服装、道具、话筒、主持人、外请节目等都要到位。根据晚会的需要，这时的彩排可以带妆，也可以不带妆。一般来说，主办方负责人或投资人审查晚会需要带妆彩排。如若彩排结束后没有太大问题，就可以邀请主办方负责人或投资人来审查晚会了。

6. 晚会审查与修改

彩排环节的后期，根据晚会性质的不同，可能会迎来多次领导审查，其中最为重要的就是主办方负责人或投资人的审查。在晚会审查之前，导演组要做好晚会审查的相关准备工作，如节目单、主持词，甚至相关节目的文字介绍等。此时的晚会审查环节，其实就是本场晚会的预演，一般都是带妆彩排，凡是在正式演出时呈现给观众的所有画面都要在晚会审查过程中展现给相关负责人观看。晚会审查结束后，相关领导会在晚会审查会议上提出对晚会的看法和意见，导演组要通知晚会主创人员、各部门负责人、各节目负责人等人员参加会议，并对负责人提出的意见认真记录，对节目进行修改或调整，甚至是拿掉节目。如果有要拿掉的节目，除了要耐心地安抚演员、说明拿掉的理由之外，还要立即启动备用节目填补空白，同时列出新的节目单，再对修改过的晚会进行一次新的彩排。

三、舞美调试工作

舞美调试工作，是在舞美设施设备安装完毕之后，伴随着节目部门进场排练同时进行的设备调试以及合乐、合光等重要工作。舞美调试工作与节目部门进场排练是同时进行的，其目的在于方便舞美组根据节目排练和晚会现场的实际情况对设备和设施进行调试、编程、检查。舞美调试工作要注意以下事项：

① 节目进场排练开始后，舞美要积极配合导演组对现场舞美进行合理调整。同时，要深入了解演出流程、节目内容、表演形式、节目时长等细节，并做好相关记录，以确保正式演出时各个环节的顺利进行。例如，灯光组、服装组要在现场观看演员排练，了解节目排练效果、表演流程和服装道具实际使用效果等，便于随时讨论、现场沟通；音响组要根据节目具体情况调节音量，并在节目切换时与灯光部门密切配合；视频组要通过视频背景的设计强化和延伸舞台空间，同时注意视频与节目内容，视频与主持人、演员站位之间的配合。

② 舞美组要在节目排练过程中，尤其是在彩排或领导审查环节中，正式模拟几遍舞美效果。一是为了演练工作流程；二是给领导展现正式演出时的视觉、听觉效果；三是检验场馆用电负荷是否能够达到要求。如果用电出现问题，应及时与相关部门沟通，临时增加用电负荷还来得及。

③ 舞美调试工作在全要素合成完毕，各部门工作完全熟悉并衔接顺畅之后，可以邀请上级领导对晚会进行审查，并提出修改意见。

④ 正式演出的当天，各工种提前进场，对舞美设施和设备做最后一次的检查和调试工作。注意要将台上所有动力装置提前设置为电动和手动两种，确保工作稳定顺畅，然后在各自负责的区域待命，随时准备应对演出过程中出现的

各种突发状况，保障演出顺利进行。

⑤ 演出结束后，按照规定的时间拆除舞美设施和设备，施工期间严格遵守消防安全相关规定和施工安全相关规定，确保施工安全。

第二节　正式演出

文艺晚会的正式演出，是所有演职人员经过几个月的不懈努力后所取得成果的集中展示，也是文艺晚会策划方案在舞台上艺术化呈现的重要环节。文艺晚会策划方案的成功与否，观众的认可程度是主要标准之一。文艺晚会正式演出的主要工作包括演出准备工作和正式演出。

一、演出准备工作

1. 召开晚会工作例会和协调会

从节目部门进场排练、舞美部门进场工作以及各工种、各部门的协同工作开始，直至晚会最终上演，这个阶段的工作任务繁重、工作压力巨大、工作节奏加快，可以说一天一个变化。因此，导演组与各部门应根据实际情况多次举办工作例会和协调会，以便及时解决问题。

工作例会与协调会在性质和内容上有所不同。工作例会，是在每天排练开始前和结束后召集导演组、各部门负责人在晚会现场召开的沟通和布置会议。它分为排练开始前的工作例会和排练结束后的工作例会两类。在排练开始前召开的工作例会，主要任务在于总导演强调工作任务、明确注意事项；在排练结束后召开的工作例会，主要任务在于总导演与各部门负责人共同总结问题、商讨解决方案、明确第二天工作安排。

晚会工作协调会，则与排练工作例会不同，它是对正式演出前的所有工作进行协调、安排和布置而举办的重要会议。此时的协调会呈现出有领导参与、参加部门多、持续时间长等特点。协调会往往要解决一些正式演出前所有出现的紧急状况，因此协调会一般需要在主办方负责人或投资人的指导下，由各部门统筹协调、相互配合解决棘手问题。同时，导演组要提前做好会议准备，将所能想到和已经出现的状况都列出来，以便及时解决所有问题。

2. 制作晚会流程单

在主办方负责人或投资人晚会审查之后，导演组要根据晚会节目的最终排序，制定晚会流程单。流程单是晚会正式演出时最重要的工作表，它标明了晚会各部门的工作任务和工作顺序。现场每一个工作人员要人手一份流程单。总导演要通过流程单统筹把控全场晚会各个环节，执行导演要通过流程单及时指挥催场人员按节目顺序确保演员及时上场，主持人要通过流程单了解主持词前后的节目衔接，音响组要通过流程单明确使用几个话筒（拾音还是还音）、明确主持人说的最后一个字以便及时起音乐，大屏幕和特效要通过流程单明确放送节点，舞美要根据流程单的提示对活动舞台进行及时操作，等等。

案例 29 《源·行远》
——中国矿业大学建校 110 周年文艺晚会流程单(5.31)

相关流程单见表 6-1。

表 6-1 中国矿业大学建校 110 周年文艺晚会流程单

序号	节目类型	节目名称	备注
校歌声中，嘉宾校友入场，全场坐定，音乐渐收 6 声钟响，灯光秀。 30 秒片头播放，无缝连接序曲			
1	序曲	《铿锵誓言》	道具：3 个时代的服装 耳麦：12 个（还音） 表演：3 组雕塑，12 个角色，10 个领演，60 人群演，1 个小号，1 名儿童
主持人　开场词（主背景、音乐中）			
上篇《源深流长》（转场视频）			
2	歌曲	《矿大人心中的歌》	手持：2 个（还音） 表演：2 人
主持人出（主背景、音乐中）			
3	音诗画	《重游三汇坝感怀》	手持：4 个（还音） 表演：60 人
主持人出（主背景、音乐中）			
4	歌曲	《中国矿大我的家》	耳麦：12（还音） 表演：12 人
中篇《夏若繁花》（转场视频）			
5	朗诵	《煤啊，我的情人我的黑姑娘》	手持：1 个（拾音） 表演：1 人
主持人出（主背景、音乐中）			

<table>
<tr><th>序号</th><th>节目类型</th><th>节目名称</th><th>备注</th></tr>
<tr><td>6</td><td>新民乐</td><td>《华乐绽放》</td><td>道具:乐器 6+水鼓 8
胸麦:1 个
立麦:5 个
表演:(8+14)人　老师 1 人</td></tr>
<tr><td colspan="4">主持人出(主背景、音乐中)</td></tr>
<tr><td>7</td><td>联唱</td><td>《生如夏花》</td><td>架子床:1 个
桌椅:4 套
耳麦:12 个(还音)
表演:21 人　老师 1 人　长笛 1 人</td></tr>
<tr><td colspan="4">主持人出(主背景、音乐中)</td></tr>
<tr><td>8</td><td>舞蹈</td><td>《青春相册》</td><td>滑轮相框:3 套
表演:(2+24)人</td></tr>
<tr><td colspan="4">下篇《行健致远》(转场视频)</td></tr>
<tr><td colspan="4">主持人出(主背景、音乐中)</td></tr>
<tr><td>9</td><td>朗诵</td><td>《矿大弦歌》</td><td>文件夹:4 个
耳麦:4 个(拾音)
表演:4 人</td></tr>
<tr><td>10</td><td>歌曲</td><td>《不忘初心》</td><td>手持:4 个(还音)
表演:(4+10+20)人</td></tr>
<tr><td colspan="4">主持人出(主背景、音乐中)</td></tr>
<tr><td>11</td><td>动感节拍</td><td>《最好的舞台》</td><td>单车:4 台
表演:34 人
技术调试:4 人</td></tr>
<tr><td colspan="4">主持人出(主背景、音乐中)</td></tr>
<tr><td>12</td><td>舞蹈</td><td>《千手观音》</td><td>表演:18 人</td></tr>
<tr><td colspan="4">主持人出(主背景、音乐中)</td></tr>
<tr><td colspan="4">校友祝福视频</td></tr>
<tr><td>13</td><td>现场祝福</td><td>《生日快乐》</td><td>现场祝福:生日快乐!
烛光:110 个
蛋糕 1 个
表演:110 人</td></tr>
<tr><td colspan="4">主持人出(主背景、音乐中)</td></tr>
<tr><td>14</td><td>尾声</td><td>《点亮未来》</td><td>耳麦:5 个(还音)
表演:(5+110)人</td></tr>
<tr><td colspan="4">主持人　结束词</td></tr>
</table>

序号	节目类型	节目名称	备注
主背景、音乐中 谢幕音乐中，巨型红旗从舞台区传至台口，演员同步上台			
领导上台，合影留念			
			2019.05.31

3. 剧务部门最后确认工作任务

文艺晚会正式开始之前，剧务部门的工作事无巨细，尤其是舞台的整理布置和节目迁换，如稍有闪失，就会酿成大错。首先，剧务部门在晚会开始之前，要对晚会现场进行整理和布置。对舞台进行最后的打扫和清理，在主持台和嘉宾席摆放鲜花和节目单等物品，铺设新桌布，在观众席放置节目互动道具等。其次，剧务部门负责节目迁换的人员，应牢记最终的节目迁换方案并严格执行。每一个迁换人员都要根据方案的要求检查所负责道具数量、台上摆放位置、台下候场位置等，要根据方案要求一一排查舞台上的道具定位贴纸是否完好。如若发现贴纸有破损或丢失，迁换人员要及时与节目负责人沟通重新粘贴。

节目之间的迁换往往时间较短、灯光较弱，现场较为安静，因此节目迁换对于剧务人员的要求较高，一般要遵循“全、准、快、轻”的原则。一是道具准备要“全”。有些节目，如小品类、戏剧类节目往往要布置一个生活场景，所涉及的道具琐碎繁多，因此迁换人员在节目开始之前一定要准备齐全道具，绝对不能遗漏，否则会影响节目表演。同时，节目结束后，相应的迁换人员还要将所有道具搬下，放在远离舞台的地方。二是摆放位置要“准”。“准”是节目迁换最重要的要求，迁换人员要将道具精准地摆放在原定位置上，尽量一次上齐，不要来回往返搬运。三是迁换速度要“快”。一般来说，节目与节目之间的换场时间一般不会超过 30 秒，因此短暂的节目换场间隙要求迁换人员要快速地、有序地将道具摆放到位，较为复杂的节目迁换一般会根据节目情况制定迁换人员的上场顺序，并与演员进行多次往复练习。同时，迁换人员要在节目进场排练过程中熟悉道具位置，在正式演出时不要出现在台上来回找道具位置的情况。四是迁换声音要“轻”。迁换过程的衔接主要由主持人的串词和背景音乐组成，这时现场的音量往往较低，因此要求迁换人员要轻手轻脚，绝对不能为了“快”而放弃“轻”。

4. 舞美部门最后检查设施设备

在经历了走台、联排和彩排之后，为了防止舞台设施因振动发生位移和松动，为了及时发现设备易损件的损耗并及时更换，舞美部门在正式演出之前都会对舞美设施设备进行最后的检查，这个环节非常重要且不可缺失。舞美部门的检查主要有以下几个方面：一是对基础台、景片、灯光架、大屏幕架、机械传动设备等大型设施进行全面检查，如遇到发生位移、松动、破损等情况，应及时加固、修理和更换。二是对灯泡、电缆、电线、接口等部件进行全面检查，更换烧坏的灯泡，对有松动或接触不良的电缆、电线、接口要立即修整。三是对现场话筒进行全面检查。舞美部门要对包括节目话筒、主持人话筒、领导讲话话筒、观众席同期话筒等在内的所有话筒进行检查，并及时更换新电池。四是对灯光、音响、特效、大屏幕、现场字幕、活动舞台等方面的实际操作进行全面检查，保障正式演出的顺利进行。

5. 节目部门的最后准备

在正式演出之前，节目负责人要对节目，尤其是节目所涉及的服化道环节进行最后的准备和检查，确保节目服装、化妆、道具都已经准备就绪。节目负责人要检查节目服装和道具是否齐全和完好，如遇损坏情况应与服装、道具部门沟通，并及时进行修补。化妆工作一般被安排在晚会开始前的5个小时，化妆师应根据节目要求提前设计好化妆顺序，并安排相应人员去抢妆和补妆。

6. 清场

晚会正式演出前的1小时，应配合相关部门清场，将所有人员全部请出现场，待相关检查和晚会准备工作完成之后，等候嘉宾和观众入场。如果是级别较高的大型晚会，还要请公安部门介入，包括武警、消防、特警、防暴警察等进驻现场，按照安保方案接管现场的安全保卫工作，交通警接管停车场、交通要道的管理指挥。

二、正式演出

观众进场并坐好后，执行导演接管现场工作。文艺晚会的执行导演，地位仅次于总导演，是在总导演的领导下负责现场所有工作的导演。执行导演不仅全面负责走台、联排、彩排等环节的排练工作，更为重要的是，他还会在正式演出时使用对讲机实施现场指挥，包括组织观众热场、把握晚会节奏、指挥上下台口工作、指挥音控台或灯控台等。此时，执行导演将听从总导演的口令，按照既定方案开始热场、晚会开始、录制、结束等相关工作。

1. 热场

热场，是预热、热身的意思。一般来说，文艺晚会开始之前现场都比较嘈杂，为了吸引观众目光和营造良好的晚会氛围，使观众与晚会形成充满热情的互动，在晚会开始之前15分钟，由执行导演使用话筒组织和调动现场观众，如组织现场观众就坐、介绍晚会流程、宣读注意事项（不要吃东西、看管好儿童等）等。

当然，也有文艺晚会在开始之前设置一些较为热烈的节目作为热场环节，也称暖场。随着科技的不断进步和观众审美水平的不断提高，有很多文艺晚会在热场环节设置灯光秀表演，将现场最绚丽的灯光呈献给观众和嘉宾，给观众和嘉宾留下一个既深刻又美好的印象。

2. 晚会开始

随着晚会主办方领导或总导演的一声令下，晚会正式开始。晚会一旦开始，各部门必须按照此前磨合好的程序，有条不紊地、紧张有序地、忙而不乱地做好自己的相关工作，使所有为了晚会的成功举办倾注心血的演职人员最终收获完美的成果。

晚会开始后，主持人的角色立即转换为整场晚会的主导，成为晚会的关键人物。如遇需要增加节目、更改节目顺序或传达重要信息的情况，撰稿人或负责主持人的导演应根据要求写出新的主持词或修改主持词并迅速交给主持人。如遇节目表演失误或演员偶发事件等，需要主持人凭借自身的素质和机智的反应，及时组织语言与观众沟通，配合执行导演为晚会补台（补台：原先是用于舞台表演中的一个习语，现引申为对出现意外情况的事件施行补救措施，及时改正不足之处，使事件能顺利完成）。

3. 晚会结束

晚会全部结束后，观众有序退场，现场领导或嘉宾通常会与演员合影留念。导演组要在晚会开始之前与领导沟通是否讲话，如果领导需要发表讲话，舞美组要提前设置上台踏步，音响组要提前预留话筒。待领导和嘉宾退场后，舞美组开始打扫舞台并撤台，拆卸、整理、装箱舞台设备。服化道有序回收服装和道具，服装装箱运至服装库，道具运至道具库。

参考文献

[1] 陈念祖. 节庆晚会编导手册[M]. 上海：上海音乐出版社，2006.

[2] 陈云其. 晚会策划与导演[M]. 宁波：宁波出版社，2014.

[3] 郭霁红. 实战文艺晚会秘笈[M]. 北京：中国广播电视出版社，2007.

[4] 韩春启. "千年之约"文艺晚会的服装设计："千年之约"的形状[J]. 演艺科技，2017(7)：26-29.

[5] 黄会林. 中国电视艺术发展史教程[M]. 北京：北京师范大学出版社，2006.

[6] 贾振鑫. 浅析文艺晚会策划的策略[J]. 大舞台，2010(5)：228.

[7] 贾振鑫. 文艺晚会艺术原理与策划实施[M]. 北京：中国社会科学出版社，2010.

[8] 林强. 邓在军电视艺术[M]. 北京：华文出版社，1993.

[9] 刘萍. 影视导演基础[M]. 武汉：武汉大学出版社，2008.

[10] 吕艺生. 大型晚会编导艺术[M]. 上海：上海音乐出版社，2004.

[11] 欧阳国忠. 活动策划实战全攻略[M]. 北京：清华大学出版社，2013.

[12] 史振洪，刘胜花，万钧. 商务策划学[M]. 南京：南京大学出版社，2008.

[13] 孙继南，周柱铨. 中国音乐通史简编[M]. 2 版. 济南：山东教育出版社，2013.

[14] 唐小凤，黄琳华. 艺术概论[M]. 西安：陕西人民出版社，2006.

[15] 王国臣. 电视综艺节目编导[M]. 杭州：浙江大学出版社，2011.

[16] 王华峰. 电视文艺晚会问题研究[D]. 哈尔滨：黑龙江大学，2017.

[17] 徐颖. 艺术节事的影响研究[D]. 上海：华东师范大学，2006.

[18] 杨光. 电视导演如何控制专题晚会的策划与实施[J]. 西部广播电视，2017(12)：158，163.

[19] 英瑞. 导演实务：文艺晚会导演工作[M]. 太原：山西人民出版社，2016.

[20] 于书正. 音乐舞蹈史诗《东方红》的艺术魅力与时代特征[J]. 科学咨询(科

技·管理),2013(11):21.

[21] 张国勇.《胜利与和平》的音乐印象[N].中国文化报,2015-9-16.

[22] 赵维,张志斌.有关大型文艺晚会及其社会功能的思考[J].新闻研究导刊,2017(3):180.

[23] 钟捷.大型文艺晚会策划与大型演出活动的工作探讨[J].传媒论坛,2019(2):169-170.

[24] 周培玉,万钧,刘秉君.策划思维与创意方法[M].北京:中国经济出版社,2007.